놀이하는 인간의 철학

호 모 루 덴 스 를 위 한 철 학 사

놀이하는 인간의 철학

정낙림 지음

책세상

머리말

　내가 이 책에서 다루는 '놀이'라는 주제는 한국 철학계에서는 분명 낯선 것이다. '놀이'라는 말을 들으면 사람들은 바로 '휴가' '놀이공원' '심심풀이' '유치한 것' 등의 단어를 떠올릴 것이다. 이러한 단어들은 다분히 소극적이고 부정적인 의미를 담고 있다. 특히 놀이가 재화를 창출하는 노동에 반대되는 개념으로 쓰일 때 놀이에 대한 부정적인 평가는 극대화한다. 자본주의사회에서 놀이가 의미 있는 경우는 노동생산성을 높이기 위한 수단으로 쓰일 때이다. 대규모 레저 시절이나 놀이공원의 출발이 자본주의가 견고하게 뿌리내리던 시기와 일치한다는 것은 시사해주는 바가 크다. 놀이의 지위가 이렇다 보니 놀이가 철학적 주제가 된다는 것을 쉽게 이해할 수 없을 것이다.

　그런데 우리가 철학사를 조금 더 자세히 들여다보면, 놀이에 대한 철학적 고찰이 꽤 오래전에 시작되었다는 사실을 알 수 있다. 언어학적으로 모든 언어권에 놀이와 관련한 단어가 있다는 것도 놀이가 인간의 역사와 함께해왔다는 사실을 말해준다. 놀이의 내포인 우연·순간·모순·생성·자유의 가치들은 오늘날 새로이 각광받고 있다. 계몽의 역설을 인류사적으로 경험한 현대인은 주체 중심적, 노동 중심적인 가치관과 인과론적·기계론적 세계관에 대해 회의하는 동시에 놀이를 새롭게 주목하기 시작했다. 특히 오늘날 삶의 조건은 근대의 선형적 사고로는 도저히 이해하기 힘들다.

내가 '놀이'에 관심을 둔 것은 전적으로 독일 유학시절 지도교수의 영향 때문이다. 내 지도교수인 귄터 볼파르트G. Wohlfart는 오랜 기간 놀이의 철학적 이해에 매달린 철학자이다. 독일 관념론으로 박사학위와 교수자격 논문을 제출한 볼파르트 교수가 독일 학계에서 주목받은 저작은 칸트와 헤겔을 다룬 그의 저서가 아니고 《헤라클레이토스는 이렇게 말했다*Also sprach Heraklit*》이다. 그는 이 저서에서 니체가 헤라클레이토스의 단편 B52를 어떻게 수용하고 있는지를 문헌적으로 치밀하게 추적한다. 그 뒤 볼파르트 교수의 주요 연구주제는 헤라클레이토스, 니체, 그리고 놀이로 집약된다. 지도교수는 나에게 니체로 학위논문을 쓸 것을 권유했고, 나는 자연스레 지도교수의 연구주제를 심화·확대하는 길을 선택했다.

요즘도 나는 가끔 볼파르트 교수가 왜 나에게 니체를, 그리고 그의 놀이철학에 주목하라고 권유했을까를 자문해본다. 지도교수가 보여준 탈유럽적·탈근대적 사유실험이 그에 관한 하나의 암시가 될 수도 있겠다. 지도교수는 오랫동안 전통 독일 철학을 연구했으며 학문적으로 평가받는 저서들도 여럿 세상에 내놓았음에도 독일 철학, 특히 관념론과 끊임없이 거리를 두고자 했다. 그 결과 프랑스 현대철학, 영미 현대철학에 관심을 쏟았을 뿐만 아니라 동양철학에도 남다른 애정을 보였다. 현재 독일 현상학의 본거지로 볼 수 있는 부퍼탈 대학Uni. Wuppertal에서 몇 년에 걸쳐 선불교, 노자, 장자를 강의한 그는 분명 독일 학계의 이단이었다. 지도교수에게 반감을 품은 사람들도 있었지만, 그의 자유로운 사유실험과 파격을 반기는 사람들도 적지 않았다. 그가 이러한 사유실험을 할 수 있었던 것은 어쩌면 놀이의 정신 때문이 아닐까 싶다. 그는 나에게 동양철학과 서양철학의 연결지점으로 놀이의 정신에 주목할 것을 조언하기도 했다.

이 책은 볼파르트 교수의 연구 성과를 기초로 연구 영역을 더욱 확장한 것이라고 볼 수 있다. 그렇다 보니 탈고하기까지 많은 어려움이 있었다. 이 책의 많은 부분은 예전에 발표한 논문에 기초하지만, 새로 쓴 내용도 적지 않다. 철학자 한 명을 중심으로 연구하는 것이 관행인 한국의 연구풍토에서 서양 고대부터 현대에 이르는 많은 철학자들의 사유를 동일한 주제로 묶어낸다는 것이 내 능력으로는 감당하기 어려운 일이라는 것을 집필 과정에서 절감했다. 내 한계를 실험하고 불가능에 가까운 과제를 퍼즐 하듯 수행했다는 것이 솔직한 심정이다.

이 책은 모두 4부로 구성했다. 고대·근대·현대에서 놀이 사유의 유형을 각각 살펴보고, 마지막에 현대예술과 놀이를 보론補論으로 덧붙였다. 놀이적 사유를 더욱 첨예하게 구현한 프랑스의 탈구조주의와 미국의 신실용주의도 살펴볼 계획이었지만, 사정상 훗날을 도모해야 할 것 같다. 그리고 4부의 현대예술 해석은 니체의 놀이철학에 기초한다. 그것은 내가 오랫동안 니체의 예술철학을 연구했기 때문이기도 하지만, 니체의 놀이철학이 현대예술을 이해하는 데 매우 유효한 길을 제시한다는 확신도 있기 때문이다. 나에게 꿈이 있다면 볼파르트 교수의 조언대로 언젠가 서양적 사유모델과 동양적 사유모델을 놀이의 관점에서 재구성해보는 것이다. 그것이 한국에서 서양철학을 하는 학자의 역할이 아닐까 생각한다.

　이 책이 나오기까지 많은 사람의 음덕이 있었다. 먼저 독일 부퍼탈대학의 정교수였던 지도교수 귄터 볼파르트를 다시 언급하지 않을 수 없다. 강연차 내방한 그를 만날 수 있었던 것은 나에게 행운이었다. 엄격한 논문 지도와 격려, 그리고 경제적인 문제까지 신경 써준 그의 보살핌은 내게 스승이 어떠해야 한다는 하나의 모범을 보여주었다. 모교인 경북대 철학과의 여러 은사님과 교수님, 그리고 선배님 들께도 감사하는 마음을 전한다. 그분들의 가르침과 배려는 내가 학자로서의 길을 가는 데 큰 버팀목이 되어주고 있다. 김정현 교수님을 비롯한 한국니체학회 여러 선생님의 학문적인 자극과 인간적인 신뢰는 나에게 큰 위안과 힘이 되어준다. 출판시장의 어려움에도 선뜻 출판을 허락하고 긴 시간을 인내해준 책세상출판사와 편집부 여러 선생님께도 고마운 마음을 전한다. 마지막으로, 오랜 세월 묵묵히 내 편에 서서 인고의 세월을 함께하고 있는 아내에게 미안함과 감사함을 전한다.

2017년 5월 정낙림

왜 놀이인가

왜 놀이인가? 놀이는 일반적으로 심심풀이, 오락 등의 유치한 것 또는 노동의 고통을 완화하는 보상물 정도로 이해되고 있다. 놀이에 대한 이러한 통념은 놀이가 철학의 주제가 되는 것이 불가능하다는 선입견을 심어줄 정도로 견고하다. 그러나 철학사를 조금만 주의 깊게 살펴보면 놀이가 철학의 주제 가운데 하나라는 점을 확인할 수 있다. 우리는 자신의 존재와 세계를 통찰하고 기록을 남긴 고대의 흔적 속에서도 인간은 생각하고 노동하는 존재인 동시에 놀이하는 존재이고, 그것이 삶의 근본조건이라는 것을 확인할 수 있다.

놀이는 언제부터 인류와 함께했는가? 각 문명권마다 공통적으로 놀이와 관련된 원시어(고대어)가 존재했다는 실증적인 사실이 놀이의 오랜 역사를 말해준다. 이와 동시에 놀이와 관련된 각 문명권의 원시어가 우리에게 보여주는 더욱 중요한 사실은 놀이에 담긴 의미의 다원성과 더불어 놀이는 결코 우리가 일반적으로 생각하듯이 부정적이거나 소극적인 의미를 지니는 것이 아니라는 점이다. 소크라테스 이전의 고대 그리스 철학자들에게서도 놀이에 특별한 의미를 부여하는 예를 찾을 수 있다. 대표적인 경우가 삶을 장기놀이 하는 아이에 비유한 헤라클레이토스이다. 흔히 놀이를 비본질적인 것, 비도덕적인 것, 비생산적인 것 등 유동적이며 현상적인 것으로 간주하고 그것을 철학의 주제에서 배제한 것은 놀이 자체 때문이라기보다 놀이에 대한 해석 주체의 가치 평가에서 비롯되었다고 보는 것이 공정할 것이다.

철학사에서 놀이에 대한 소극적이고 부정적인 평가가 자리 잡는 데 결정적인 영향을 끼친 철학자는 플라톤이다. 플라톤은 인간의 놀이에 담긴 맥락 의존성, 특수성, 일회성이라는 속성이 실재實在, idea와 거리가 있다고 본다. 따라서 놀이는 참과 거짓, 선과 악의 경계를 흐리게 하고 인간의 정신을 실재가 아닌 그림자 또는 가상으로 이끈다고 간주된다. 그가 화가나 시인의 창작행위를 이데아의 모상인 사물을 다시 모방하거나 뮤즈에게 홀린 헛된 짓으로 보고 그것을 놀이paidia라고 표현한 것에서도 놀이를 대하는 그의 태도를 엿볼 수 있다. 플라톤이 볼 때 놀이는 진정한 앎epistēmē과 무관할 뿐만 아니라 참된 견해alēthēs doxa에도 이르지 못한다. 실천적인 측면의 놀이 또한 부정적인데, 놀이는 유치한 것이거나 기껏해야 유아 교육에서 사회성을 습득하는 수단의 차원에서 제한적으로 수용되었다. 또 놀이는 어른들에게는 유치한 것으로, 멀리해야 할 것 또는 휴식의 시간과 관계하는 것 이상의 의미는 없었다. 놀이를 대하는 플라톤의 이러한 시각은 그의 후예들에게 전달되어, 오랫동안 철학사를 지배하게 된다.

놀이에 대한 평가는 분화의 시대인 근대에 들어와 새롭게 조명받게 된다. 신神 중심의 중세가 한계를 드러내자 인간들이 자신의 문제를 해결하기 위해 눈을 돌린 곳은 그리스와 로마의 문화였다. 르네상스로 촉발된 인간에 대한 새로운 이해의 뿌리에는 인간의 예술적인 본능이 자리한다. 예술이 성립하려면 감성과 상상력, 그리고 자유라는 전제조건이 갖춰져야 한다. 이러한 전제조건들은 놀이의 정신과 무관하지 않다. 따라서 근대에 이르러 놀이에 대한 철학적 반성이 예술에 대한 학문적 정초, 즉 미학의 성립과 관계하게 된 것은 아주 자연스러운 일이다.

바움가르텐을 필두로 칸트, 실러 등은 과학적 판단과 도덕적 판단 이외에 미적 판단이 가능함을 이론적으로 보여주고자 했다. 이들은 미적 판단, 예를 들어 '이 장미는 아름답다'는 판단이 진리나 도덕이 아니라 개인의 감성과 취향에 기초한다는 사실을 밝혀냈다. 그런데 한 송이 장미를 마주하는 인간의 감성과 취향은 개별적이고 직접적인 것이다. 따라서 미적 체험은 고정되거나 항상적인 것이라기보다는 일회적이고 즉각적이며 가변적인 성격이 강하다.

어떤 대상이 아름답다고 판단하는 감성과 취향의 이러한 속성은 놀이의 속성과 불가분의 관계에 있다. 즉 '이 장미가 아름답다'고 판단할 때 우리의 인식능력은 과학적 판단이나 도덕적 판단과는 달리 놀이의 성격을 띤다. 근대철학에서 놀이를 새롭게 주목한 것은 인간의 본성을 이제 전통적인 방식의 기계적 법칙이나 목적으로 설명하는 것이 한계에 봉착했다는 것을 뜻한다. 이러한 상황은 실러의 통찰에서도 잘 드러난다. 실러는 자신의 시대가 '형식충동'에 기초한 기계적인 과학적 세계관에 의해 완벽하게 지배되고 있다고 진단하고, 이러한 세계관이 결국 근대의 병리적인 현상을 곳곳에 드러냈다고 본다. 실러에 따르면 인간을 목적이 아닌 수단으로 간주하는 인간소외는 놀이의 충동에 기초한 미적 능력을 회복하는 데서 해결의 실마리를 찾을 수 있다.

근대는 과학적 인간, 종교적 인간, 도덕적 인간 이외에 놀이하는 인간을 진지하게 성찰한다. 놀이가 내포하는 우연·상상·자유 등의 가치가 인간성의 한 요소로 수용되었다는 뜻이다. 미학Ästhetik이 근대의 산물인 것은 우연이 아니다. 그러나 근대에 놀이는 여전히 소극적이고 제한적이다. 놀이는 칸트가 보여주듯 미적 판단의 보편성을 확보하기 위한 장치이거나 실러가 보여주듯 형식충동과 감성충동의 조화와 관계한다. 놀이에 대한 두 사람의 이해를 토대로 근대에 놀이가 위치한 좌표를 확인할 수 있다. 실천적인 의미에서 놀이는 특히 부정적인데, 고대에서처럼 놀이는 유아기 교육에서 제한적인 역할을 했을 뿐이다. 근대에 놀이는 특히 인간의 본질을 실현하는 통로인 노동과 대립하는 것으로 간주되어, 비생산적이고 현실 도피적인 것으로 평가되었다.

현대로 들어오면서 놀이는 이전 시대와 전혀 다른 평가를 받기 시작한다. 놀이에 대한 전면적 재평가는 철학에서도 그 흔적을 찾을 수 있지만, 놀이에 대한 편견을 뿌리부터 흔든 출발점은 문화사와 사회과학이 이룬 실증적 연구였다. 19세기 마르크스를 필두로 니체·슈펭글러 등이 예언한 유럽 문명의 몰락은 20세기 초 그들의 예언 이상의 참화로 현실화한다. '계몽의 기획'과 그 기획의 실현을 꿈꾸었던 근대의 후예들은 인간 역사에서 일찍이 볼 수 없었던 끝 모를 정도의 인간성 타락과 문명의 야만성의 한가운데로 떨어졌다. 야만의 근원이 오랫동안 인간과 동물을 구별 짓는 문화의 원동력이라 확신했던 노동이라는 사실에 인간은 경악할 수밖에 없었다. 컨베이어벨트에 붙박이처럼 서서 한 치의 오차도 없이 나사를 조립하는 〈모던 타임스〉의 찰리 채플린과 '노동이 너희를 자유롭게 하리라'는 집단수용소에서 노동은 노동의 극단적인 병리로만 치부할 수 없다. 〈모던 타임스〉에서 찰리 채플린이 그러했듯이 기계처럼 정확하고 효율적으로 일해야 한다는 노동 윤리가 여전히 맹위를 떨치고 있다는 사실을 우리는 부인할 수 없다.[1]

노동의 효율성과 유용성을 맹신한 근대의 파국을 돌파할 탈출구를 찾던 지적 노력은 오랫동안 잊힌 '놀이'를 새롭게 발견한다. 이러한 노력의 본격적인 결실은 1938년 네덜란드의 문화사학자 하위징아의《호모 루덴스*Homo Ludens*》를 통해 드러난다. 하위징아는 이 책에서 '문화는 놀이에서 시작되었다'는 도발적인 주장을 제기한다. 그는 자기 주장의 근거를 고대에서 근대 초까지 다양한 문화권에서 찾는다. 예를 들어 옛사람들은 왜 피라미드, 타지마할, 앙코르와트, 모아이 군상 같은 거대한 건축물을 남겼을까? 그들이 그러한 건축물을 만든다고 배고픔과 추위

---

1 막스 프리슈Max Frisch의 소설《호모 파버*Homo Faber*》는 우리 시대 노동의 가치가 어떤 양상으로 전개되고 있으며, 그 결말이 어떤 결과를 초래하는지를 대표적으로 보여준다. 이 소설에서 주인공인 고급 기술자 발터는 옛 여자친구인 안나의 딸, 그러나 사실은 자기 딸인 자베트에게 환심을 사기 위해 이렇게 말한다. "무엇보다도 중요한 것은, 기계에는 체험의 기능이 없으며, 공포나 희망의 감정이 없다는 사실이다. 오히려 이런 것은 방해가 될 뿐이다. 결과에 대한 소망도 없다. 기계는 개연성의 논리에 따라 작업할 뿐이다. 그러므로 로봇의 인식력은 인간보다 더 정확하며, 인간보다 미래를 더 잘 진단할 수 있다는 게 내 생각이다. 왜냐하면 로봇은 미래를 계산함에 있어 투기를 한다거나 꿈을 꾸는 게 아니라 스스로의 해답에 따라 결론을 끄집어내며 실수를 허용하지 않기 때문이다. 로봇에게는 예감 같은 것은 필요 없으니까"(막스 프리슈,《호모 파버》, 봉원웅 옮김[생각의 나무, 2003], 129~130쪽). 발터는 안나에게서 '호모 파버'라는 별명을 얻을 만큼 과학기술적 사유를 철두철미하게 신봉하고, 정확성과 효율성을 최고의 가치로 받아들인다. 그는 세계가 계산 가능하며 그것을 기초로 미래를 예측할 수 있다고 확신한다. 그러나 그는 자신의 세계관과 가장 가깝다고 믿었던 친구의 자살, 여행 중 우연히 만나 사랑에 빠지고 성관계를 맺은 젊은 여성 '자베트'가 사실은 자신의 친딸이라는 사실과 맞닥뜨리면서 자신이 지금까지 신봉했던 세계관의 취약성을 절실히 깨닫는다. 그는 정처 없이 방황하다가 끝내 위암으로 쓸쓸히 생을 마감한다.

를 피하는 데 어떤 도움이 될까? 이런 질문과 관련해 로마의 콜로세움은 놀이의 충동이 삶과 어떻게 관계하는지를 잘 보여준다. 로마 사회는 경기(놀이) 없이는 존속할 수 없었다. 경기는 빵처럼 사회의 존립에 필요한 것이었다. 경기는 신성한 행사였으며, 그런 경기를 보는 사람들의 권리는 신성했다.[2] 즉 로마인들에게 놀이 욕구는 삶의 조건이었고 놀이가 빵만큼이나 중요했기 때문에, 그들은 도시마다 콜로세움을 건설한 것이다.

그릇이 단순히 음식과 술을 담는 용기에 불과했다면, 우리 조상은 그 많은 시간을 들여 청자를 빚지 않았을 것이다. 또 토지가 단순히 곡식과 과일을 수확하는 땅에 불과했다면, 사람들은 드넓은 땅에 무용한 정원을 만들지는 않았을 것이다. 또한 자신에게 돌아올 이익을 생각한다면, 고작 월계관이 전부인 올림픽에 참가하여 42.195킬로미터를 달리지도 않았을 것이다. 이처럼 인간의 문명을 오늘날의 노동과 유용성차원에서 설명하기는 불가능하다는 것을 알 수 있다. 그래서 하위징아가 내린 결론은 '문명이 놀이 속에서, 그리고 놀이로서 생겨나고 또 발전했다'[3]는 것이다. 물론 하위징아의 이 가설은 그가 스스로 밝히듯이 19세기 이전의 유럽 역사에서 유효하다. 노동의 엄숙함과 유용성이라는 기준이 인간을 지배한 19세기부터 놀이는 고유의 의미를 상실했기 때문이다.

그렇다면 놀이의 어떤 성격이 노동과 다르며, 그것이 인간의 문화

---

2 호이징하,《호모 루덴스》, 김윤수 옮김(까치, 1981), 267쪽 참조.
3 위의 책, 15쪽 참조.

에 어떤 도움을 주었을까? 그것은 인간의 본성과 밀접한 관계가 있다. 무엇보다도 인간은 여느 동물들과 달리 생존을 위한 기본욕구를 충족하는 것으로만 만족할 수 없는 존재이다. 그런데 노동, 특히 19세기 이후 인간의 노동은 생존을 위해 빵을 마련하기 위한 수단의 성격이 강하다. 노동이 인간을 해방하는 것이 아니라 생존의 수단으로 전락한 것은 우리 시대에도 변함이 없다. 이에 반해 놀이는 생물적인 욕구를 충족하기 위한 행위가 아니다. 놀이는 기본적으로 생물적인 욕구 충족과 직접적으로 관계하지 않는다. 따라서 놀이를 유지하기 위한 외부적 강제는 존재하지 않는다. 노동은 기본적으로 외적 강요가 전제되고, 노동의 고통은 생존을 위한 약속의 내용이 클수록 더 참을 수 있다. 그러나 놀이는 대부분 생존을 약속하는 결과의 이득과는 거의 무관하다. 놀이에서 더욱 중요한 것은 생존을 위한 물질적 보상보다는 개인의 명예이다. 이것의 직접적 예시는 그리스의 올림픽 경기일 것이다. 승자에게 돌아가는 것은 월계관과 사회적 명예가 전부였다.

둘째, 놀이는 노동과 달리 놀이 그 자체를 목적으로 한다. 노동은 자신의 목적이나 의도를 대상에 실현하는 인간의 행위이다. 노동의 경우 인간은 대개 그 결과가 주는 이익을 위해 노동한다. 그래서 노동의 과정 자체가 목적이 되는 경우는 드물다. 그러나 놀이의 경우는 다르다. 세계의 신비라 불리는 대만 국립박물관의 다층구多層球는 놀이의 목적을 잘 말해준다. 다층구는 상아를 문양이 새겨진 구슬 형태로 깎은 것으로, 구슬 속에 더 작은 구슬이 들어 있다. 이 구슬이 모두 16개나 되는데, 어떻게 그것을 손으로 만들었는지가 우선 놀랍다. 또한 구슬의 겉모습이 화려하기 그지없으며, 구슬마다 새겨진 문양이 모두 다르다는 사실에 입을 다물지 못할 정도이다. 우리 선조의 청자향로나 물병도 마찬가지이다. 그런데 다층구나 청자를 만든 사람은 완벽함을 목적으로, 즉 만드는 행위 자체를 목적으로 했을 뿐, 무엇을 위한 수단으로서 그것들을 만들지는 않았을 것이다. 예술가의 행위를 놀이의 본질을 실현하는 대표적인 사례로 보는 것도 이런 이유에서이다.

셋째, 놀이는 결과를 예측하기가 어렵다. 노동은 효율성을 추구하기 때문에 결과의 예측 가능성이 중요하다. 노동하는 사람은 자신의 정신적·물질적 투자가 어떤 결과를 낳을지를 노동하기 전에 1차적으로 고민한다. 특히 오늘날의 노동은 철저히 계량화한다. 그렇기 때문에 결과의 불투명성을 무릅쓰고 자신의 노고를 맹목적으로 쏟아붓는 것은 어리석은 짓으로 간주된다. 이에 반해 놀이는 결과를 예측하거나 그것을 목적으로 하는 경우가 드물다. 예를 들어 주사위놀이에서 다음에 나올 주사위의 면을 예측하기란 불가능하다. 그런데 이러한 결과의 예측 불가능성이 노동에서와 달리 놀이를 지속할 수 있는 원천으로 작용한다. 놀이는 언제나 결과의 우연과 경탄을 동반한다. 그래서 놀이는 노동처럼 선형적인 질서에 따라 진행되기보다 비선형적인 질서, 극단적으로는 카오스 형태로 진행된다. 놀이의 이러한 예측 불가능성은 주사위놀이가 보여주듯 부정적이기보다는 열광을 동반할 때가 많다.

넷째, 놀이의 열광은 꿈과 상상력의 산물이다. 놀이가 단순히 생물학적 차원에서 심심풀이가 아니라 인간과 동물을 가르는 문화의 산물인 이유는 그것이 인간의 꿈과 상상력을 현실화하는 행위라는 점 때문이다. 우리는 아이들의 모래성 쌓기 놀이에서 그들의 진지함과 우쭐거림이 그들의 상상력을 현실화하고 그 결과와 관계한다는 것을 알 수 있다. 앞에서 예로 들었던 다층구와 청자향로의 경우도 똑같다. 그것을 만든 사람은 자신의 상상력을 실현하는 데 몰두했으며, 그 과정에서 수많은 시행착오를 겪으면서 그들이 최종적으로 얻은 것은 자신의 상상력을 실현했다는 자기도취와 자기만족일 것이다. 경기를 위해서 세운 콜로세움이나 영국식 정원 또는 석가탑을 만든 사람도 아마 상상력의 실현에 경탄하고 그것들이 완성되었을 때 열광했을 것이다. 그들의 열광은 노동의 결과에서 오는 만족과는 다른 것이다.

다섯째, 놀이는 사회적 활동이다. 놀이가 결과보다는 과정을 중요시하고 꿈과 상상력과 밀접한 관계가 있다고 해서 놀이를 고독한 공간에서 혼자 노는 것으로 생각해서는 안 된다. 놀이는 대개 사회적 성격이 강하며, 서로 경쟁하고 협동하는 과정에서 놀이의 기쁨이 배가된다. 강강술래가 그 대표적인 사례일 것이다. 지적인 놀이에서도 놀이의 사회성이 엿보인다. 종교의 권위가 절대적인 영향력을 행사하던 중세에 나름의 자치와 사상의 자유를 누린 대학의 토론에서도, 또 오늘날 티베트의 사원에서도 논쟁은 놀이적 성격이 강하다.

놀이의 위와 같은 본성을 기초로 하위징아는 놀이야말로 인간다움을 실현하는 토양이라고 확신한다. 그런데 하위징아가 보기에 유럽 역사에서 놀이가 문화의 뿌리로서 제구실을 한 것은 18세까지였다. 19세기 산업자본주의의 도래와 더불어 놀이의 가치는 급격히 떨어지고 노동의 가치가 급부상한다. 마르크스를 비롯한 많은 사상가들의 자본주의 비판에서도 잘 드러나듯이 19세기에는 모든 가치가 노동, 그것도 생존과 자본 축적의 근원으로서의 노동으로 환원되었다. 인간의 물질적 · 정신적인 욕망 일체는 상품의 형태로 등장했으며, 상품은 그 가치를 시장에서 검증받았다. 매스미디어가 여론을 좌우하고 취향이 평준화한 대중이 주인이 된 사회에서 좋은 상품이란 값싸고 질 좋은 것이다. 노동의 가치는 대중의 취향에 맞는 상품을 가장 빨리, 가장 값싸게 시장에 내놓는 것으로 평가받았다.

이러한 시대에 몇 달 또는 몇 년을 공들여가면서 상아로 하나의 구슬 속에 16개의 작은 구슬을 조각하는 것은 쓸데없는 짓이 되었으며, 온종일 머리를 장식하거나 화려한 레이스를 수놓은 옷을 만드는 것은 시간 낭비로 비난받았다. 모든 것은 노동의 효율성을 제고하는 방향으로 재편되었다. 바지와 멜빵이 등장하고, 도자기는 식사를 위한 접시와 그릇으로 변모했다. 노동의 효율성을 위해 분업이 일반화하고, 놀이의 경쟁은 돈 벌기의 경쟁이 되었다. 컨베이어벨트 앞의 노동자는 아침부터 저녁까지 연자방아를 돌리는 소나 말처럼 같은 동작을 기계적으로 반복한다. 그래서 하위징아는 놀이의 관점에서 19세기부터 20세기 초반의 사회는 몰락의 역사를 보여준다고 진단한다.[4] 그는 나치즘으로 대표되는 전체주의의 등장도 근대의 가치관이 극단화한 결과라고 본다. 결국 노동 중심의 가치관을 극복하지 않는 한 인간의 몰락은 피할 수 없는데, 이것을 저지하는 대안이 잊힌 놀이의 가치를 재발견하는 것이다.

놀이에 관한 사회문화적 연구는 하위징아를 필두로 하는 학자들이 꽃을 피운다. 그들의 문제의식 또한 하위징아와 비슷하다. 그들은 노동으로 일원화한 가치체계가 초래한 전 지구적인 파국을 절실하게 경험

---

4   앞의 책, 291~316쪽 참조. 하위징아의《호모 루덴스》에 관한 국내 해설서로 노명우,《호모 루덴스—놀이하는 인간을 꿈꾸다》(사계절, 2013)를 들 수 있다.

한 뒤 문화의 건강성을 회복하기 위해 놀이를 더욱 구체적으로 분석하고, 현실에 어떻게 적용할 것인가를 고민한다. 하위징아의 놀이 이론을 비판적으로 계승한 로제 카유아Roser Caillois는 《놀이와 인간Les Jeux et les Hommes, Le masque et le vertige》(1958)[5]에서 놀이를 사회적인 관점에서 체계적으로 연구한다. 카유아는 하위징아가 문화에서 놀이의 중요성을 간파한 점을 높이 산다. "놀이의 기본적인 성격 몇 가지를 훌륭하게 분석하고, 문명의 발전 자체에서 놀이의 역할의 중요성을 증명한 것은 하위징아의 공적으로 길이 남을 것이다."[6]

그러나 카유아가 보기에 하위징아는 문화에서 놀이가 차지하는 비중을 지나치게 높이 평가한 나머지 그 밖의 다른 요소가 문화에 기여하는 바를 무시하는 실수를 저지른다. 또한 놀이의 다양한 양태와 그것들 사이의 차이를 간과하고 있다. 예를 들면 강강술래와 다충구의 창작 놀이 사이에는 놀이라는 범주로만 묶을 수 없는 차이가 존재하는데도, "그는 놀이 자체에 대한 서술과 분류를 당연한 것처럼 고의적으로 빠뜨렸다. 놀이는 모두 똑같은 욕구에 대응하며 한결같이 똑같은 심리적 태도를 표현하는 것처럼 취급하였다. …… 완전히 주목할 만한 연구이지만, 하위징아가 그 분석의 범위를 한정하기 위해 사용하는 출발공식을 검토해보면, 그 기묘한 결함이 잘 나타난다."[7]

---

5 로제 카이와, 《놀이와 인간》, 이상률 옮김(문예출판사, 1994).
6 위의 책, 25쪽
7 위의 책, 26~27쪽. 카유아는 놀이를 "아곤Agon[그리스어로 시합·경기를 뜻함], 알레아 Alea[라틴어로 요행·우연을 뜻함], 미미크리Mimicry[영어로 흉내·모방·의태擬態를 뜻함], 일링크스Ilinx[그리스어로 소용돌이를 뜻함]"(카이와, 37쪽)의 네 가지 범주로 나눈다. 모든 놀이는 네 부류에 속하고, 네 가지의 놀이 분류는 판타지(환상)의 성격이 강한 paidia와 질서 지향적인 ludus로 다시 분류될 수 있다. 이에 관해서는 같은 책, 37~38쪽 참조.

놀이에 교육학적으로 접근하는 시각도 뒤따랐다. 가장 대표적인 경우가 장 피아제Jean Piaget이다. 그는 《유아기 상징의 형성: 모방과 놀이, 그리고 꿈과 이미지와 표현La formation du symbole chez l'enfant: imitation, jeu et rêve, image et représentation》(1945) 등의 저서에서 유아의 인지발달과 놀이의 관계를 상론한다. 피아제는 놀이가 유아에게 세상을 이해하는 중요한 매개체이며 인지발달의 지표가 된다고 본다. 그래서 유아가 보여주는 놀이에도 단계가 있다는 것이다. 연습놀이는 감각운동기(0~2세)에 주로 나타나는데, 이 단계의 유아는 직접 경험한 신체적 행동을 반복하는 모습을 보여준다. 상징놀이는 전前조작기(2~6, 7세)에 나타나며, 이 시기 유아는 자기중심적인 사고를 드러내면서 주변 사물을 이용하거나 사물이 없어도 흉내 내는 놀이를 한다. 마지막으로 규칙 있는 게임은 구체적 조작기(6, 7~11세)에 보여주는 놀이 형태인데, 이때 유아는 두 명 이상의 놀이 참여자와 경쟁과 규칙이 따르는 놀이를 한다. 이렇게 피아제는 아동의 인지발달과 놀이의 관계를 바탕으로 놀이가 유아의 인지발달과 사회성 획득에 어떤 역할을 하는지 실증적으로 보여준다.[8]

이와 같이 놀이를 둘러싼 사회과학적 논의는 1930년대 후반부터 오늘날까지 심화하고 확장되는 경향을 보여준다. 그렇다면 철학 분야에서 놀이를 다루는 연구는 어떻게 진행되고 있을까? 현대철학에서도 놀이는 인간과 세계를 이해하는 데 없어서는 안 될 중심개념으로 자리 잡는다. 형이상학과 보편적 규범이 권위를 상실한 20세기에 인간을 지

---

8 J. Piaget, *Play, dreams, and imitation in childhood*, translated by C. Gattegno and F. M. Hodgson, Norton Library, 1962 참조.

배하는 것은 보편적 진리나 규범보다 개인의 자유와 개성이었다. 이러한 시대적 흐름은 놀이의 속성인 우연성과 유동성, 불구속성 등과 일치한다. 니체를 비롯하여 여러 학자들의 놀이에 대한 백가쟁명식 철학적 성찰은 바로 이러한 상황과 무관하지 않다.

현대의 놀이에 대한 철학적 이해는 니체에서 출발한다고 할 수 있을 만큼 놀이철학에서 니체가 차지하는 위치는 매우 중요하다.《이 사람을 보라》에서 니체는 이렇게 말한다. "나는 위대한 과제를 대하는 방법으로 놀이보다 더 좋은 것을 알지 못한다: 이것이 바로 위대함의 징표이자, 본질적인 전제조건이다."[9] 이것은 니체 철학의 핵심이 놀이와 근본적인 관계가 있다는 것을 뜻한다. 따라서 그의 '예술철학' '관점주의' '비도덕주의' '힘의 의지' '영원회귀' '위버멘쉬Übermensch' '운명애 amor fati' 등은 모두 놀이를 통해서 해명될 수 있다고 하겠다. 니체는 놀이를 철학의 제한적 영역으로 수용하고 설명하는 여느 철학자들과 달리 자신의 모든 철학적 주장을 놀이로써 설명한다.

니체는 놀이를 둘러싼 문화사회적 논의가 시작되기 이미 반세기 전에 놀이에 담긴 철학적 의미를 간파하고 있었다. 놀라운 것은 니체가 놀이에 관한 통찰의 선구를 근대철학에서가 아니라 소크라테스 이전의 그리스 철학자인 헤라클레이토스에서 찾았다는 점이다. 니체는 근대의 가치가 몰락함으로써, 즉 니힐리즘으로 귀결함으로써 생리학적 자기모

---

9 Friedrich Nietzsche, *Ecce homo*(앞으로 EH로 축약), in: *Sämtliche Werke. Kritische Studienausgabe in 15 Bänden*(앞으로 KSA로 축약), Bd. 6, G. Colli u.a.(Hg.), München, 1999, p. 297 참조. 앞으로 니체의 저서는 축약한 제목, 전집의 권수, 그리고 페이지를, 유고의 단편은 괄호와 꺾쇠로 명기한다. 예를 들면 EH: KSA6, 297. 유고는 N: KSA12, 348(9[25]). 니체 저서의 축약어는 참고문헌을 참조하라.

순에 빠졌다고 진단한다. 생리학적 자기모순이란, 살아 있는 것은 모두 자기 상승과 힘의 강화를 꾀하는 생리학적 원리를 따르기 마련인데, 근대인은 이러한 생리학적 원리에 반하는 가치를 신봉한다는 것이다. 니체는 시대를 거스르는 역주행을 바탕으로 유럽 문화의 극복 가능성을 찾았는데, 그가 찾고자 했던 빛은 헤라클레이토스에게서 왔다. 헤라클레이토스는 삶의 본질을 목적이나 인과, 그리고 도덕에서가 아니라 놀이에서 찾는다. 니체는 헤라클레이토스의 단편 B52에 등장하는 '놀이하는 아이'에서 주체·목적·인과·선악과 무관하면서도 의미 있는 삶의 형식을 본다.

니체 이후 놀이에 대한 다양한 철학적 접근이 시도되었다. 가장 급진적인 사유실험은 20세기 후반 탈구조주의 또는 해체주의라는 이름으로 진행된 프랑스 현대철학이 보여준다. 데리다의 '차이'의 철학, 들뢰즈의 생성의 철학, 그리고 리오타르의 포스트모던적 조건에 대한 철학적 사유는 모두 놀이와 직간접적으로 관계가 있다. 또한 미국의 신실용주의자 로티의《우연성·아이러니·연대성》도 놀이에 새롭게 접근하는 시각을 보여준다. 이들에 앞서 언어의 쓰임과 의미의 맥락성 차원에서 언어놀이Sprachspiel '말놀이Wortspiel'를 핵심 철학 개념으로 받아들인 비트겐슈타인에게서도 놀이의 중요성을 확인할 수 있다. 또한 주체철학의 극복을 위해 존재론적 전회를 시도한 하이데거, 가다머, 그리고 핑크의 놀이에 관한 철학적 사유도 주목할 만하다.

현대철학에서 놀이를 향한 관심은 정도의 차이는 있지만 근대성의 극복과 밀접한 관계가 있다. 근대철학은 주체·이성·정신·양심 등을 통해 사유와 행위의 최종 근거를 확보하는 것을 자신의 과업으로 삼았다. 근대철학이 찾은 최종 근거는 인식과 도덕의 출발점이자 평가의 기준이 되었으며, 이러한 최종 근거는 근대 계몽주의에서 개인의 삶뿐만 아니라 사회문화적 지배 이념으로 작동했다. 그런데 앞서 살펴본 바와 같이 놀이에 대한 사회문화적 관심은 근대 계몽주의의 파탄에서 비롯되었다. 철학에서도 놀이에 대한 관심은 계몽주의 비판과 직접적으로 관계한다. 니체는 근대의 가치체계를 '낡은 서판'으로 비판하고 그것을 부숴버리기를 명령한다. 그 대신 새로운 가치들로 '새로운 서판'을 채워야 한다고 본다. 새로운 서판에서 가장 먼저 새겨질 가치는 놀이이다. 이처럼 놀이에 대한 현대철학의 관심은 모두 근대성 극복과 직간접적으로 관계한다.

그렇다면 철학자들은 놀이에서 어떤 가치들을 발견했으며, 그것이 왜 근대성 극복과 관계하는가?

첫째, 놀이에서 중요한 것은 주체나 중심이 아니라 놀이하는 과정 자체이다. 놀이의 의미는 놀이하는 자의 의도에서 비롯되기보다는 놀이활동의 산물이다. 놀이하는 자는 오히려 놀이에 참여함으로써 의미를 얻는다. 놀이와 놀이자의 관계에서 주체와 객체는 완전히 전도顚倒된다. '놀이가 놀이한다'는 가다머의 언명은 바로 이런 맥락에서 나온 것이다. 마찬가지로 가다머는 예술가와 예술작품의 관계를 전도하여, 예술작품에 예술가가 참여하는 것으로 보고 이것을 놀이로 설명한다. 이렇게 놀이는 근대의 주체철학을 극복할 중요한 단초를 제공한다.

둘째, 놀이는 존재와 생성에 관한 전통 형이상학의 좌표를 전도한다. 파르메니데스와 플라톤 이래 존재는 이데아, 형상, 실체 등 현상의 배후에 있는 실재를 의미한다. 그것은 자기 동일적이고 불변하며 완전하다. 따라서 그것은 생성·변화하는 현상계를 초월한다. 존재의 측면에서 놀이는 우연적이고 불연속적이며, 맥락 의존적이고 불완전하다. 따라서 놀이는 불안을 초래한다. 그런데 20세기의 사회문화적 환경은 선형적 질서로는 도저히 파악할 수 없을 만큼 복잡해졌으며, 더욱이 자연과학적 탐구는 우리를 둘러싼 우주가 질서가 아닌 카오스 상태에 놓여 있고 우연이 필연보다 더 근본적이라는 사실을 증명해냈다. 따라서 변화와 생성을 속성으로 하는 놀이가 존재를 기초로 한 전통 형이상학보다 삶과 세계를 설명하는 데 훨씬 유효하다. 우리는 니체와 현대 프랑스 철학에서 특히 이런 점을 확인할 수 있다.

셋째, 놀이에 담긴 생성과 우연, 순간의 속성은 인간의 상상력과 창조의 뿌리가 된다. 전통 형이상학에서는 놀이의 이러한 속성을 현상적인 것, 진리에서 거리가 먼 것으로 간주했으며, 따라서 그것은 진리를 인식하는 데 방해가 되는 것으로 믿었다. 그러나 전통 형이상학의 권위가 허상임이 폭로되고 인간 개별자의 개성이 강조되면서 놀이가 지닌 속성은 오히려 개별자의 인식과 가치 실현에 본질적인 것으로 받아들여졌다. 특히 예술철학에서 이러한 경향은 두드러진다. 니체, 가다머, 아도르노, 프랑스 후기구조주의자들, 로티를 비롯한 신실용주의자들의 철학에서 우연과 순간은 중요한 철학적 주제가 된다.

넷째, 놀이의 모호한 지위, 즉 가다머의 개념으로 보면 중동태의 속성은 주체와 객체, 선과 악, 본질과 현상 등의 이분법에 기초한 형이상학을 극복하는 중요한 단초가 된다. 놀이의 비-주관성, 비-목적성 또는 무-목적성, 무-의미성의 접두어 '비非' 또는 '무無'는 단순히 실재實在와 모순관계에 있는 것이 아니다. 그것은 차라리 세계의 고유한 존재방식을 뜻한다. 세계, 또는 하이데거의 개념을 빌리자면 '존재'는 고정된 실체가 아니며, 인간 또는 주체로 인식될 수 없는 일체 존재자들을 개방하는 지평과 같다. 그래서 하이데거, 가다머, 그리고 핑크는 놀이의 존재론을 통해 놀이에 담긴 무無의 속성에 주목하고 주체 중심의 전통 형이상학을 극복하려고 했다.

이 책에서는 놀이의 철학적 이해를 목표로 우선 놀이의 철학사적 의미 변화를 추적한다. 이것을 통해 놀이가 가진 고대적·근대적·현대적 사유모델의 특징과 놀이가 철학에서 어떤 지위를 차지하고 있었으며 그 역할은 무엇인지 따져볼 것이다. 또한 이를 바탕으로 놀이를 대하는 고대인, 근대인, 그리고 현대인의 태도 차이를 살펴봄으로써, 그들 사유의 특징과 문제점도 밝혀낼 것이다.

이 책은 3부로 구성된다.

1부에서는 고대의 놀이적 사유 유형을 헤라클레이토스와 플라톤을 통해 살펴본다. 놀이철학의 관점에서 두 철학자가 차지하는 위상은 특별하다. 헤라클레이토스는 놀이를 본격적으로 철학의 주제로 삼은 최초의 철학자이다. 니체·하이데거·가다머·핑크는 특히 그의 단편 B52를 놀이사유의 핵심을 보여주는 것으로 파악하고 자신들의 철학에서 비중 있게 다룬다.

헤라클레이토스가 '놀이하는 아이aion'를 통해 삶과 세계의 본질을 파악한 것과 달리 플라톤은 놀이에 매우 비판적인 태도를 견지한다. 플라톤은 놀이를 미메시스(모방) 행위로 보고, 즉 놀이를 원본(실재)에 대한 모사 또는 흔적으로 취급함으로써 실재와 거리가 먼 허상 또는 쓸데

없는 짓으로 평가한다. 플라톤은 특히 예술가의 창작행위를 전형적인 놀이로 보고, 예술에 대한 평가절하의 근거로 삼는다. 놀이에 대한 플라톤의 이해는 그 후 오랫동안 놀이를 진지하지 못한 것, 진리와 거리가 먼 거짓과 관계하는 것으로 받아들이는 선입견의 출발점이 되었다.

2부에서는 놀이의 근대적 사유 유형을 칸트·실러를 중심으로 살펴본다. 근대에 들어 놀이는 새롭게 조명받는데 그것은 근대가 분화의 시대답게, 인간이 인식하고 실천하는 존재이면서 동시에 심미적 존재라는 사실을 간파한 사실과 무관하지 않다.

칸트는 자신의 《판단력비판》에서 놀이를 비중 있게 다룬다. 그가 놀이에 관심을 둔 이유는 이론이성과 실천이성 사이에 놓여 있는 간극을 메우려는 시도에서 비롯되었다. 이론이성은 필연의 세계인 현성계와 관계하는 데 반해 실천이성은 자유의 세계, 즉 인식 불가한 물자체의 세계와 관계한다. 따라서 두 세계는 논리적으로 관계할 수 없다. 이 문제를 해결하기 위해 칸트는 《판단력비판》에서 취미판단을 분석하면서 취미판단이 필연과 자유의 두 세계 모두 관계하는 것으로 본다. 이것이 가능한 것은 지성과 상상력의 우연적 놀이에서 비롯된다. 여기서 우리는 칸트에서 '놀이'가 차지하는 지위를 이해할 수 있다. 즉 칸트에서 놀이는 독립적인 의미를 지니기보다는 필연과 자유의 세계를 연결하는 끈이라는 수단으로 기능할 뿐이다.

실러는 칸트의 미학을 비판적으로 계승한다. 그는 이성 중심의 문화가 초래한 인간성 상실은 인간의 근본적인 두 충동 간의 불균형에서 비롯되었다고 본다. 즉 이성에 기초한 형식충동과 그것에 대립하는 감성충동이 그것이다. 실러에 따르면 인간에게는 두 충동이 모두 필요한

데, 하나의 충동이 다른 충동을 지배하게 되면 공허하거나 맹목적이 될 수 있다. 건강한 문화는 두 충동의 조화에서 가능하며 두 충동이 조화를 이룰 때 제3의 충동이 발생하는데, 그것이 바로 놀이충동이다. 예술은 바로 이 놀이충동에서 비롯된다. 예술을 하는 동안, 즉 놀이를 할 때 인간은 비로소 완전한 존재가 될 수 있는 것이다. 그러나 실러에서도 역시 놀이가 중심이라기보다는 칸트에서처럼 놀이는 여전히 두 가지 충동의 산물이며, 근대의 제한된 놀이의 지위를 보여준다.

3부는 놀이의 현대적 사유 유형을 탐색하는 것으로, 이 저서에서 가장 중요한 부분이다. 놀이철학에서 니체가 차지하는 지위는 특별하다. 20세기 중반 문화사적 차원에서 유럽 문화에 대한 전면적 반성이 제기되기 반세기 전, 이미 니체는 유럽 문명의 위기를 극복하는 방안으로 놀이에 주목한다. 니체의 경우 유럽의 가치의 기원에 관한 계보학적 연구를 통해 여러 가치의 탄생과 소멸, 그리고 그것의 원인을 추적한다. 이러한 연구의 결론은, 가치는 특정한 개인과 공동체의 '힘을 향한 의지'의 산물이라는 것이다. 놀이도 같은 기준에 따라 평가되는데, 놀이가 처음부터 철학사에서 주변적 가치로 다루어진 것은 아니다.

니체에 따르면 놀이적 사유양식이 주도권을 행사한 시대가 있었으며, 그러한 사유양식을 갖춘 문화의 건강성에 주목해야 한다. 이때 니체가 주목한 문화는 바로 소크라테스 이전의 그리스 문화이다. 그리스 문화의 뿌리에는 놀이적 사유가 함께한다. 유럽 가치의 재평가를 통해 니힐리즘을 극복하려는 니체가 찾은 돌파구는 바로 놀이이다. 니체의 예술철학, 관점주의, 힘을 향한 의지, 영원회귀는 모두 놀이와 밀접한 관계가 있다. 즉 니체에게 놀이는 전통 형이상학의 극복과 새로운 가치 창조의 모태인 셈이다.

　놀이와 관련한 니체의 사유가 전통 형이상학의 극복과 밀접한 관계가 있듯, 하이데거·가다머·핑크의 사유도 주체 중심의 근대 형이상학을 극복하는 것과 불가분의 관계가 있다.

　하이데거 철학의 주제는 '존재'이다. 하이데거는 플라톤 이래 서양 철학사는 존재 망각의 역사임을 폭로한다. 그에 따르면 존재를 존재자처럼 표상하는 방식으로 설명하는 것이 플라톤에서 니체 철학에 이르기까지 전래傳來 철학의 공통적 문제점이다. 존재는 이해되는 것이 아니라 사유된다. 그렇다면 존재 사유는 어떻게 가능한가?

　전기 하이데거는 현존재 분석을 통해 존재의 이해를 꾀했다. 즉 인간은 존재를 이해하는 탁월한 통로이기에 인간의 실존론적 분석을 도대로 존재 이해를 시도한다. 그러나 후기에 이르러 하이데거는 이른바 '전회'를 통해 전기의 현존재 분석을 바탕으로 한 존재 이해를 포기하고, 오히려 존재 자체가 생기生起하는 다양한 방식으로 존재 이해를 시도한다. 예술작품, 언어, 그리고 역사에서 어떻게 존재가 생기하는지 보여주면서 그는 특히 역사에서 존재의 생기를 '존재역운Seinsgeschick'이라는 개념으로 설명한다. 후기 하이데거는 존재가 존재자에게 자신을 보낸다고 봄으로써 존재와 존재자의 관계를 전도시킨다. 존재를 보내는 것, 즉 '존재역운'은 존재자를 위해 시간-놀이-공간을 마련해준다. 이곳에서 존재는 자신을 숨기면서 드러낸다. 역운으로서 존재는 자신의 근거와 목적을 지니지 않지만 우리에게 근거와 목적을 보내준다. 이러한 수수께끼 같은 것을 해명하기 위해 하이데거는 헤라클레이토스의 '놀이하는 아이'를 전거로 제시한다.

가다머와 핑크는 하이데거의 존재론적 놀이 이해를 더욱 심화한다. 가다머는 자신의 해석학에서 놀이를 중요한 개념으로 받아들인다. 해석학적 진리는 주객 이원론에 기초한 전통적 진리관과는 다르다. 가다머는 진리가 초월적이고 절대적인 주관에서 비롯되는 것이 아니라 주객의 상호작용, 즉 대화에서 발생한다고 주장한다. 그것에 대한 예시는 예술이 잘 보여준다. 가다머에 따르면 예술활동은 근본적으로 놀이적 속성을 띤다. 즉 예술작품은 표현되고 해석됨으로써 의미를 얻는다. 예술작품에서 작가는 작품에 절대적인 지배권을 행사하는 것이 아니라 오히려 작품에 부속된다. 놀이에서 주체가 아니라 놀이 자체가 놀이의 중심이듯이, 예술에서도 예술작품이 중심이 된다. 그래서 가다머는 놀이를 예술작품의 존재방식으로 파악한다. 예술작품에 대한 가다머의 이러한 해석은 창작자·주체의 관점에서 예술을 평가한 칸트와 실러의 시각을 거부하는 것이다.

핑크는 니체와 하이데거의 영향 아래 자신의 놀이철학을 구축한다. 핑크는 하이데거가 니체를 주체 중심의 근대철학을 계승한 '마지막 형이상학자'로 평가하는 견해를 거부한다. 니체의 놀이철학은 데카르트적 주체 형이상학을 넘어선다는 것이다. 그러나 놀이에 대한 핑크의 이해는 근본적으로 존재론적이다. 핑크는 하이데거가 존재 이해를 현존재 분석에서 찾듯이, 놀이에 대한 접근을 우선 '실존범주'의 차원에서 시도한다. 그에 따르면 인간은 노동하고 사랑하고 죽는 존재인 동시에 놀이하는 존재이다. 놀이를 통해 인간은 상상할 수 있고, 세계를 자유롭게 바라봄으로써 전체로서의 세계를 조망한다. 그러나 실존범주로서 놀이는 어디까지나 인간의 놀이이다. 놀이의 심층적인 의미는 '세계상징'으로서의 놀이가 보여준다. 하이데거의 존재 개념과 마찬가지로 핑크에서 세계는 주체, 목적, 인과, 선·악의 틀로 파악되지 않는다. 그것은 단지 우리에게 자신을 드러낼 뿐이며, 그것도 상징으로 나타난다. 이 상징 역할을 하는 것이 바로 놀이인데, 이때 놀이는 세계와 마찬가지로 주체, 목적, 인과, 선·악의 경계 너머에 있다. 따라서 세계상징으로서 놀이는 우리의 일상적인 놀이와는 다르다. 핑크 역시 세계상징의 놀이로 헤라클레이토스의 '놀이하는 아이'를 지목한다.

20세기 철학사의 가장 큰 특징 가운데 하나는 언어에 관한 관심일 것이다. 이른바 철학사에서 '언어적 전회The Linguistic Turn'로 불리는 운동은 인간의 삶과 존재에서 언어의 중요성을 통찰한 데서 비롯된다. 비트겐슈타인은 20세기 언어철학에서 결정적인 의미가 있는 철학자이다. 그는 언어와 사유의 관계를 파악하고, 사유가 언어에 의존한다는 점을 근거로 전통 형이상학의 주제들이 세계의 그 어떤 것도 지시하지 않는 '무의미한 것'으로 폐기되어야 한다고 주장한다. 그러나 비트겐슈타인은 이른바《논리-철학 논고》의 논리원자론이 취한 엄격한 기준이 생활세계의 일상적인 의미의 문제를 해결하는 데 무능하다는 점을 간파하고 후기의《철학적 탐구》에서는 인간 삶과 규칙, 그리고 의미를 따져 묻는다.

《철학적 탐구》의 주요 주제는 '언어놀이'이다. 어린아이가 엄마라는 낱말을 배운다는 것은 엄마라는 생물학적 대상을 배운다는 것뿐만 아니라, 엄마의 사회적·윤리적 역할이 무엇인지 알아간다는 것을 의미한다. 이것을 기초로 아이는 가족의 질서와 사회의 규범적 질서가 있고, 그것을 따라야 한다는 것을 인식하기 시작한다. 마찬가지로 우리가 한 언어를 배우고 사용한다는 것은 한 사회의 질서와 그 질서를 유지하기 위한 공동체의 행위 규칙을 배우고 따른다는 것을 뜻한다. 비트겐슈타인은 이러한 삶의 과정 전체를 언어놀이로 설명한다. 즉 그에게 언어놀이의 총체는 곧 인간 삶이 되는 것이다. 비트겐슈타인에 따르면, 문화는 삶의 양식이고 삶의 양식이 언어놀이에서 비롯되었다면, 문화의 뿌리는 바로 놀이가 되는 셈이다.

4부는 놀이와 우리 시대를 주제로 한다. '탈현대와 놀이의 질주—현대예술과 놀이'는 전체 주제에 대한 보론補論 성격을 띤다. 현대예술은 뭐라고 규정할 수 없을 정도로 양상이 복잡하다. 예술과 예술이 아닌 것은 지각적으로 식별할 수 없다는 아서 단토A. Danto의 '예술 종말론'이 설득력을 얻는 오늘날에는 모든 것이 예술이 될 수 있다. 그래서 변기도 예술이 되고, 비누상자도 예술이 된다. 심지어 돌무더기와 짐승의 사체도 예술작품으로 전시되는 형편이다. 레디메이드, 미니멀리즘, 개념미술, 그리고 디지털 예술의 경우에는 작품과 작가의 정체성마저 불분명하다. 단토의 말처럼, 이제 예술을 정의하는 역할은 예술계가 아니라 그것을 예술로서 해석할 수 있는 근거를 제시하는 철학이 맡는다는 표현도 꽤 설득력이 있다. 사실 현대예술에서 철학화 경향은 분명하다. 현대예술은 일종의 운동 형태로 등장하는 경우가 많았으며, 이 운동은 대부분 자신들이 신봉하는 예술관을 선언문 형태로 제시한다. 그런데 이 선언문들이 다분히 철학적이다. 특히 플럭서스, 개념미술, 대지예술, 그리고 포스트모던 예술에서 이러한 경향은 두드러진다.

오늘날 예술은 철학과 밀접한 관계가 있다. 그리고 오늘날의 예술은 놀이의 정신과 불가분의 관계가 있다. 우리가 현대예술에서의 놀이 정신을 현대철학에서의 놀이를 상론한 뒤에 다루는 것은 임의적인 것이 아니다. 현대철학의 놀이 사유는 현대예술의 직간접적인 자양분 구실을 한다. 그리고 예술은 삶에 더욱 직접적으로 관계한다. 따라서 오늘날의 삶을 이해하기 위해 현대예술에서 놀이의 정신을 상론하는 것은 당연한 수순이다.

특히 4부에서는 놀이정신을 잘 구현한 현대예술이 니체의 놀이철학과 어떤 관계가 있는지를 살펴본다. 현대철학에서 놀이가 주목받은 것은 근대의 주체 형이상학과 그것을 바탕으로 하는 일체의 토대주의의 한계를 극복하고자 하는 노력과 무관하지 않다. 현대철학자 중에는 놀이에 천착한 철학자들이 많다. 그러나 그중에서도 니체는 놀이를 본격적인 철학의 주제로 삼았다는 점뿐만 아니라 그의 놀이철학이 철학 밖의 영역에까지 지대한 영향을 끼쳤다는 점이 특기할 만하다. 니체의 놀이철학의 영향이 가장 두드러지게 나타나는 영역은 예술이다.

니체는 현대철학의 지형을 새롭게 구축했듯이 예술에 대한 새로운 접근 방식을 열었다. 그는 예술이 자연으로부터 특별한 능력을 부여받은 천재와 천재의 작품으로 규정되는 것을 거부한다. 그에게 예술은 인간 일반이 지닌 본성, 특히 생리학적 본성에서 유래한다. 즉 그는 예술의 출발을 생리적 '도취', 도취의 놀이에서 찾는다. 인간이 뭔가를 창작하려면 도취가 전제되어야 한다. 인간이 도취 상태에 있다는 것은 힘이 고양되었다는 뜻인데, 힘은 자신을 분출할 출구를 찾기 마련이다. 즉 일체의 '힘을 향한 의지'는 자기를 유·무형의 방식으로 조형하거나 형성하고자 한다. 니체는 자신의 후기 사상 중 하나인 '예술생리학Physiologie der Kunst'에서 예술을 아름다움을 창조하는 전문가의 활동이 아니라 인간의 창조적인 활동 일체로 넓혀나간다. 따라서 그에게는 인간의 인식

행위, 도덕적 가치를 수립하는 것도 일종의 창조적인 행위에 포함된다. 그리하여 니체는 자신의 예술철학이 현실화하는 '미래예술die Kunst der Zukunft'에서 "은둔자 같은 예술가와, 자기 작품을 전시하는 예술가는 사라지게 될 것이다"[10]라고 확신한다.

모든 인간의 행위를 예술적인 활동으로 이해함으로써 예술 창작자와 관람자, 창작자와 작품 간의 분리를 거부한 니체의 '예술생리학'은 현대예술의 강령이 되었다. 20세기 초에 '반예술Anti-Kunst' 운동의 일환으로 펼쳐진 '아방가르드' 예술부터 오늘날의 디지털 예술에 이르기까지 니체의 영향을 찾는 것은 어렵지 않다. 현대예술을 정의하기란 불가능에 가깝지만, 현대예술에서 우연과 놀이의 비결정성을 창작활동에서 핵심 요소로 받아들였다는 점과 작품 자체를 목적으로 하기보다는 예술활동 자체를 중요시한다는 점은 두드러진다. 이러한 현대예술의 경향에서 니체 놀이철학의 흔적을 쉽게 찾아볼 수 있다.

니체의 놀이적 사유에 깊이 공감하고 그것을 예술활동의 근간으로 삼은 대표적인 예술운동으로 플럭서스Fluxus를 꼽을 수 있다. 반反예술주의를 내세운 '다다'를 계승한 플럭서스 운동은 예술의 영역을 급진적으로 해체한다. 플럭서스 주창자들은 그들의 운동을 선언문 형태로 채택하는데, 그 핵심은 '모든 것이 예술일 수 있고, 누구나 예술가가 될 수 있다'는 것이다. 그들의 '확장된 예술관'을 추동하는 것은 선언문에서도 밝힌 '놀이'의 정신이다.

플럭서스의 대표주자인 보이스J. Beuys는 플럭서스 정신에 충실하

---

10   N: KSA9, 25(1[81]).

게, 자신을 조형하는 활동 자체를 예술로 본다. 그에게는 노동자의 생산 활동, 물리학자의 실험도 조각가의 창작활동과 근본적으로 다르지 않다. 그래서 보이스는 예술을 '행위Aktion'라고 표현하기를 원했으며, 인간의 근본적인 예술적 능력을 사회활동으로 확장한다. 즉 인간은 삶에서 저마다의 방식으로 자신을 조형한다. 그의 이른바 '사회적 조각Soziale Plastik'은 삶의 과정 자체를 실험과 예술로 보는 그의 시각을 잘 드러낸다.

현대무용에서도 니체 놀이철학의 흔적을 찾기란 어렵지 않다. 덩컨 I. Duncan이 개시한 표현주의 무용은 발레의 형식을 거부하고 몸의 자연성을 회복시키고자 했다. 그들은 의식에 묶인 몸을 해방함으로써 몸의 자율성을 극대화하려는 다양한 실험을 무대에서 감행한다. 그중에서도 탄츠테아터Tanztheater 운동을 펼친 피나 바우슈Pina Bausch가 두드러진다. 피나 바우슈의 작품은 특히 인간의 소외, 고독, 불안이라는 주제를 콜라주 형태로 재현하는 경우가 많았다. 탄츠테아터의 무대에는 개개의 여러 사태가 일관된 서사 없이 마치 '해프닝'처럼 이미지에서 이미지로 나열되거나, 마치 삶 그 자체의 모습처럼 서로 포개지고 콜라주 되어 동시다발적으로 표현된다. 여기에서 하나의 일관된 주제의식을 찾기란 쉽지 않다. 단지 장면과 장면 또는 동작과 동작 간의 우연적인 조합이 전부이다. 탄츠테아터의 무대는 언제나 난장 터처럼 사람들이 분주히 등장하고 퇴장하고, 그들의 몸짓과 대화를 통해 만들어지는 무수한 장면들이 교차한다. 공연장은 놀이터라고 할 수 있을 정도이다.

디지털 문화가 몰고 온 세계관의 변화는 중심의 끊임없는 이동, 규칙의 약화와 맥락 의존성, 우연성과 생성의 긍정에 근거한다. 디지털 문화의 정신을 대변할 만한 핵심 개념은 놀이이다. 이 점은 디지털 문화를 가장 선도적이고 심층적으로 보여주는 디지털 예술에서 더욱 분명하게 확인할 수 있다. 디지털 예술은 주로 이미지 변형을 통해 성취되는데, 그것은 이미지의 생성·처리·수정·배포를 가능하게 하는 컴퓨터의 도움 덕분이다. 디지털 이미지는 사진과 달리 대상이 없는, 즉 원본이 없는 이미지를 자유롭게 창작한다. 이 이미지는 컴퓨터 공학과 작가와 관람자의 상호작용을 통해 무한대의 변형이 가능하다. 디지털 예술은 존재·주체·법칙·목적에 묶여 있는 세계를 해방하고, 놀이에 담긴 가치를 우리에게 환기한다. 우리는 디지털 예술의 놀이적 성격과 현재성을 프랑스의 디지털 예술가 '모리스 베나윤Maurice Benayoun'을 통해 살펴볼 것이다.

이 책의 내용은 '놀이'와 관련하여 내가 집필한 여러 연구 논문과 저서에 직간접적으로 기초한다. 연구 논문의 목록은 다음과 같다.

《니체와 현대예술》(역락, 2012).

〈Aion, 놀이하는 아이 그리고 디오니소스 — 니체의 놀이개념에 대한 한 연구〉,《인문논총》57권(서울대학교 인문학연구원, 2007).

〈놀이에 대한 철학적 연구 — 니체의 놀이 개념을 중심으로〉,《니체연구》14집(한국니체학회, 2008).

〈헤라클레이토스 단편 B52에 대한 한 연구 — 놀이철학의 관점에서〉,《니체연구》17집(한국니체학회, 2010).

〈니체는 헤라클레이토스를 오해했는가? — 니체의 헤라클레이토스 해석〉,《철학연구》114집(대한철학회, 2010).

〈인식과 놀이─칸트의 놀이 개념을 중심으로〉, 《대동철학》 53집(대동철학회, 2010).

〈놀이의 실천철학적 의미─니체 철학을 중심으로〉, 《철학연구》 122집(대한철학회, 2012).

〈니체의 놀이철학과 디지털 예술의 미적 체험─베냐윈의 디지털 예술 작품을 중심으로〉, 《철학연구》 124집(대한철학회, 2012).

〈왜 타란툴라는 춤을 출 수 없는가?─니체의 새로운 서판과 놀이의 정신〉, 《철학논총》 71집(대한철학회, 2013).

〈놀이사유의 근대적 유형과 니체의 비판─실러 비판을 중심으로〉, 《니체연구》 26집(한국니체학회, 2014).

〈생성의 놀이와 세계 상징으로서 놀이─F. Nietzsche와 E. Fink의 놀이철학〉, 《인문학연구》 101호(충남대 인문과학연구소, 2015).

〈놀이와 형이상학─니체, 하이데거, 핑크의 놀이 사유〉, 《니체연구》 29집(한국니체학회, 2016).

1부
놀이의 고대적 사유 유형

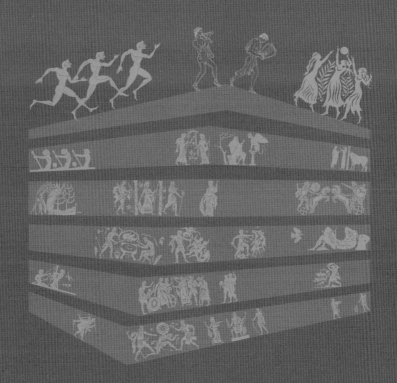

1장
헤라클레이토스와 놀이하는 아이[1]

헤라클레이토스 사유의 전모를 파악하는 것은 불가능에 가깝다. 그의 사유를 확인할 수 있는 유일한 길은, 여러 사람에 의해 자의적으로 선택되고 가공된 흔적마저 가끔씩 보여 과연 헤라클레이토스에게서 유래한 것인지도 의심스러운 단편을 해석하는 일이다. 철학사를 통해 헤라클레이토스를 이해하는 두 틀은 '변화'와 '로고스'이다. 그런데 문제는 이러한 틀로 이해할 수 없는 단편들이 다수 있다는 것이다. 그 대표적인 경우가 B52이다.

철학사는 오랫동안 헤라클레이토스의 B52에 주목하지 않았다. 19세기 중반 이후 문헌학자를 중심으로 연구가 시작되었지만 크게 주

---

1   이 글은 정낙림, 〈헤라클레이토스 단편 B52에 대한 연구〉,《니체연구》제17집(한국니체학회, 2010), 239~273쪽에 기초하며, 문헌적 차원에서는 G. 볼파르트의 헤라클레이토스에 관한 탁월한 연구서인 *Also sprach Heraklit. Heraklits Fragment B52 und Nietzsches Heraklit-Rezeption*, Freiburg(Breisgau) u.a., 1991에서 많은 도움을 받았다.

목받지는 못했다. B52에 대한 획기적 해석은 니체와 하이데거를 통해 이루어졌다. 니체는 B52를 통해 자신의 놀이철학의 선구를 발견했으며, 하이데거는 자신의 존재론, 특히 '존재역운'과 관련하여 B52를 바라본다. 그러나 두 철학자의 획기적인 해석에도 불구하고 논란은 계속되고 있다.

이 장에서는 먼저 B52가 헤라클레이토스의 단편들에서 어떤 지위를 차지하는지 살펴보고, 그것의 독자성을 드러낼 것이다. 둘째, B52에 대한 다양한 번역 가능성을 살펴보고, 그중에서 어떤 것이 수용 가능한지 따져볼 것이다. 셋째, B52를 구성하고 있는 단어들을 어원학적 차원에서 분석하고 그 의미를 해석할 것이다. 넷째, B52를 구성하는 단어들이 의미의 차원에서 어떻게 정합적으로 이해될 수 있는지 놀이 개념을 중심으로 살펴볼 것이다.

1. 놀이철학의 선구자

"우리의 최고 예술과 철학 사이에는, 그리고 진실로 인식된 먼 고대 사이에는 모순이 존재하지 않는다. 그것들은 서로 보호해주고 지지해준다. 여기에 내 희망이 놓여 있다."[2] "그는 밝히는 것das Lichtende의 빛남 Scheinen을 사유의 언어 안으로 불러내려고 하면서, 밝히는 것에 대해서 말한다."[3] 여기서 희망의 근거가 되고 알레테이아alêtheia를 말하는 자는

---

2   F. Nietzsche, N; KSA8, 69(5[111]).

헤라클레이토스이다. 그런데 철학사는 역설적이게도 헤라클레이토스를 '어두운 사람der Dunkle', 즉 '스코테이노스skoteinos'라고 일컫는다. 헤라클레이토스에게 따라붙는 '어두운'이라는 형용사의 의미는 그에 대한 '수수께끼를 이야기하는 사람'이라는 또 다른 별칭이 암시해준다. 헤라클레이토스 언술의 난해함은 심지어 아리스토텔레스에게서 '모순율의 법칙을 깨뜨린' 자로 비난받기에 이른다.[4]

헤라클레이토스의 철학에 접근하는 데 가장 먼저 만나는 방해물은 그가 남긴 조각글이 매우 상징적이고 은유적이어서 해석의 다양성을 허용한다는 점에서 비롯된다. 여기에다 오늘날 우리가 접하는 헤라클레이토스의 단편은 그의 저작 중 일부분이어서 이것이 그의 사상 전체를 대변하는지도 의심스럽다. 엄밀히 말해 우리에게 전해진 헤라클레이토스의 사상은 플라톤, 아리스토텔레스, 그리고 그 후 스토아학파를 비롯한 여러 철학자들에 의해 전승되고 가공된 기록을 바탕으로 하기 때문에, 진정한 헤라클레이토스의 사상을 말하기란 사실상 불가능에 가깝다.

헤라클레이토스 철학의 전모를 파악하는 어려움에도 불구하고 그의 사유를 두 갈래로 설명하려는 시도가 철학사를 통해 이어져왔다. 먼저 플라톤, 아리스토텔레스 이래 오랫동안 철학사에서 받아들이고 있는 견해로 헤라클레이토스 사유의 핵심을 '판타레이panta rhei', 즉 만물유

---

3 M. Heidegger, *Vorträge und Aufsätze*, Pfullingen, 1954, S. 258. 특별한 경우를 제외하고 앞으로 그리스어는 로마자로 표기한다.

4 Aristoteles, *Metaphysica*, IV 1005 b, in: H. Tredennick(tr.), *Aristotle in twenty-three volumes*, Cambridge: Harvard Univ. Press, 1944. 1005 b; F. Nietzsche, N; KSA 1, 823 참조.

전설로 보는 것이다. 또 하나는 20세기 들어와 많은 학자들이 지지하는 견해인데, 비록 헤라클레이토스가 변화를 언급하긴 하지만 변화 자체보다는 변화 속의 통일과 조화의 법칙, 즉 로고스에 그의 사유의 핵심이 있다고 보는 것이다. 헤라클레이토스 해석에서 두 견해는 여전히 논란을 겪고 있으며, 학자마다 헤라클레이토스의 단편을 자신의 시각에 따라 분류한다. 그런데 문제는 헤라클레이토스의 단편 중에는 변화와 로고스의 관점에서 분류되지 않는 단편도 있다는 것이다. 대표적인 것이 바로 B52이다.

단편 B52가 헤라클레이토스적 사유와 무관한 사유를 담고 있기에 가짜라는 설도 많이 제기된다.[5] 그만큼 철학사는 2천 년이 넘도록 단편 B52에 주목하지 않았으며, 철두철미 평가절하했다. 단편 B52에 대한 새로운 조명은 니체에서 비롯된다. 니체는 헤라클레이토스 철학의 정수를 B52에서 찾으며, 자신에게 빛을 던져준 단편으로 평가한다. 하이데거도 자신의 존재론과 관련하여 B52를 새롭게 해석한다. 오늘날 이른바 '주체의 죽음' '탈중심' '탈영토' '탈코드' '우연성'을 핵심 개념으로 받아들이는 탈현대 담론에서 B52의 가치는 더욱 빛난다. 이 글은 헤라클레이토스 단편 B52의 의미를 특히 놀이 개념에 초점을 맞추어 해명

---

5   B52는 "수수께끼 같은 단편"(M. Durić, *Nietzsche und Metaphysik*, Berlin u.a. 1985, p. 154), "가장 난해한 헤라클레이토스의 수수께끼"(Ch. H. Kahn, *The Art and Thought of Heraclitus*, Cambridge, 1979, p. 227), "헤라클레이토스의 단편 중 아마 가장 논란이 되는 것"(W. Nestle, "Heraklit und die Orphiker", in: *Philologus* 64, 1905, p. 373), 이 단편은 "다양한 의미를 지닐 수 있다"(H. Fränkel, *Dichtung und Philosophie des frühen Griechentums*, München, 1962, p. 448), "단편의 의미는 불명료하고, 그것을 해석하려는 시도는 다양하다"(M. Marcovich, *Heraclitus*, Greek Text with a Short Commentary, Editio Maior, Merida, 1967, p. 493), "지금까지 해명되지 않은" 단편(B. Snell, "Die Sprache Heraklits", in: *Hermes* 61, 1926).

하고자 한다.

2. 헤라클레이토스 사유체계에서 B52의 지위

헤라클레이토스의 저작이 온전한 형태로 전승되지 않았다는 점, 그리고 전승과정에서 헤라클레이토스의 사유가 왜곡될 수 있는 소지가 다분하다는 점을 감안한다면, 그의 사유의 핵심을 간파하는 것은 쉽지 않다. 어떤 단편이 헤라클레이토스의 사유의 핵심을 담고 있는가는 헤라클레이토스의 사유가 해석자의 주장에 얼마나 유용한가에 따라 달라진다.[6] 예를 들어 하이데거는 알레테이아, 즉 비은폐성과 관련하여 "단편 16, '결코 몰락하지 않는 것 앞에서 어떻게 사람들이 자기를 숨길 수 있는가?'[7] 이 잠언은 16번째 단편으로 배열되어 있지만, 아마도 이 단편은 그것의 내적인 지위와 지시하는 영향력에 비추어볼 때 우리에게는 가장 첫 번째 단편이라고 할 만하다"[8]고 주장한다.

---

6   하이데거는 이 사정을 이렇게 말한다. "통찰력이 있는 자들은 헤라클레이토스가 플라톤과 아리스토텔레스, 그리고 기독교의 교회 저술가와 헤겔, 니체에게 각각 다른 방식으로 말한다는 것을 알고 있다. 사람들이 이 다양한 해석들을 역사학적으로 확인하는 것에만 몰두한다면, 사람들은 그러한 다양성으로 인해서 자신이 상대주의라는 유령에 의해 위협받고 있다는 것을 알게 된다. 그리고 이는 실로 필연적이다"(M. Heidegger, *Vorträge und Aufsätze*, p. 261).

7   헤라클레이토스의 단편 B16의 독일어 번역은 다음과 같다. "wie kann einer sich bergen vor dem, was immer untergeht?"(H. Diels u. W. Kranz[Hrsg.], *Die Fragmente der Vorsokratiker*, Bd.1, Berlin, 1960, p. 155). 앞으로 이 책을 헤라클레이토스의 원문 인용에 이용하며, 한국어 번역은《소크라테스 이전 철학자들의 단편 선집》, 김인곤 외 옮김(아카넷, 2005), 218~266쪽에 근거한다. 단편의 번호는 본문에서 인용한 뒤 괄호 속에 표시한다.

8   M. Heidegger, *Vorträge und Aufsätze*, p. 259f.

그러므로 헤라클레이토스가 단편 속에서 진정으로 주장하고자 한 바가 무엇인지에 대한 논란은 피할 수 없는 것 같다. 헤라클레이토스를 읽는 대표적인 방식은 '변화' 또는 '생성'의 철학과 변화 뒤에 숨은 '조화'와 '통일'을 부여하는 '로고스'의 철학이다. 전자는 플라톤, 아리스토텔레스 이래 오랫동안 철학사를 지배한 이론이고, 후자는 20세기에 들어 본격적으로 힘을 얻는 주장이다.[9] '판타레이' 설이 헤라클레이토스 사유의 본질이라는 시각은 19세기까지 의심의 여지가 없었다. 니체가 바라본 헤라클레이토스도 다르지 않다. 니체가 《플라톤 이전의 철학자들 Die vorplatonischen Philosophen》에서 밝힌 헤라클레이토스 사상의 핵심은 ① 생성Werden, ② 디케dike, 정의, ③ 투쟁Polemos, ④ 불이다.[10] 생성이 세계의 정의이며, 그것은 투쟁의 모습으로 드러나고 언제나 생동하는 불이 그것을 상징한다. 즉 헤라클레이토스에게 세계의 유일한 실재는 생성이고, 생성은 언제나 비영속성의 모습을 띤다.

그러나 '모든 것은 흐른다Panta rhei'라는 말은 사실 헤라클레이토스의 말이 아니다. 그것은 플라톤이 헤라클레이토스를 의역한 것에서 비롯되었다.[11] 유전설에 가장 가까운 헤라클레이토스의 단편은 B91이다.

---

9   플라톤과 아리스토텔레스 해석에 대한 본격적인 반론은 20세기에 와서 이루어졌다. 그 선두에 버넷J. Burnet이 있다. 버넷은 헤라클레이토스 사유의 핵심을 변화가 아닌 대립물의 통일로 봐야 한다고 주장한다. 버넷의 견해는 라인하르트K. Reinhardt에서 절정을 이룬다. J. Burnet, *Early Greek Philosophy*, 4th ed., London, 1930, p. 132 이하 참조. G. S. Kirk, *The Cosmic Fragments*, Cambridge 1954, pp. 13~15; K. Reinhardt, *Parmenides und die Geschichte der Griechischen Philosophie*, Bonn 1916, p. 205; E. Kurtz, *Interpretationen zu den Logos-Fragmenten Heraklits*, Hildesheim u.a., 1971, p. 15 참조. 이창대, 〈헤라클레이토스 철학에 대한 새로운 이해〉, 《철학》 43집(한국철학회, 1995), 125쪽 참조.

10   니체의 바젤 시대《플라톤 이전의 철학자들》에 대한 강의는 F. Nietzsche, *Kritsche Gesamtausgabe*(앞으로 KGW로 축약), Colli u.a.(Hg.), Berlin u.a., 1995 인용. KGW II-4, p. 278 참조.

"같은 강에 두 번 발을 담글 수 없고 가사적인 것을 고정된 상태에서 두 번 접촉할 수도 없다."[12] 이것을 플라톤과 아리스토텔레스는 자기 식으로 변형한다. "모든 것은 변한다. 어떤 것도 확정적으로 있다고 할 수 없다."[13] "모든 것은 유전하며 어떤 것도 정지해 있지 않다. …… 모든 것은 운동하며 어떤 것도 정지해 있지 않다."[14]

그런데 변화는 최소한 두 개 이상의 대립자를 상정해야 하며, 대립자들 간에는 그것들을 연결하고 통일성을 유지시키는 힘 또는 법칙이 있어야만 한다. 이러한 법칙이 없을 때 변화의 영속성과 순환은 불가능하다. "전쟁은 공통된 것이고 투쟁이 정의이며, 모든 것은 투쟁과 필연에 따라서 생겨난다는 것을 알아야만 한다"(B80). "그것이 어떻게 자신과 불화하면서도 그 자신과 일치하는지를 사람들은 이해하지 못한다. 그것은 마치 활과 리라lyra의 경우처럼, 반대로 당기는 조화이다"(B51). 헤라클레이토스는 대립자들의 배후에 대립과 조화를 가능하게 하는 내재적 법칙이 존재한다고 확신하고 그것을 로고스라 일컫는다. 로고스는 그의 단편에서 불로 등장하는 경우가 많다. "이 세계kosmos는 모두에게 동일한데, 어떤 신이나 인간이 만든 것이 아니라 언제나 있어왔고 있고 있을 것이며, 영원히 살아 있는 불로서 적절한 만큼 타고 적절한 만

---

11 클라우스 헬트, 《지중해 철학기행》, 이강서 옮김(효형출판사. 2007), 57쪽.
12 단편 12 참조. 변화와 관련한 다른 단편은 예를 들자면 다음과 같다. "우리는 있기도 하고 없기도 하다"(단편 49a); 모든 것은 어떤 다른 것이 되고 그래서 다른 형태를 갖는 것으로 보이며 수없이 다양한 상태로 변한다. 즉 "모든 것으로부터 일자가 만들어지며, 하나에서 모든 것이 나온다"(단편10); "신은 낮이요 밤이요 여름이고 겨울이며 전쟁과 평화이며 풍요이며 빈곤이다"(단편 67).
13 Aristoteles, peri meteoron III 1, 298b 30.
14 Platon, *Kratylos*, 401D, 402A, in: *Werke* in acht Bänden Griechisch und Deutsch, bearbeitet v. D. Kurz, Darmstadt, 1990.

큼 꺼진다." "모든 것은 불의 교환물이고 불은 모든 것의 교환물이다. 마치 물건들이 금의 교환물이고, 금은 물건들의 교환물이듯이"(B90).[15]

헤라클레이토스에서 로고스는 세계의 질서일 뿐만 아니라 인간의 사유 또는 삶과 관련된 일체의 척도를 부여하는 것이다. 따라서 그에게 지혜로운 인간과 어리석은 인간의 차이는 로고스를 인식하고 따르는 자인가 또는 그렇지 않은가의 차이에서 비롯된다. 기건O. Gigon은 헤라클레이토스가 단편을 통해 진정으로 말하고자 하는 것은 바로 이 세계의 대립과 그 대립에는 질서를 부여하는 숨은 조화, 즉 로고스가 있다는 사실이라고 확신한다.[16] 이와 같이 헤라클레이토스의 단편을 변화의 관점과 로고스의 관점으로 해석하는 철학자들은 자신의 확신에 따라 헤라클레이토스의 단편들을 분류한다. 그러면 B52는 어디에 속하는가?

"인생은 장기를 두면서 노는 아이. 왕국은 아이의 것이니"(B52). 무엇보다 이 단편을 '변화'의 관점에서 읽을 수 있는가? 우리는 이 단편에서 일차적으로 변화에 대한 헤라클레이토스의 생각을 읽어내는 것이 아주 어렵다는 점을 인정하지 않을 수 없다. 단편에서 아이가 성장하여 성인이 되고, 늙고, 마침내 죽는다는 식의 현상적인 변화는 보이지 않는다. 더욱이 왕국의 주인도 성인이 된 남성이 아니라 아이이다. 즉 단편에서 아이는 아이로 남는다.

그렇다면 이 단편은 로고스의 관점에서 해석될 수 있는가? 우리는 그 가능성을 쉽게 배척할 수 없음을 인정해야 한다. 만약 이 단편을 로

---

15 단편 B31, B60 참조.
16 O. Gigon, *Untersuchungen zu Heraklit*, Leibzig, 1935, pp. 25~29 참조.

고스의 관점에서 해석한다면 단편의 내용은 매우 부정적으로 해석될 여지가 다분하다. 즉 B52의 놀이하는 아이, 그리고 왕좌에 앉아 있는 아이는 로고스를 모르는 무지한 인간을 상징할 수 있다. 그들의 행위는 장기놀이에서 어떤 패가 펼쳐질지 알 수 없는 것처럼 우연성이 지배하여 로고스와는 무관하다. 역시 아이에 의해 지배되는 왕국 또한 어떤 방향으로 흘러갈지 알 수 없다. 따라서 B52는 로고스와 무관한 삶을 살아가는 인간과 사회의 위험성을 경고하는 것이라고 봐야 한다는 것이다.[17]

아이의 무지몽매함은 꿈꾸는 자 또는 취해 있는 자에 비교할 수 있다. 이에 반해 로고스를 이해하는 자는 깨어 있는 자라 할 수 있다. "깨어 있는 자들에게는 하나이고 공통의 세계가 있다. 반면에 잠들어 있는 자들 각각은 자기만의 세계로 돌아간다"(B89). 깨어 있는 자는 보편적인 로고스를 인식한 자로 우주와의 깊은 연관을 인식하는 자이다. 즉 자신의 삶이 전체이며 보편인 우주와의 유기적 연관에 의존한다는 사실을 인식하는 자이다. 반면 잠들어 있는 자는 전적으로 제멋대로 행동하는 아이처럼 주관적인 세계에 머무른다는 것이다.

그렇다면 우리는 B52를 로고스의 관점에서 로고스에 무지한, 그리하여 로고스를 따르지 않는 인간의 부정적인 모습을 피력한 것으로만 봐야 하는가? 만일 그렇다면 니체나 하이데거의 B52 해석은 전적으로 잘못된 해석으로 비판받아야 할 것이다. 그런데 사정은 그렇게 단순하지 않다. 우선 헤라클레이토스에서 아이에 대한 해석이 부정적인 것만

---

17 K. Held, *Heraklit, Parmenides der Anfang von Philosophie und Wissenschaft*, Berlin u.a., 1980, p. 437 참조.

은 아니라는 점, 그리고 아이가 만일 '신'의 아이 또는 특별한 역사적 맥락을 가진 '아이'라면 사정이 달라질 수 있다는 점을 간과해서는 안 될 것이다. 또한 헤라클레이토스를 로고스의 철학자로만 규정하는 것은 비록 다수의 지지자가 있지만 하나의 해석이기 때문에, 그 해석이 헤라클레이토스의 사유를 일반화할 수 있다는 확신은 매우 위험하다. 그런 확신은 오히려 헤라클레이토스의 사유에 담긴 다양한 해석 가능성을 차단하는 것일 수도 있다. 따라서 우리는 B52를 선입견 없이 해석하는 노력을 기울일 필요를 느낀다.

3. B52에 대한 다양한 번역의 가능성

B52의 지위를 둘러싼 논란도 다양하지만, B52를 어떻게 번역할 것인지도 쉬운 일이 아니다. 이것은 연구자가 어떤 관점에서 해석하는가에 따라 헤라클레이토스 철학의 내용이 달라지는 것과 같은 맥락이다. 우선 오늘날 대표적인 번역으로 받아들여지는 딜스H. Dielz와 크란츠W. Kranz의 경우를 보자. αἰών παῖς ἐστι παίζων, πεσσεύων παιδὸς ἡ βασιληίη. Die Lebenszeit ist ein Knabe, der spielt, hin und her die Brettsteine setzt: Knabenregimmt![18] '삶의 시간은 장기를 이리저리 두면서 노는 아이. 왕국은 아이의 것이니.' 여기서 딜스와 크란츠는 aion을 '삶의 시간Lebenszeit'으로 번역한다.

18　H. Diels/W. Kranz, *Die Fragmente der Vorsokratiker*, Bd. I, p. 162.

B52를 후대에 기록으로 전한 자는 '히폴리토스Hippolyte'인데, 이것을 독일어로 옮긴 프라이징Graf K. Preysing은 이렇게 번역한다. "Die Zeit ist ein spielender Knabe, der die Brettsteine hin und her setzt: Knabenregiment."[19] 프라이징의 번역은 딜스나 크란츠와 대동소이하지만 aion을 시간die Zeit이라고 번역함으로써, 딜스와 크란츠가 aion을 삶의 시간으로 한정한 것과 달리 시간 일반으로 본다는 점에서 결정적인 차이가 난다. 또 다른 해석인 스넬B. Snell의 번역을 보자. "Der Aion ein Kind beim Spiel, beim Brettspiel—ein Kind sitzt auf dem Throne."[20] '아이온은 놀이하는, 장기놀이 하는 아이—아이가 왕좌에 앉는다.' 스넬은 여기서 aion을 음가 그대로 표기한다.

프렝클H. Fränkel은 더 과감하게 번역한다: "Das Dasein ist ein Kind beim Spiel, beim Brettspiel; ein Kind regiert als König."[21] '현존재는 놀이, 장기놀이를 하는 아이; 아이가 왕으로 다스린다.' 프렝클은 aion을 Dasein으로, 아이가 왕으로 통치한다는 것을 분명히 하고 있다. 영어권의 대표적인 번역인 커크G.S. Kirk의 번역을 보자. "Aion is a child at play, playing draughts; the kingship is a child's."[22] '아이온은 놀이, 장기놀이 하는 아이, 왕국은 아이의 것이다.' 커크는 스넬과 마찬가지로 aion을 음가 그대로 표기한다. 또 다른 영어 번역을 보자. 마르코비치

---

19 *Des heiligen Hippolytus von Rom Widerlegung aller Häresien*, übers. v. Graf K. Preysing, München, 1922, p. 241.

20 B. Snell, "Die Sprache Heraklits", p. 145.

21 H. Fränkel, "Eine heraklitische Denkform", in: ders., *Wege und Formen frühgriechischen Denkens*, 3. Aufl. München, 1968, p. 264.

22 G. S. Kirk, *Heraclitus, the Cosmic Fragments*, Cambridge, 1954, XIII.

M. Marcovich는 이렇게 번역한다: "(Human)age is a child playing, playing dice(or draughts): a child has the Kingly power."[23] '(인간) 일생은 놀이하는, 주사위(또는 장기)놀이 하는 아이: 아이가 왕의 힘을 가졌다.' 마르코비치는 aion을 삶의 시간으로 본다는 점, 그리고 pesseuo를 장기와 더불어 주사위로 번역한다는 점에서 독특하다. 더 최근의 연구자인 헬트K. Held는 B52를 이렇게 번역한다: "Die Lebenszeit ist ein Kind, das spielt, Brettsteine setzt; Kindersherrschaft."[24] '삶의 시간은 장기를 두면서 노는 아이; 아이의 지배.' 헬트는 aion을 '삶의 시간', 즉 인생으로 제한한다. 또 만스펠트J. Mansfeld는 이렇게 번역한다: "Das ewige Leben ist ein Kind, spielend wie ein Kind, die Brettsteine setzend; die Herrschaft gehört einem Kind."[25] '영원한 삶은 장기를 두는 아이처럼 놀이하는 아이; 지배권은 아이에 속한다.' 만스펠트는 aion을 '영원한 삶'으로 번역함으로써 aion을 영원성의 차원에서 이해한다.

지금까지 살펴본 것처럼, B52의 번역은 첫 단어인 aion을 어떻게 해석할 것인가부터 어려움이 시작된다. 그렇다면 헤라클레이토스를 철학사에서 새롭게 자리 매김한 니체와 하이데거는 B52를 어떻게 번역하고 해석하는가? 헤라클레이토스를 자신의 선구로 규정하기를 주저하지 않았던 니체는 B52를 이렇게 해석한다. "'세계-시간die Welt-Zeit'은 놀이하는 아이이며, 장기놀이의 행위이며, 어린아이의 왕국이다." "영겁의 시간 에온Aeon은 자기 자신과 이 놀이를 한다."[26] 헤라클레이토스

23 M. Marcovich, *Heraclitus, Greek Text with a Short Commentary*, Editio Maior, Merida, 1967, p. 493.

24 K. Held, *Heraklit, Parmenides der Anfang von Philosophie und Wissenschaft*, p. 438.

25 Die Vorsokratiker I, gr./dt., überzetzt und erläutert von J. Mansfeld, Stuttgart, 1983, p. 281.

를 존재에 대한 최초의 사유를 펼친 철학자로 규정한 하이데거는 니체에 관한 자신의 강연에서 B52를 이렇게 번역한다. "Der Aeon ist ein Kind beim Brettspiel; eines Kindes ist die Herrschaft."[27] 'Aeon은 장기놀이 하면서 노는 아이; 아이에게 지배권이 있다.' 이보다 앞서 1926년 릴케Rilke 서거 20주년을 기념한 강연회 '왜 사유인가Wozu Denken'에서 그는 B52를 조금 다르게 번역한다. "Weltzeit, Kind ist sie spielendes das Brettspiel; eines kindlichen Spiels ist die Herrschaft."[28] '세계시간은 장기놀이 하는 아이; 아이의 놀이에 지배권이 있다.' 여기서 하이데거는 aion을 세계시간으로 번역한다. 또 1955/1956년 겨울학기에 프라이부르크 대학에서 행한 강연의 끝부분에서 하이데거는 B52를 이렇게 번역한다: "Seinsgeschick, ein Kind ist es, spielend, spielend das Brettspiel; eines Kindes ist das Königtum."[29] '존재역운, 그것은 놀이하는, 장기놀이 하는 아이; 왕국은 아이의 것이다.' 여기서 aion은 존재역운으로 등장하며, 하이데거식의 해석이 확연하다.

지금까지 우리는 헤라클레이토스의 단편 B52에 대한 다양한 번역을 살펴보았다. 위에서도 잘 드러나듯이 헤라클레이토스에 대한 번역은 일치하지 않는다. 물론 aion을 비롯해 단편에 등장하는 그리스 단어에 다양한 의미가 있음을 인정하지만, 위와 같은 상이한 번역은 번역자

---

26   F. Nietzsche, N: KSA1, 830; KSA1, 831 참조.

27   M. Heidegger, *Nietzsche*, Bd. I., Pfullingen, 1961, p. 333.

28   M. Heidegger, *Holzwege*, Frankfurt a. M. 1963, p. 258. 세계시간을 통한 aion의 번역에는 핑크 E. Fink도 찬동한다: "die Weltzeit ist ein spielendes Kind, die Brettsteine hin und her setzend,—das Königreich des Kindes". '세계시간은 장기를 이리저리 두면서 노는 아이,—왕국은 아이의 것이다.' E. Fink, *Nietzsches Philosophie*, Stuttgart, 1960, p. 41.

29   M. Heidegger, *Der Satz vom Grund*, Pfullingen, 1958, p. 188.

가 헤라클레이토스를 어떻게 바라보는가 하는 관점의 차이에서 기인한다고 보는 것이 올바를 것이다. 특히 니체와 하이데거는 B52를 자신의 철학을 정당화하는 장치로서 바라본다는 것이 암묵적으로 드러난다.

4. 단편 B52의 단어 분석과 의미 해석

단편 B52는 매우 다양하게 해석된다. 단편이 함축하고 있는 다의적인 의미는 연구자들 간에 합의할 수 있는 독해가 쉽지 않을뿐더러, 심지어 B52는 해독이 불가능한 단편이라는 주장이 제기되기도 한다. 그러나 우리는 B52가 해독 불가능한 단편이라고 보지 않으며, 단편을 구성하고 있는 단어들의 분석이 선행되어야 함을 알고 있다. 이와 관련해 도브로코토프A.L. Dobrokhotov는 그의 논문 〈헤라클레이토스: 단편 B52〉[30]에서 매우 의미 있는 제안을 한다. 그는 B52를 형식과 내용에 비추어 ① 'aion', ② 'pais paizon', ③ 'pesseuon', ④ 'paidos (a)e basileie'[31]의 네 부분으로 나눌 것을 제안한다. 우리는 그의 제안이 유용하다고 보고 그의 제안에 따라 B52를 분석한다.

aion
단편의 해석에서 가장 큰 걸림돌은 aion이다. 앞에서 표본적으로

---

30 A.L. Dobrokhotov, "Heraklit: Fragment B52", in: *Studien zur Geschichte der westlichen Philosophie*, hg. v. N.V. Matrosilova, Frankfurt a. M., 1986, p. 68.
31 Ebd.

살펴본 것과 같이 aion은 매우 다양하게 해석된다. "우리는 aion이라는 단어가 다의적이라는 것을 알아야만 한다. 왜냐하면 그것은 많은 의미를 내포하기 때문이다."[32] 어원학적으로 보면 aion은 시간Zeit과 관계한다. 그런데 시간의 층위는 다양하다. aion은 그리스에서 통용되는 시간의 다양한 층위를 대변한다. 즉 aion은 ① 시대나 기간이라는 중립적인 의미의 시간, ② 영원 또는 영겁의 시간, 즉 우주론적 시간, ③ 인간, 특히 개인의 일생, 삶의 시간을 뜻하기도 한다.[33] 호메로스는 aion을 삶의 시간으로 이해한다. 이에 견주어 플라톤은 aion을 '영원성'으로 이해한다. 볼파르트G. Wohlfart의 확신에 따르면, aion에 대한 헤라클레이토스의 사유는 호메로스와 플라톤 사이에 위치한다.[34] 헤라클레이토스의 aion에 대한 이해는 우선 그리스적 전통에서 기원하는데, 그에게 직접적으로 영향을 준 그리스인은 호메로스와 헤시오도스이다. 헤라클레이토스의 시간 이해는 그리스의 시간 이해에 머무르지 않는다. 그가 살았고 활동했던 에페소스는 페르시아와 그리스의 문화가 만나는 접합점 같은 곳이었다. 따라서 그의 사유에는 당연히 두 세계의 흔적이 발견될 수 있다는 가설이 성립한다.

---

32 G. Stadtmüller, "Aion", in: *Saeculum 2*, 1951, S. 319. aion에 관한 사전적인 의미는 다음을 참조하라. H. Sasse, "Aion", in: *Reallexikon für Antike und Christentum*, 1950, p. 202; C. Lackeit, *Aion*, Königsberg, 1916, p. 64.

33 H. Frisk, "Aion" in: *Griechisches Etymologisches Wörterbuch*, Heidelberg 1973, p. 9 참조. 라카이트Lackeit는 aion이 시간, 특히 영원한 시간을 의미하는 것으로 보았다(C. Lackeit, *Aion*, Diss. Königsberg, 1916, p. 64). 이에 반해 커크는 Aion이 우주론적 시간이 아니라, 인간의 일생이나 생애를 의미하는 것으로 보았다(G. S. Kirk, *The Cosmic Fragments*, p. xiii 참조).

34 호메로스, 플라톤, 그리고 헤라클레이토스의 aion 해석은 G. Wohlfart, *Also sprach Heraklit. Heraklits Fragment B52 und Nietzsches Heraklit-Rezeption*, Freiburg(Breisgau) u.a., 1991, p. 46 참조.

헤라클레이토스의 aion을 그리스적 사유 전통으로만 이해할 수 없다는 주장이 오래전부터 제기되었다. 이 점을 최초로 언급한 철학자는 슐라이어마허F. Schleiermacher이다. "모종의 페르시아적 지혜가 에페소스인의 이론 형성에 밀접한 영향을 주었다."[35] 그러나 슐라이어마허는 이에 대한 구체적인 근거는 제시하지 않는다. 이 문제를 구체적으로 고민하기 시작한 학자는 베르나이스J. Bernays, 글라디슈A. Gladisch, 그리고 크로이처F. Creuzer이다. 먼저 크로이처는 헤라클레이토스가 페르시아적 전통 아래에 있다는 것을 확신하는데, 그 근거로 에페소스의 지리적인 위치를 든다. "에페소스는 동양의 통찰이 그리스의 철학과 신화를 여러 측면에서 섞는 곳이었다."[36] 크로이처에 따르면 헤라클레이토스의 aion은 페르시아의 시간관에 많이 의존하는데, 페르시아의 시간관은 주르반Zurvān에 잘 드러난다.

주르반은 '시간', 특히 영원한 시간을 의미하며, 조로아스터교의 한 갈래인 종교의 시조이다. 주르반교에 따르면 주르반, 즉 시간(영원한 시간)이라는 일자一者에서 형제인 선신 아후라 마즈다Ahura Mazdā와 악신 아흐리만Ahriman이 나온다. 궁극적인 일자는 선과 악 너머에 있다. 주르반교 역시 조로아스터교처럼 선과 악의 개념이 등장하고 선이 이긴다는 것을 교리로 삼지만 궁극적 일자인 시간이 선·악을 넘어서 있다는 도덕의 차원에서 중립을 공표한다는 점에서 눈여겨볼 만하다.[37] 그러나 헤라클레

---

35   F. Schleiermacher, *Heraklit der Dunkle von Ephesos*, in: Sämtliche Werke, 3. Abteilung, Zur Philosophie, Bd. 2. Berlin, 1838, p. 145.

36   F. Creuzer, *Symbolik und Mythologie der alten Völker, besonders der Griechen*, Darmstadt, 1810~1812, p. 597. "옛날부터 에페소스는 동양과 그리스 세계 사이의 중요한 사유 교환의 요충지였다. 그것은 과거도 그러했고, 말 그대로 거대한 아시아 종교들의 도시이다." p. 515f.

이토스가 직접적으로 페르시아, 특히 주르반교의 영향을 받았다는 것은 정황상 근거 이상의 설득력은 없다.

헤라클레이토스 연구에 중요한 전기를 마련하고 니체에게 큰 영향을 끼친 베르나이스는 크로이처의 견해를 반박한다. 헤라클레이토스와 조로아스터 사이에서 실제적인 합일점을 발견하기 어렵고, 심지어 헤라클레이토스와 페르시아, 특히 조로아스터교의 교리는 상호 대립하는 경우가 많다는 것이다.[38] 라살F. Lassalle도 1858년의 헤라클레이토스 연구서에서 헤라클레이토스와 페르시아 종교의 역사적 관계를 고찰했다. 그는 크로이처의 견해에 동조하면서 헤라클레이토스가 '조로아스터적으로' 철학했다는 점에 동의한다. "우리는 확실히 헤라클레이토스가 조로아스트적으로 가르쳤다거나 또는 옛 페르시아적인 수수께끼 같은 가르침을 단지 확장했다고 말할 수 없다. 그러나 그가 그러한 문구를 알았다는 것은 증명된다, 그러한 문장들이 그에게 '교육의 효소Bildungsferment'로 작용했다는 것은 확실하다."[39]

라살이 헤라클레이토스와 페르시아적 세계관의 관계에 온건한 시각을 취한 것과 달리 글라디슈는 크로이처를 적극적으로 옹호한다. 크로이처는 "헤라클레이토스가 조로아스터식으로 철학을 했다"[40]는 과감한 주장을 펼치는데, 글라디슈는 그것을 자세히 증명하고자 했다. 글라디슈는 헤라클레이토스와 조로아스터가 "세계에서 대립자의 기원과 투

37 주르반에 관해서는 니니안 스마트,《세계의 종교》, 윤원철 옮김(예경, 2004), 295~301쪽 참조.
38 F. Nietzsche, N; KSA1, 417; N; KSA7, 510 참조.
39 F. Lassalle, *Die Philosophie Herakleitos des Dunklen von Ephesos*, Berlin, 1858, p. 357.
40 A. Gladisch, *Herakleitos und Zoroaster*, Leipzig, 1859, p. 2.

쟁에 관한 가장 깊은 사유에서 전적으로 일치한다"[41]고 본다. 글라디슈는 헤라클레이토스의 사유가 근본적으로 조로아스트적이며, 심지어 반反그리스적이라고 주장한다. "이렇게 헤라클레이토스는 원칙상 자신의 세계관에서, 그리고 그것으로부터 기원하는 모든 본질적인 것에서 조로아스터와 전적으로 일치하며, [그에게] 그리스적 본질에서 낯선 정신이 활동했다. 그리스 정신에서 그가 당연히 또한 그것에 대항하여 적대적인 견해를 품었음에 틀림없다."[42]

헤라클레이토스의 aion과 주르반의 관계에 대한 꽤 설득력 있는 주장은 aion 연구가인 라카이트C. Lackeit에 의해 제기된다. "그리스어 aion에는 실제로 종교적인 표상이 대립해 있다. …… 우리는 옛 페르시아의 Zurvān 표상에서 모든 aion의 형태에 대한 공동의 원천을 우리 앞에 가진다."[43] 자세H. Sasse도 라카이트의 견해에 분명한 동의를 나타낸다. "그리스어 aion 뒤에는 페르시아어 Zurvān akarana, '끝없는 시간'이 서 있다."[44]

헤라클레이토스의 aion과 페르시아의 시간관의 영향관계를 둘러싼 찬반 논란에 대해 볼파르트는 통합적인 태도를 보여준다. 그는 헤라클

---

41 A. Gladisch, *Herakleitos and Zoroaster*, p. 35.

42 A. Gladisch, *Herakleitos and Zoroaster*, p. 71. 첼러E. Zeller도 그의《그리스철학*Die Philosophie der Griechen in ihrer geschichtlichen Entwicklung*》3판 부록에서 크로이처와 특히 글라디슈의 이론, 즉 헤라클레이토스가 조로아스터적 가르침을 받은 학생이라는 점에 동의한다(E. Zeller, *Die Philosophie der Griechen in ihrer geschichtlichen Entwicklung*, 3. Aufl. Darmstadt, 1963, pp. 602ff. Anm. 2).

43 C. Lackheit, *Aion*, p. 66.

44 H. Sasse, "aion, aionios", in: *Theologisches Wörterbuch zum Neuen Testament*, Stuttgart, 1933, p. 198. 이에 반해 노르덴E. Norden은 "aion에 대한 표상은 고대 그리스적 사유 유산에 연결된다"고 본다. E. Norden, *Geburt des Kindes, Studien der Bibliothk Warburg* III, Darmstadt, 1969, p. 45.

레이토스의 활동무대가 에페소스라는 점, 그리고 에페소스가 페르시아의 직간접적인 영향 아래 있었다는 점은 인정하지만, 그렇다고 B52의 aion이 전적으로 페르시아의 조로아스터 사상을 그대로 추종했다고는 볼 수 없다는 것이다. "헤라클레이토스가 페르시아의 가르침을 신뢰했다는 것은 그럴듯하다. 내 생각으로 헤라클레이토스 B52는 페르시아의 Zurvān-종교로부터 그리스적 aion-신학이 긴장되는 아치 다리의 한 부분을 보여준다."[45] 헤라클레이토스의 aion 개념에는 초기 그리스적인 영향, 특히 호메로스·헤로도토스와 더불어 옛 페르시아의 영향이 헤라클레이토스라는 강으로 흘러들어갔고 헤라클레이토스는 자신의 세계관으로 그것을 통일했다는 보는 것이 정당할 것이다. 따라서 헤라클레이토스가 페르시아의 영향을 전혀 받지 않았다거나 그가 주르반교 또는 조로아스터교의 종교적 가르침을 단순히 반복했다는 주장은 수용하기 어렵다.[46] 최소한 헤라클레이토스의 aion 개념에서 페르시아의 영향을 찾는 것은 어렵지 않을 것이다.

pais

단편 B52에서 pais는 그것으로부터 파생된 단어를 포함하면 세 번이나 등장한다. 그것은 짧은 단편에서 차지하는 pais의 비중을 짐작케 한다. 그리스어 pais는 본래 '아이', 특히 사내아이를 뜻하며, 여기에서 더 나아가 아들·노예·급사, 그리고 아주 드물게는 소녀·딸을 가리키

---

45 G. Wohlfart, *Also sprach Heraklit*, p. 70.
46 Ebd., p. 74 참조.

는 경우도 있다고 한다.[47] 딜스H. Diels는 pais를 사내아이Knabe로 번역한다. pais에서 파생한 것이 paizo인데 그것은 '놀이하다'라는 의미이며, B52에서 그것의 분사형인 paizon이 등장한다.[48] 헤라클레이토스에서 pais의 의미는 단순하지 않다. 그것은 pais에서 파생한 paidnos라는 단어를 보아도 알 수 있다. 거기에는 첫째, 천진난만한kindlich, 둘째, 유치한 kindisch이라는 두 가지 상이한 의미가 있다.[49]

헤라클레이토스 시대에 pais와 paizo는 긍정과 부정의 의미를 동시에 담고 있었지만, 부정적인 의미가 압도적이었다. 즉 그것은 유치하고 미성숙한 것을 지칭한다. 이러한 사정은 pais에서 유래한 paidia, 즉 '놀이'라는 단어를 보면 금방 알 수 있다. paidia는 어원상 어린애의 놀이, 유아적인 것, 쓸모없는 것 따위의 의미를 담고 있다. 오늘날 놀이가 지니는 긍정적이고 적극적인 의미를 paidia에서 찾기란 매우 어렵다.[50]

아이를 유치한 존재 또는 성인이 되기 이전의 미성숙한 존재로 볼 것인지 아니면 순진무구하여 신에 가까이 갈 수 있는 존재인지를 두고 많은 논란이 있지만, 그리스에서는 전자의 의미가 강했다는 것이 많은 학자들의 견해이다. 이러한 견해를 강력히 주장하는 대표적인 학자가 보르슈T. Borsche이다. 그의 확신에 따르면, 헤라클레이토스도 소크라테스 이전의 그리스인이 취했던 아이에 대한 부정적인 태도를 공유한다.

---

47 H. Frisk, *Griechisches Etymologisches Wörterbuch*, II, p. 462.
48 paizo에는 ① '어린아이처럼 놀이하다' '운동하다'. ② '춤추다'. ③ '놀이(게임)하다'. ④ '음악을 연주하다'. ⑤ '연애하다'. ⑥ '사냥하다' 등의 의미가 있다. G. Wohlfart, *Also sprach Heraklit*, p. 80 참조.
49 Ebd., p. 81 참조.
50 하위징아, 《호모 루덴스》, 50~52쪽 참고.

"아이는 위버멘쉬적인 것이 아니라 오히려 인간 이전의 어떤 것이다. 그것은 가능하면 빨리 극복되어야 하는, 인간존재의 결손의 한 양태이다."[51] 아이에게 숭고한 의미를 부여한 것은 "소크라테스 이전이 아니라 낭만주의 정신의 창작물"[52]이다.

헤라클레이토스에서 어린이에 대한 부정적인 태도를 찾아보기는 어렵지 않다. 단편 B79가 대표적인 경우이다. "아이가 어른에게서 어리석다는 말을 듣는 것처럼, 어른은 신에게서 어리석다는 말을 듣는다." 또한 그는 인간의 어리석은 생각을 "아이들의 장난거리"(단편 B70)에 비유한다. 그렇다면 과연 이것이 아이를 바라보는 헤라클레이토스의 생각을 오롯이 대변하는가? 그는 아이를 전적으로 부정적으로 보았는가? 헤라클레이토스는 B52 외에도 6개의 단편에서 pais 또는 paides를 언급한다. 단편 B20, B56, B70, B74, B79와 B117, B121이 그것이다. 대부분이 아이의 미성숙을 언급하지만, 단편 B70과 79, 그리고 117에서 특히 부정적으로 묘사되고 있다. 이와 달리 단편 B20과 74에서는 아이가 중립적인 것으로 나타난다. 논란이 되는 B52를 제외하더라도, 단편 B56과 121은 아이를 매우 긍정적으로 기술하고 있다. 우리는 이것을 어떻게 이해해야 할까? 최소한 헤라클레이토스가 아이를 부정적으로 보고 있다는 해석은 잘못된 것이 아닌가?

---

51 T. Borsche, "Nietzsches Erfindung der Vorsokratiker", in: *Nietzsche und die philosophische Tradition*, Bd. I, hg. v. J. Simon, Würzburg, 1985, p. 75. 그리스에서는 어린이를 "미완성, 유치함"의 상징으로 본 것이 일반적인 듯하다(A. Oepke, "Pais", in: *Theologisches Wörterbuch zum Neuen Testament*, Stuttgart, 1954ff, p. 641). "어린이는 naephios, 즉 힘없는, 그리고 의미 없는 것으로 간주되었다"(Ebd., p. 639).
52 T. Borsche, *Nietzsches Erfindung der Vorsokratiker*, p. 75.

단편 B121은 다음과 같다.

성년에 이른 모든 에페소스인들은 도시를 아이들에게 남기고 목매달아 죽어 마땅하다. 그들은 다음과 같이 말하면서 그들 중에서 가장 쓸모 있는 사람인 헤르모도로스를 추방했다. "우리들 중 그 누구보다도 쓸모 있는 사람은 결코 있지 않게 하라. 만일 그런 사람이 있다면, 다른 곳에서 다른 이들 중에서 그러도록 하라."[53]

B56은 아이와 그리스인 중 가장 현명한 자로 불렸던, 아마도 맹인이 된 늙은 호메로스에 관한 이야기이다.

사람들은 분명한 것들을 아는 것과 관련해서도 속는다. 이는 모든 헬라스인 중에서 가장 현명한 자였던 호메로스와 마찬가지이다. 왜냐하면 이 [해충]를 죽이고 있던 아이들이 다음과 같은 말을 하면서 그를 속였기 때문이다. "우리는 보고 잡은 것들은 남겨두고 가며, 보지 못했고 잡지 못한 것은 가지고 간다."

우리는 위의 두 단편을 통해 단편 B52와 마찬가지로 아이가 로고스를 모르는 어른들의 어리석음을 냉소적으로 표현하는 데 사용된 은유

---

53 헬트K. Held는 B121을 문구대로 해석해서는 제대로 된 의미를 간파할 수 없다고 주장한다. 이 단편이 진정으로 의미하는 바는 현명하지 못한 인간들이 헤르모도로스 같은 현자를 추방하는 것은 아이에게 폴리스를 맡기는 것 이상으로 어리석은 짓이라는 점을 역설하는 것이다. K. Held, *Heraklit*, p. 437 참조. 이에 관해서는 Frünkel, *Wege und Formen frühgriechischen Denkens*, p. 259 참조.

로만 볼 수 없다는 사실을 확인한다. 헤라클레이토스가 B52를 통해 진정으로 말하고자 하는 바가 자신의 시대는 아이가 왕위에 앉아 있는 것과 같은 상황이라고 보는 것은 지나친 해석이다. 즉 자신의 시대는 로고스를 인식하지 못한 다수의 군중이 지배권을 행사하는 암울한 시대이고, 이 경우 인간의 삶이란 아이들이 놀이하는 것처럼 아무 의미 없이 반복된다는 해석[54]은 헤라클레이토스의 진정한 의도를 왜곡할 수도 있다.

단편 B121을 통해 우리가 최소한 확인할 수 있는 것은 에페소스의 성인이 아이보다 지혜롭다는 아무런 증거가 없다는 것이다. 오히려 아이가 성인보다 지혜롭다는 사실을 알려준다. 따라서 헤라클레이토스가 아이를 전적으로 부정적으로 생각했다는 것은 잘못이다. 오히려 그가 부정적으로 바라보는 것은 어리석은 성인이다.

그런데 우리는 여기서 또 다른 물음을 제기할 수 있다. 'B52에서 도대체 왜 아이의 놀이 장소가 왕좌basileie인가?' '왜 왕국이 아이의 것인가?' 이것은 현실 세계에서 불가능한 일이다. 따라서 우리는 B52의 아이가 인간의 아이가 아닐 수 있다는 가능성을 생각해봐야 한다. 만약 아이가 신의 아이라면, 아이는 단순히 '미성숙' 또는 '어리석음'의 상징이 될 수가 없다. 우리는 놀이하는 아이를 신의 아들로 볼 수는 없는가?

도대체 B52에서 '놀이하는 아이'는 누구인가? 이 질문의 가능한 대답으로 '아폴론'이라는 주장이 오래전부터 제기되었다. 이 주장에 대한 전거는 호메로스에서 나온다. 《일리아드》 15권에는 어려움에 빠진 트

---

54 G. Neeße, *Heraklit heute. Die Fragmente seiner Lehre als Urmuster europäischer Philosophie*, p. 41f.; 홍사현, 〈니체와 헤라클레이토스의 변화 개념은 동일한가?—니체의 헤라클레이토스 수용과 그 문제점을 통한 사유모델 비교〉,《니체연구》16집(한국니체학회, 2009), 25쪽 참조.

로이군을 돕는 아폴론이 묘사되어 있다. "사람들이 떼를 지어 몰려드니 아폴론은 선두에서 찬란한 방패를 잡고 서 있다가, 강가에서 노는 어린 애들이 모래사장에서 성을 쌓다가 다시 발로 헐어버리듯 간단하게 장벽을 밀어냈다."[55] 전쟁을 치르는 아폴론의 모습은 모래사장에서 모래 성 쌓기 놀이를 하는 아이의 모습으로 비치는데, 일군의 학자들은 이것이 B52의 장기놀이 하는 아이의 선구가 된다고 주장한다.

B52의 놀이하는 아이는 아폴론과 일치한다는 주장은 베르나이스 J. Bernays가 본격적으로 제기했다. 그는 헤라클레이토스가 호메로스에게서 상당한 영향을 받았다는 사실, 그리고《일리아드》에 등장한 아폴론의 형상과 모래성 쌓기를 하는 아이는 그리스에서 아이 놀이의 전형적인 모습이라는 점을 지적하면서,《일리아드》의 아폴론은 헤라클레이토스의 B52의 장기놀이 하는 아이의 원형으로 볼 수 있다고 주장한다.[56] 젤러E. Zeller는 베르나이스의 견해에 찬성한다. "헤라클레이토스는 돌을 이리저리 옮겨놓고 모래성을 쌓고 다시 부수는 아이를 세계 형성의 힘과 비교했다."[57] 네슬W. Nestle도 비슷한 견해를 취한다. "베르나이

---

55 *Iliad* XV; 호메로스,《일리아드》, 유영 옮김(범우사, 1990), 263쪽.

56 J. Bernays, "Heraklitische Studien", in: *Rheinischen Museum* 7, 1850. pp. 110f. 베르나이스의 견해에는 비판도 제기되고 있다. "헤라클레이토스 자신이 놀이를 세계의 상징으로 이해했다는 것에 대한 그 어떤 분명한 증거도 없다." 신의 놀이를 통해 세계의 형성을 설명하려는 여러 가지 이야기가 있는데, "이러한 텍스트 중 가장 오래되고 신의 활동과 아이의 놀이를 비교해 언급한 것은 헤라클레이토스에서가 아니라 호메로스에서이다"(T. Borsche,"Nietzsches Erfindung der Vorsokra-tiker", p. 74). 헤라클레이토스에서 '놀이'가 차지하는 비중이 극히 미미하고 그의 철학의 본령은 '로고스'라는 것을 강조함으로써 베르나이스를 비판하는 철학자도 많다. 그 대표자가 타이크뮐러 G. Teichmüller이다. 베르나이스와 젤러의 주장은 "헤라클레이토스의 근본사유에서 모순되기 때문에 처음부터 미심쩍은 태도로 받아들여야만 한다"(G. Teichmüller, *Neue Studien zur Geschichte der Begriffe*, Gotha, 1878, p. 192f.).

57 E. Zeller, *Die Philosophie der Griechen in ihrer geschichtlichen Entwicklung*, p. 457f.

스는 바다의 모래사장에서 모래성을 쌓고 다시 부수는 아이에 관한 호메로스적인 그림을 암시한다. 이때 다음의 사실이 고찰되리라. 헤라클레이토스는 모래성 쌓기를 장기놀이로 대체했다."[58] 니체도 베르나이스의 견해를 충실히 따른다.[59] "힘이 축적된 자의 이상으로서, 어린아이 같은 상태로서의 놀이, 무용한 것, 신의 어린아이다움, 놀이하는 아이$_{pais}$ $_{paizon}$."[60] 이것을 통해 니체는 B52에서 놀이하는 아이가 누구인가에 대한 자신의 견해를 분명히 한 셈이다.

B52에 등장하는 아이가 디오니소스-자그레우스$_{Zagreus}$[61]라는 견해도 있다. 이러한 주장의 근거는 첫째, B52에 등장하는 아이가 왕국의 지배권을 가지듯이 제우스가 디오니소스에게 신과 세계의 지배권을 넘겨주었다는 점, 둘째, 디오니소스 신화에서 가장 중요한 시기가 디오니소스가 어린아이일 때라는 점, 셋째, B52에서 아이가 놀이하는 도구, 즉 장기가 거인족이 어린 디오니소스를 유혹할 때 쓴 장난감 가운데 하나라는 점, 넷째, 놀이의 정신이 B52의 아이와 디오니소스 둘 다에서 결정적인 의미가 있다는 점이다.

헤라클레이토스의 사유가 디오니소스-자그레우스 신화와 밀접한

---

58 W. Nestle, *Die Vorsokratiker*, 2. Aufl. Jena, 1922, p. 373.

59 F. Nietzsche KGW II-4, 273; GT; KSA1, 153; N; KSA1, 830 참조. 같은 글에서 니체는 '놀이하는 아이'를 '제우스'에 비유하기도 한다. "위대한 세계아이 제우스의 놀이"(N; KSA 1, 834), "세계는 제우스의 놀이이다. 또는 물리적으로 표현하자면 불이 자기 자신과 노는 놀이이다. 오직 이 의미에서 일자는 다수이다"(N; KSA 1, 828).

60 아이와 신이 행위에서 가벼움을 찬양한다는 점과 그렇기에 그들을 설명하는 데 '놀이'가 매우 결정적인 역할을 하는 것은 플라톤에서도 잘 드러난다. Platon, *Nomoi*. 903d/e. 플라톤에 따르면 거기에서 신은 '주사위놀이 하는 자'로 묘사되고 있다. Procl. in Tim I, p. 334와 Lg. 903 참조.

61 디오니소스-자그레우스 신화의 철학적 의미에 관해서는 정낙림, 〈디오니소스 다시 한번 더〉, 《니체연구》7집(한국니체학회, 2005), 7~40쪽 참조.

관계가 있다고 주장한 대표적인 학자는 크로이처이다. 그는 오르페우스교가 그리스에 끼친 영향력을 주목하고, 헤라클레이토스의 주요한 생각도 "오르페우스 교의에 일치한다"[62]고 본다. 오르페우스와 디오니소스 신화의 관계는 중첩된다.[63] 디오니소스의 사지가 거인족에게 찢기듯이, 오르페우스는 질투에 불타는 뭇 여성들에게 찢겨 죽음을 당한다. 그들의 사지가 우주 창조의 요소가 되었다는 점도 일치한다. "디오니소스는 다수성, 즉 수많은 형식 속에서 자신을 드러내는 일체, 즉 공기, 물, 토양, 식물, 그리고 동물. 이것은 사람들이 자그레우Zagreu, Nyktelios, 그리고 Isodätes라고 일컬었던 신의 찢어진 조각이다……"[64] 크로이처는 B52에서 놀이하는 아이를 디오니소스라고 보는 논거로 그리스에서 오르페우스 종교의 영향을 들고 있다. 라살은 크로이처의 견해를 지지한다. 라살은 헤라클레이토스의 단편 B52의 pais에서 디오니소스-자그레우스를 목격했다. 물론 라살은 헤겔주의자답게 디오니소스-자그레우스의 찢어짐·분열은 아폴론에 의해 봉합, 즉 통일된다고 본다. 그의 생각은 니체의 비극에 관한 저서들 속에 그대로 유지된다.

B52의 놀이하는 아이를 디오니소스로 보는 견해는 디오니소스가

---

62 F. Creuzer, *Symbolik und Mythologie der alten Völker*, 4. Theil, p. 28. "오르페우스적 표상에는 …… 다음의 의미가 놓여 있다. 아이 때 죽는 디오니소스-자그레우스에게 제우스가 세계 지배권을 넘겨주었다. …… 나는 [헤라클레이토스의] paidos basileie의 표상을 오르페우스적인 것으로 간주한다." O. Kern, *Orpheus*, Berlin, 1920, p. 56; Ders., *Die Religion der Griechen*, Berlin, 1926, pp. 129f. 참조.

63 "오르페우스교의 신화에 따르면, 디오니소스를 잡아먹은 티탄들을 제우스가 불에 태워버렸고 그 재가 인간을 창조하는 재료가 되었다고 한다"(니니안 스마트, 《세계의 종교》, 윤원철 옮김 [예경, 2004], 320쪽).

64 F. Creuzer, *Symbolik und Mythologie der alter Völker*, pp. 116f.; pp. 117 Anm. 1 참조.

여느 신들과 달리 어린아이 시절이 그의 신화에서 각별히 중요한 의미가 있다는 점을 내세운다. 신화에서 대부분의 신은 주로 성년 이후의 모습이 기술된다. 그러나 디오니소스Dionysos는 명칭이 의미하듯이[65] 출생과 아이 때 관련된 이야기가 그의 본질을 설명하는 데 결정적이다. 디오니소스의 수난에 관련된 이야기는 예수의 수난과 부활에 관한 기독교 교리의 선구일 뿐만 아니라 오르페우스 신화와 종교의 이론적인 근거가 된다.[66] 특히 디오니소스의 아버지인 제우스는 아이 디오니소스에게 신들과 세계의 지배권을 넘겨준다.[67] 따라서 B52에서 아이가 신의 아이라고 가정한다면, 왜 아이가 왕이 되는가에 대한 이해할 수 없는 질문에 그 아이는 디오니소스를 의미한다는 답이 충분히 설득력을 얻는다.

B52의 놀이하는 아이와 디오니소스의 비교를 가능하게 하는 또 하나의 근거는 '놀이', 특히 '장난감'과 관련된 것에서 유래한다. 잘 알려져 있듯이 헤라의 사주를 받은 거인족이 어린 디오니소스를 잡아서 죽이기 위해 그를 장난감으로 유혹한다. 그 장난감은 구슬, 팽이, 주사위(장기) 등 다양하다.[68] 제우스가 세계를 형성하는 행위를 주사위의 놀이로 설명하는 것에서 잘 알 수 있듯이, 주사위는 하나의 세계가 다른 세계로 가볍게 전환할 수 있음을 상징한다. 특히 주사위놀이는 앞에서도 보았듯이 조각난 신체가 우주의 구성물로 전환한다는 오르페우스적 세계관을 상징한다. 따라서 '주사위놀이 하는phesseuon' 것에서 우주론적 상

---

65 디오니소스는 어원적으로 '두 번 태어난 아이'라는 뜻이다. 이에 관해서는 정낙림, 〈디오니소스 다시 한번 더〉 참조.
66 G. Wohlfart, *Also sprach Heraklit*, p. 112 참조.
67 Ebd.
68 Ebd.

징에 대한 오르페우스적 세계관을 헤라클레이토스가 물려받았다는 주장이 가능하다.[69] 그러므로 단편 B52에서 아이의 놀이를 미성숙한 또는 로고스에 무지한 존재가 벌이는 하찮은 행위로 보는 것은 헤라클레이토스의 진정한 의도를 오도할 수 있다.

제우스에게 주사위놀이는 전혀 예상하지 못한 상황을 야기할 가능성과 변전의 용이함을 뜻한다. 그러므로 아폴론적인 것과 디오니소스적인 것은 상호 교통할 수 있고, 상대편으로 쉽게 전환할 수 있다. 이러한 전환을 통해 제우스는 세계를 형성한다. 이렇게 형성된 세계와 신의 지배권basileia을 그의 아들에게 넘겨준다. 헤라클레이토스의 B52에 등장하는 장기놀이도 주사위놀이의 일종이며, 놀이는 우연성에 의해 지배되며, 하나의 결과는 또 다른 것을 초래하는 원인이 될 수 있다는 점에서 그것은 놀이의 전형적인 특징을 드러낸다.[70] "두 신의 상호 전환은 헤라클레이토스에서 세계 창조와 보존"[71]으로 나타난다.

니체는 한편으로 베르나이스의 견해를 따르지만, 라살의 주장을 자신의 이론에 수용하고 보완한다. 특히 그에게 디오니소스적인 것은 결정적인 의미가 있다.[72] 니체는 아폴론적인 것과 디오니소스적인 것의 이상적인 결합을 "신비에 가득 찬 부부의 유대"[73]라고까지 표현한다. 그

69   G. Wohlfart, *Also sprach Heraklit*, p. 113 참조.
70   Ebd.
71   F. Lassalle, *Die Philosophie Herakleitos des Dunklen von Ephesos*, I, p. 211f. 놀이하는 아이를 장난감으로 놀이하는 디오니소스-자그레우스와 일치시키는 것에 대한 반론은 P. Schuster, "Heraklit von Ephesis", in: *Acta Societatis philologicae Lipsiensis* 3, 1873, p. 131 참조.
72   이에 관해서는 정낙림, 〈디오니소스 다시 한번 더〉 참조. 니체는 오르페우스적 자그레우스 신화를 일찍 알았으며, 그것에 관해 1870년 말부터 1871년 4월까지의 유고에 남긴다. N; KSA7, 177 참조.

는 디오니소스의 사지 분할이 오르페우스 신화와 비슷하게 자연물로
전환하는 과정을 1870년대 초반의 한 유고에서 나타내고 있다. 즉 디오
니소스의 찢어진 사지는 "공기, 물, 토양, 그리고 돌, 식물, 그리고 동물
로 전환"[74]한다. 이러한 전환이 헤라클레이토스에서도 그대로 드러난다
고 니체는 확신한다. 니체가 근거로 제시하는 단편은 B76이다.[75] "불의
죽음이 공기에게는 생겨남이고, 공기의 죽음이 물에게는 생겨남이다."

헤라클레이토스의 단편 B52에 등장하는 아이를 디오니소스로 간
주하는 데는 반론이 제기될 수도 있다. 우선 헤라클레이토스는 단편
B15에서 당시 그리스를 휩쓸고 있던 디오니소스 축제를 힐난한다. "만
일 그들이 제의 행렬을 벌이고 남근男根을 찬양한 것이 디오니소스를 위
해서가 아니라면, 그것은 가장 뻔뻔스러운 짓일 것이다. 그런데 디오니
소스와 하데스는 동일하며, 그를 위해 그들은 열광하며 제의를 벌인다."
이 단편은 기독교 교부인 알렉산드리아의 클레멘스Clemens von Alexandria
가 《기독교를 권유함》이라는 책에서 언급한 것으로 다분히 선교적인
의도가 엿보인다. 어쨌든 헤라클레이토스는 이 단편에서 디오니소스
축제의 부정적인 측면, 특히 성적 충동의 무절제성을 성토한다.[76]

73   F. Nietzsche, GT; KSA1, 42.

74   F. Nietzsche, N; KSA7, 177. 우리는 이것을 재차 〈소크라테스와 그리스 비극〉에서 만나는데,
거기에서 니체는 "공기, 물, 토양, 그리고 암석으로의 전환"(N; KSA1, 620)을 짧막하게 이야기한
다. 《비극의 탄생》에서 니체는 이것을 변경하여 "공기, 물, 토양, 그리고 불로의 전환"(N; KSA1,
72)이라고 표현한다.

75   F. Nietzsche, KGW II-4, p. 274. 니체는 이것과 관련해서, 또한 불의 전환에 대해서도 1870년
대 초반의 한 유고(N; KSA1, 830)에서 언급한다. 여기서 니체가 인용하는 헤라클레이토스의 단편
은 B30/31이다. "불의 전환. 우선 바다, 그리고 바다의 절반은 땅, 나머지 절반은 뇌우……"(B31).

76   니체가 보기에 헤라클레이토스는 "아직 꽤 참신한 디오니소스 숭배를 아주 적대적으로, 그리
고 오해의 눈으로 바라본다"(KGW II-4, 265). N; KSA7, 151(7[56]); N; KSA7, 438(19[61]) u. N;

그러나 우리는 여기서 헤라클레이토스가 디오니소스 축제의 부정적인 면을 비판한다고 해서 그가 제우스의 아들이면서 신들과 세계의 지배권을 쥔 디오니소스 자체를 부정했다는 결론을 내릴 수는 없다. 이 점은 니체에서도 찾아볼 수 있다. 니체는 《비극의 탄생》에서 그리스의 아폴론에 의해 승화된 디오니소스 축제와 달리 여타 민족에서 행해진 야만적인 디오니소스 축제를 비판한다.[77] 그러나 니체는 '디오니소스적인 것das Dionysische'의 중대함을 간파하고 자기 철학의 근간으로 삼는다.[78]

pesseuo

어원적으로 pesseuo는 pessos에서 유래하며, 본래 뜻은 장기놀이에서 돌, 주사위 돌, 주사위놀이 또는 주사위판을 뜻한다. 그것에서 파생한 pesseuo는 '장기(주사위)놀이 하는'이라는 의미가 있다.[79] 이것에 대한 전거는 플라톤의 대화편들이 잘 보여준다. 플라톤의 대화편에서 장기(주사위)놀이 또는 놀이하는 자가 언급되는 경우는 여러 대화편에 산재해 있다.

《국가Politeia》에서 소크라테스는 글라우콘과 대화하면서 이렇게 말한다. "하물며 전쟁에 관한 일을 훌륭하게 이루어내는 게 무엇보다도

KSA7, 516(19[318]) 참조.

[77] "디오니소스적 그리스인과 디오니소스적 야만인 사이에 존재하는 엄청난 차이를 발견"한다. 디오니소스적 야만인의 축제에서 "중심은 성적인 방종이었고, 이러한 방종의 물결은 모든 가족 제도와 그것의 신성한 법규를 휩쓸고 지나갔다. 다름 아닌 자연의 가장 난폭한 야수들이 이 축제를 기화로 풀려나와 음욕과 잔인함의 저 혐오스러운 혼합이 이루어졌다." F. Nietzsche, GT; KSA1, 31f.

[78] 이 책의 3부 1장을 참조하라.

[79] J. B. Hofmann, "pessos" in: *Etymologisches Wörterbuch des Griechischen*, Darmstadt, 1966.

중요한 일 아니겠나? 아니면, 그것은 매우 간단한 일이라서, 농부나 신기료장수, 또는 그 밖의 다른 직공이면서 동시에 군인일 수가 있겠는가? 하기야 장기나 주사위 놀이에서도, 어려서부터 오직 그것에만 전념하지 않고서 그저 오다가다 해서야 어느 누구도 능숙해지진 못하네."[80] 플라톤은 입법 행위를 장기놀이에 비유하기도 하고[81] 토론을 장기놀이에 비유하기도 한다.[82] 더 나아가 플라톤은 신이 우주를 형성하는 과정을 장기놀이에 비유한다. "그러므로 이를테면 장기놀이를 하는 자가 할 일로서 남아 있는 것은, 다만 말을 움직여 적절히 배치하는 것입니다. 클레이니아스: 어떤 방법으로요? 아테네 손님: 신이 만물을 보살피기가 쉬울 것이라고 생각되는 방법을 취해야지요."[83]

앞서 살펴보았듯이, 베르나이스는 B52의 장기놀이 하는 아이를 호메로스의《일리아드》에서 모래성 쌓기 놀이를 하는 아이에 비교한다. "이렇게 우리는 놀이하는 아이에게서, 충동에 따라 자신의 모래성을 쌓기 위해 부수는 것을 거듭하는 아이 속에서, 세계물질을 자극하여 단번에 세계를 창조하고 부정하는 활동에 대한 하나의 상像을 얻는다."[84] 이에 반해 라살은 pesseuein을 주사위놀이를 하는 것으로 이해한다. 라살에 따르면 주사위 던지기를 통해서 비로소 세계를 형성하는 제우스의

---

80 Platon, *Politeia*, 374c.
81 "입법에서 이런 말을 하면, 마치 장기놀이에서 접선부터 말을 후퇴시키는 것처럼 비정상으로 들려 사람들이 좀 이상하게 생각할지도 모르겠습니다"(Platon, *Nomoi*, 739a).
82 "그리고 마치 장기를 잘 두는 사람에게 그만 못한 사람이 끝판에 가선 밀려나서 꼼짝도 못하는 것과 마찬가지로, 자기들도 장기의 말 대신 토론으로 하는 이 다른 종류의 장기놀이에, 끝판에는 밀려나서 말 한마디 못한다고 그들은 생각합니다"(Platon, *Politeia*, 487b/c).
83 Platon, *Nomoi*, 903d/e.
84 J. Bernays, "Heraklitische Studien", p. 112.

행위를 이해할 수 있다고 한다. 주사위를 던지는 자는 주사위의 어느 눈이 나올지도 모르고 우연에 의해 주사위의 눈이 결정되는 것을 통해 무한한 전환의 힘을 목격한다. 이와 마찬가지로 제우스는 아폴론과 디오니소스를 상호 전환시킨다.[85]

니체는 베르나이스와 라살을 통합한다. 니체는 호메로스의 《일리아드》에 등장하는 모래성 놀이와 디오니소스의 놀이를 모두 공통적으로 특정한 목적과 무관한, 즉 목적론의 시각에서 이해할 수 없는 행위로 본다. "마찬가지로 목적론으로서 전체의 도덕적 경향은 배제된다: 왜냐하면 세계아이온aion는 목적에 따라 움직이지 않고, 오히려 단지 내재적인 정의dike에 따라 움직이기 때문이다. 그것은 단지 합목적적으로, 그리고 합법칙적으로 움직일 수 있다. 그러나 그것은 전자 또는 후자를 원하지 않는다."[86] "여기에 모든 목적론적인 세계이해에 반대하는 거부가 최고조에 달한다: 아이는 장난감을 던져버리고: 곧바로, 그러나 그것을 가지고 놀이한다."[87]

basileie

basileie는 basileia에서 유래하며 왕위, 왕의 권위 등을 뜻한다. 같은 어원에서 basileus도 파생한다. B52와 관련하여 basilie라는 단어가 문제가 되는 것은 어떻게 해서 aion, 즉 놀이하는 아이가 왕국을 지배하는가

---

85 F. Lassalle, *Die Philosophie Herakleitos des Dunklen von Ephesos*, I, p. 265.

86 F. Nietzsche, KGW II-4, 278. N; KSA1, 832 참조.

87 F. Nietzsche, KGW II-4, 280. 다른 곳에서 니체는 이렇게 말한다. "아이는 한번 장난감을 던져버리고: 그러다가 곧바로 그것을 다시 시작하고, 무구한 기분으로. 그러나 곧바로 쌓고, 연결하고, 덧붙이고, 그리고 그것을 합법칙적으로 형성하고, 그리고 내적 질서에 따라"(N; KSA1, 831).

이다. 바로 여기에서 헤라클레이토스의 B52 해석은 난관에 봉착한다. 많은 연구자들이 이것은 논리적으로 이해할 수 없는 단순한 상징에 불과하다는 주장을 편다. 그래서 기건 같은 학자는 이 문제와 관련하여 우회할 것을 권한다. "우리는 …… 단일한 해석을 포기해야만 한다."[88] 하이데거도 이 문제를 언급하지만 피상적이다. 하이데거는 1934/1935년 겨울학기 프라이부르크 대학의 강의에서 B52의 basileie를 지배 또는 통치에 해당하는 독일어 Herrschaft로 번역하고 있다.[89] 하이데거는 이것을 번역하기가 쉽지 않다고 스스로 고백한다.[90]

이 문제에 대해 호프만과 프리스크Frisk는 전혀 다른 접근을 시도한다. 호프만에 따르면 basileus는 그 어원을 그리스어에서 찾을 수 없고, 아마도 소아시아의 언어에서 빌려온 것으로 추측된다.[91] 프리스크도 호프만의 견해에 동의한다. "가장 최근에까지 …… 거듭된 노고가 basileus가 인도게르만어에서 유래했다고 보려는 노력은 성과 없이 남아 있다."[92] 그는 호프만의 주장을 더 깊이 파고들어 획기적인 주장을 편다. 즉 그는 basileus의 어원이 페르시아에서 기원했으며, 그것의 최종 근거는 페르시아 왕이라고 본다.

그렇다면 aion, 즉 놀이하는 아이에 대한 해석의 또 다른 가능성이 떠오른다. 볼파르트의 확신에 따르면, 헤라클레이토스가 aion을 pais

88 O. Gigon, *Untersuchungen zu Heraklit*, p. 122.

89 M. Heidegger, *Gesamtausgabe*(앞으로 GA로 축약) 39권, Frankfurt a. M., 1975ff., p. 105.

90 M. Heidegger, GA55, p. 127.

91 J. B. Hofmann, "basileus", in: *Etymologisches Wörterbuch des Griechischen* 참조. basileus가 왕과 관계한다는 것은 그리스어 Basilinda(왕놀이)를 통해서도 알 수 있다. 하위징아, 《호모 루덴스》, 49~50쪽 참조.

92 H. Frisk, "basileus" in: *Griechisches Etymologisches Wörterbuch*, Heidelberg, 1973.

paizon으로 나타낼 때 그는 우선 호메로스적 우화, 즉 모래사장에서 놀이하는 아폴론과 거인족이 준 장난감을 가지고 놀이하는 디오니소스-자그레우스도 염두에 두었을 것이다. 그들은 모두 신의 아이들이며, 신의 아이가 왕국을 통치하는 것은 이상할 것 없는 일이다. 그리고 헤라클레이토스는 한 걸음 더 나아가 장기(주사위)놀이를 인간사회의 정치와 관련된 놀이로 확장했을 수도 있다. 즉 B52의 마지막 부분에 해당하는 basileie는 어원적으로 Basilinda(왕놀이)와 같은 뿌리를 두고 있다. 문헌상으로 왕놀이는 페르시아 퀴로스Kyros의 왕놀이에 기원을 두고 있다. 따라서 헤라클레이토스는, 출생과 관련하여 수난을 받지만 적을 물리치고 끝내 페르시아의 왕이 되는 아이 퀴로스가 운명적으로 했던 놀이를 생각했을 개연성이 충분하다.[93]

바실린다Basilinda 놀이와 퀴로스 이야기는 헤로도토스의《역사》1권 114에 등장한다. 이야기의 핵심은 페르시아인인 퀴로스 왕이 어떤 과정을 거쳐 메디아를 점령하고 드디어 아시아의 패권을 차지하는가를 기술한 것이다. 이야기는 디오니소스-자그레우스 신화를 떠올릴 만큼 구조가 비슷하다. 메디아 왕의 만다네 공주가 장차 자신의 나라를 차지하고 전 아시아를 지배할 아이를 낳을 것이라는 신탁을 받은 메디아의 왕 '아스튀아게스'가 딸을 페르시아의 보잘것없는 사람에게 시집을 보내 화근을 자르려고 했다. 그런데 그 뒤에도 자기 외손자에 의해 나라가 멸망할 것이라는 꿈을 꾸고는 외손자를 죽이라고 명령했다. 암살자 역할을 맡은 사람이 소몰이꾼이었는데, 마침 그때 그의 아내가 사내아이

---

93   G. Wohlfart, *Also sprach Heraklit*, p. 162 참조.

를 사산한 상태였다. 소몰이꾼의 아내는 만다네의 아들, 즉 퀴로스를 자신의 죽은 아이와 바꿔치기했다. 그리하여 소몰이꾼은 자신의 죽은 아이를 증거로 제시하고 자기가 임무를 완성했다고 보고한다.

소몰이꾼의 아이로 성장한 퀴로스가 열 살이 됐을 때 마을에서 같은 또래 소년들과 놀고 있었다. 놀이 도중에 소년들은 소치기의 아들이라고 불리던 그 소년을 왕으로 뽑았다. 소년은 아이들에게 직책을 분담했는데, 몇몇은 집을 짓게 하고 몇몇은 친위대가 되게 했다. 그리고 그중 한 명은 '왕의 눈'이 되게 하고, 다른 한 명에게는 자기에게 각종 보고를 전달하는 명예를 부여했다.[94] 이것이 바로 왕놀이의 원형이다.

여기에서 핵심은 아이인 퀴로스가 뽑기놀이에 의해 왕으로 지명되고 현실 왕의 역할을 놀이공간에서 수행한다는 내용이다. 바실린다, 즉 왕놀이는 퀴로스에서 유래한다.[95] 그렇다면 퀴로스 이야기가 헤라클레이토스에게 직접적인 영향을 주었다는 근거는 있는가? 즉 바실린다 놀이가 B52의 결론 부분에서 중요한 의미가 있는가? 칸Ch. H. Kahn은 "왜 아이가 왕으로 묘사되는가?"[96]라고 물었다. 기건은 "왜 aion이 왕인가?"[97]라고 물었다. 이에 대해 볼파르트는 간명하게 답한다. "왜냐하면 아이는 '바실린다-놀이Basilinda-Spiel'에서 왕이기 때문이며, 그리고 더 나아가 이 아이는 왕족의 혈통이고 또한 나중에 스스로 왕이 되었기 때문이다."[98]

---

94 헤로도토스, 《역사》, 천병희 옮김(숲, 2009), 87~157쪽 참고.

95 L. Grasberger, *Erziehung und Unterricht*, Bd. 1.1., Würzburg, 1864, p. 53 참조.

96 Ch. H. Kahn, *The Art and Thought of Heraclitus*, Cambridge, 1979, p. 227.

97 O. Gigon, *Untersuchungen zu Heraklit*, p. 122.

98 G. Wohlfart, *Also sprach Herakleitos*, p. 167.

5. 놀이 개념의 측면에서 B52의 정합적 이해

위에서 우리는 B52의 여러 개념이 우리에게 해석의 노고를 요구한 다는 사실을 살펴보았다. 단편을 구성하는 네 가지 기본 개념이 다수의 의미가 중첩된다는 사실도 알 수 있었다. aion이 의미하는 바가 무엇인 지, aion이 왜 장기놀이 하는 아이이고 도대체 그 아이는 누구인지, 마지 막으로 왜 그 아이에게 왕국이 속하는지 등의 물음이 우리에게 제기되 었다. 우리는 그에 대해 가능한 답도 살펴보았다. 그런데 우리가 단편의 구성요소인 네 가지 개념을 분석하는 것도 매우 중요하지만, 의미상 그 것이 어떤 내재적 통일성을 지니는지도 반드시 살펴봐야 할 것이다.

의미의 차원에서 단편의 내재적 통일성을 찾기 위해 우리는 단편 을 다시 한 번 살펴볼 필요가 있다. 앞서 언급했듯이, 단편에서 가장 많 이 등장하는 단어는 어원을 같이하는 'pais' 'paizon' 'paidos'이다. 이 단 어들은 모두 놀이Spiel 개념과 밀접한 관계가 있다. 헤라클레이토스는 이 단어들을 통해 무엇을 말하고자 하는가? 이 단어들은 B52를 의미의 차 원에서 다른 단어들과 묶는 연결고리가 아닐까?

헤라클레이토스가 당대 그리스인들이 취했던 놀이에 대한 부정적 인 태도와 거리를 두고 있다는 점은 디오게네스 라에르티우스Diogenes Laertius의 다음과 같은 전언이 잘 보여준다. "헤라클레이토스는 번잡함 을 피해 아르테미스 사원에서 아이들과 장기놀이를 즐겼다. 그곳의 에 페소스 사람들이 그에게 몰려왔을 때, 그는 그들에게 소리쳤다. '너희들 은 무엇에 놀라워하느냐, 너희 온전치 못한 종자들아? 이것이 너희들과 더불어 국가통치를 하는 것보다 만족스러운 일이 아닌가?"[99] 이것으로써 헤라클레이토스가 단편 B52에서 '놀이하는 아이'로 말하고자 한 것이 단순히 로고스를 인식하지 못한 어리석은 자와 그들의 행위를 표현한 데 불과하다는 주장은 설득력을 잃는다.

단편 B52에서 aion이 시간 일반, 영원 또는 삶 등 다양한 의미를 품을 수 있지만, aion이 (장기)놀이를 하는 아이인 것만은 분명하다. 우리가 지금까지 살펴본 것처럼 aion을 삶 또는 삶의 시간으로 해석하는 것이 온당하다는 다수의 설을 받아들인다면, 그렇다면 '삶 또는 삶의 시간 aion이 놀이하는 아이이다'라는 것의 의미는 무엇인가? 이 문제를 해결하려면 먼저 놀이의 성격을 살펴봐야 할 것이다.

놀이에는 규칙이 있는 경우와 규칙의 성격이 약한 경우, 또는 아예 규칙이 전혀 의미가 없을 만큼 자유로운 경우가 있을 수 있다. 만약 놀이하는 아이가 모래성 놀이를 하는 아이와 관계된 아폴론이거나 거인족이 유혹하기 위해 건네준 장난감으로 놀고 있는 디오니소스라면 놀이에서 규칙은 거의 무의미하다. 왜냐하면 그들의 놀이는 규칙과 관계없이 홀로 자유롭게 하는 것이고, 더욱이 그들은 모두 신이기에 규칙은 외부에서 오지 않고 자신에게서 비롯되기 때문이다.

---

99 Diogenes Laertius, *Leben und Meinungen berümter Philosophen*, Berlin, 1955, p. 136. 니체는 놀이의 중요성을 여러 곳에서 언급한다. "모든 것을 감싸는 영혼은 더 많은 잘못을 저지를 수 있다. 가장 현명한 영혼은 자신을 어리석음의 대양 속에 던져버린다. 가장 필연적인 영혼은 자신을 우연 속에 던진다. …… 영혼, 그에게 모든 것은 놀이이다"(F. Nietzsche, N; KSA10, 551(17[40])). "완고한 현자들에 반하여 자신을 그들에게서 해방하는 영혼, 그에게 모든 것은 놀이이다"(F. Nietzsche, N; KSA10, 615(22[1])). "너, 완고한 철학자여, 내게 모든 것은 놀이가 되었다"(F. Nietzsche, N; KSA13, 556(20[440])). "세계를 지배하고 탐구하는 존재자들은 창조되어야 한다. …… 때로는 거기에서 그 놀이에 참여한다. 이 존재자들에게 힘이 주어져야 한다. 그들에게 힘이 위임될 것이다. 왜냐하면 그들은 하나의 단일한 목적을 얻기 위해서 그것을 폭력적으로 사용하지 않을 것이기 때문이다"(F. Nietzsche, N; KSA9, 497(11[144])).

그런데 놀이하는 아이를 퀴로스로 본다면, 퀴로스가 아이들과 어울려서 하는 '왕놀이'의 경우는 사정이 다르다. 거기에는 놀이의 규칙이 있다. 놀이의 승패를 결정하는 규칙이 있고, 그 결과 왕이 어떤 역할을 할 수 있으며, 그의 부하들에게 어떤 의무를 부여하고 그의 왕국을 어떻게 통치하고 신하에게 어떤 상과 벌을 줄 것인지 구체적인 규칙이 있을 것이며, 놀이에 참가하는 사람은 이 규칙에 따라야 한다. 이 점이 모래성 놀이와 디오니소스의 놀이, 특히 주사위놀이와 다른 것처럼 보인다.

그러나 엄밀히 보면 퀴로스의 왕놀이에도 우연성이 개입하고 그것이 결정적이다. 즉 누가 왕이 될 것인지 정하는 것은 놀이에 참가하는 아이의 힘이나 지식과 무관하게 우연히 선택한 놀이패에 따라 결정된다. 놀이의 시작에서 가장 결정적인 요소는 바로 우연이다. 왕이 될 수 있는 패의 선택권은 소몰이꾼의 아들도 고관대작의 아들도 동등하게 갖는다. 왕의 부하가 될 수 있는 가능성도 똑같다. 현실의 신분이나 계급은 놀이에 전혀 개입할 수 없다. 퀴로스의 왕놀이에서 각자에게 주어질 패를 뽑을 가능성은 주사위놀이에서 주사위가 멈추는 마지막 순간에 수가 결정되는 것과 마찬가지로 우연이 결정적이다.

그러므로 삶 또는 인생은 본질적으로 놀이의 속성을 띠고 있다는 의미이고, 다시 말해 인생은 우연에 따라 전혀 다른 국면으로 가볍게 전환할 수 있음을 내포한다고 볼 수 있다. 그런데 문제는 단편 B52의 마지막 부분에 해당하는 '왕국이 아이에 속한다'는 것을 어떻게 해석해야 하는가이다. 이것이 난제 중의 난제이다.

이 문제를 둘러싸고 다양한 논란이 있지만, 우선은 놀이하는 아이를 디오니소스로 본다면 디오니소스가 왕이 된다는 것을 뜻한다. 이것은 디오니소스 신화를 근거로 할 때 충분히 설득력 있는 해석이다. 제우스가 자신의 아들에게 신과 세계에 대한 지배권을 주었다는 것이 신화의 설명이다. 또 하나의 가설은, 놀이하는 아이를 퀴로스로 본다면 그가 왕이 되었다는 것이다. 이것 역시 헤로도토스의《역사》에서 근거를 찾을 수 있기에 충분히 설득력이 있다. 그렇다면 왜 (장기)놀이를 하는 아이가 왕이 되어야 하는가? 왜 힘이 세거나 현명한 성인이 왕이 되어서는 안 되는가?

표면적으로 보면, 헤라클레이토스가 당시 그리스의 상황, 더 정확하게는 에페소스의 상황, 즉 우둔한 대중이 지혜로운 자를 몰아내는 자신의 시대를 비판하기 위해 대중보다는 차라리 아이에게 왕국을 맡기는 편이 좋을 것이라는 조롱 투의 말일 수도 있다. 그러나 그렇다고 아이에게 왕국을 맡기는 것이 우둔한 성인에게 나라를 맡기는 것보다 상황을 좋아지게 한다는 보장은 전혀 없다. 우리가 보기에 아이는 분명히 하나의 은유이다. 아이로서 우리가 생각해볼 수 있는 디오니소스적 인간 또는 디오니소스와 매우 비슷한 과정의 삶의 행적을 보여주는 퀴로스가 품었을 세계관을 따져보는 것이 더욱 온당할 것이다. 그들은 모두 변전의 가벼움을 신화나 이야기를 통해 잘 드러내며, 심지어 삶과 죽음의 경계를 넘나드는 것도 가볍게 여길 정도이다. 따라서 그들의 사유는 목적과 인과에 그다지 단단히 묶여 있지 않다. 그렇기에 그들에게 삶은 하나의 규칙에 따라 기계적으로 진행되지 않는 놀라움의 연속이다. 삶의 놀라움은 아이가 놀이에서 왕이 되고 왕국의 통치권자가 될 수 있게 하는 것이다.[100]

6. B52에 대한 니체와 하이데거의 해석

헤라클레이토스의 사유를 읽어내는 것은 해석학적인 미로 찾기에 비유할 수 있을 것이다. 그 이유는 그의 사유를 전체적으로 읽을 수 있는 온전한 저서가 전해지지 않는다는 문헌적인 어려움 때문이기도 하겠지만, 좀 더 근본적인 이유는 수많은 해석을 가능하게 하는 그의 상징적인 언술 방식에 기인한다. 특히 그의 단편 B52는 수수께끼 중의 수수께끼처럼 보인다. B52는 헤라클레이토스의 사유를 이해하기 위해 통용되는 두 가지 길, 즉 생성과 로고스라는 차원에서 이해할 수가 없다.

우리가 살펴보았듯이, B52에 드러난 헤라클레이토스의 의도를 읽어내는 것은 간단하지 않다. 우리는 B52를 생성과 로고스로 읽지 않고 전혀 새로운 길을 선택했다. 그것은 단편을 이루는 개별 단어의 어원학적·의미론적 차원에서 접근한 결과이다. 우리는 단편에서 반복적으로 등장하는 '놀이paidia' 개념을 주목한다. 놀이 개념을 통해 단편을 읽을 때, 단편을 정합적으로 조명할 수 있는 새로운 길이 있음도 살펴보았다. 우리가 택한 놀이 개념을 통한 B52 해석은 자의적인 것이 아니다.

B52를 놀이의 측면에서 접근한 철학자는 니체와 하이데거이다.

니체는 자신의 사상적 선구를 헤라클레이토스에서 찾기를 주저하지 않는다. 특히 니체는 헤라클레이토스의 B52의 '놀이하는 아이'가 놀이철학의 정수를 보여준다고 확신한다. 이러한 사실은 니체의 저서를 통해 어렵지 않게 발견할 수 있다.[101] 특히 니체의 가장 중요한 저서 가

---

100   G. Wohlfart, *Also sprach Heraklit*, p. 188 참조.

운데 하나인《차라투스트라는 이렇게 말했다》의 〈차라투스트라의 연설〉에 등장하는 '세 가지 변화'에서 놀이하는 아이는 B52의 aion과 놀라울 정도로 일치한다. 거기에서 니체는 놀이하는 아이를 통해 니힐리즘의 극복과 새로운 세계의 창조가 어떤 방식으로 가능한지를 보여준다. 놀이는 목적과 인과, 그리고 선악의 사슬로 묶인 세계보다 더 힘이 있으며 삶에 더 깊이 뿌리내리고 있다. B52의 놀이하는 아이pais paizon는 차라투스트라의 가르침, 즉 영원회귀와 힘을 향한 의지를 구현하는 범형이다.

하이데거 역시 헤라클레이토스의 B52를 자신의 철학을 해명하는 데 적극적으로 차용한다. 하이데거가 보기에 헤라클레이토스가 놀이를 통해 우리에게 말하는 바는 놀이에는 이유가 없다는 것이다. 즉 '왜 놀이하는가?'에 대한 답은 놀이하기 때문에 놀이한다는 것이다.[102] 그에 따르면 근거물음과 존재물음도 놀이의 일종이다. 존재자는 존재가 아니며, 존재에 대한 근거로 존재자를 설정할 수 없다. 즉 존재는 탈근거Ab-Grund이다. 근거가 없는 존재, 그렇지만 매 순간 그 자신을 우리에게 보내주고 인간의 역사를 성립시키는 존재를 하이데거는 존재역운이라고 표현하는데, 이것이 바로 놀이이다.

니체와 하이데거의 헤라클레이토스 해석에 다양한 반론이 제기될 수 있지만, 헤라클레이토스를 새로운 관점에서 조명했다는 점은 높이 평가해야 할 것이다. 더욱이 헤라클레이토스를 자의적으로 읽고 자기

---

101   이 책의 3부 1장 참조.

102   Heidegger, *Der Satz vom Grund*, p. 188 참조.

구미에 맞는 것만 전승하여, 결과적으로 헤라클레이토스의 온전한 생각을 읽을 수 없게 가로막는 조각글을 단순히 문헌적이고 기계적으로 해석하는 데 매달리는 것은 어쩌면 헤라클레이토스도 반대하는 일일 것이다.

헤라클레이토스 자신이 세계에 대한 수평적 해석과 평균적 삶의 태도를 얼마나 경멸했는지 우리는 잘 알고 있다. 특히 철학은 전승되기보다는 해석되어야 한다면, 오늘날 중심의 해체와 주체의 죽음으로 열린 마당은 새로운 가치를 창조하기 위한 놀이터라 할 만한데, 이때 헤라클레이토스의 '놀이하는 아이'는 우리 시대의 상징으로 유효할 것이다.

2장
플라톤과 paidia

플라톤의 놀이철학을 가장 잘 대변하는 개념은 paidia이다. paidia가 paides(아이들), paideia(교육)와 어원이 같다는 사실에서 플라톤이 이해한 놀이의 성격이 결정된다. 하위징아가 잘 지적하듯이 파이디아 paidia는 어원상 언제나 어린애의 놀이, 유아적인 것, 쓸모없는 것 따위의 의미를 담고 있다. 따라서 파이디아로 고차적인 의미의 놀이를 표현하는 데는 한계가 있을 수밖에 없다. 이에 견주어 라틴어에서 놀이를 뜻하는 루두스ludus는 파이디아 외에 그리스어 아곤agon(경쟁), 스콜라제인 skolazein(여가를 보내다), 디아고게diagōgē(보냄, 오락[pastime])라는 더욱 확장되고 다양한 의미를 포괄하고 있다.[1] 따라서 플라톤이 놀이를 파이디아의 차원에서만 이해한 것은 놀이에 관한 그의 사유의 특징과 한계를 동시에 보여준다.

---

1   하위징아, 《호모 루덴스》, 242쪽 참조.

플라톤은 인간의 놀이가 신의 놀이와 달리 아이들의 고유한 속성과 일치한다고 본다. "세 살과 네 살, 다섯 살, 그리고 더 나아가 여섯 살까지도 아이들의 혼의 성향에는 놀이가 필요"[2]하다. 즉 놀이는 아이들의 고유한 활동인 셈인데, 아이들의 대표적인 행위방식은 따라 하기, 즉 모방이다. 그래서 플라톤은 파이디아의 속성을 모방에서 찾는다. 모방은 아이들의 교육에서 빠질 수 없는 것이지만, 그것이 인식과 실천에서 차지하는 지위는 몹시 저차원적이다. 플라톤이 놀이를 진리인식의 가장 낮은 차원에서 이해한다는 점과 놀이를 유아의 셈법 교육과 질서 교육을 위한 '전 교육단계'에서 수용한다는 점도 그것을 증명한다. 또 그는 예술의 기원을 모방에서 찾음으로써 예술, 특히 시나 비극을 제정신이 아닌 상태의 거짓말의 일종으로 보고, 시민들의 영혼을 어지럽히는 것으로 간주한다. 따라서 플라톤이 시인을 공화국에서 추방해야 한다는 근거로 삼는 것도 놀이를 하찮고 유치한 것으로 보는 그의 근본 태도와 밀접한 관계가 있다.

1. 미메시스와 놀이

플라톤은 놀이의 기원을 신과 연관시킨다. 진지한 존재인 신은 인간을 자신의 장난감으로 만들었는데, 장난감인 인간은 신을 기쁘게 함으로써 신의 사랑을 받는다. 그렇다면 인간이 신을 기쁘게 하는 방법은

---

2 Platon, *Nomoi*, 793e.

무엇인가? 그것은 삶을 놀이하면서 살아가는 것이다. 경기를 하거나, 제사를 지내거나, 노래하고 춤추거나 하며 살아야 한다. 그렇게 하면 사람은 신을 달랠 수 있다.[3] 신은 동시에 놀이하는 방법도 인간에게 알려주었는데, 축제가 바로 그것이다. 신은 인간이 노동의 고통에서 잠시 쉴 수 있는 축제를 허용한다. 신은 인간에게 아폴론과 디오니소스를 보내 그들과 친구가 되게 했다. 즉 인간이 춤추고 노래하고 놀 수 있는 것은 신의 선물이다. 그런데 플라톤에게 신은 진지한 존재이고 인간은 신의 장난감이기에 신의 놀이와 인간의 놀이가 같을 수 없다. 즉 신의 놀이는 신의 본성과 일치하는 진지한 것이지만 인간의 놀이는 그렇지 않다.[4]

플라톤은 놀이를 근본적으로 미메시스Mimesis로 이해한다. 통상 우리는 미메시스를 '모방'이라고 이해하는데, 그것에는 엄밀하게 보면 '스스로 비슷하게 만들다' '재현하다' '표현하다' '앞서 보이기vor-ahmen'[5] 등 다양한 의미가 있다. 그런데 플라톤의 저서에서 미메시스는 주로 현상이나 가상을 만드는 행위, 즉 예술가의 창작행위인 모방을 설명할 때 이용된다.[6] 이 점은《국가》에서 잘 드러난다. 플라톤은 이데아와 그것을 모방한 개별 사물의 관계를 침상을 제작하는 목수와 목수가 만든 침상을 다시 화폭에 그리는 화가의 경우를 예로 들어 설명한다. 그러니까 목수는 침상의 이데아를 모방하고, 화가는 목수의 침상을 모방한다. 화가의

---

3 *Nomoi*, 796 참조.
4 *Nomoi*, 803 참조.
5 군터 게바우어, 크리스토프 불프,《미메시스》, 최성만 옮김(글항아리, 2015), 26쪽 참조.
6 플라톤의 미메시스 개념에 대해서는 U. Zimbrich, *Mimesis bei Platon: Untersuchung zu Wort-gebrauch, Theorie der dichterischen Darstellung und zur dialogischen Gestalung bis zur Politeia*, Frank-furt/M. u.a., 1984 참조.

그림은 실재idea에서 가장 거리가 먼 것이다. 플라톤은 화가의 이러한 헛된 모방행위를 놀이paidia라고 명명한다.[7]

플라톤에서 미메시스가 모방의 의미가 강하다는 것은 미메시스가 실재를 복제하기보다는 실재가 현상하는 것을 다시 따라 하는, 즉 실재와 거리가 먼 가상을 만든다는 점 때문이다. 이때 모방행위는 현상의 이미지나 환영을 만들기 때문에, 이것의 목적이 실재가 아님을 알 수 있다. 당연히 모방행위는 플라톤의 시각에서는 결함투성이이며 쓸모없는 것이다. 이러한 사실은《미노스Minos》에 잘 나타난다.

> 필수품들의 획득은 물론 기술을 통해서는 실현되지만, 이것들 중의 어느 것도 누군가를 지혜롭도록 만들어주지는 않기 때문에 그다음으로는 일종의 놀이paidia가 남겠는데, 이는 그 대부분이 모방기술mimētikē이지 어떤 식으로도 심각한 게 아닙니다. 모방을 하는 데는 많은 도구를 이용하기도 하지만, 몸 자체의 썩 우아하지도 않은 많은 모방적 표현mimēma들에 의해서도 합니다. 말로도 하고, 그리고 모든 형태의 음악으로 하는 모방적 표현들 말입니다. 또한 물감을 이용하거나 물감을 이용하지 않는 많은 부류에서의 온갖 다양한 형태로 이루어지는 것들, 이들하고 많은 것들의 어머니 노릇을 하는 회화가 있죠. 이런 것들의 모방 기술은 제아무리 열성을 쏟더라도 그 누구도 그 어떤 점에서도 지혜롭도록 만들어주지 않습니다.[8]

---

7 Platon, *Politeia*, 602. paidia와 logos, 인식, 그리고 진리의 관계에 대해서는 Platon, *Euthydemos*, 278 b~c 참조. 플라톤의 *Politeia* 인용은《국가·정체》, 박종현 옮김(서광사, 1997)에 따른다.
8 Platon, *Minos*, 975d.

플라톤은 모방의 대표적인 사례를 화가의 그림 그리는 행위를 통해 설명한다.《국가》제10부에서 그는 화가의 창작행위가 현상에 대한 모방이고 허상을 만드는 것이며 지식의 차원에서 그것은 견해doxa일 뿐, 실재idea와 무관함을 상세히 설명한다. 플라톤은 목수가 만든 실재의 침상과 식탁, 그리고 그것의 이데아를 소크라테스의 말을 빌려 이렇게 말한다. "이 가구들과 관련해서는 어쨌든 두 '이데아idea'가 있겠는데, 그 하나는 침상의 이데아이며, 다른 하나는 식탁의 이데아일세. …… 그런데 각 가구의 장인匠人(제작자, dēmiourgos)은 그 이데아를 보면서 저마다 우리가 사용하는 침상들이나 식탁들을 만들며, 또한 여느 것들도 마찬가지 방식으로 만든다고 우리가 또한 말해 버릇하지 않았던가? 그 어떤 장인도 이데아 자체를 만들지는 않을 테니까 말일세."[9]

목수가 만드는 침상과 식탁의 원형은 목수 자신의 것이 아니고 침상과 식탁의 이데아에서 기원한다. 목수는 단지 그것을 상기해서 가구로 현실화한 것이다. 그렇다고 그가 만든 침상과 식탁이 이데아 자체를 완벽히 구현한 것은 아니다. 그렇다면 화가의 경우는 어떤가? "제작자들 중에는 화가도 포함된다. …… 그러나 화가는 그가 제작하는 것을 진짜로 제작하지는 않는다. …… 비록 화가도 어떤 식으로는 침상을 제작하긴 하지만 말일세. …… 침상 제작자klinopoios는 우리가 바로 '[참으로] 침상인 것ho esti klinē'이라 말하는 형상形相을 만드는 것이 아니라 하나의 침상을 만든다. …… 그는 '실재to on'를 만드는 것이 아니라 '실재'와 같은 '그런 것toiouton'이되 실재는 아닌 어떤 것을 만드는 것일세."[10]

9 Platon, *Politeia*, 596b.

이렇게 플라톤은 세 층위의 식탁과 침상을 구분하는데, 이것의 층위는 먼저 제작자의 차이에서 비롯된다. "그러니까 이들 세 가지의 침상이 있게 되었네. 그 하나는 그 본질(본성physis)에서 침상인 것으로서, 내가 생각하기로 이는 신이 만드는 것이라고 우리가 말할 그런 것일세. …… 다른 하나는 목수가 만드는 것일세. …… 또 다른 하나는 화가가 만드는 것이네. …… 그래서 화가, 침상 제작자, 신, 이들 셋이 세 종류의 침상을 관할하는 자들일세."[11]

플라톤에게 제작자의 차이는 곧 실재와의 거리를 의미한다. 즉 신이 제작한 침상은 완전한 실재이며, 절대적이고 영원한 형상이다. 그리고 목수가 신의 침상을 복제한 것은 지각 가능한 침상이고, 화가가 목수의 지각 가능한 침상을 다시 모사한 것이 그림인 것이다. "신은 …… 참으로 침상인 것의 참된 침상 제작자이기를 바랐지, 어떤 한 침상을 만드는 어떤 한 침상 제작자이기를 바라지는 않았기에, 본질에서 하나의 침상을 만들었다네. …… [신은] 본질 창조자phytourgos …… 목수는 어떤가? 그는 침상의 장인dēmiourgos이 아닌가? …… 화가도 그런 것의 장인이며 제작자poiētēs인가? …… 그럼 자네는 그를 침상의 뭐라 말할 건가? …… 저 장인들이 만드는 것의 '모방자'."[12]

이렇게 각각의 제작자가 만든 침상과 식탁은 실재와의 관계로 구분되고, 그것의 존재론적 지위가 결정된다. 화가가 그린 침상과 식탁은 모방의 모방이며, 진리에서 가장 거리가 먼 가상에 불과하다. 더욱이 그것

---

10 *Politeia*, 596e~597a.

11 *Politeia*, 597b.

12 *Politeia*, 597d~597e.

은 실재에 다가가는 것을 방해하는 속임수로 작용한다. 이 점을 플라톤은 다음과 같이 설명한다.

> 그림은 각각의 경우에 어느 것을 상대로 하여 만들어지는가? '실재實在, to on'를 상대로 있는 그대로 모방하게 되는가, 아니면 보이는 것(현상to phainomenon)을 상대로 보이는 그대로 모방하게 되는가? 그것은 '보이는 현상phantasma'의 모방인가, 아니면 진실(진리alētheia)의 모방인가? …… 그것은 보이는 현상의 모방입니다. …… 따라서 모방술模倣術, hē mimētikē 은 진실된 것에서 어쩌면 멀리 떨어져 있으며, 또한 이 때문에 모든 걸 만들어내게도 되는 것 같으이. 그야 모방술이 각각의 것의 작은 부분을 건드릴 뿐인 데다, 이나마도 영상影像(模像, eidōlon)인 탓이지. 이를테면 화가는 구두 만드는 사람과 목수, 그리고 다른 장인들을 우리에게 그려는 주지만, 이 기술들 가운데 어느 하나에 대해서도 정통하지 못하다고 우리는 말하네. 하나 그럼에도 불구하고 그 화가가 훌륭한 것 같으면, 목수를 그린 다음 멀리서 보여주어 진짜 목수인 것처럼 여기게 함으로써 아이들이나 생각 없는 사람들이 속아 넘어가게 하네.[13]

화가는 실재에 대한 가상을 만드는 자로서 실재에 대해 아무것도 알 수 없는 자이고, "모방자는 자기가 모방하는 것들에 대한 훌륭함(아름다움)이나 나쁨과 관련하여 알게 되지도 못하며, 옳게 판단하지도 못한다."[14] 화가의 행위는 색채의 조합이 주는 감각적인 쾌락에 근거하는

---

13 *Politeia*, 598b~c.

것으로 진리를 추구하는 행위와는 거리가 있다. 화가를 움직이는 것은 진리가 아니라 놀이이다. "모방자는 자기가 모방하는 것들에 대해 언급할 가치가 있는 것은 아무것도 알지 못한다는 것, 이 모방은 일종의 놀이이지 진지한 것이 못 된다는 것"[15]이다. 따라서 화가의 "모방술은 변변찮은 것과 어울려 변변찮은 것들을 낳는 변변찮은 것"[16]일 뿐이다. 그러므로 화가의 모방술은 진리를 위해 엄격히 제한되어야 한다. 플라톤은 예술의 기원을 모방에서 찾고 그 폐해를 지적한다. 플라톤이 예술, 특히 비극 시인에게 적대적인 이유는 바로 여기에 기인한다.

2. 예술과 놀이

플라톤에 따르면 예술의 기원은 모방이며, 모방을 이끄는 힘은 실재에 다가가려는 의지가 아니라 신체적 욕망과 감정이다. 이러한 모방 욕망은 일종의 놀이이고 그것이 산출하는 것은 환영과 상상이다. 플라톤에서 회화는 모방의 가장 일차적인 형태이자 모든 예술의 기초로 간주된다. 회화는 감각적 대상을 시각으로 모방하는 것에서 비롯되며, 음악은 청각의 모방으로 나아간다.

플라톤에 따르면 모방의 극단은 시詩이다. 시는 다양한 감각기관의

---

14 *Politeia*, 602a.
15 *Politeia*, 602b. "회화繪畵와 일체 모방술은 진리에서 멀리 떨어져 있는 자신의 작품을 만들어 내며, 또한 우리 안에서 분별(지혜)과는 멀리 떨어진 상태로 있는 부분과 사귀면서, 건전하지도 진실되지도 못한 것과 동료가 되고 친구가 된다"(*Politeia*, 603b).
16 *Politeia*, 603b.

모방을 기초로 시인의 개인적인 환상을 맥락에 따라 근거 없이 자유롭게 덧붙이는데, 일반인이 시를 이해하는 것은 불가능하다. 왜냐하면 시인의 영혼은 뮤즈에 사로잡혀 환각상태에서 알 수 없는 언어로 주절거리기 때문이다. 그래서 시는 모방 중에서도 실재와 가장 거리가 멀고, 진리와는 전적으로 무관하다. 따라서 시인은 공화국에서 추방되어야 한다.

그림으로 대표되는 모방술의 산물인 예술은 실재에서 가장 먼 거리에 있다. 시인의 경우는 낱말들과 구句들을 이용하여 대상을 모사한다. 그들의 현란한 표현들이 사람들의 영혼을 미혹하고 결국 실재와 진리에서 멀어지게 한다. 시인은 "그것들에 대해 정통하지도 못하고 모방할 따름이지만, 역시 같은 처지에 있으면서 시인이 한 말을 갖고 판단하는 사람들한테는, 그가 구두 제조에 관해서 운율metron과 리듬rhythmos, 그리고 선법旋法, harmonia에 맞추어 말할 경우에는 아주 잘 말한 것으로"[17] 보이지만, 그러나 사실 그 "영상 제작자, 즉 모방자는 '실재to on'에 대해서는 아무것도 모른다."[18]

플라톤은 시인들, 특히 비극 작가들을 좀 더 강하게 비판한다. "비극시에 관여하는 사람들이, 이암보스 운율로 짓건 또는 서사시 운율로 짓건 간에, 모두 최대한으로 모방적이라는 것"[19]이라는 것은 숨길 수 없다. 플라톤은 시인이 얼마나 진실하지 못한지를 그리스의 대표 작가 호메로스를 예로 들어 설명한다. 예컨대《일리아드》2권에서 제우스가 아

---

17 *Politeia*, 601a.
18 *Politeia*, 601b.
19 Ebd.

가멤논의 꿈속에 나타나 거짓으로 승리를 약속하고는 트로이를 즉시 공격하라며 전쟁에 출정할 것을 부추긴다.[20] 그러나 플라톤이 보기에 호메로스는 명백히 모순된 진술을 하고 있다. 즉 신은 본성상 결코 거짓말을 하지 않는다. 제우스가 거짓 약속을 하는 것은 제우스의 신성과는 무관하며 호메로스가 제멋대로 상상해냈다는 것이다.

그러므로, 다음으로 비극tragōdia과 비극의 선구자인 호메로스를 생각해봐야만 하네. 어떤 사람들한테서는 시인들이 모든 기술을, 그리고 훌륭함(덕) 및 나쁨(악덕)과 관련된 모든 인간사도, 신들의 일도 알고 있는 것으로 우리가 듣고 있으니 말일세. 훌륭한 시인이, 자신이 시를 지을 것과 관련해서 정녕 훌륭하게 시작詩作을 하게 되려면 알고서 시작詩作을 해야하는데, 그렇지 못할 것 같으면 '시작詩作을 할poiein' 수 없을 게 필연적이기 때문이라는 게야. 따라서 이런 말을 하는 사람들이 이 모방자들을 만나 속아 넘어가서는, 이들의 작품들을 보고서도, 이것들이 실재to on에서 세 단계나 떨어져 있는 것들이라는 걸, 그리고 이것들은 진실을 모르는 사람이 시작詩作하기 쉬운 것들이라는 걸 깨닫지 못하고 있는지—이들이 시로 짓는 것은 '보이는 현상들'이지 '실재들'이 아니기 때문에—아니면 그 사람들이 일리 있는 말을 하고 있어서, 많은 사람이 생각하기에 훌륭한 시인들이 훌륭하게 말하고 있는 것으로 여겨지는 것들에 관해서 정말로 알고 있는지 생각해봐야만 하네.[21]

---

20 호메로스,《일리아드》, 유영 옮김(범우사, 1993), 32~33쪽 참조.
21 *Politeia*, 598e~599a.

호메로스가 보여주듯이 시인의 창작이란 사실과는 무관한 자신의 감정에 토대를 둔 이미지, 환영의 제작을 뜻한다. 화가와 달리 시인이 만들어낸 이미지란 감각적 대상과도 관계하지 않는 꿈과 같은 것이다. 그것은 진리와 무관하므로 이성이 그곳에 존재할 리도 없다. 이성이 사라진 곳에서는 감정이 지배한다. 이성의 통제를 받지 않는 감정은 실재의 지배를 벗어나 제멋대로의 환영을 만들어낸다. 시인의 상상력은 바로 통제받지 않은 감정의 산물이다.

플라톤이 볼 때 시인들의 이러한 상상력이 이성이 미약한 인간의 영혼을 갉아먹는 것은 불문가지이다. 그 이유는 감정은 쾌락을 갈구하고, 쾌락에 빠진 인간은 이성과 진리에서 멀어지기 때문이다. 플라톤에서 쾌락과 이성은 양립 불가능하다. "만약에 자네가 서정시에서든 서사시에서든 즐겁게 하는 시가詩歌를 받아들인다면, 자네 나라에서는 법과 모두가 언제나 최선의 것으로 여기는 이성 대신에 즐거움과 괴로움이 왕 노릇을 하게 될걸세."[22]

플라톤에 따르면 일체의 시는 영혼의 고귀함, 즉 이성적인 부분to logistikon을 파멸시키기 때문에 멀리해야만 한다. 시는 우리를 감각적 쾌락으로 유혹할 뿐 삶을 위해 결코 유익한 것이 아니다. 플라톤은 시가 우리의 영혼에 미치는 해악을 철없는 사랑에 비유하기도 한다. 미성숙한 청소년이 사랑에 빠지면 사랑에 눈이 멀어 평정심을 잃고 실수를 많이 하게 된다. 그러나 영혼이 성숙한 자는 그와 같은 실수를 저지르지 않는다. 미성숙한 영혼이 시를 처음 듣게 될 때 청소년들이 처음 사랑에

---

22 *Politeia*, 607a.

빠지는 것처럼 시에 빠지게 된다. 따라서 인간은 "시가 진리를 포착하며 진지한 것인 듯 진지하게 대해서는 안 된다."[23] 그러므로 국가가 잘 운영되기 위해서는 시에 대한 통제가 절실히 필요하다.

> 성욕이나 격정, 그리고 모든 욕구적인 것, 그리고 또 우리의 모든 행위에 수반되는 것으로 우리가 말하는 혼에 있어서의 괴로운 것들과 즐거운 것들, 이것들과 관련해서도 시작詩作을 통해 모방은 우리에게 같은 작용을 한다네. 이 모방은, 이것들을 말려야 하는데도, 이것들에 물을 주어 키워서, 우리에게 있어서 지배자들로 들여앉히기 때문인데, 이것들은 오히려 지배받아야만 하는 것들이라네.[24]

국가에서 시인들의 영향력이 커진다는 것은 곧 국가의 타락을 뜻한다. 국가는 영혼이 탁월한 선발된 지도자가 통치해야 하지, 탁월한 영혼과 그렇지 않은 영혼이 섞이거나 열등한 자가 통치하는 것은 피해야 한다. 이성에 투철하지 못한 자들이 지배하게 되면 그들은 마치 호메로스가 자신의 시에서 했던 것처럼 진지하지 못하고 장난스럽게 통치하게 된다. 그러므로 무절제한 상상력을 활용해 영혼의 감각적인 부분을 자극하여 쾌락을 얻으려는 예술가들은 국가에서 추방되어야 한다. 즉 플라톤에서 미적 경험, 미적 모방의 확장은 한 개인의 영혼을 어지럽힐 뿐만 아니라 공동체를 무정부상태에 빠뜨린다.

---

23 *Politeia*, 607e~608a.
24 *Politeia*, 606d.

만일에 재주가 있어서 온갖 것이 다 될 수 있고 또한 온갖 것을 다 모방할 수 있는 사람이 우리의 이 나라에 와서 몸소 그러한 자신과 자기의 작품을 보여주고 싶어 한다면, 우리는 그를 거룩하고 놀랍고 재미있는 분으로서 부복하여 경배하되, 우리의 이 나라에는 그런 사람이 없기도 하지만, 그런 사람이 생기는 것이 합당하지도 않다고 말해주고서는, 그에게 머리부터 향즙을 끼얹어준 다음, 양모로 관까지 씌워서 다른 나라로 보내버릴걸세.[25]

3. 교육과 놀이

플라톤에서 놀이는 모방과 관계하고 모방은 진지하지 못한 것이다. 놀이는 대상에 대한 재현활동으로 진리와 무관할 뿐만 아니라 영혼을 감각으로 치우치게 하여 젊은이를 타락시킨다. 특히 비극과 서사시 같은 일체의 시는 영혼을 어지럽히고 공동체를 위험에 빠뜨린다. 이와 같이 플라톤에서 놀이는 소극적이거나 부정적인 의미가 강하다.

그러나 교육과 관련하여 놀이는 인식론과 윤리학에서와 달리 의미를 얻는다. 놀이는 특히 유아 단계의 '예비 교육propaideia'에서 중요한 역할을 한다. 플라톤이 교육에서 놀이가 하는 역할에 특별한 의미를 부여하는 것은 주로 그의 후기 저작인《법률》에 잘 드러난다. 그러나 교육이

---

25 *Politeia*, 398a.《국가》에서 플라톤은 인식론적이고 도덕적인 이유로 시인을 국가에서 추방해야 한다고 주장하지만,《법률》에서는 교육적인 목적과 여가 선용의 차원에서 제한적으로 수용해야 한다고 본다. *Nomoi*, 817 a, b, c 참조.

본격적인 단계로 접어들면 놀이는 그 의미가 감소하거나 오히려 부정적인 의미를 띠게 된다.[26]

플라톤에서 교육paideia과 양육trophē[27]은 국가를 유지하는 근간이 되는데, 교육을 통해 아이들은 조상들의 지혜를 배우고 그것을 바탕으로 선조들보다 더 나은 사람으로 자라날 수 있다. 플라톤에서 교육은 철저히 단계별 맞춤형 방식으로 진행된다. 교육은 먼저 본능에서 비롯되는 맹목적인 충동을 억제하는 것부터 시작되어야 한다. 플라톤은《법률》에서 아이와 교육의 필요성을 이렇게 말한다.

> 아이는 모든 동물 중에서도 가장 다루기 힘든 것입니다. 생각함phronein의 샘물이 아직 그 물길을 전혀 트지 못하고 있는 그만큼, 반항적이고 난폭하며 동물들 중에서도 가장 제멋대로가 되기 때문입니다. 바로 이 때문에 여러 가지 것들로, 이를테면 일종의 고삐와 같은 것들로 이를 속박해야만 하는데, 처음에 곧 보모들이나 어머니들에게서 벗어나게 될 때, 놀이와 철없음 때문에는 보호자들을 이용해서, 또한 더 나아가서는, 무엇이건 가르치는 사람들과 자유민으로서의 배움들을 이용해서 그리해야만 합니다.[28]

---

26 놀이는 아이들을 위한 교육적 가치가 있다. 아이들은 성향상 긴 시간 집중해서 배울 수 없다. 대부분의 나라에서 아이들에게 교육은 놀이 형태를 띤다. 플라톤 역시 놀이를 수학, 기하학, 변증론의 예비 학습에 적용한다. 이에 관해서는 W.K.C. Guthrie, *A History of Greek Philosophy*, vol. IV, New York: Cambridge Univ. Press, 1975, pp. 61~66 참조.

27 "교육paideia의 요지를 우리는 바른 양육hēorthē trophē이라고 말하는데, 이는 놀이를 하고 있는 아이의 혼을, 그가 어른이 되었을 때 할 일pragma의 훌륭한 상태aretē에서 완벽함을 요구하게 될, 그것에 대한 사랑erōs으로 최대한 이끌어줄 것입니다"(*Nomoi*, 643d).

28 *Nomoi*, 808 d~e.

인간이 동물의 지위로 전락하는 것을 막기 위해 교육이 필요한데, 교육의 시작은 모방이다. 유아기의 아이들은 감각aisthēsis에 지배되는데, 유아는 감각기관을 통해 일차적으로 무엇인가를 모방하려고 한다. 모방하는 행위에는 모방하려는 대상을 닮겠다는 열망이 담겨 있다. 따라서 유아기의 교육은 아이들의 이러한 성향을 활용하여 모범적인 것을 따라 하기, 닮기, 동화하기에서 출발해야 한다. 이런 과정을 밟으면 유아기를 지배하는 감각은 쾌감(즐거움hēdonē)과 고통(괴로움lypē)으로 발전하며, 마침내 이러한 본능적인 감각은 훌륭한 대상을 모방하게 되고 덕aretē을 얻게 된다. 그리고 아이는 최종적으로 지혜phronēsis가 넘치는 인간으로 성장하게 된다. 그래서 "교육paideia은 아이들에게 처음으로 생기는 훌륭함(훌륭한 상태, 덕)"[29]이라고 말할 수 있다.

플라톤에서 교육은 철저히 계획된 단계에 따라 진행된다. 즉 나이와 자질에 따라 영혼의 성향에 맞는 교육을 해야 하는 것이다. 특히 놀이는 세 살부터 여섯 살까지 유아의 영혼에 적절한 교육 수단이다. "세 살과 네 살, 다섯 살, 그리고 더 나아가 여섯 살까지도 아이들의 혼의 성향에는 놀이가 필요할 것입니다. 그러나 이제는 벌을 주어서라도 사치에서 떨어져 나오게 할 것이지만, 불명예스럽게는 하지 말아야 할 것이니, …… 모욕적으로 벌줌으로써 벌받는 자들에게 분노를 일으키게 해서는 안 되지만, 벌을 주지 않음으로써 사치를 방조해서는 안 됩니다."[30] 이 나이 때 아이들에게 놀이는 자연스러운 것이지만, 또래들과 어울리

---

29 *Nomoi*, 653b.
30 *Nomoi*, 793e, 794a.

는 데는 놀이paidia도 필요하지만, 놀이에 지나치게 몰두한 나머지 예의 범절을 모르는 응석받이가 되는 것을 방치해서는 안 된다는 뜻이다. 필요하면 꾸지람이나 벌주는 것kolasis도 필요하다.

교육은 공동체에 도움이 되는 훌륭한 사람을 기르는 것이 목적이고 그것을 위해 어린 시절부터 철저한 수련meletan이 동반되어야 한다. 수련은 철저히 법에 따라 규정되고, 이것을 교육 현장에서 가르치는 자들은 아이들에게 가장 합리적이고 지혜로운 자들이 맡아야 한다. 그러한 역할은 공동체에서 지혜로운 연장자가 맡게 된다. 아이들은 우선 어른들의 행위를 흉내 내기 놀이로 배우게 된다.

> 무슨 일에서든 훌륭한agathos 사람이 되고자 하는 이는 바로 그걸 어릴 적부터 줄곧 수련meletan해야만 하는데, 이는 그 일에 적합한 각각의 것들로 놀이를 할 때나 진지하게 임할 때나 그리해야만 한다고 저는 주장합니다. 이를테면, 훌륭한 농부나 집 짓는 사람이 되고자 하는 이의 경우에, 집 지을 사람은 아이들의 집짓기 물건들의 일종을 갖고 놀아야만 하는 반면에 농사지을 사람 또한 그리해야 할 것인즉, 이들 각자를 양육하는 사람은 진짜 물건들을 본뜬 것들인 작은 도구들을 각자에게 마련해주어야만 합니다.[31]

그런데 농사를 짓거나 목수의 작업을 놀이로 이해하기 위해 먼저 기본적으로 배워야 하는 것이 있다. 예를 들어 목수놀이에서는 길이를

---

31 *Nomoi*, 643b, c.

재는 것이나 가늠하는 것을 흉내 내는데, 그러한 놀이를 하려면 셈에 관련된 것을 먼저 배워야만 한다. 군사놀이의 경우에는 말타기 놀이 또는 명령과 수행에 관한 규칙을 배워야 놀이가 가능하다. 직업인이 하는 목수들의 셈과 군인들의 말타기는 즐거운 것이라기보다는 지겹고 고통스러운 것일 수 있다. 그렇지만 공동체를 위해 그들이 필요하다. 따라서 아이들이 그러한 활동에 미리 싫증내지 않도록 즐거움을 동반하는 놀이를 통해 그들의 욕구 속으로 자연스럽게 내면화할 수 있게끔 교육해야 한다. 이런 과정을 거쳐 아이들은 어른들의 행위를 자연스럽게 이해하고 정의로운 국가의 시민으로 성장하게 된다. 즉 교육의 목적은 훌륭한 어른으로 성장시키는 데 있다. 이때 놀이는 교육의 효과를 위한 장치로 활용되는 셈이다.

그러나 아이들의 놀이는 경계를 지키도록, 즉 법을 어기지 않도록 제한되어야 한다. 만약 아이들의 놀이가 제한되지 않는다면, 놀이의 해악이 아이들의 영혼뿐만 아니라 국가에도 심각한 결과를 초래하게 된다. 이것은 《국가》에서도 잘 드러난다. "나라를 보살피는 사람들로서는 이것(건전한 교육)을 고수해야만 될 것이니, 자신들도 모르는 사이에 이를 망치는 일이 없도록 모든 것에 대항해서 이를 지키도록 해야 할걸세. 곧 체육이나 시가와 관련해서 기존의 질서와 어긋나게 '혁신하는 일 neōterizein'이 없이, 가능한 한 그대로 지키도록 해야 한다는 말일세."[32] 아이들이 법을 지키는 놀이를 하게 되면 준법적이고 진지한 사람으로 성장하지만, 반대로 법을 지키지 않는 놀이에 익숙한 아이들은 결코 그

---

32 *Politeia*, 424e, 425a.

런 사람으로 성장할 수 없다는 의미이다.

놀이는 수학, 기하학, 그리고 변증술, 즉 본격적인 교육에 앞서 이루어지는 '예비 교육' 단계에서 활용되어야 한다. 이 단계에서 교육은 강제적인 방식이 아니라 놀이의 방식으로 이루어져야 하는데, 이 과정에서 교육자는 아이들의 성향과 지적 능력을 관찰할 수 있다. 그것을 기초로 교육자는 아이들의 자질에 적절한 상위 단계의 교육을 계획할 수 있다. 플라톤은 놀이가 교육에 활용되는 방식으로 셈하는 교육을 예시로 든다.

> 첫째로, 셈들과 관련해서는 아주 어린 아이들을 위해서 놀이와 함께 즐겁게 배우는 교과들이 고안되었습니다. 일정 수의 사과들과 화환들을 더 많은 수의 인원들에게 또한 더 적은 수의 인원들에게 분배하는 방법들인데, 같은 수들을 맞추면서 하는 것입니다. 또한 권투 선수들이나 레슬링 선수들의 차례 대기나 짝 추첨의 배분을 번갈아, 그리고 자연스럽게 차례대로 하는 것입니다. 특히 놀이를 하기를, 금이나 청동, 은 또는 이런 유의 다른 금속들로 만든 잔들을 뒤섞어놓으면, 사람들이 어떤 식으로든 그 전체를 종류별로 나누어줍니다. 제가 말씀드렸듯, 필요한 수들의 이용을 놀이에 적용함으로써, 배우는 사람들로 하여금 진영의 배치와 행군, 원정, 또한 가정 경영에도 도움을 주게 할 것이며, 그리고 또 이들로 하여금 스스로에 대해서도 단연코 더 유용하도록 만들게 될 것이고, 또한 인간들을 더욱 깨어 있게 만들게 될 것입니다.[33]

---

33 *Nomoi*, 819b, c.

아이들이 질서를 내면화하게 하는 것으로 군사놀이도 적극 활용된다. 이것은 그 뒤의 군사교육에도 유익하다. "군대를 위해서는 많은 상의와 많은 법률이 적절히 있을 것입니다. 그러나 가장 중대한 것은 남자고 여자고 간에 그 누구도 통솔자가 없는anarchon 상태가 있어서는 안 된다는 것이니, 그 누구의 혼도 뭔가를 저 스스로 혼자서 하도록 습관적으로 자신을 버릇 들여서는 안 됩니다. 지시할 때나 놀이를 할 때도 말입니다."[34]

그런데 플라톤에 따르면 놀이는 철저히 예비 교육 단계에서만 활용되어야 한다. 본격적인 교육에서 놀이는 오히려 매우 큰 피해를 준다. 대표적인 경우가 변증술을 놀이로 보고 악용하는 것이다. "청년들이 처음으로 논변의 맛을 보게 되면, 이를 언제나 반박(반론antilogia)에 이용함으로써 놀이처럼 남용하네. 이들은 자기들을 논박한 사람들을 흉내 내어 스스로 남들을 논박하는데, 마치 강아지들이 그러듯, 언제고 가까이 있는 사람들을 논변으로써 끌어당겨서는 찢어발기기를 즐기네."[35] 그러므로 성숙한 사람은 변증술을 단순히 상대방을 공박하고 궁지에 몰아넣는 놀이로 간주하지 않고, 진리를 발견하기 위한 방법으로만 받아들인다. 그래서 지혜로운 자는 상대방을 공박하기 위해 자기가 지닌 변증술의 능력을 이용하고 싶은 유혹이 있더라도 변증술을 절제하게 되는 것이다.

지금까지의 논의를 통해 우리는 플라톤에서 놀이가 형이상학적 ·

---

34 *Nomoi*, 742a.
35 *Politeia*, 539b.

인식론적·윤리적으로 매우 부정적인 의미를 담고 있다는 것을 알 수 있었다. 비록 교육에서는 놀이가 상대적으로 긍정적인 의미가 있지만, 그것 또한 매우 제한적인 의미에서 수용되고 있음을 확인할 수 있었다. 아리스토텔레스 역시 놀이를 언급하지만, 플라톤과 마찬가지로 적극적인 의미를 부여하지 않는다. 아리스토텔레스에게서 놀이는 휴식 또는 여가와 관계한다.[36] 아리스토텔레스가 비록 놀이 또는 우연성을 언급하는 경우도 적지 않지만, 그것은 어디까지나 진리나 규범을 설명하기 위한 부정적인 사례에 차용되는 경우가 대부분이다.[37] 놀이와 관련한 고대철학자의 이해는 플라톤이 전형적으로 잘 보여주며, 그가 놀이를 대하는 태도는 이후 오랫동안 서양 철학사를 지배한다.

---

36 Aristotels, *Politika*, 1339a 참조. 아리스토텔레스 저작 인용은 Aristoteles, *Works* in twenty-three Volumes, Trans. by H. Rackham, Cambridge Massachusetts, 1962에 근거한다.
37 여기에 대해서는 최성철, 《역사와 우연》(길, 2016), 27~53쪽; 김영균, 〈아리스토텔레스에 있어서 우연tyhchēh의 문제〉, 《서양고전학연구》 3집(서양고전학회, 1989), 53~72쪽 참조.

2부
근대철학에서의 놀이 이해

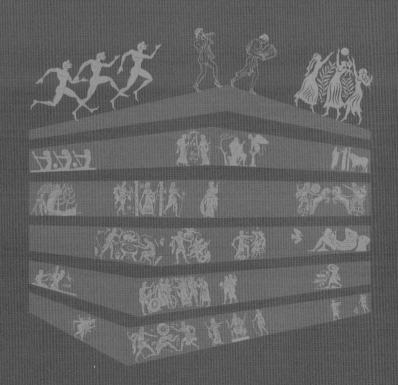

1장
칸트의 놀이철학—인식과 놀이[1]

1. 근대와 놀이

개념사가 말해주듯 놀이paidia, ludus, play, Spiel는 오랜 역사를 지니고 있다. 그러나 철학사는 놀이에 담긴 특수성·즉흥성·상황성·일회성 등의 속성을 오랫동안 가벼움·유치함·가변성의 동의어로 이해했다. 따라서 철학사에서 놀이는 참과 거짓, 선과 악의 범주로 파악할 수 없는 모호한 것이며 근본적으로 일탈적이고 불안한 것이기에, 진리가 아닌 가상의 세계와 관계하는 것으로 간주된다. 놀이에 대한 이러한 이해는 플라톤이 선구적으로 보여준다. 플라톤은 화가나 시인의 창작 행위를 이데아의 모상을 다시 모방하는 헛된 짓으로 보고 그것을 놀이

---

1 이 글은 정낙림, 〈인식과 놀이—칸트의 놀이 개념을 중심으로〉,《대동철학》53집(대동철학회, 2010), 201~225쪽에 기초한다.

paidia라 명명한다. 플라톤에서 놀이는 진정한 앎episteme뿐만 아니라 참된 견해alethes doxa에도 이르지 못한다.[2] 놀이에 대한 플라톤의 생각은 철학사를 오래도록 지배했다.

근대로 들어와 놀이는 새롭게 조명받는다. 근대에 놀이는 예술에 대한 학문, 즉 미학의 태동과 밀접한 관계가 있다. 바움가르텐, 칸트, 실러 등은 인식판단과 도덕판단 이외에 심미적 판단의 독자성과 그 가치에 주목한다. 이것은 진·선·미의 영역이 상호 독립적이며, 각각 자신의 자율적 원리에서 작동한다는 근대성의 이념에 일치한다. 심미적 판단은 개인의 감정에 기초한다. 감정은 개념과 법칙에 따라 활동하는 지성 또는 초월적 이념과 관계하는 이성과 달리 즉각적이고 일회적이며 가변적이다. 근대의 놀이 개념은 바로 이러한 심미적 판단과 심미적 인간관을 통해 확인할 수 있다.

놀이와 심미적 판단의 관계에 대한 가장 깊은 통찰은 칸트에서 비롯되었다. 칸트에 따르면 우리가 자연을 아름답다고 느끼고 판단하는 것은 우리의 '미적 판단'에서 가능하다. 칸트는 미에 대한 판단이 상상력과 지성 사이의 조화와 일치에서 성립한다고 본다. 상상력과 지성이라는 이질적인 인식능력이 자유롭게 우연히 일치하여 획득되는 것이 바로 미적 쾌감이며, 이것을 가능하게 하는 것이 놀이이다.

칸트의 놀이 개념은 놀이 개념 일반의 특성을 잘 보여주는 한편, 자신만의 독특함도 드러낸다. 즉 칸트가 파악하는 놀이는 우연적이며 특수하고, 그 자체로 어떠한 법칙에 종속되어 있지도 않으며, 어떠한 목적

---

2 Platon, *Politeia*, 602 b.

도 지향하지 않으면서도 그 속에서 법칙과 목적을 담아내는 활동이다.[3] 놀이와 전혀 어울릴 것 같지 않는 법칙성과 합목적성을 결합시킴으로써 칸트는 놀이 개념에 대한 자신의 통찰을 드러내지만, 바로 그것이 많은 철학자들의 비판의 초점이 된다.

비판의 핵심은 칸트의 놀이 개념이 여전히 인식 능력, 즉 상상력과 지성, 상상력과 이성을 연결하는 가교 역할을 하기 때문에 칸트에서는 놀이가 수단적 지위를 벗어나지 못한다는 것이다. 이 점은 칸트의 놀이 개념을 니체와 가다머의 놀이 개념과 비교해도 분명히 알 수 있다. 비판자들은 칸트의 놀이 개념이 여전히 근대의 사유양식, 즉 분화(진·선·미)와 그것을 기초로 한 자율, 그리고 그것의 통합을 추구하는 틀 속에 위치한다고 본다. 우리는 이 글에서 칸트가 놀이 개념을 통해 말하고자 하는 문제의식과 그것의 의의와 한계를 칸트의 《판단력비판》과 《교육학》을 중심으로 살펴볼 것이다.

2. 칸트의 경험주의와 합리주의 미학 비판

근대의 놀이에 대한 통찰은 미학과 밀접한 관계가 있다. 분화의 시대인 근대는 미적 경험과 예술의 고유한 가치를 간파하고 미학을 형이

---

3   칸트의 이러한 생각은 근대인이 파악한 놀이의 특징을 잘 보여준다. 근대인은 비록 놀이가 진지함, 노동, 합목적적 활동과 다른 것으로 이해했지만, 놀이의 속성에 "맹목적인 우연만 있는 것이 아니라 지능·지성·재치가 함께 활동한다"고 보았다. T. Wetzel, "Spiel", in: *Ästhetische Grundbegriffe* Bd. 5, Stuttgart u.a., 2000, p. 619 참조.

상학과 신학에서 독립시켰다. 미학은 미적 경험과 예술의 고유성을 밝히고 그것의 보편적인 가치를 해명해야 하는 과제에 맞닥뜨렸다. 이 과제를 선도적으로 수행한 나라는 프랑스와 영국이었다. 18세기 초 프랑스와 영국 철학자들은 미에 대한 전통적인 이해방식을 포기하고 미를 주관의 구체적인 경험과 관련지어 설명했다. 그들로부터 나중에 칸트 미학에서 결정적인 역할을 하게 된 '취미' '무관심' '공통감각Sensus Commnis' 등의 개념이 출현한다.

칸트가 《판단력비판》에서 설정한 과제는 미적 판단에 관한 비판적 고찰을 통해 미를 대상 경험으로 환원하거나 형이상학적 또는 유사 논리학의 주제로 삼는 당대 이론의 한계를 극복하는 것이다. 우선 칸트는 영국 경험주의 미학을 비판적으로 계승한다. 미학과 관련하여 칸트에게 직간접으로 영향을 끼친 영국 철학자는 버크E. Burke,[4] 섀프츠베리 Shaftesbury, 그리고 허치슨Hutcheson이다. 이들은 로크의 인식론을 근거로 미적 가치의 기원과 본성을 탐구한다.

그들에 따르면 미적 관념은 감각 지각에서 기원한다. 따라서 x가 아름답다고 판단하는 근거는 전적으로 감각 경험으로 소급된다. "미는 다

---

4 E. Burke, *A Philosophical Inquiry into the Origin of Our Ideas of the Sublime and Beautiful*, 1757(New York, 2001). 칸트가 본 독일어 번역본은 1773년 리가: 하르트크노호 출판사Riga, bei Hartknoch 판본이다. 이에 관해서는 D.W. 크로포트, 《칸트 미학 이론》, 김문환 옮김(서광사, 1995), 20~21쪽; 임마누엘 칸트, 《판단력비판》, 백종현 옮김(아카넷, 2009), 293쪽의 각주 229 참조. 칸트는 로크의 인식론을 발전시켜 미와 숭고의 문제를 설명하고자 한 버크의 시도에 깊은 인상을 받았다. 이에 관해서는 I. Kant, *Kritik der Urteilskraft*(앞으로 KdU로 약칭), B128, 129(Ad. 277) 참조. 칸트의 저서들은 바이슈델W. Weischedel의 판본을 인용한다. I. Kant, *Werkausgabe in zwölf Bänden*, hrsg. v. W. Weischedel, Frankfurt am Main, 1997. 필요한 경우 베를린 학술원판Akademie Ausgabe도 참조한다. 학술원판은 Ad로 약칭한다. 예를 들면 KdU(Ad).

른 감각관념들의 이름들과 마찬가지로 어떤 마음의 지각을 지칭한다."[5] 물론 이때 마음은 개별자의 마음을 가리킨다. 미에 대한 경험론자의 설명은 미의 기원에 대한 그들의 확신에도 불구하고 주관적인 미적 경험이 어떻게 보편적일 수 있으며 타자에게 전달될 수 있는가를 설명하는 데 취약점을 드러냈다. 그들에게 미적 판단은 습관이나 잠정적 동의 이상을 뜻하지 않는다. 그들은 경험론 일반이 안고 있는 약점에서 벗어날 수 없었다. 결국 그들이 도달한 종착역은 심리주의와 회의주의였다.[6]

칸트는 미에 대한 경험주의자들의 설명과 마찬가지로 합리주의자들의 견해도 비판한다. 합리론에 토대를 둔 미학은 미적 감정을 객관성과 논리성의 차원에서 해명하고자 한다. 칸트는《순수이성비판》에서처럼 미를 판정하는 능력인 취미의 출발점과 관련하여 경험론자의 손을 들어준다. 취미는 개별자 주관의 쾌와 불쾌라는 감정에서 출발하며 취미판단은 유사 논리학의 관점으로 설명될 수 없다. 여기서 칸트가 직접적으로 비판의 화살을 돌리는 미학자는 바움가르텐A.G. Baumgarten이다.

바움가르텐은 예술과 예술활동이 학문적 인식과는 다른 독자적 특성이 있는 것에 주목하고 그것의 토대인 감성적 인식의 학문적 가치를 묻는다. 그에 따르면 감성적 인식의 독자성을 묻는 것이 에스테티카aesthetica의 목적이다.[7] 바움가르텐은 상위 인식능력을 다루는 학문을 로

---

5 F. Hutcheson, *Inquiry* I, xvi, London, 1725, p. 14.
6 칸트는 경험론의 미학이 감각주의적 시각에 서 있으며 그들은 경험적으로 그 영향과 결과를 확인할 수 있는 '자극'이나 '감동' 등을 중시한다고 비판한다. 그러나 "순수한 취미판단은 어떠한 자극이나 감동도, 한마디로 말하면 감성적 판단의 질료로서의 어떠한 감각Empfindung도 그 규정 근거로 갖지 않는다"(B43).
7 A.G. Baumgarten, *Theoretische Ästhetik, Die Grundlegenden Abschnitte aus der Aesthetica* (1750/58), übers. und hrsg. v. H. R. Schweizer, Hamburg, 1983, §1 참조.

기카logica로, 하위 인식능력, 즉 감성을 다루는 학문을 "감각적 인식의 학",[8] 즉 에스테티카로 명명한다. 여기서 우리는 바움가르텐의 미학이 안고 있는 한계를 쉽게 알 수 있다. 즉 그에게 미학은 이성적 인식을 다루는 논리학을 보완하는 '하위의 논리학' '유사 이성'[9]에 관한 학문일 뿐이다.

칸트는 미적 판단이 감정과 깊은 관계가 있다는 바움가르텐의 시각에는 동의하지만 꽤나 불쾌의 '느낌'과 이에 따른 판단의 문제를 논리적인 차원에서 다루는 바움가르텐의 견해에 동의할 수 없었다. 칸트에 따르면 "모든 심적 능력은 …… 하나의 공통 근거에서 도출될 수 없는 세 가지 능력, 즉 인식능력, 쾌·불쾌의 감정, 욕구의 능력으로 환원될 수 있다."[10] 여기서 세 가지 심적 능력은 각각 지성, 판단력, 이성이다. 각각의 능력은 자연, 취미, 자유의 세계에 입법권이 있다. 따라서 미적 경험은 대상에 대한 인식판단과 도덕적 가치판단과 다르다. 그러므로 바움가르텐의 생각과 달리 미적 판단의 "규정 근거는 개념일 수가 없다."[11] 바움가르텐은 미적 판단이 주관적이고 개별적인 감정에서 출발하지만 동시에 어떻게 객관적이고 보편적 판단이 될 수 있는가라는 문제에 대한 반성의 불철저함 탓에, 미적 판단을 논리적 판단의 한 부류로 편입시

---

8 Baumgarten, *Texte zur Grundlegung der Ästhetik*, übers. und hrsg. v. H.R. Schweizer, Hamburg, 1983, p. 17. 칸트는《순수이성비판*Krtik der reinen Vernunft*》(앞으로 KrV로 약칭)에서 Ästhetik 을〈초월적 감성론〉에서 감성론으로 칭하고, 그곳에서 미학이 학문으로 정초될 수 없다고 보았다 (KrV, B35~36 참조).

9 Baumgarten, *Ästhetik* Bd. 1, Hamburg, 1988, §14 참조.

10 KdU, 서문, p. XXIII. 칸트의《판단력비판》이 성립한 과정에 대해서는 F. 카울바하,《칸트 비판철학의 형성과정과 체계》, 백종현 옮김(서광사, 1992), 237~253쪽 참조.

11 KdU, B46.

키는 실수를 저질렀다. 미학을 독자적인 학문으로 수립하고자 한 그의 시도는 실패할 수밖에 없었다.

칸트는 미의 자율성에 대한 경험론과 합리론의 설명은 실패할 수밖에 없다고 본다. 전자에서는 미적 판단이 감각적 판단과 구별되지 않고, 후자에서는 미적 판단을 개념의 차원에서 이해하므로 유사 논리학이 된다. 두 견해에서 미의 고유성과 자율성은 확보될 수 없다. 만약 이들의 견해를 받아들인다면, "모든 미는 이 세계에서 부정되어버릴 것"[12]이다. 그렇다면 미에 대한 자율성은 어떻게 확보되어야 하는가? 여기에 대한 칸트의 답은, 얼핏 형용모순처럼 보이는 '주관적 보편성'을 통해 가능하다는 것이다. 미에 대한 판단은 개별자의 주관적인 느낌과 감정에서 출발하지만 동시에 타자의 보편적 동의를 획득할 수 있다는 것이 칸트의 주장이다. 그렇다면 그것은 어떻게 가능한가? 이 물음에 대한 답은 칸트 미학의 핵심일 뿐 아니라 그의 놀이 개념과 불가분의 관계가 있다.

3. 칸트의 놀이 개념

미적 판단의 고유성과 주관적 보편성

칸트는 쾌나 불쾌의 '느낌'과 이에 따른 판단의 문제를 논리적인 차원에서 다루는 것에 반대한다. 합리론과 경험론의 미美 설명을 극복하

---

12 KdU, B246.

기 위한 칸트의 전략은 개념에 근거한 인식판단과 구별하기 위해 미적 주관성을 강조하고, 동시에 주관의 사적인 감정에 따른 감각판단과 구별하기 위해 미적 보편성을 강조하는 것이다. 그렇다면 이것은 어떻게 성취되는가? 여기서 칸트는《순수이성비판》에서처럼 코페르니쿠스적 전회를 시도한다.

칸트에 따르면 'x가 아름답다'는 미적 판단[13]에서 '아름답다'는 술어는 대상 x와 관계하는 것이 아니라 아름답다고 느끼는 주관적 마음의 상태와 관계한다. 칸트의 미적 판단에 대한 분석은 바로 이 아름답다고 판단하는 주관의 보편성이 어떻게 확보될 수 있는가에 집중된다.[14] 이 문제를 풀기 위해 칸트는 미적 판단을《판단력비판》의〈미의 분석론〉에서 '질' '양' '관계' '양상'의 범주를 동원해 설명한다.[15] 칸트에 따르면 취미판단은 주관적 쾌감이되 '무관심한 만족감'을 표현하는 판단이고, '개념 없이 보편적으로 만족을 주는 것'이다. 또한 취미판단은 외적인 강제 없이 '목적 없는 합목적성'을 띠고, '개념 없이도 필연적 만족의 대상으로 인식되는 것'이다.

---

13 칸트는《판단력비판》에서 '미적 판단das ästhetische Urteil'이라는 개념 대신에 주로 '취미 Geschmack' 또는 '취미판단Geschmacksurteil'이라는 개념을 사용한다. 칸트에게 '취미'란 "아름다움을 판정하는 능력"(B3)을 의미하기 때문에 우리는 취미판단과 미적 판단을 같은 뜻으로 본다. 이 글에서는 특별한 경우를 제외하고 '미적 판단'으로 통일하며, 칸트의 직접인용에서 독일어 Geschmacksurteil이 있을 때는 '취미판단'으로 번역한다.

14 이와 관련하여 T.W. 아도르노는 칸트가《판단력비판》에서 성취한 업적에 대해 다음과 같이 말한다. "칸트의 주관주의는 주관적인 계기들의 분석을 통해 객관성을 지키려는 객관적 의도를 갖는 점에서 그 특유의 중요성을 지닌다." T.W. 아도르노,《미학 이론》, 홍승용 옮김(문학과지성사, 1997), 25쪽.

15 칸트가 미적 판단의 특징을 설명하기 위해 동원한 질·양·관계·양상의 범주는《순수이성비판》의〈개념의 분석론〉에서 빌려왔다. KrV, B102~116 참조.

먼저, 미적 판단은 질적 범주에서 '무관심한 만족'을 주는 판단이다. 미적 판단은 '이 백합은 아름답다'는 판단처럼 개별적 주관이 느끼는 감정을 표현한다. 칸트는 미적 판단에서 주관이 느끼는 감정의 특징을 여타 판단과 비교하여 전혀 다른 만족감을 통해 설명한다. 우리가 미적 판단을 통해 얻는 만족감은 '무관심한 관심'에서 성취된다. 칸트에 따르면 관심이란 본래 "어떤 대상의 현존의 표상과 결합되어 있는 만족"[16]이다. 그런데 미적 판단은 대상이나 실천에 따른 관심과 무관하다. 우리가 한 송이 장미를 보고 관심을 두는 것은 감관적 향락 또는 목적이나 의도에서 비롯된 것이 아니라 차라리 무관심에서 비롯된 관심, 즉 관조와 같은 것이다. "취미판단을 규정하는 만족은 일체의 관심과 무관하다."[17]

또한 미적 판단을 통해 우리가 느끼는 감정은 대상의 인식 또는 실천을 통해 획득되는 관심과도 다르다. 칸트는 주관과 대상의 관계에서 주관이 기울이는 관심의 차이에 따라 마음을 '경향성' '존경' '호의'로 구별한다.[18] 경향성은 감각적 쾌락에서, 존경은 선에 대한 주관의 태도에서 획득된다. 이와 달리 호의Gunst는 대상에 전적으로 종속되지도 않고 실천적인 목적에 구속되지 않은 채 어떤 대상을 선호하는 주관의 마음을 뜻하는데, 이것이 바로 미적 태도의 특징을 보여준다. 이러한 주관의 미적 태도에서 무관심한 만족이 가능하고 이때 미적 판단이 성립한다. "취미는 모든 관심 없이 대상을 만족감을 통하여 판단하는 능력이다. 이러한 만족감의 대상을 아름답다고 일컫는다."[19]

---

16   KdU, B5.
17   Ebd.
18   KdU, B15 참조.

양적인 측면에서 미적 판단은 "개념 없이 보편적인 만족을 주는 것"[20]이다. 이것은 형용모순처럼 보인다. 왜냐하면 개념 없이는 보편적일 수 없으며, 또한 미적 판단은 개별자의 주관적 취미에 근거하는 단칭판단이기 때문이다. 미적 판단이 인식·도덕 판단처럼 모든 사람의 동의를 얻기란 근본적으로 불가능하다.

여기서 칸트는 취미를 다시 감관취미Sinnengeschmack와 반성취미Reflextionsgeschmack[21]로 구분한다. 감관취미가 '이 비누는 향기가 좋다'와 같이 개별 사물에 대한 직접적인 감각적 반응에 근거한 판단이라면, 반성취미는 보편적이고 타당한 판단을 내린다. 따라서 '이 장미가 아름답다'라는 판단은 비록 개별자에 의해 발화하지만 보편적인 성격을 띤다. 그렇다면 주관적이면서 동시에 보편적인 판단은 어떻게 가능한가?

우리는 칸트가 말하는 '반성'이라는 개념에 주목할 필요가 있다. 미적 판단이 반성취미에 근거한다면 그것은 대상에 직접 관계할 수 없다. 그렇다고 미적 판단이 '모든 장미는 아름답다'와 같은 전칭판단처럼 개념을 매개로 한 논리적 판단도 아니다. 결국 칸트가 택한 미적 판단의 보편성은 보편적 만족Wohlgefallen을 증명하는 것이다. 즉 미적 판단의 보편적 동의는 대상에 대한 개념적 보편이 아니라 판단자 주관의 보편적 만족감에서 가능하다. 칸트에 따르면 보편적 만족감의 근거는 주관의

---

19 KdU, B17. 미적 쾌감을 불러일으키는 대상과 만족의 근거에 관한 칸트의 설명에 대한 비판적 고찰은 G. Seel, "Über den Grund der Lust an schönen Gegenständen. Kritische Fragen an die Ästhetik Kants", *Kant. Analysen-Probleme-Kritik*, H. Oberer u.a.(Hg.), Würzburg, 1988, pp. 317~356 참조.

20 KdU(Ad), B32.

21 KdU, B21f.

'심의능력ingenium',[22] 즉 다양한 사물에서 유사성을 발견할 줄 아는 능력에서 비롯된다. 미적 판단이 반성취미일 수 있는 이유는 결국 주관의 보편적 능력 때문이다. 그러므로 미적 판단은 "일체의 관심에서 벗어났다는 의식을 포함하고 있으므로, 객관적으로 성립하는 보편성은 아니지만 모든 사람들에 대해 타당하다는 주장이 성립해야만 한다."[23]

관계의 범주에서 미적 판단의 특징은 외적으로 강제된 '목적이 없으면서도 합목적성'을 띤다는 것이다. 합목적성은 설정된 목적과 그것을 실현하기 위한 다양한 수단들이 유기적으로 관계 맺고 있다는 것을 의미한다. 그런데 'x는 아름답다'라는 미적 판단에서 '아름답다'라는 술어는 'x'라는 대상과 목적-수단의 관계에 있지 않다. 취미는 전적으로 주관의 심의 상태와 관계하기에 미적 판단과 관련된 합목적성은 대상과 목적-수단의 관계에 있는 합목적성일 수 없다.

미적 판단은 대상을 관조할 때 상상력과 지성의 조화가 일으키는 쾌감에 의해 획득된다. 이때 "미는, 대상에서 합목적성이 목적을 표상하지 않고도 지각되는 한에서, 그 대상의 합목적성의 형식이다."[24] 우리가 'x는 아름답다'고 말할 때 대상 x는 상상력과 지성의 조화를 통해 쾌감을 일으키기 때문에 적합한 것이 된다. 이때 적합성은 개념에 의한 합목적성과는 다르다. 적합성은 개념과 관계없이 주관의 내적 감정과 관계하기 때문에 '주관적 합목적성'이라 할 수 있다. 따라서 미적 판단은 "목적 없는 합목적성Zweckmäßigkeit ohne Zweck"[25]의 형식을 취한다고 말할 수

---

22 KdU, B21.
23 KdU(Ad), B18.
24 KdU, B62.

있다.

양상의 범주에서 미적 판단은 '개념 없이도 필연적인 만족의 대상'
으로 인식된다. 미적 판단은 개별자의 주관적 감정에 의지하기 때문에,
'이 장미는 아름답다'고 판단할 때 타인들도 동일한 감정을 느낀다는 확
신은 개별적 주관에 있는 보편적인 선험적 감정에 의지할 수밖에 없다.
칸트는 이것을 "공통감sensus comunis"[26]이라고 일컫는다. 개별적인 미적
판단은 공통감을 통해 타자에게 보편적인 동의를 요구할 수 있다. 공통
감은 경험에 근거한 것일 수가 없다.

> 왜냐하면 이 공통감은 일종의 당위를 내포하고 있는 판단의 정당성을 확
> 립하려는 것이며, 그것은 우리의 판단이 모든 사람들과 일치할 것이라는
> 의미가 아니라 합치해야만 한다는 의미이기 때문이다. 따라서 공통감은
> …… 단지 이상화한 규준이다.[27]

마치 '자유'의 이념이 도덕적 판단의 보편타당성을 위해 요청되는
것처럼, 공통감도 미적 판단의 필연성을 위해 전제해야 하는 초월적 이
념이다. 공통감의 이념은 "취미판단이 주장하는 필연성의 조건"[28]이며,
따라서 "오직 공통감이 존재한다는 전제 아래에서만 취미판단을 내릴
수 있다."[29]

---

25 KdU, B44.
26 KdU, B64.
27 KdU, B67.
28 KdU, B65.
29 KdU, B66~67. 가다머는 칸트의 공통감에 담긴 의미를 다음과 같이 비판적으로 평가한다.

인식능력들 사이의 놀이—상상력과 지성의 놀이

미적 판단에서 획득되는 만족의 보편성은 주관이 갖춘 보편적 능력에 근거하며 따라서 만인에게 동의를 요구할 수 있다. 그렇다면 보편적 만족감은 우리 주관의 어떤 능력들의 협력에 따라 성취되는가? 이와 관련해 칸트는 미에 대한 쾌감이 대상의 특정한 속성에서 비롯된 쾌감이 아니라, 우리 자신의 인식능력에 기원한 것임을 분명히 한다. "대상이나 표상……에 대한 주관적(감성적)인 판정은 대상에 관한 쾌감에 선행하며, 또 인식능력들의 조화에서 나타나는 쾌감에 근거한다."[30] 여기서 칸트가 말하는 두 인식능력이란 상상력Einbildungskraft과 지성Verstand이다. 상상력은 감각적 직관의 다양성das Mannigfaltige을 종합하고, 지성은 상상력에 의해 미리 구조화한 직관 자료를 개별 범주 아래에 포섭한다.[31]

칸트에 따르면, 우리가 어떤 대상을 보고 아름답다고 느끼는 능력인 취미는 상상력과 지성의 조화와 일치에서 성립된다. 그런데 상상력은 경계 없는 자유를 자신의 속성으로 하기 때문에 무한히 자유롭기를

"칸트의 공통감 개념에는 두 가지 계기가 통합되어 있다. 첫째, 취미가 지니고 있는 보편성이다. 여기서 취미가 보편성을 지니고 있다고 말하는 이유는 그것이 모든 인식능력의 자유로운 활동에서 생긴 결과이며, 외적 감각처럼 어떤 특수한 영역에 제한되지 않기 때문이다. 둘째는 취미가 공동성을 지니고 있다는 점이다. 왜냐하면 칸트에 따르면, 취미는 자극이나 감동이 나타내는 것과 같은 주관적인 개인적 조건을 모두 배제하기 때문이다." H.G. Gadamer, *Wahrheit und Methode. Grundzüge einer philosophischen Hermeneutik*, Tübingen, 1986, p. 49. 앞으로 이 저서는 WM으로 약칭하고, 인용하는 쪽수는 뒤에 덧붙인다. 한국어 번역은 《진리와 방법 I》, 이길우 외 옮김(문학동네, 2000)을 참조했다.

30 KdU, B29. 칸트에서 놀이와 인식능력의 관계에 대해서는 A. Aichele, *Philosophie als Spiel. Platon-Kant-Nietzsche*, Berlin, 2000, pp. 79~99 참조.

31 상상력이란 "대상이 직관에 현존하지 않아도 대상을 표상하는 능력"을 뜻한다(KrV, B151). 《순수이성비판》에서 상상력은 지각 속에서 다양한 표상을 포괄하여 하나의 통일된 상으로 포착하는 활동을 의미한다. 상상력은 《순수이성비판》에서 '선험적 도식'과 밀접한 관계가 있다(KrV, B175~179 참조). 그러나 《판단력비판》에서 상상력은 대상인식의 가능성 대신에 취미와 관계한다.

원한다. 따라서 상상력에는 근본적으로 그것을 구속하는 법칙과 원리가 없다. 이에 반해 지성은 범주의 규칙에 따라 활동한다. 따라서 그 둘을 매개하는 것이 존재하지 않는다면 그 둘은 서로 무관한 상태로 있게 된다. 만약 상상력이 경계 없이 활동한다면 그것은 보편적 판단이 될 가능성을 상실한다. 보편적 판단이 된다는 것은 바로 지성과 관계한다는 것을 의미한다. 그렇다면 두 가지 상이한 인식능력이 어떻게 관계하고 조화를 이루게 되는가? 여기에 '놀이Spiel' 개념이 등장한다.

칸트가 파악하는 놀이 개념은《인간학에 대한 반성Reflexion zur Anthropologie》에서 잘 드러난다. 칸트는 놀이 개념의 속성이 목적에서 자유롭고 어떠한 의도나 강제로부터도 자유롭다고 설명한다. "모든 행위는 목적을 가진 일Geschafte이거나 여흥에 기여하여, 의도Absicht는 있지만 목적Zweck이 없는 놀이이다. 놀이에서 행위는 그 어떤 목적도 없고, 그 자체가 운동의 원인Bewegungsgrund이다."[32] 그러므로 "강제적 놀이는 모순이다."[33] 이미《순수이성비판》에서도 놀이 개념은 적극적이지는 않지만 모종의 역할을 한다.《순수이성비판》에서 놀이는 '선험적 분석론'에서 순수지성의 작용과 관련이 있다. "인식능력이 놀이를 하게 되면 다양한 동기에 따라서 다양한 개념이 생겨나게 된다……."[34]

칸트에서 놀이는 미적 판단의 보편화 가능성을 설명하는 곳에서 더욱 적극적인 의미를 띤다. 칸트는 미적 판단의 보편성을 우리의 선천

---

32 I. Kant, *Reflexion zur Anthropologie*(앞으로 Refl.로 약칭), in: *Kants handschriftlicher Nachlass*, Akad. Aug. Bd. 15, Refl. 618, AA XV. 1, 267 참조; Refl. 810, AA XV. 1, 360.

33 Refl. 807, AA XV. 1, 358.

34 KrV, B91f.

적인 능력인 "상상력과 지성의 자유로운 놀이에서 나타나는 마음의 상태"[35]로 정의한다. 상상력과 지성의 자유로운 일치는 미적 판단의 성립과 불가분의 관계가 있다. 상상력은 자유에 토대하기 때문에 그것에 의해 만들어지는 상은 잡다하고 혼란스럽다. 상상력이 만든 자유로운 상은 지성의 법칙에 일치할 때 비로소 쾌를 동반하는데, 이러한 만족은 보편적이다. 상상력과 지성의 우연적 일치가 만든 만족감은 미적 판단으로 하여금 비록 주관적이지만 타자에게도 보편적 타당성을 요구할 수 있게 한다. 그런데 상상력과 지성을 근본적으로 묶을 수 있는 법칙은 없다. 따라서 둘은 단지 전적으로 자유롭고 우연적으로 일치하는 수밖에 없다. 칸트는 상상력과 지성의 자유롭고 우연적 일치를 놀이라고 한다.[36] 상상력과 지성은 자유로운 놀이를 통해 서로가 조화로워지고 촉진될 때 쾌의 감정을 얻을 수 있으며, 반대로 서로가 조화로워지지 않거나 저지될 때 불쾌의 감정이 생긴다.

　놀이는 상상력이 지닌 잡다함과 무질서를 지성의 규칙에 일치시킴으로써 미적 판단의 보편성을 가능하게 한다. 결국 미적 판단이 주관적인 감관취미를 넘어 반성취미가 될 수 있는 것은 자유를 토대로 하는 상상력과 그것과 전적으로 상이한 속성인 규칙을 부여하는 지성 사이의 놀이 덕분인데, 이때 놀이는 미적 반성의 역할을 한다. 그 때문에 미적 판단은 주관성과 보편성이라는 상호 모순적인 성격을 동시에 띨 수 있다. 놀이를 통하여 상상력과 지성, 특수성과 보편성은 어느 한편에 전적

35　KdU, B32.
36　KdU, B38.

으로 귀속되지 않고 자신의 독자성을 유지하면서도 화해하고 일치한다. 따라서 칸트에서 놀이는 "우연적이며 특수하고, 그 자체로 어떠한 법칙에 종속되어 있지도 않으며, 어떠한 목적도 지향하지 않는 활동이면서 그 속에 법칙과 목적을 담아내는 활동"[37]이라고 정의할 수 있다.

상상력의 좌절된 놀이―숭고미와 도덕적 이념

상상력과 지성의 자유로운 놀이는 자연의 아름다움과 관계한다. 즉 그것은 우리가 경험할 수 있고 인식할 수 있는 세계의 경계를 넘어서지 않는다. 만약 그 경계를 넘어설 때 상상력과 지성의 자유롭고 조화로운 놀이는 좌절될 수밖에 없고, 그 좌절은 참을 수 없는 불쾌감으로 다가온다. 이러한 불쾌감의 시작은 지성의 능력, 개념과 법칙으로 파악할 수 없는 세계, 즉 시간과 공간의 영역을 넘어선 초월적 세계인 이성의 영역이 우리에게 침투한다는 것을 의미한다.

칸트는 지성과 상상력의 좌절된 놀이에서 기원하는 불쾌감을 근거로 '숭고의 미'를 설명한다. 숭고함에 대한 판단은 미에 대한 주관적 판정 과정에 참여하는 심의능력이 상상력과 지성 대신에 상상력과 이성으로 바뀌고, 동시에 둘의 관계는 '자유로운 일치를 통한 조화의 상태'가 아니라 부조화, 즉 '이성의 이념에 따른 상상력의 한계와 좌절, 동시에 감성 영역을 초월하려는 확장의 시도'로 나타난다. 칸트는 숭고미를 미와 마찬가지로 판단의 문제로 다룬다.[38]

---

37 최소인, 〈놀이와 문화―칸트의 놀이Spiel 개념이 지니는 현대적 의미에 대한 성찰〉,《고전해석학의 역사》(철학과현실사, 2002), 224쪽.
38 "아름다운 것과 숭고한 것은 양자가 모두 그 자체로 만족을 준다는 점에서 일치한다. 또 더 나

숭고의 감정은 단적으로 거대하고 무서운 힘과 관련하고 그것 때문에 발생하는 마음의 동요나 두려움과 관계한다. 칸트는 이 마음의 동요를 "인식능력"에 관련된 것과 "욕구능력"[39]에 관련된 것으로 구분하고 전자를 '수학적 숭고', 후자를 '역학적 숭고'라 일컫는다. 수학적 숭고와 관련하여 칸트는 이렇게 말한다. "단적으로 큰 것을 우리는 숭고하다고 일컫는다."[40] 단적으로 크다는 것은 "일체의 비교를 넘어서서 큰 것이다."[41] 현상 속에서 지성은 크기 개념을 대상들의 비교를 통해서 얻는다. 그러나 크기에 대한 "절대적 개념"[42]은 현상의 경험을 통해서 획득할 수 없다. 절대적으로 큰 것에 대한 척도는 경험세계가 아니라 바로 우리 안에서 찾아야 한다.

크기가 엄청난 대상, 예를 들어 고비사막이나 피라미드 같은 것이 눈앞에 펼쳐질 때 우리의 상상력은 그 대상을 나타내기 위해 무한히 확장하려고 노력하지만 좌절한다. 결국 절대적 크기는 "총체성이라는 이성의 이념"[43]에 의지할 수밖에 없다. 숭고의 체험은 상상력이 자연의 대상물을 지성의 도움으로 총괄하는 데 실패하고, 우리 안에 있는 이성과

아가 양자가 모두 감관판단이나 논리적·규정적 판단을 전제하는 것이 아니라 반성판단을 전제한다는 점에서도 일치한다. 따라서 그 만족은 쾌적한 것의 감각처럼 감각에 의존하는 것도, 선에 관한 만족처럼 일정한 개념에 의존하는 것도 아니다. …… 이 두 가지 판단은 단칭판단이며, 단지 쾌감만 요구할 뿐 대상에 대한 어떠한 인식도 요구하지 않음에도 불구하고 모든 주관에 대하여 보편타당하다고 선언하는 판단이다"(KdU, B74).

39 KdU, B80.
40 Ebd. "숭고란 그것과 비교했을 때 다른 모든 것이 작은 것을 말한다"(B84).
41 KdU, B81.
42 Ebd.
43 KdU, B85. "자연현상의 직관이 무한성이라는 이념을 수반하는 것은 대상의 크기를 평가하는 데서 우리의 상상력이 최대의 노력을 해도 그 노력이 그 대상의 크기 평가에 적합하지 않을 때에만 발생할 수 있다"(KdU, B93).

결합함으로써 총체성·최대치라는 이성의 이념을 대상의 크기와 일치시킴으로써 획득되는 주관적 느낌을 말한다. 결국 "숭고란 그것을 단지 생각할 수 있다는 것만으로도 감관의 모든 척도를 능가하는 어떤 마음 능력이 있음을 증명하는 것이다."[44]

숭고의 체험은 상상력이 미칠 수 있는 총괄의 능력이 한계에 부딪치고 그 한계를 넘어서기 위해 절대적인 크기에 대해 적극적으로 표상하는 데서 시작한다. 상상력이 자신의 한계를 넘어설 수 있는 것은 전체성과 총체성이라는 이념 덕택이다. 이 이념은 바로 이성의 능력에서 비롯된다. 따라서 숭고의 체험은 상상력과 이성의 협력에 의해 가능하고 둘의 상호작용을 놀이로 볼 수 있다. "감성적 판단력은 미를 판정할 경우 자유롭게 놀이하는 상상력을 지성과 연관시켜 지성의 개념들 일반과 합치시키는 것과 꼭 마찬가지로, 어떤 사물을 숭고하다고 판정할 경우에는 상상력을 이성과 연관시켜 그 이념들과 주관적으로 일치시킨다. 즉 일정한 이념들이 감정에 미치는 영향으로 인해 야기될 마음의 상태에 적합하고 또 그런 이념과 조화로운 마음의 상태를 산출하게 하는 것이다."[45]

상상력의 능력이 이성의 이념에 부적합할 때 "마음은 자신의 고유한 판정에서 자신이 고양됨을 느끼게 된다."[46] 따라서 우리는 자연의 대상에서 숭고한 것에 대한 감정을 얻는 것이 아니라 "우리 자신의 사명

---

44 Ebd. "주어진 무한한 것을 모순 없이 생각만이라도 할 수 있기 위해서는, 그 자체로 초감성적인 능력이 우리 마음 안에 있어야 한다"(KdU, B92).
45 KdU, B95. 숭고와 상상력의 놀이에 관해서는 공병혜, 《칸트, 판단력비판》(울산대학교 출판부, 1999), 58~78쪽 참조.
46 KdU, B95.

에 대한 존경"에서, 그리고 "우리는 이 존경을 일종의 치환을 통해 자연의 객관에 표시하는 것이다. 그리고 이는 우리로 하여금 우리의 인식능력들의 이성적 규정이 감성의 최대 능력보다 우월함을 명백히 알게 해준다."[47] 숭고의 체험 속에서 우리가 느끼는 미적 감동은 인간 이성 자체의 능력에 대한 감동에 다름 아니다. 이러한 감동이 자연의 대상에 치환된 형태로 드러나고 마치 자연 대상에 감동하는 것처럼 보인다.

수학적 숭고가 주로 양적인 표상, 즉 크기와 관계한다면, 역학적 숭고는 주로 힘과 관련된다. 칸트는 우리를 압도하는 힘이 너무 위압적이어서 우리를 파멸시킬 정도에 이를 때 우리는 내면의 실천이성 이념(도덕)에 호소하게 되고, 그때 숭고의 감정이 발생한다고 말한다. "자연은, 감성적 판단에서 우리에게 어떠한 강제력도 없는 위력으로 고찰된다면, 역학적으로 숭고하다."[48] 번개와 천둥, 화산 폭발 또는 태풍을 마주할 때, 우리는 우리의 저항능력이 이런 것들의 힘에 견주면 너무나 보잘것없다는 사실을 절감하게 된다. 바로 이때 우리는 역학적 숭고를 느끼는데, 그 숭고의 기원은 수학적 숭고와 마찬가지로 자연 대상이 우리에게 주는 공포가 아니다. "그러한 위험에 빠졌을 때, 비록 인간은 그러한 자연의 강제력에 지배당할 수밖에 없겠지만, 그럼에도 불구하고 우리 인격 안에 있는 인간성은 굴복되지 않은 채로 남는 것이다. 그러므로 우리의 감성적 판단에서 자연은 그것이 공포를 일으키는 한에서 숭고하다고 판정되는 것이 아니라, 오히려 그것이 우리의 능력을 일깨우기 때

---

47 KdU, B97.
48 KdU, B102.

문에 숭고하다고 판정된다."[49]

역학적 숭고는 자연현상의 위력을 상상력이 포괄하는 데 실패하고 절대적인 힘이 바로 우리 속에 있는 도덕 이념에서 출발한다는 것을 자각하고 그것을 받아들일 수 있는 마음의 감수성에서 비롯된다. 이러한 감수성은 상상력을 넘어서 있는 무한자를 전망하게 한다. 이 무한자의 이념은 자연에서는 경험할 수 없으며 이성에서 찾을 수밖에 없다. 숭고에 대한 판단은 "인간의 본성에 근거하고 있다. 더 정확히 말하면, 이 판단은 우리가 상식을 가지고 모든 사람들에 대해 주장할 수 있고 또 동시에 요구할 수 있는 것에, 즉 (실천적) 이념들에 대한 감정의 소질에, 다시 말해 도덕적 감정의 소질에 근거한다."[50]

숭고미는 상상력이 이성과의 놀이를 통해 획득하는 도덕 감정에 기초한다고 말할 수 있다. 숭고에서 상상력은 미의 경우처럼 지성과 동등한 지위에서 조화를 추구하는 것이 아니라, 숭고하게 느껴지는 대상의 위상과 권위에 압도되며 복종할 수밖에 없는 지위에 놓이게 된다. 그러나 상상력은 숭고한 것에 강제로 복종하는 것이 아니라 자발적으로 그것을 승인한다. 숭고미는 도덕적 이념에서 벗어날 수 없다. "그런데 나는 아름다운 것은 도덕적으로 선한 것의 상징이라 하겠다. 그리고 이러한 관점에서만 …… 아름다운 것은 우리에게 만족을 주며, 다른 모든 사람들의 동의를 요구한다."[51]

49　KdU, B105.

50　KdU, B112.

51　KdU, B59. 칸트에서 윤리학과 미학의 관계는 W. Vossenkuhl, "Schönheit als Symbol der Sittlichkeit. Über die gemeinsame Wurzel von Ethik und Ästhetik bei Kant", in: *Philosophisches Jahrbuch* 99, 1992, pp. 91~104 참조.

노동과 놀이

칸트에게 놀이 개념은 주로 (자연)미에 대한 보편화 가능성과 숭고미에서 상상력의 좌절과 밀접한 관계가 있다. 미학에서 칸트의 놀이 개념은 독자적인 의미를 띠기보다 인식능력들을 매개하거나 인식능력의 한계를 자각하는 데 기여하는 역할을 한다. 실천철학에서도 놀이의 역할은 크게 다르지 않다. 이 점은 칸트의 《교육학 Über Pädagogik》에서 언급한 놀이의 역할을 통해서도 잘 확인할 수 있다.

칸트에 따르면 인간은 "교육받아야 할 또는 교육되어야 할 유일한 피조물이다."[52] 칸트는 교육이 동물적 속성을 인간적 속성으로 변화시키는 데서 출발하며, 그것을 위해 '훈육Disziplin'이 필요하다고 주장한다. 훈육의 핵심은 '행위 법칙'과 '도덕 법칙'의 내면화에 있다. 칸트에 따르면 훈육이 필요한 이유는 태어날 때부터 안고 있는 인간의 '방종으로서의 자유'에 대한 성벽 탓이다. 즉 방종으로서의 자유에 대한 선호는 인간이 버려야만 할 본능이며, 이에 대한 근본적인 처방은 '이성의 명령에 복종'하는 것을 어린 시절부터 익숙하게 하는 것이다.[53] 즉 칸트에서 인간의 방종으로서의 자유는 동물적 야만성의 핵심이다.

칸트에서 경계 없는 자유를 본성으로 하는 놀이가 교육에서 차지하는 위치는 자명하다. 교육적인 측면에서 놀이는 엄격하게 제한되어야 하며 수단이라는 차원을 넘어서는 안 된다. "아이들이 즐기는 놀이는 단지 놀이로 머물러서는 안 되고 일정한 의도와 궁극 목적을 지닌 놀이

---

52 Kant, *Über Pädagogik*(앞으로 Pä로 약칭), Bd. XII, A1.
53 Pä, A1~A5 참조.

여야 한다."[54] 놀이가 소극적이지만 교육적인 의미를 지니는 것은 '학교 교육 이전의 교육'에서이다.

"한편으로 …… 어린아이들이 자유롭게 놀이를 하듯이 즐기면서 정신의 능력들을 기르고 키울 수 있도록 어린아이들을 도울 수 있다. 이 때 어린아이의 정신의 능력들을 기르고 키우는 일은 하나의 놀이와 같다. …… 다른 한편으로 …… 학교의 수업 방식과 같은 방법으로 정신의 능력을 기르는" 방법인데, 거기서 "어린아이는 가르치는 사람의 규제와 감독과 강제 아래 놓인다."

전자의 방법에 따라서 어린아이의 정신의 능력들을 기르고 키울 때, 어린아이는 한가로움 속에서 놀이에 전념한다고 볼 수 있다. 반면 후자의 방법에 따라서 어린아이의 정신의 능력들을 기르고 키울 때, 어린아이는 규제와 감독과 강제 속에서 어떤 과제를 위해 시간과 노력과 마음을 바쳐 일(노동)하고 있다고 볼 수 있다.[55]

그러나 자연적 교육의 방법에서 놀이와 노동이 동등한 가치가 있는 것은 아니다.

54　Pä, A69. 다음의 인용문은 놀이를 대하는 칸트의 기본 태도를 잘 보여준다. "우리는 하류계층 가정 자녀들의 버릇이 상류계층 가정 자녀들보다 더 한층 심하게 나빠질 수 있다고 말할 수 있다. 왜냐하면 하류계층의 부모들은 그들의 자녀들과 함께 마치 원숭이들처럼 즐겨 놀기 때문이다. 하류계층의 부모들은 자녀들에게 노래를 불러주고 자녀들을 껴안고 자녀들에게 입맞춤을 하고 자녀들과 함께 춤을 춘다. 하류계층의 부모들은 어린아이들이 울음을 터뜨릴 때 곧바로 어린아이들에게 달려가고 그들과 함께 놀아줌으로써 어린아이들에게 유익하고 친절한 행위를 베푼다고 생각한다"(Pä, A47f.).
55　Pä, A72.

어린아이는 놀이를 즐기며 놀아야 한다. 곧 어린아이는 휴식과 휴양의 시간을 가져야 한다. 그러나 어린아이는 또한 힘들여 일하는 것을 배워야 한다. …… 그러나 …… [그 둘은] 서로 다른 시간 속에 행해져야 한다.[56]

칸트는 일과 놀이의 가치를 다음과 같이 분명히 구분한다.

일을 하면서 전심전력하여 몰두하는 것 자체는 우리에게 즐거운 것도 아니고 편안한 것도 아니다. 사람들은 어떤 목적을 위해서 일을 실행에 옮긴다. 반면에 놀이를 하면서 전심전력하여 몰두하는 것 자체는 어떠한 목적도 지향하지 않으며 우리에게 즐겁고 편안한 것이다.[57]

놀이는 그 자체 목적을 지니지 않으며 단순히 휴양(휴식)을 위한, 즉 노동을 위한 수단에 불과한 것이다. 어린아이의 신체기관의 발달을 위해 최소한의 교육적인 의미가 있던 놀이는 어른들에게는 단순한 오락에 불과한 것, 심지어 유치한 것이다.

우리는 온전한 이성능력을 지닌 어른들이 오랜 시간 동안 계속 앉아서 카드놀이 하는 것을 볼 수 있다. 이것은 참 진기한 장면이다. 이를 토대로 우리는 다음과 같은 결론을 얻을 수 있다. 어른들이 어린아이의 삶의 상태를 완전히 벗어나기란 그렇게 쉽지 않다. 어른들이 즐기는 카드놀이와 어

---

56 Ebd.
57 Pä, A73.

린아이들이 즐기는 공놀이는 기본적으로 서로 다른 점이 없는 것 같다.[58]

따라서 놀이가 노동의 소중한 가치를 훼손하는 방향으로 나아가서는 안 된다. "어린아이들이 일하는 것을 배워야 한다는 사실은 아무리 강조해도 지나치지 않은 가장 중요한 것이다. 인간은 일을 해야만 하는 유일한 동물이다."[59] 따라서 어른들은 놀이의 부정적인 측면을 아이들에게 내면화하여 놀이에 빠지지 않게 해야 한다.

만약 어른들이 어린아이들로 하여금 그들이 배워야 할 모든 것들을 놀이로 여기는 습관을 붙이게끔 한다면, 이것은 어린아이들에게 매우 큰 해악이 된다. 어린아이는 휴식과 휴양을 취할 수 있는 시간을 가져야 한다. 그러나 어린아이는 또한 일할 수 있는 자기 시간을 가져야 한다. …… 어린아이에 대한 어른들의 교육은 일정한 규제와 강제, 곧 외부에서 주어지는 의무를 함축하는 방법에 따라 이루어져야 한다.[60]

이상의 논의를 통해서 우리는 놀이를 대하는 칸트의 생각을 확인할 수 있었다. 칸트의 놀이 개념은 《판단력비판》에서 미적 판단의 '보편화 가능성'에 기여하는 수단적 지위를 크게 벗어날 수 없으며, 마찬가지로 《교육학》에서도 아이들의 신체단련과 휴식의 방편 이상의 의미가 없다. 칸트의 이러한 놀이 개념은 근대적 사유 틀 속에 있으며 그 한계도

---

58 Pä, A74.
59 Pä, A75.
60 Pä, A77.

분명하다. 이 점은 현대의 놀이 개념에 담긴 철학적 의미를 선구한 니체의 놀이 개념과 놀이의 존재론적 의미를 통찰한 가다머의 놀이 개념과 비교해도 분명히 드러난다.

4. 칸트의 놀이 개념에 대한 비판

니체의 비판

《도덕의 계보》에서 니체는 칸트가 미에 관련된 다양한 차원을 단지 주관성의 차원에서 미의 인식에 집중함으로써 본질적인 문제를 놓치고 있다고 비판한다. 칸트의 미학에는 예술에서 더욱 근본적인 "강력한 체험, 욕망, 경이, 황홀의 충만"[61]이 존재하지 않는다. 그 때문에 칸트는 '미란 무관심하게 사람들을 즐겁게 하는 것이다'라는 주장을 할 수 있었다. 즉 니체는 칸트가 미적 판단의 선험적인 구조에 집착함으로써 미와 추를 만족과 불만족의 차원으로 축소하고 있다고 지적한다.

놀이에 대한 칸트의 이해도 마찬가지이다. 니체에서 놀이는 칸트에서처럼 미적 판단의 보편화 장치 또는 노동을 위한 보조적인 역할에 머무르는 것이 아니라 훨씬 근본적인 것이다. 미 또는 노동과 놀이의 역할

---

61 F. Nietzsche, *Zur Genealogie der Moral*(앞으로 GM으로 약칭); KSA5, 346. 비슷한 맥락에서 칸트를 비판한 W. Wieland의 논문을 참조하라. Ders, "Die Erfahrung des Urteils. Warum Kant keine Ästhetik begründet hat", in: *Die Deutsche Vierteljahrsschrift für Literaturwissenschaft und Geistesgeschichte* 64, 1990, pp. 604~623. 니체의 칸트 미학 비판에 대한 비판적 평가는 H.G. Hödl, "Interesseloses Wohlgefallen. Nietzsches Kritik an Kants Ästhetik als Kritik an Schopenhauers Soteriologie", *Kant und Nietzsche im Widerstreit*, B. Himmelmann(Hg.), Berlin u.a., 2005, pp. 186~195 참조.

은 니체에서 전도된다. "나는 위대한 과제를 대하는 방법으로 놀이보다 더 좋은 것을 알지 못한다: 이것이 바로 위대함의 징표이자, 본질적인 전제 조건이다."[62]

유럽 형이상학의 종착점을 니힐리즘으로 파악한 니체는 니힐리즘 극복의 단초를 놀이에서 찾는다. 그는 놀이의 비목적적·비인과적·비도덕적 속성에 주목한다. 놀이는 세계와 인간을 목적, 인과, 그리고 선악과 무관하게 설명할 수 있는 가능성을 제시한다. 초기 니체는 놀이를 예술철학, 특히 비극을 해석하는 핵심 개념으로 받아들인다. 니체는 칸트가 놓친 예술가의 창작과정에 시선을 집중하고, 세계와 예술가의 관계 맺음을 놀이로 설명한다. 니체는 조형예술을 "꿈과의 놀이"로, 비조형예술, 특히 음악을 "도취와의 놀이"로 파악한다.[63] 니체는 특히 음들 사이의 높이와 길이의 차이를 근거로 성립하는 "음악은 …… 어떻게 모든 것이 놀이일 수 있는지"[64]를 잘 보여준다고 설명한다.

또한 니체는 인식행위와 도덕규범의 성립과정 또한 놀이의 일종으로 파악함으로써, 선험성을 근거로 인식과 도덕을 설명하는 칸트와 명확히 다른 전략을 택한다. "우리의 사고란 실제로는 보고 듣고 느끼는 매우 정교하게 서로 얽힌 놀이일 뿐"[65]이다. 마찬가지로 니체는 "형이상학과 종교를 성인의 놀이로 간주"[66]한다. 이렇게 판단하는 니체의 근

---

62   F. Nietzsche, EH; KSA6, 297.
63   F. Nietzsche, DW; KSA1, 554f. Ders., GT; KSA1, 25~30 참조.
64   N; KSA7, 802(34[32]).
65   N; KSA9, 309(6[433]).
66   N; KSA8, 520(29[49]). "왜 사람들은 형이상학적으로 놀이하는 것을 허락할 수 없다는 말인가? 그리고 창조(작)의 거대한 힘(에너지)을 거기에 이용할 수 없는가?"(N; KSA8, 519(29[45])). Vgl. N; KSA9, 494(11[141]) und N; KSA10, 552(17[46]).

거는 인식, 존재, 그리고 가치에 관한 일체의 주장이 근본적으로 해석에 근거하며 해석은 전적으로 해석자의 관점에 의존한다는 통찰에서 비롯된다. "사실들은 존재하지 않고 해석들만이 있을 뿐이다."[67] 니체는 새로운 해석의 추가를 놀이로 보고, 해석의 놀이를 가능하게 하는 것은 궁극적으로 힘을 향한 의지라고 본다.

놀이에 관한 니체의 사유는 후기의 핵심 사유이며, 니체 철학의 정수인 '힘을 향한 의지' '영원회귀'에서 더욱 분명히 드러난다. 니체는 힘을 향한 의지와 놀이의 관계를 1880년대 중반의 한 유고에서 잘 보여준다. "그대들은 '세계'가 무엇인지를 알고 있는가? …… 이 세계는 시작도 끝도 없는 거대한 힘이며, …… 힘들과 힘의 파동의 놀이로서 하나이자 동시에 '다수'이고, …… 모순의 놀이로부터 조화의 즐거움으로 되돌아오고, …… 이러한 세계가 힘을 향한 의지이다―그리고 그 외에 아무것도 아니다!"[68] 놀이는 니체가 "가장 어려운 사상"[69] 또는 "사상 중의 사상"[70]이라고 표현한 '영원회귀'를 설명하는 데 본질적인 것으로 등장한다.

둘의 관계에 대해 니체는 1881년의 한 유고에서 이렇게 말한다. "새로운 주요 관심사: 동일한 것의 영원회귀. …… 단지 놀이로만 간주되고 통용되며……."[71] 1888년에 쓴 유고에서 둘의 관계는 더욱 명시적이

---

67 N; KSA12, 315(7[60]).
68 N; KSA11, 610f.(38[12]). 힘의 파동놀이로서의 세계는 "영원한 자기 창조와 파괴의 디오니소스적 세계"(ebd.)의 다른 이름이다.
69 N; KSA11, 225(26[284]).
70 N; KSA9, 496(11[43]).
71 N; KSA9, 494f.(11[141]).

다. "새로운 세계 구상 …… 이미 무한히 자주 반복되었고 자신의 놀이를 무한히 즐기는 순환운동으로서의 세계."[72] 니체에게 "세계는 선과 악을 넘는 신성한 놀이터"[73]일 뿐이고 그 속에서 일어나는 일체는 "하나의 놀이"[74]이다. 여기에서 우리는 칸트와 니체의 놀이 개념의 차이를 분명히 확인할 수 있다.

가다머의 비판

가다머도 칸트가 미적 판단을 선험적으로 정당화함으로써 미적 의식의 자율성을 확립하는 데 기여한 점을 인정한다. 그러나 가다머는 칸트가 미적 판단의 선험성을 위해 도입한 '보편적 형식' '공통감' '천재 개념' 같은 장치들은 미학의 지나친 주관화를 초래했다고 비판한다. 그에 따르면 미적 경험은 "완결되지 않은 생기Geschehen와의 만남"[75]이기 때문에 전적으로 주관으로 귀속될 수 없다. 미와 관련된 칸트의 주장과 마찬가지로 놀이 개념 역시 미적 판단의 보편화 가능성을 위한 주관의 장치이다. 가다머는 근대에는 놀이 개념이 놀이하는 사람의 태도나 마음

---

72 N; KSA13, 376(14[188]).
73 N; KSA11, 201(26[193]).
74 N; KSA7, 399(16[17]). 니체의 놀이 개념에 관해서는 정낙림, 〈놀이에 대한 철학적 연구―니체의 놀이 개념을 중심으로〉, 《니체연구》 14집(한국니체학회, 2008), 159~189쪽 참조.
75 H.G. Gadamer, WM, 105. 아도르노 역시 비슷한 맥락에서 칸트의 주관주의 미학을 비판한다. 칸트는 "예술이 논리적 인식과 질적으로 다른 점이 무엇인지 모른다. …… 취미판단을 총괄할 어떠한 개별적인 규칙이나 그 총체성도 어떤 작품의 품격에 대해 무엇을 말해주지는 않는다. …… 칸트는 보편적 개념에 의한 공식화를 통해 윤리학의 객관성과 마찬가지로 자신이 목표로 하는 미학의 객관성에 도달한다. 이는 본질 구성적으로 특수한 것인 미적 현상과는 대치된다. 어떠한 작품에서도 그 순수 개념에 따라 필연적으로 취해야 하는 형상은 본질적인 것이 아니다. 칸트는 예술을 주관적인 영역, 결국은 우연성으로부터 탈피시키고자 했고, 이로써 예술 자체와도 모순을 이룬다" (아도르노, 《미학 이론》, 262쪽).

의 상태, 즉 주관성에 종속되었다고 파악하고 칸트도 여기에서 예외가 아니라고 본다. 가다머는 칸트가 《판단력비판》에서 놀이를 상상력과 지성이라는 인식능력을 매개하는 수단의 지위로 축소하는 것은 놀이의 본질을 잘못 파악한 것이라고 지적한다.

우선 놀이는 전통적인 이해와는 달리 '진지한 것'이다. "놀이함 그 자체에는 어떤 독특한, 아니 어떤 신성한 진지함이 존재한다는 것이다. …… 놀이가 전적으로 놀이가 되게 하는 것은 놀이에서 벗어나 있는 진지함과의 관계가 아니라, 오직 놀이에서의 진지함이다."[76] 놀이의 진지함이 놀이 자체에 있다는 것은 놀이가 놀이하는 사람의 의식이나 주관적인 태도와 무관하다는 것을 뜻한다.

놀이의 주체는 놀이하는 사람이 아니다. 이것이 가다머가 파악하는 놀이의 본질이다. "모든 놀이함은 놀이됨Gespieltwerde이다. 놀이의 매력, 놀이가 주는 매혹은 놀이가 놀이하는 사람을 지배한다는 데에 그 본질이 있다. …… 놀이하는 사람이 단 한 사람뿐인 경우의 경험이 분명하게 보여주는 바와 같이, 놀이의 본래 주체는 놀이하는 사람이 아니라 놀이 자체이다. 놀이하는 사람을 사로잡는 것, 그를 놀이로 끌어들여 놀이에 붙잡아매는 것은 놀이이다."[77]

놀이하는 자는 놀이가 표현되는 통로 또는 수단이다. 가다머는 주체나 기체 없이 이루어지는 놀이의 특성을 '중간태적 과정mediale Vorgang'

---

76 WM, 107f.
77 WM, 112. "왕복운동Die Bewegung des Hin und Her은 명백히 놀이의 본질을 규정하는 데 중심적인 역할을 하며, 따라서 이 운동을 누가, 또는 무엇이 수행하는가는 중요하지 않다"(WM, 109).

이라고 표현한다. "놀이가 놀이하는 사람의 의식이나 태도에서 그 존재를 지니는 것이 아니라, 반대로 놀이가 놀이하는 사람을 놀이의 영역으로 끌어들여 놀이의 정신으로 가득 채운다. 놀이하는 사람은 놀이를 자신을 능가하는 현실로서 경험한다."[78]

여기서 놀이와 놀이자의 근대적 이해는 완전히 전도된다. 놀이에서 놀이의 주체·목적·원인은 본질적인 것이 아니다. "놀이의 운동은 목적이나 의도가 없을 뿐만 아니라 또한 긴장 없이 일어난다는 것이 놀이의 본질이다. 놀이는 그 자체에서 발생한다. …… 놀이의 경쾌함은 주관적으로는 해방으로 경험된다."[79] 놀이는 놀이하는 사람을 자신 안에 포함하고 있다. 따라서 우리는 '놀이가 놀이한다Spiel spielt' 또는 '그것이 놀이한다es spielt'고 표현하는 것이 정당할 것이다.

가다머에 따르면 놀이의 이러한 특성은 미적 행위에서 좀 더 명확히 드러난다. "미적 행위는 표현의 존재 과정의 한 부분이며, 본질적으로 놀이 자체에 속한다."[80] 가다머가 이렇게 보는 이유는 놀이의 생기와 예술작품 자체의 존재방식이 같기 때문이다. 예술작품은 그것을 경험하는 어떤 주체에 마주 서 있는 단순한 대상이 아니다. 즉 예술작품은 그것을 감상하는 사람의 주관적 반성에 의해서는 온전히 파악될 수 없다. 왜냐하면 "예술 경험에서 변하지 않고 지속하는 것은 이 경험을 수행하는 사람의 주관성이 아니라 예술작품 그 자체"[81]이기 때문이다.

---

78 WM, 115. 가다머는 놀이의 중간태적 의미와 관련해 이런 예시를 들고 있다. "우리는 어떤 것이 어떤 곳에서 또는 어떤 시간에 '활동한다etwas …… spielt'고 말하고, 어떤 것이 나타난다etwas sich abspielt, 어떤 것이 작용한다etwas im Spiele ist고 말한다"(WM, 109).

79 WM, 110.

80 WM, 122.

그래서 가다머는 예술작품의 이러한 독특성이 놀이의 본성과 일치한다고 본 것이다. "우리는 예술작품이 놀이라는 것, 즉 예술작품은 자신의 고유한 존재를 자신의 표현으로부터 분리할 수 없으며, 이 표현 속에서 형성체의 통일성과 동일성이 나타난다는 것으로부터 출발한다."[82] 예술작품 속에서 형성체의 통일성과 동일성이 나타난다는 것은 세계의 진리가 나타난다는 것을 의미한다. 즉 예술작품은 주관과 관계없이 세계의 진리를 재현한다.[83] 가다머에서 놀이와 예술작품은 철저히 주관-객관의 틀을 넘어서 있다.

5. 칸트의 놀이철학과 근대

칸트는 오랜 세월 폄하되어온 '놀이' 개념에 새로운 관점을 제시한다. 놀이 개념과 관련한 칸트의 적극적인 사유는 진 · 선 · 미가 각기 독립적인 가치를 담고 있다는 근대의 통찰과 무관하지 않다. 칸트의 철학은 진 · 선 · 미가 지닌 고유성과 보편성을 해명하고 정당화하고자 한 시도이다. 이 문제에 대한 칸트의 해결책은 주제 영역에 따라 조금씩 차이가 나지만, 주관으로 돌아가는 모험을 통해 문제를 풀고자 한 점은 일치

---

81 WM, 107.

82 WM, 127. 가다머는 형성체Gebilde를 이렇게 설명한다. "인간의 놀이가 예술이라는 진정한 완성을 이루게 되는 이 전환을 나는 형성체로의 변화라 일컫고자 한다. 이 전환에 따라 비로소 놀이는 이념성을 획득하며, 따라서 그 자체로 의미되고 이해될 수 있다"(WM, 116).

83 WM, 118 참조. 가다머의 놀이에 의한 형성체와 '세계의 진리'에 관해서는 정은해, 〈하이데거와 가다머의 놀이 개념〉, 《인문논총》 57권 (서울대학교 인문학연구원, 2007), 76~81쪽 참조.

한다. 놀이 역시 그 자체로 의미가 있기보다는 주관의 인식능력 사이의 조화와 일치 또는 대상으로 향하는 인식능력의 한계와 도덕 이념으로 회향하는 데 기여하는 단초라고 보는 칸트의 시각은 그의 선험주의적 태도에서 비롯된 것이다.

칸트의 《판단력비판》은 이론철학(현상계)과 실천철학(예지계)의 건널 수 없는 심연을 매우기 위한 고민의 산물이다. 필연의 세계인 자연과 자유의 영역인 도덕은 서로 독립적이다. 이질적인 두 세계가 어떻게 관계하고 통일을 이루는가를 설명할 수 없다면 칸트는 최소한 이론철학과 실천철학 중 하나를 포기해야 하는 딜레마에 놓이게 된다. 칸트가 제시한 해결책은 두 세계가 합목적적으로 관계한다는 것이다. 어떻게 이질적인 것이 합목적적으로 관계할 수 있는가는 《판단력비판》에서 '미적 판단력'과 '목적론적 판단력' 분석을 통해 설명되며, 두 세계의 합목적적인 관계는 반성적 판단력에서 성취된다.

칸트에서 놀이는 바로 이러한 반성적 판단력의 목적과 필요에서 수용된 것이다. 놀이는 개념 및 법칙과 관계하는 지성과 무한한 자유를 근본으로 하는 상상력이라는 두 인식능력을 매개하는 역할을 한다. 상상력과 지성은 자유로운 놀이를 통해 조화와 일치에 이르며, 바로 이때 미적 판단이 이루어지고 미적 쾌감이 성취된다. 결과적으로 이러한 과정은 외부에서 강제된 목적 없이도 합목적적으로 이루어진다.

칸트에서 놀이의 지위는 근본적으로 미의 지위와 일치한다. 미에 대한 칸트의 탐구는 창작자와 창작자의 활동, 그리고 작품에 관한 것이라기보다는 미를 판정(인식)하는 주관의 선험적 조건과 관계한다. 따라서 미적 판단은 주관의 인식능력에 의존하며, 숭고미는 도덕적 이념에 종속된다. 칸트가 미를 어떻게 인식론적 관점에서 탐구하는가는 이른바 그의 '이성의 건축술'에 따라 미적 판단을 탐구하는 과정만 봐도 분명하게 알 수 있다. 미적 판단에 관한 연구는 세 단계로 이루어지는데, 첫째, 분석론, 둘째, 연역, 셋째는 변증론이다. 이것은 인식론을 다루는 《순수이성비판》의 구조와 순서가 정확히 일치한다. 또한 "미의 이상Das Ideal der Schönheit"[84]은 도덕적 완전성과 일치하기 때문에 아름다운 것은 선한 것일 수밖에 없다. 즉 미의 이상은 "윤리적인 것의 표현"[85]이다. 이것을 통해 우리는 칸트에서 미가 인식과 도덕으로부터 얼마나 자유로울 수 있는지 묻지 않을 수 없다.

칸트의 놀이는 언제나 '사이'를 오간다. 놀이는 상상력과 지성, 상상력과 이성, 그리고 훈육과 노동 사이를 오간다. 오가면서 놀이는 자유와 필연, 특수와 보편을 매개하며, 매개의 활동은 의도하지 않고도 우연히 합목적적임을 보여준다. 그러나 칸트에서 놀이는 그 자체로 독립적인 의미를 지니지 않는다. 이 점이 칸트의 놀이 개념을 니체와 가다머의 놀이 개념과 구분 짓는 결정적인 차이이다.

칸트에서 놀이 그 자체는 우연, 특수, 유치, 그리고 오락 같은 비본질적이고 부차적인 것 이상의 의미를 내포하지 않는다. 현대에서 놀이는 수단적인 지위를 벗어나 진·선·미의 창조자로 등극한다. 놀이는 주체의 사망이 야기한 공간에 근대의 가치를 대체할 새로운 가치를 채워넣는다. 그러므로 현대의 놀이에 대한 새로운 평가는 '현대성' 비판과

---

84 KdU, B53/4.
85 KdU, B59.

무관하지 않다. 그들에게 칸트의 놀이는 여전히 근대적 사유의 산물인
것이다.

2장
실러의 놀이철학―인간의 완성과 놀이충동[1]

1. 실러 미학의 이해

실러는 통상 특정 학문분야로 묶기는 어려울 만큼 다방면의 저술을 남겼다. 놀이에 관한 그의 사유는 칸트《판단력비판》의 문제의식을 계승·발전시킨 편지형식의《인간의 미적 교육에 관한 편지*Über die ästhetische Erziehung des Menschen in einer Reihe von Briefe*》(1795)에서 찾을 수 있다. 거기에서 실러는 자신의 시대를 이끄는 프랑스혁명의 정신과 그 귀결을 비판적으로 바라본다. "자신들을 성스러운 인간 권리의 자리에 앉히고 정치적 자유를 쟁취하려던 프랑스 국민들의 시도는 그저 이들의 무능력과 품위 없음을 드러내는 데 그쳤습니다. 뿐만 아니라 이 불행한 국민들과 함께

---

1 이 글은 정낙림, 〈놀이사유의 근대적 유형과 니체의 비판―실러 비판을 중심으로〉,《니체연구》 25집(한국니체학회, 2014), 7~45쪽에 기초한다.

유럽의 커다란 한 부분과 한 세기가 통째로 야만과 노예 상태로 퇴락했습니다."[2]

실러의 확신에 따르면 프랑스혁명 같은 인류사의 거대한 실험이 실패로 끝날 수밖에 없었던 이유는 혁명의 숭고한 이념을 실현할 만한 심성을 지닌 인간들이 존재하지 않았기 때문이다. 그리고 혁명의 이념은 너무나 추상적이었기에 그것을 실현하는 방법 또한 매우 비현실적이고 폭력적이었다. 혁명 이후의 상황은 인간성의 발전이 아니라 그 반대라는 사실을 말해준다. 즉 실러는 자신의 시대가 인간의 능력이 조화롭게 발전되지 못하고 왜곡되고 병적인 상태를 드러낸다고 본다.

실러는《인간의 미적 교육에 관한 편지》6에서 자기 시대의 분열상을 이렇게 기술한다. "이제 국가와 교회가 서로 단절되었으며, 법과 관습이 서로 분리되었다. 향유는 노동과 단절되었으며, 목적이 수단에서, 그리고 노력이 보상에서 분리되었다."[3] 이것은 구체적으로 18세기 말 자본주의가 정착하면서 유럽 사회 전반에 노동분업과 전문화가 확산되는 상황을 말해준다. 인간은 더 이상 전인적·총체적인 존재가 아니라 특정한 분야나 직업에서 탁월함을 미덕으로 생각했다. 인간은 "그저 자

---

2 이 글은《인간의 미적 교육에 관한 편지》의 기초가 되었으며, 나중에《호렌Horen》이라는 잡지에 실렸던 앙구스텐부르크 왕자에게 보낸 편지의 일부분이다. 김수용,《아름다움의 미학과 숭고함의 예술론—쉴러의 고전주의 문학 연구》(아카넷, 2009), 54쪽에서 재인용. 프랑스혁명과 그것이 초래한 부정적인 측면에 대한 실러의 평가는《인간의 미적 교육에 관한 편지》중 2·5·8에 잘 드러난다. 앞으로《인간의 미적 교육에 관한 편지》는 Friedrich Schiller, *Über das Schöne und die Kunst. Schriften zur Ästhetik*, München, 1984를 인용한다. 한글 번역본은 실러,《인간의 미적 교육에 관한 편지》, 안인희 옮김(청하, 1995)을 참조했다. 인용은 편지Brief 번호, 쪽수 순으로 표기한다. 나머지 저작은 Friedrich Schiller, *Werke in drei Bänden*, München 1966에서 인용한다. 실러의 미학에 관한 후기 주요 저작은 제2권에 수록되어 있다.

3 Brief 6, 152.

기 직업, 자기 학문의 복제품으로 전락하게 되었다."[4]

그렇다면 이러한 상황을 극복할 수 있는 길은 무엇인가? 우선 분화와 분업으로 분열된 개개인이 인간의 총체성을 회복하는 것이 급선무이다. 그렇다면 총체적인 인간성이란 어떤 것인가. 실러는 그러한 인간성이 아름다움을 추구하는 것, 즉 예술에서 가능하다고 본다. 실러는 인간 개개인이 갖춘 심미적 능력을 확신하고, 그 능력을 끌어내고 실천함으로써 건강한 문화를 창출할 수 있다고 본다.

실러가 예술의 힘을 발견한 데는 칸트의 영향이 지대하다. 실러 미학에서 칸트의 영향을 찾기란 어렵지 않다. 미를 통해 진정한 자유를 찾고 도덕의 완성에 이른다는 실러의 생각은 칸트가 《판단력비판》에서 "아름다움은 도덕적 선의 상징"[5]이라고 본 것과 매우 비슷하다. 따라서 가다머의 다음과 같은 언급은 크게 문제가 없을 듯하다. "실러는 인류의 미적 교육 이념을 칸트가 정식화한 미와 도덕의 유비에 근거"[6]를 두고 있다. 그것은 인간 개개인의 심미적 능력에 호소하는 것이며, 구체적으로 미적 교육을 통한 미적인 문화의 창출을 통해서 가능하다.

그렇다고 실러가 칸트 미학을 그대로 추종했다고 말하는 것은 성급하다. 실러는 칸트가 미를 주관성의 문제로 환원하는 것을 거부한다. 그는 칸트의 주관주의를 극복하는 것을 자신의 과제로 설정한다. 1793년

---

4 Ebd. 물론 실러는 분화와 분업화가 불가피한 역사적 현상임을 인정한다. "시대가 계몽되었다"(Brief 8, 160). 하버마스는 이 점을 정확히 지적한다. "실러는 이러한 소외현상들을 인류가 다른 방식으로는 이룰 수 없었던 진보의 불가피한 부산물로만 이해한다"(J. Habermas, *Der philosophische Diskurs der Moderne*, Frankfurt am Main, 1986, p. 61). 그러나 분화와 분업화가 인간이 추구하는 진정한 문화가 될 수 없음도 분명하다.
5 KU, B254. §59의 제목이 '도덕성의 상징으로서 미에 대하여'이다.
6 H.G. Gadamer, WM, p. 81.

의 《칼리아스 또는 미에 관하여》에서 실러는 자신 이전의 미학을 비판한다. 그의 비판의 초점은 앞선 미美 이론들이 객관적 원리를 결하거나 또는 원리가 있는 경우에도 감성을 아예 무시하는 경향을 보인다는 것이다. 특히 그가 지목하는 미학자는 버크와 칸트이다. "에드먼드 버크는 객관적 계기가 전무한 감각적 주관주의에 사로잡혀 있고, 칸트도 똑같이 객관적 기준을 제공하지 못하는 미의 주관적 정의를 발전시킨다. 또 바움가르텐과 멘델스존은 예술을 완전성과 연결하지만 이러한 연합에서 감성 일체를 잃어버리는 객관적 합리성의 체계를 고수한다."[7]

칸트에서 취미판단은 객관적 원리나 근거에서 비롯되는 것이 아니라, 철저히 주관적 합목적성의 원리에서 비롯된다. 주관적 합목적성의 원리는 칸트가 말하는 '목적 없는 합목적성'으로서 우리가 뭔가를 아름답다고 판단할 때 주관적이면서 보편적인 기준이 되는 것이다. 이러한 칸트의 미의 주관성을 실러는 받아들이지 않는다. 실러는 아름다움을 감성적이고 객관적인 것으로 본다. 즉 아름다움을 판단하는 기준은 주관에서 비롯되는 것이 아니라 객관적인 세계 안에서 찾을 수 있다는 것이다.[8]

실러는 〈칼리아스 서한〉에서 아름다움의 객관적인 기준을 자유에서 찾는데, 자연 사물이 스스로에게 의존해서, 즉 자유롭게 존재하는 경우, 또한 그 사물이 어떤 규칙을 따르는 듯이 보이는 경우에야 비로

---

7 F. Schiller, *Kallias oder Über die Schönheit*, p. 352. 카이 함머마이스터, 《독일 미학 전통—바움 가르텐부터 아도르노까지》, 신혜경 옮김(이학사, 2013), 87쪽에서 재인용.
8 친구 쾨르너에게 쓴 1792년의 한 편지에서 실러는 이렇게 말한다. "나는 바로 그러한 사실 때문에 칸트가 의심스러워하는 그런, 취미의 객관적 원리가 되는 미의 객관적 개념을 발견했다고 믿는다." J. Bolten(ed.), *Schillers Briefe über die ästhetische Erziehung*, Frankfurt am Main, 1984, p. 99.

소 그 사물은 아름답게 여겨진다고 본다.[9] 이것은 아름다움이 주체의 능력에서 비롯된다는 칸트의 견해와는 다르다. 칸트의 주관주의 미학을 비판하는 실러의 또 다른 전략은 아름다움을 칸트처럼 초월적 관념론의 측면에서 정당화하는 것이 아니라 인간학적·역사적 관점에서 정당화한다는 점이다. 실러는 인간이 이성적인 존재일 뿐만 아니라 충동과 감정의 존재라는 것, 그리고 충동은 인간의 삶에서 이성만큼 중요하다는 것을 설명하려 애쓴다. 또 실러는 미를 역사적인 차원에서 설명한다.[10]

실러가 주목하는 이상적인 미적 인간은 그리스인이다. 그들은 이성과 감성의 균형을 놓치지 않을 정도로 현명했으며, 자유롭고 평등하게 공동체의 이념을 실현했다. 그 이후 인간의 불행은 그리스인들이 갖춘 균형감각의 상실과 개인과 공동체의 분열에서 기원하는데, 그 극단이 실러 자신의 시대였다. 그러므로 칸트가 목표로 했던 예술과 도덕의 통일은 관념적인 차원에서 실현될 수 없는 것이다. 실러가 꿈꾸는 이상적인 공동체는 도덕 공동체인데,[11] 이것은 이념의 주입이나 명령에 의해 성취되는 것이 아니다. 그것을 성취할 수 있는 길은 자연 상태의 인간과 이상적인 공동체를 매개할 수 있는 미적 교육을 통해서만 열린다.

---

9 임건태, 〈실러의 미학〉, 서양근대철학회 엮음, 《서양근대미학》(창작과비평, 2012), 325쪽 참조.
10 헤겔은 실러의 이러한 자세를 높이 평가한다. 헤겔에게 실러는 "칸트적 주관주의와 추상적 사유를 분쇄한" 선구자이다(G.W.F. Hegel, *Vorlesung über die Ästhetik I*, Bd. 13, Werke in zwanzig Bänden, Frankfurt am Main, 1970, p. 89). 헤겔 미학에서 실러의 영향에 관해서는 M.J. Böhler, "Die Bedeutung Schillers für Hegels Ästhetik", in: *PMLA* 87, 1972, pp. 182~191을 참조할 것.
11 Brief 24 참조. 거기에서 실러는 인간의 발전을 자연 상태(물리적 상태)–미적 상태, 도덕적 상태로 설명한다.

2. 자연성과 총체성의 회복

실러의 《인간의 미적 교육에 관한 편지》는 인간의 충동과 교육을 결합함으로써 한편으로는 칸트의 형식미학을 극복하고 동시에 건강한 공동체 건설을 위한 방안을 제시하고자 한다. 실러는 칸트와 마찬가지로 이상적 공동체로 도덕국가를 생각했지만, 그 실현 방식은 다르다. 실러는 칸트처럼 도덕국가, '목적의 왕국'의 직접 실현은 불가능하다고 본다. 그에게 도덕국가의 달성은 미적 국가라는 우회로를 통해 가능하다. 실러가 이러한 전략을 생각한 것은 계몽주의를 이념으로 하는 당대의 국가가 이상적 공동체의 실현에 실패하고 있다는 진단에서 비롯되었다.

이러한 활동을 어쩌면 국가에 기대해볼 수 있는 것이 아닐까요? 그것은 가능하지 않습니다. 왜냐하면 현재의 국가는 재앙의 원인이 되어왔으며, 이성으로서의 국가가 당연히 해야 할 일인바, 더 나은 인성의 기초가 되지는 못하고 오히려 그 자신이 더 나은 인성을 기초로 하여 건설돼야 할 판이기 때문입니다.[12]

실러는 당대의 국가가 공동선의 이념을 실현하기보다 이기심을 부추긴다고 본다. 인간 개개인은 자신의 총체적인 능력에서 물질적 소유욕을 실현하는 데 유리한 소질만 발전시키느라 혈안이 되어 있다. "전체의 개별적이고 작은 부품들에 영원히 매달린 채 인간은 스스로 부품

---

12 Brief 7, 156.

이 되고, 자기가 돌리는 바퀴의 단조로운 소음만을 영원히 들으며 그는 자기 본질의 조화를 결코 발전시키지 못하고 자기 본성 안에 있는 인성을 발현하는 대신에 자기 사업이나 학문의 복제품에 불과한 존재가 된 것입니다."[13] 실러는 이러한 인간소외가 계층을 불문하고 광범위한 사회현상이 되었다고 본다. 이것을 실러는 직관적 지성과 사변적 지성의 적대적인 관계로 설명한다.

> 직관적 지성과 사변적 지성은 이제 적대적으로 각각 서로 다른 영역에 틀어박혀서 불신과 질투로 각자의 경계선을 지키기 시작했습니다. 그러나 자신의 활동을 단 하나의 영역에 국한함으로써 우리는 하나의 지배적인 소질을 우리 자신 안에 확립하는데, 드물지 않게 이는 다른 모든 소질의 억압으로 끝나는 경향이 있습니다. 여기서는 사치스러운 상상력이 지성이 힘들게 가꾼 농장을 황폐화하는 반면에, 저기서는 추상 정신이 가슴을 달구어 환상을 지필 불꽃을 사그라지게 하는 식이지요.[14]

이러한 분열의 결과 하층민에서는 "조야하고 무법적인 충동이 드러나고 있습니다. 이러한 충동은 시민적인 질서의 유대를 해체하고, 제어할 수 없는 분노로 동물적인 만족을 향해 돌진합니다."[15] 그런데 교양인이라고 다르지 않다. "문명화한 계급은 품성의 유약함과 타락이라는 더 역겨운 모습을 보이고 있습니다."[16] 실러는 자신의 시대가 계몽은 되

---

13 Brief 6, 153.
14 Brief 6, 151.
15 Brief 5, 148.

었으되 개인이 향상되고 사회적 상황이 발전했다고 볼 수 없으며, 오히려 분열의 정도가 심화하고 있다고 진단한다.

이러한 문제를 극복하는 방법은 인간 본성의 총체성을 회복하는 것이다. 실러는 우선 인류가 언제나 분열의 고통을 겪은 것이 아님을 보여준다. 실러의 시선이 머문 곳은 그리스이다. 더 정확히 말하면 기원전 5세기경의 아테네 폴리스가 어떻게 감성과 이성이 분리되지 않고 조화롭게 기능하는지를 잘 보여준다. 또한 그리스인들의 이성과 감성, 철학과 예술, 개인과 공동체의 조화가 어떤 문명을 탄생시키는지를 잘 보여준다.

> 현재의 인성Menschenheit 형식과 고대 그리스인들의 인성 형식 사이에 존재하는 대조가 우리를 깜짝 놀라게 합니다. …… 그리스인의 인성은 우리처럼 그 희생물이 되는 일이 없이 예술의 온갖 매력, 지혜의 온갖 기품과 결합되어 있기 때문이지요. 그리스인들은 우리 시대에는 낯설어져버린 단순성으로만 우리를 부끄럽게 하는 것이 아닙니다. 동시에 그들은 우리의 경쟁자이며 자주 모범이 되고 있습니다. 우리 태도의 반자연성에 대해서 우리가 스스로를 위로하곤 하는 저 장점들을 그들이 지녔다는 점에서 말이지요. 우리는 형식과 내실의 풍요함으로 가득 차서, 철학적이고 동시에 창조적으로, 섬세하면서도 힘찬 모습으로 그들이 상상력 풍부한 젊음과 이성의 남성다움을 장엄한 인성 안에 결합시키는 것을 볼 수 있습니다.[17]

---

16 Brief 5, 149.

실러가 파악한 그리스 문화의 건강성은 그리스인의 자연성과 총체성의 인성에서 비롯된다. 그리고 이러한 인성을 저장하는 장소가 바로 예술이다. "인성은 그 품격을 상실했지만 예술은 의미심장한 기념비 속에 그것을 구제하여 보존해왔습니다. 진실은 기만 속에서 살아남아왔고 모사본으로부터 원본이 다시 복구될 것입니다."[18] 그렇다면 인간성의 총체성을 가능케 하는 예술은 어떻게 가능한가?

여기에서 실러는 자신의 충동이론을 언급한다. 실러에 따르면 인간에게는 근본적인 두 충동이 있다. 그것이 바로 감성충동과 형식충동이며, 이 두 충동과 관계해서 발생하는 제3의 충동이 놀이충동이다. 실러의 놀이 사상은 바로 여기에서 직접적으로 출발한다.

3. 감성충동과 형식충동

실러에 따르면 인간은 두 가지 상이한 충동의 지배를 받는다.

첫째는 감성충동der sinnliche Trieb 또는 감각충동이라 불리는 충동이다. 이 충동은 인간의 물리적 현존 또는 감각적 본성에서 비롯된다. 감성충동은 자연 대상과 직접적으로 관계하며, 인간을 시간의 범주, 즉 변화라는 틀로 끌어들인다.

---

17   Brief 6, 150.
18   Brief 9, 161. "인간의 나누어진 본성을 화해시키는 문제는 실러가 한 미적 저술의 주된 관심이며,《인간의 미적 교육에 관한 편지》는 그 문제를 해결하기 위한 가장 대담한 시도이다"(M. Nicolas, *Nietzsche and Schiller*, Clarendon Press, 1996, p. 174.)

그것은 인간의 물리적 현존 또는 그의 감각적 본성에서 나온 것으로 인간을 시간의 한계 안으로 데려가서 물질로 만드는 것입니다. …… 여기서 물질이란 시간을 점유하는 변화 또는 현실을 뜻합니다. 아울러 이 충동은 변화가 일어날 것을, 시간이 내용을 가질 것을 요구합니다. 내용에 의해서 점유된 시간에 불과한 이러한 상태는 감각성이라 불리며, 그것을 통해서만 물리적 현존은 자신을 알릴 수 있습니다.[19]

감성충동은 끊임없이 변화하는 것을 좇는 인간의 본성을 말한다. 칸트식으로 보면 감성에 해당하는 이 충동에서 인간은 시시각각 변화하고 생성하는 세계와 직접적으로 마주한다.

감성형식에 대비되는 또 다른 충동은 '형식충동der Formtrieb'이다. 이것은 인간의 이성적 본성에 기원하는 것으로 항상적으로 머무르는 것을 지향한다. 이 충동은 시간 속에 흩어진 것들을 전체로 묶어, 최종적으로는 시간과 변화를 추방하여 필연적이고 영원한 것을 추구한다. 형식충동은

인간의 절대적 존재에서 또는 그의 이성적 본성에서 나온 것입니다. 이것은 인간을 자유롭게 하고, 그의 존재양상의 다양성에 조화를 도입하고, 상태의 온갖 변화 속에서도 그의 개성을 주장하게 하는 것입니다. 이 개성은 절대적이고 불가분의 통일체로서 자기 자신과 절대로 모순적일 수는 없기 때문에, 우리는 언제까지나 우리 자신이기 때문에, 개성의 주장

19 Brief 12, 171.

을 촉구하는 이 충동은 자기가 항구적으로 요구하지 않으면 안 되는 그 것만을 항상 요구합니다. 그러므로 이 충동은 자기가 지금 결정한 것은 영원히 그렇게 결정하며, 자기가 항구적으로 명령할 그것만을 현재에도 명령하는 것입니다. 결론적으로 이 충동은 시간의 전 흐름을 포괄하며, 그것은 다음과 같은 것을 의미합니다. 이 충동은 시간을 없애고 변화를 없애는 것입니다. 그것은 현실적인 것이 필연적이며 영원한 것이 되기를, 그리고 영원하고 필연적인 것이 현실로 되기를 바랍니다. 다른 말로 하 면 그것은 진리와 정의를 촉구하는 것입니다.[20]

우리는 삶에 작동하는 형식충동의 예를, 각자가 경험하는 개별적 인 사건이나 사례들을 부지불식중에 일반화하려는 태도에서 어렵지 않 게 확인할 수 있다. 형식충동은 감성충동이 자아를 현상세계에 내맡기 는 것을 거부하고 자발적으로 현상세계에 법칙을 부과한다. 감성충동 이 새로운 대상을 갈구하는 반면, 형식충동은 그 대상들을 시간에서 구 제하여 범주에 고정함으로써 영원한 형상에 묶는다. 이것은 칸트의 지 성의 능동적 작용에 비견될 수 있다.[21]

그런데 실러에게 이 두 충동은 근본적으로 별개의 영역으로, 하나 는 변화에, 다른 하나는 불변성으로 작용하기 때문에 상호작용할 수 없

20 Brief 12, 172.
21 실러의 두 가지 충동은 칸트의 감성과 지성이라는 인식론적 구별과 직접적으로 대비될 수 없 다. 왜냐하면 실러의 두 가지 충동은 감성과 지성이라는 틀을 넘어서기 때문이다. 바이저는 이 점 을 정확하게 지적하고 있다. "감성충동은 감성뿐만 아니라 욕구와 느낌을 포괄하며, 형식충동은 개념뿐만 아니라 도덕원리까지 포함"한다(F. Beiser, *Schiller as Philosopher*, Oxford University Press, 2005, p. 139).

다. 그러므로 이 두 충동은 제한할 필요가 있다. 그러지 않으면 어느 한 충동이 제약 없이 발전하여 인간성의 황폐화를 초래한다. 근대의 위기는 바로 여기에서 비롯된 것이다. 즉 형식충동이 과도하게 발전한 탓에 감성충동을 억눌러 인간성의 퇴락을 보여주는 것이 실러 당대의 모습이다. 이 두 충동이 인간을 전적으로 지배하는 경우, 그 두 충동을 연결할 수 있는 "제3의 기본충동"[22]은 존재할 수 없다. 그렇다면 이 충동은 어떻게 조화를 이룰 수 있으며, 인간의 본성은 과연 회복될 수 있을 것인가?

실러는 각각의 충동이 서로 반대되는 성격을 띠고 있지만, 정상적인 상태에서 자신과 반대되는 충동이 자신의 본성에 따르기를 원하지는 않는다고 말한다. 즉 감성충동은 변화하는 것을 추구하지만 자기 동일적인 개성Person마저도 자신처럼 변화의 상태Zustand에 머물기를 원하지 않으며, 반대로 형식충동도 통일과 지속성을 고집하지만 사태를 개성처럼 고정하고자 하지 않는다.

그들의 경향이 서로 상충한다는 것은 사실이지만 동일 대상 안에서 상충하는 것은 아니라는 점을 여기서 지적해야겠군요. 그리고 서로 만나지 않는 것은 부딪칠 수가 없는 법이지요. 감성충동은 변화를 요구하지만 개성과 그 영역에까지 변화가 확정되기를 요구하는 것은 아니며, 즉 원칙들의 변화를 요구하는 것은 아니라는 말입니다. 형식충동은 통일과 지속성을 요구하지만—그러나 사태가 개성처럼 고정되기를 바라는 것은

---

22 Brief 13, 173.

아닙니다. 즉 감성이 자기 동일성을 지니기를 바라는 것은 아니라는 말이지요. 그 두 가지 충동은 그러므로 본성상 상충하는 것은 아닙니다.[23]

그런데 이 두 가지 충동이 자신의 영역을 넘어 상대방의 영역을 침범할 때 문제가 발생한다. "그들이 각기 자신의 본성과 기능을 오해하고 각자의 영역을 혼동함으로써" "방종적인 영역 침해"[24]가 발생한다. 따라서 이 두 충동은 자기 한계를 명확히 해야 한다. 이것을 해야 할 임무가 문화와 교육에 있다. "문화는 이 둘을 공정하게 대해야 할 의무가 있으며, 감성충동에 대항해서 이성충동을 유지해야 할 뿐만 아니라 이성충동에 대항하여 감성충동을 꾸준히 유지할 의무도 있습니다. 그러므로 문화의 의무는 이중적입니다. 첫째로 자유의 침입에 대항하여 감성을 보존하는 것, 둘째로 감각Empfindungen의 힘에 맞서 개성을 안전하게 하는 일입니다. 첫 번째 일은 감정능력Gefühlvermögen을 발전시킴으로써 가능하며, 두 번째 일은 이성능력을 발전시킴으로써 달성될 수 있습니다."[25] 따라서 문화란 자고로 다음과 같은 것이 되어야 한다.

첫째로 감각능력에는 세계와의 극히 다양한 접촉을 마련해주고, 감정의 영역 안에서는 수동성(=감각적 수용능력)을 최고로 끌어올립니다. 둘째로 규정하는 능력에는 감각능력으로부터의 독립성을 확보해주고, 이성의 영역 안에서 활동성을 최고도로 끌어올리는 것입니다. 이 두 특성이

---

24 Ebd.
25 Brief 13, 174.

결합하면 인간은 존재의 최고도의 충만함을 최고의 자율성 및 자유와 결합하는 것이 됩니다.[26]

그런데 감성충동과 형식충동의 관계가 역전될 때, 즉 감각적 수용능력이 규정하려 하거나 형식충동이 물질충동의 영역을 침범할 때, 인간은 자기 정체성을 상실하거나 현실적인 삶을 영위할 수 없게 된다.

왜냐하면 감성충동이 규정을 하고 감각이 입법자의 역할을 맡고 세계가 힘이 된 만큼은 대상이기를 멈추기 때문입니다. 인간이 단순히 시간의 내용이 된 순간 이미 그는 존재하기를 그치며, 따라서 그는 내용도 지닐 수가 없습니다. 그의 개성과 아울러 그의 상태도 없어지는데, 왜냐하면 이 두 개념은 서로 뗄 수 없는 개념이기 때문이지요—변화는 지속의 원칙을 요구하고, 제한된 현실은 무한한 현실을 요구합니다. 다른 한편으로 형식충동이 감수성을 지니게 되면, 즉 사고력이 감수성을 대체하여 개성이 물리적인 세계의 자리를 차지하게 되면, 개성은 스스로 대상의 자리로 돌아간 만큼은 자율적 힘이고 주체이기를 중지합니다. 왜냐하면 자신을 드러내기 위해서 지속의 원칙은 변화를 요구하며 절대적 현실은 제한을 요구하기 때문입니다. 인간이 단순히 형식이 된 순간 이미 그는 형식을 갖지 못하게 됩니다. 상태와 아울러 개성도 사라지는 것이지요.[27]

---

26 Brief 13, 174f.
27 Brief 13, 176.

이렇게 볼 때 실러에게서 두 충동의 조화나 통일은 각각이 적극적으로 상호작용함으로써 성취되는 것이 아니라, 각각의 충동이 자신의 영역에 충실하면서 상대방의 충동에 대해 자신의 영역을 넘어서지 않도록 힘을 발휘하는 것을 뜻한다. 실러는 이것이 가능하려면 각 충동은 제한되어야 한다고 말하고, 그것을 '이완Abspannung'에 비유한다.

> 감성충동의 이완이 물리적인 무능상태 또는 감성의 둔화가 되어서는 안 됩니다. 그러한 상태에서는 오직 경멸받을 뿐이니까요. 그것은 자유의 행위, 개성의 활동으로 말미암은 것이어야 합니다. …… 마찬가지로 형식충동의 이완도 또한 정신적인 무능력 또는 사고력과 의지력의 둔화가 되어서는 안 됩니다. 그렇게 되면 인성을 비하시킬 뿐이지요. 감각성의 풍요로움에서 비롯되는 것이어야 합니다. 감각성이 스스로 그 승리하는 힘을 가지고 자기 영역을 고수하고, 정신이 제멋대로 차지한 활동성을 가지고 감각성을 부여하고 싶어 하는 폭력에 맞서 스스로를 지켜야 합니다. 한마디로 말하면, 개성은 물질충동을 본래 제 영역 안에 붙잡아두고, 감각성 또는 자연은 형식충동을 본래의 제 영역 안에 잡아두어야 합니다.[28]

이처럼 실러의 두 충동의 상호작용은 한 충동이 다른 충동작용의 근거가 되는 동시에 상대방 충동의 제약이 되는 독특한 특징을 보여준다. 이러한 상호작용은 제3의 충동을 촉발할 뿐만 아니라 인간성의 완성에도 기여한다.

---

28   Brief 13, 176f.

4. 놀이충동과 아름다움

두 충동 간의 상호작용은 한쪽의 활동성이 다른 한쪽의 활동성에 대해 근거가 되면서 동시에 제약하는 식으로 이루어진다. 따라서 하나의 충동은 다른 충동의 활동성을 통해서 가장 잘 드러난다. 이러한 상호관계는 자신을 자유를 의식하는 동시에 현실적인 존재로 느끼는 것을 의미한다. 즉 인간이 자신을 정신으로 인식하는 동시에 물질로 느낀다는 것이다. 실러는 이러한 상태를 인간성의 이상으로 생각한다. "이것은 가장 엄밀한 의미에서 인간성의 이상이며, 인간은 시간이 흐름에 따라 그것에 점점 가까이 갈 수는 있지만 결코 거기에 도달하지는 못하는 무한한 어떤 것입니다."[29] 만약 두 충동의 이상적인 조화가 실제로 일어날 수 있다면, 그의 내면에 새로운 충동을 일깨울 것이다. 그것이 바로 놀이충동Spieltrieb이다.

> 감성충동은 변화를 원하며, 시간이 내용을 갖기를 바랍니다. 형식충동은 시간이 없어지기를 원하며, 변화가 없기를 바랍니다. 이 두 충동을 자기 안에 결합시키고 있는 저 충동, 그러니까 놀이충동은 시간 안에서 시간을 없애기를 추구하며, 절대적 존재와 생성을 결합하고, 정체성과 변화를 연결하기를 추구한다고 할 수 있습니다.[30]

---

29 Brief 14, 177.
30 Brief 14, 178. 함머마이스터는 실러의 놀이 개념이 미적 경험에서 인식능력의 자유로운 놀이라는 칸트의 개념과 피히테의 충동이론의 영향을 받았다고 본다. 함머마이스터,《독일 미학 전통》, 102쪽 참조.

놀이충동은 시간과 초시간성, 생성과 존재, 변화와 동일성을 통일한다. 감성충동과 형식충동은 결국 인간의 심성Gemut에 강요하여 자신의 뜻을 관철하고자 한다. 감성충동은 자연을 통해서 형식을 우연한 것으로 만들고, 반대로 형식충동은 이성법칙(도덕법칙)을 통해서 물질을 우연적으로 만든다.

두 가지가 함께 작용하고 있는 놀이충동은 심성에 물리적이고 도덕적인 강요를 한꺼번에 합니다. 그것은 모든 우연성을 없애는 것이므로 동시에 모든 강요를 없앨 것이며, 인간을 물리적으로나 도덕적으로 자유롭게 할 것입니다.[31]

즉 놀이충동은 우리에게 형식과 물질의 지배에서 해방되는 길을 제시한다. 여기서 놀이의 충동이 상이한 두 가지 강요를 동시에 할 수 있다는 것은 이 두 가지 요구 사이에 힘의 균형이 존재한다는 것을 의미하며, 그럼으로써 적대적 요구는 해체되고 두 요구가 우연적인 것으로 격하된다는 뜻이다. 따라서 우리는 놀이충동을 통해 물리적·도덕적 강요에서 자유로워지는 것이다.[32]

이것을 달리 해석하면, "놀이충동은 두 충동의 강요를 동시에 우연한 것으로 만든다는 이유 때문에, 그리고 모든 강요와 함께 우연성 또한 동시에 사라지므로, 놀이충동은 둘 안에 있던 우연성을 다시 없애버리

---

31 Brief 14, 178.
32 김수용, 《아름다움의 미학과 숭고함의 예술론—실러의 고전주의 문학 연구》, 86쪽 참조.

고 물질에 형식을, 형식에 물질을 도입하는 것입니다. 놀이충동이 감정과 정열에서 그 활동적인 힘을 빼앗은 바로 그만큼 그것은 감정과 정열을 이성의 이념들과 일치시키고, 이성법칙에서 도덕적인 강요를 줄인 그만큼 그것은 이성법칙을 감각의 관심과 화해시킨다는 것"[33]이다.

이러한 놀이충동은 결국 아름다움과 연결된다. 그 이유는 다음과 같다. 감성충동의 대상은 넓은 의미에서 삶Leben이며, 형식충동의 대상은 일반적인 의미에서 형태Gestalt이다. 그런데 두 충동을 포괄하는 놀이충동은 '살아 있는 형태lebende Gestalt'라고 할 수 있다. 이러한 살아 있는 형태가 "넓은 의미에서 아름다움이라고 부르는 것"[34]이다.

인간은 전적으로 정신일 수도, 물질일 수도 없으며, 정신이자 물질이다. 인간성의 총체Totalität로서 아름다움은 두 가지 충동의 공통된 대상이다. 따라서 놀이충동에 의해 아름다움을 창조하는 미적 행위는 인간의 감성충동과 형식충동의 일치와 조화를 뜻하며, 완전한 인간성의 실현에 기여한다. "인간의 모든 상태들 중에서 놀이야말로, 그리고 오직 놀이만이 인간을 완전하게 만들어주고 그의 이중의 본성을 동시에 만들어준다."[35] 놀이충동은 인간에게 물리적 필연성과 정신적 필연성에서 비롯된 강제를 물리치게 하고, 두 충동의 완전한 합일을 가능하게 한다. 이렇게 확보된 심성의 자유로운 상태가 바로 아름다운 가상을 만들어낸다. 실러는 놀이충동이 어떻게 구체적으로 아름다움과 관계하는지를 그리스인들을 예로 들어 설명한다.

---

33 Brief 14, 179.
34 Brief 15, 179.
35 Brief 15, 182.

자연법칙의 물질적 강요와 도덕법칙의 정신적 강요는 더 높은 필연성의 개념(놀이) 안에 용해되었는데, 이 개념은 두 세계를 동시에 포괄합니다. 저 두 가지 필연성의 완전한 합일로부터만 그들에게 비로소 참된 자유가 생겨날 수 있었습니다. 이 정신에 영감을 얻어 그리스 사람들은 자기들의 이상의 얼굴 모습에서 애착과 아울러 모든 의지의 흔적을 지워버렸습니다. 또는 그들은 그 두 가지를 가장 밀도 있게 결합시킬 줄을 알았기에 그 둘을 알아볼 수 없게 만들었습니다. 유노 루도비시의 얼굴 표정이 우리에게 말하는 것은 우아도 기품도 아닙니다. 그것은 둘 중 어느 것도 아닌데, 왜냐하면 그것은 동시에 둘 다이기 때문입니다.[36]

우리는 지금까지 놀이충동이 어떻게 감성충동·형식충동과 조화를 이루고, 또 어떻게 아름다움과 관계하는지를 살펴보았다. 놀이충동은 인간성의 전체성 회복에 결정적인 역할을 한다. 그래서 실러는 이렇게 말할 수 있었다. "인간은 오로지 아름다움과 더불어 놀이해야 하며, 오직 아름다움과 더불어서만 놀이해야 한다. 간략하게 말하면, 인간은 오직 그가 그 말의 완전한 의미에서 인간일 경우에만 놀이하며, 놀이할 경우에만 온전한 인간이다."[37]

그런데 상반된 두 충동의 상호작용과 두 가지 상반되는 원칙의 결합에서 가능한 아름다움은 현실과 형식의 완벽한 균형에서 가능하다. 그러나 실러가 고백하듯이 "그러한 균형은 실제로는 결코 완전하게 실

36   Brief 15, 183. '유노 루도비시Juno Ludovisi'는 유노 여신, 즉 헤라의 거대한 두상을 가리킨다.
37   Brief 15, 182f.

현될 수 없는 이상으로 남아 있을 뿐"이다. "현실에서는 항상 어느 한 요소가 다른 요소에 대해 우위를 차지하고, 그러므로 경험이 성취하는 최고의 정도는 원칙들 사이에서 때로는 현실이 때로는 형식이 우세한 흔들림으로 남아 있는 것"[38]이다.

그래서 실러는 정치·사회적 의미에서 그것의 실현을 고민하게 된다. 거기에서 미적 교육이 중요한 역할을 한다. 이러한 내용이 그의 미적 국가론에서 기술된다. 실러는《인간의 미적 교육에 관한 편지》에서 국가를 자연을 제어함으로써 성립한 자연국가 또는 역동적 법치국가, 개체의 의지를 일반의지에 종속시킴으로써 성립하는 도덕 또는 의무의 윤리국가, 그리고 개인의 본성을 통해 전체의 의지를 실현하는 자유국가 또는 미적 국가로 분류한다. 미적 국가에서 "인간은 오직 형태Gestalt로서 현상하고 자유로운 놀이의 대상으로서만 마주 섭니다."[39] 실러는《인간의 미적 교육에 관한 편지》를 마무리하는 장에서 이렇게 쓴다.

우리를 두려움에 떨게 하는 힘들의 왕국 한가운데에서, 그리고 법들의 신성한 왕국 한가운데에서 미적인 교육충동Bildungstrieb은 눈에 띄지 않게 놀이와 가상의 즐거운 제3의 왕국을 건설하는 데에 종사합니다. 이 왕국 속에서 그것은 인간으로부터 모든 관계의 속박을 제거하고, 그를 물리적 관계뿐만 아니라 또한 도덕적 관계에서 강제라고 일컫는 모든 것으로부터 풀어줍니다.[40]

---

38 Brief 16, 184.
39 Brief 27, 227.
40 Ebd.

5. 실러의 놀이철학에 대한 평가

실러는 자신의 시대에서 인간의 분열과 소외의 극단을 목격한다. 이 문제는 결국 이념 과잉과 물질 과잉의 양극단이 초래한 것이다. 이것을 극복하는 길은 인간의 전체성 회복에서 찾을 수 있는데, 실러에게서 그것은 감성충동과 형식충동의 조화이다. 변화를 지향하는 감성충동과 불변적 형식을 고수하는 형식충동의 조화에서 새로운 충동이 등장하는데, 그것이 놀이충동이다. 결국 인간이 놀이충동의 지배를 받는다는 것은 물질과 정신의 조화를 의미하며, 인간성의 총체성을 회복했다는 뜻이다. 실러는 칸트의 인식능력의 놀이를 인간의 구체적인 행위로 확장해서 설명한다. 감성충동과 형식충동의 지배에서 자유로운 놀이충동은 가상을 만들어내는데, 그것이 바로 아름다움의 출발점이다.

우리는 실러의 놀이철학에 담긴 의의를 인정해야 할 것이다. 특히 칸트의 놀이가 주관주의 미학의 성립을 위한 장치였다면, 실러의 놀이는 인간성 회복을 사회·문화적 지평으로 넓히고자 고민한 결과물이다.[41] 특히 그의 충동이론이 인간 감성능력의 회복을 꾀하면서, 과도한 이성에 의한 감성의 지배로 야기된 계몽의 문제를 비판하고 보완했다는 점은 후대의 사상가들에게도 많은 시사점을 던져주었다. 또한 미적 국가론을 통해 근대의 자연국가와 법치국가의 이념이 지닌 문제점을

---

41 헤겔은 실러의 이러한 자세를 높이 평가한다. 헤겔에게 실러는 "칸트적 주관주의와 추상적 사유를 분쇄한" 선구자이다(G.W.F. Hegel, *Vorlesung über die Ästhetik I*, Bd. 13, Werke in zwanzig Bänden, Frankfurt am Main, 1970, p. 89). 헤겔 미학에서 실러의 영향에 관해서는 M.J. Böhler, "Die Bedeutung Schillers für Hegels Ästhetik", in: PMLA 87, 1972, pp. 182~191을 참조할 것.

지적하고 그것을 극복하는 방안으로 놀이하는 인간, 즉 미적 인간이 중심이 된 국가를 생각한 점은 매우 흥미롭다.

그러나 실러의 놀이철학이 안고 있는 문제점 또한 분명하다. 우선 놀이충동이 구체적인 삶 속에서 과연 구현될 수 있느냐 하는 근본적인 물음이 제기될 수 있다. 실러가 여러 번 언급했지만, 인간의 현실적 행위란 감성충동과 형식충동 중 하나가 우위를 점하는 형태로 드러난다. 놀이충동은 두 충동의 힘이 균형을 이룰 때 가능한데, 이 힘의 균형은 두 충동의 요구를 모두 받아들이면서 어느 충동으로부터도 자유롭다는 것을 의미한다. 이러한 힘의 균형, '0'의 상태에 도달하는 것은 현실적으로 거의 불가능하고, 또한 이러한 힘의 균형상태는 어떠한 행위도 할 수 없는 상태를 뜻한다. 즉 미적 상태에서 인간은 행위적인 관점에서 '무無, Null'인 셈이다.[42] 실러도 이 점을 솔직히 인정한다. 미적 상태란 "현실에서 도달할 수 없는 이상Idee"[43]이다. 실러에게 놀이의 충동과 미는 순전히 이상으로 존재하고, 이러한 이상에서 출발한 그의 미적 인간의 육성과 미적 국가라는 것도 관념에 불과할 수 있다.

이러한 맥락에서 실러 미학의 관념성을 아도르노는 신랄하게 비판한다. 실러의 미적 이념은 계몽의 문제를 적극적으로 해결하기 위한 저항적 실천과는 무관하며, 오히려 현실의 부자유를 정당화하는 데 기여한다. "실러가 목적에서 자유롭기 때문에 본질적으로 인간적인 것이라며 놀이충동에 환호하는 경우, 그는 충실한 부르주아로서 자기 시대의

---

42 Brief 21, 198.
43 Brief 16, 184.

철학과 영합하여 부자유를 자유로 해석하고 있는 셈이다."[44] 그래서 실러의 이론은 사회의 통합은커녕 현실의 문제에 눈감는 "현실도피의 미학"[45]이다.

현실과 관련된 이러한 긴장관계는 실러식의 단초 위에서는 결국 해소되지 않은 채로 남는다. 실러에서 인간존재의 총체성은 그것의 미학화를 통하여 단지 미학적으로 구제될 뿐이다. 공동체적 욕구의 부정성 극복이나 중재의 추상적인 체계가 지닌 부정성 극복은 그에게 가상적이고 공상적으로나 가능할 뿐이다.[46]

실러 미학의 두 번째 문제점은, 실러는 자신의 미학이론이 칸트의 주관주의 미학을 극복하는 것을 목표로 한다고 말하지만 칸트의 미학을 여전히 벗어나지 못하고 있다는 것이다. 가다머는 이 사실을 정확히 지적한다. "실러의 인간의 미적 교육 이념은 칸트가 정식화한 미와 도덕의 유비에 근거"[47]를 두고 있다. 실러는 감성충동과 형식충동이 인간의 삶을 위해 모두 필요하다는 것을 인정하면서도 감각, 즉 소재Stoff는

---

44 Th.W. Adorno, *Ästhetische Theorie*, Frankfurt am Main, 1970, p. 293.

45 A. Gethmann-Siefert, "Idylle und Utopie. Zur gesellschaftskritischen Funktion der Kunst in Schillers Ästhetik", in: JdDSG 24(1980) pp. 42~43 참조.

46 G. Rohrmoser, *Zum Problem der ästhetischen Versöhnung Schiller und Hegel*, Frankfurt am Main, 1984, p. 317. 그래서 그의 미적 국가론은 정치적 의미가 아니라 아무런 내용도 없는 인간학적 구상에 불과한 '유령'과 같은 것이라는 비판이 따른다. P.A. Alt, *Schiller, Leben-Werk-Zeit*, München, 2004, pp. 148~149 참조.

47 H.G. Gadamer, *Wahrheit und Methode. Grundzüge einer philosophischen Hermeneutik*, Tübingen, 1990, p. 81.

형식의 지배를 받음으로써 자신의 한계를 극복할 수 있다고 본다. 즉 예술에서 더욱 근본적인 것은 형식이다. "진실로 아름다운 예술작품에서 내용은 아무것도 하지 못하지만 형식은 모든 것을 수행합니다. …… 대가의 본래적 기법은 그가 형식을 통해 소재를 말살하는 데 있습니다."[48]

심지어 실러는 예술에서 감성충동의 폐해를 지적하기까지 하는데, 실러는 감상자가 예술작품을 수용할 때 작품에 지나치게 감정을 이입하는 것은 잘못되었다고 지적한다. "고도의 평정심과 정신의 자유는 …… 진정한 예술작품이 그 안에 우리를 남겨두어야 할 정조Stimmung입니다."[49] 만약 감상자가 평정심을 상실했다면, "순수한 미적 작용을 경험하지 못한 명백한 증거"[50]가 된다.《인간의 미적 교육에 관한 편지》의 중간 부분까지 주로 두 충동의 조화와 그것을 통한 놀이충동, 아름다움의 탄생에 관한 언급이 후반부로 갈수록 형식충동의 손을 들어주는 쪽으로 기울고 있다. 이 점은 22번 편지의 다음과 같은 구절이 잘 보여준다. "내용은 그것이 아무리 숭고하고 포용적일지라도, 정신에 대해 언제나 제한적으로 작용합니다. 그래서 오로지 형식에서만 진정한 미적 자유를 기대할 수가 있는 것입니다."[51]

따라서 실러에게 그리스 비극은 "격정의 예술"일 뿐이고, 그런 의미에서 비극은 불완전한 예술이다. "열정Leidenschaft의 아름다운 예술은 존재할 수 있습니다. 그러나 아름다운 열정적 예술eine sch ne leidenschaftliche

---

48 Brief 22, 202.
49 Brief 22, 201.
50 Ebd.
51 Brief 22, 202.

Kunst은 모순입니다. 왜냐하면 아름다움에 없어서는 안 될 효과는 열정으로부터의 자유이기 때문입니다."[52] 결국 열정은 형식을 통해 통제되어야만 하고, 예술은 형식을 통해서만 완성된다. 실러의 미학은 칸트의 주관주의·형식주의 미학의 극복을 목표로 했지만, 그가 칸트의 미학에서 얼마나 자유로운지는 의문이다. 다음은 칸트의 말이다. 아름다운 "예술이란 자연이 천재를 통해서 준 규칙을 모방한 것이다."[53] 가다머는 실러 미학의 한계를 적절히 지적하고 있다. "존재와 당위라는 칸트주의 이원론을 미적으로 화해시키려는 근저에는 그 깊은 곳에 해결되지 못한 이원론이 입을 벌리고 있다."[54]

실러의 놀이철학과 관련하여 제기되는 또 하나의 문제점은 그가 놀이를 여전히 소극적으로 이해하고 있다는 것이다. 이것은 실러뿐만 아니라 근대의 놀이사상이 안고 있는 근본 한계이기도 하다. 앞서 살펴봤지만 칸트에서 놀이 개념은 미적 판단의 보편화를 위해 상상력과 지성의 우연적 일치를 설명하는 장치로 도입되었으며, 실천적인 의미에서 놀이는 노동과 대비되는 심심풀이 또는 휴식의 수단 정도로 여겨진다. 또한 놀이는 언제나 유치한 것으로 간주되어 교육에서도 제한적으로 수용되며, 청소년의 교육에서 놀이를 엄격히 금지하는 경향을 보인다. 즉 칸트에서 놀이는 소극적·제한적인 의미가 있다.

이 점은 실러에서도 마찬가지이다. 실러는 감성충동과 형식충동을 인간의 기본 충동으로 인정하고 그것의 충돌과 조화를 위해 감성적이

---

52 Brief 22, 203.
53 Kant, KdU, B. 200.
54 H.G. Gadamer, *Wahrheit und Methode*, p. 89.

면서도 형식적인 속성을 띤, 또는 둘의 속성에서 자유로운 놀이충동을 생각해냈지만, 놀이충동은 두 가지 근본충동에서 자유로울 수가 없다. 놀이충동은 두 충동의 힘이 균형을 이룰 때 비로소 발생하는 제3의 충동이기 때문이다. 따라서 놀이충동이 두 충동의 힘을 적극적으로 제어하거나 조정할 수는 없다. 그러므로 놀이는 자연과 학문에 어떤 적극적인 의미도 지닐 수 없다. 놀이충동에서 근거하는 아름다움 역시 놀이와 같은 역할에 머무른다. 아름다움은 감정과 이성에 개입하기보다는 그것의 조화, 특히 이성의 통제를 받을 때 존재 의미를 얻을 수 있다. 이렇게 볼 때 실러의 놀이는 칸트의 놀이를 극복했다고 평가할 수 없다. 결론적으로 우리는 칸트와 실러에게서 놀이에 대한 적극적이고 전복적인 사고를 기대할 수 없다. 그들의 사유는 근대의 틀 속에 머무를 뿐이다.

3부
현대철학에서의 놀이 이해

1장
니체의 놀이철학—위대한 과제와 놀이[1]

1. 현대철학과 놀이

1부에서 살펴본 바와 같이 놀이는 인류와 함께해온 역사가 오래된 개념이다. 그러나 놀이는 플라톤 이래 전통 철학에서는 별로 주목받지 못했다. 그 이유는 놀이 개념에 내포된 '심심풀이' '오락'이라는 성격이 확실하거나 고정된 것이 아니라 유동적이고 현상적인 것과 관계한다는 선입견이 결정적이기 때문일 것이다. 그리고 이러한 선입견에 더하여 특수성·즉흥성·상황성·일회성이라는 놀이의 속성이 세계의 근거 또는 현상 뒤의 법칙을 찾고자 하는 전통 철학의 사명에 방해물로 작용한다고 생각했기 때문이다. 놀이는 참과 거짓, 선과 악의 척도로 잴 수 없

---

1 이 글은 정낙림, 〈놀이에 대한 철학적 연구—니체의 놀이 개념을 중심으로〉,《니체연구》14집 (한국니체학회, 2008), 159~189쪽을 기초로 한다.

어 모호하고 일탈적이다. 그리하여 놀이는 불안의 근거가 된다.

헤라클레이토스처럼 놀이에 대한 깊은 통찰력을 보여준 철학자도 있었지만, 고대철학에서 놀이에 대한 평가는 대체로 부정적이었다. 그 전형적인 사례를 바로 플라톤 철학에서 확인할 수 있다. 플라톤은 놀이를 화가나 시인들의 헛된 짓거리로 평가한다. 그 이유는 플라톤이 보기에 그들의 행위라는 것이 실재idea에서 가장 멀리 떨어진 것과 관계하기 때문이다. 화가나 시인의 창작행위는 이데아의 모사인 개별 사물을 모사하는 것, 즉 모사를 다시 모사하는 것으로, 진리와 아무런 관계가 없다.

그러나 근대에 들어 놀이는 새롭게 조명받는다. 르네상스를 거치면서 촉발한 인간에 대한 새로운 이해는 그리스 문화, 특히 예술에 눈을 돌렸다. 근대에 놀이는 예술을 다루는 학문, 즉 미학의 성립과 밀접한 관계가 있다. 바움가르텐을 비롯해 칸트·실러 등의 학자들은 과학적 판단과 도덕적 판단 이외에 심미적 판단이 가능함을 간파하고 그것을 이론적으로 보여주고자 했다. 이들은 심미적인 판단이 개인의 감성과 취미에 관계한다는 사실을 밝혀냈다. 인간의 감성과 취미는 고정적이고 항상적이라기보다는 즉각적이고 일회적이며 가변적이다. 감성과 취미의 이러한 특성은 놀이의 속성과 불가분의 관계가 있다. 놀이는 자유로운 상상력을 기초로 하는 예술과 근본적인 가족 유사성이 있기 때문이다.

그러나 우리가 앞서 칸트와 실러의 철학을 통해서도 확인한 것처럼 근대의 놀이 개념은 여전히 소극적이고 제한적이다. 칸트와 실러는 놀이 자체에 대한 관심보다는 자신들의 이론적·실천적 문제를 해결하기 위한 방편으로 놀이를 이용한 측면이 강하다. 칸트는《판단력비판》

에서 현상계와 예지계의 건널 수 없는 두 세계를 연결할 방안을 고민하게 된다. 이때 필연과 자유의 상호 모순된 세계를 연결하려면 두 세계를 합목적적으로 연결하는 제3의 판단이 요구된다. 미적 판단에서 칸트는 필연과 자유가 서로 모순적이지 않고 협력하는 것을 확인한다. 개별 취향에 기초하지만 보편성을 요구할 수 있는 미적 판단은 상상력과 지성이라는 두 인식능력의 협업을 토대로 가능한데, 두 인식능력은 이론적으로 관계할 수 없다. 칸트는 두 인식능력의 우연적인 일치에서 미적 쾌감이 발생하고 그것이 미적 판단을 가능하게 한다고 보며, 상상력과 지성의 우연적인 일치를 놀이로 본다. 따라서 칸트의 놀이 개념은 미적 판단의 보편화를 위한 장치라는 소극적인 의미를 띨 수밖에 없다. 칸트 철학에서 놀이가 차지하는 위치는 놀이의 실천적 의미에서도 잘 드러난다. 칸트는 놀이를 노동과 대비되는 심심풀이 또는 휴식 정도의 부차적인 인간행위로 간주한다. 이 점은 교육에 관한 그의 저서에서 잘 드러난다. 그에 따르면 놀이는 학교 이전 교육에서 제한적으로 수용되어야 하며, 청소년 교육에서는 엄격히 금지되어야 한다.

칸트의 주관주의·형식주의 미학의 극복을 자신의 과제로 설정한 실러에서 우리는 놀이 개념이 더욱 적극적으로 수용되는 것을 확인할 수 있다. 실러의 미학은 단순한 이론적 관심이 아니라 시대의 문제를 해결하려는 문제의식에서 출발한다. 실러는 프랑스혁명의 실패를 계몽주의의 실패로 간주하고, 그 실패가 인간에 대한 잘못된 이해에서 비롯되었다고 본다.

실러에 따르면 인간은 두 가지 근본충동, 즉 감성충동과 형식충동의 지배를 받을 수밖에 없는 존재이다. 인간은 감성충동과 형식충동이 온전히 조화를 이룰 때 총체적인 존재가 될 수 있다. 그런데 변화를 지향하며 물질을 추구하는 감성충동과 불변적 형식과 정신을 지향하는 형식충동은 서로 대립하며, 상대방을 지배하고자 한다. 그러나 두 충동이 자신의 영역에 머물고 다른 충동의 영역을 침범하지 않을 때, 즉 두 충동이 힘의 균형을 이룰 때 제3의 충동이 나타나는데, 그것이 바로 놀이충동이다. 놀이충동이 인간의 심성에 자리 잡는다는 것은 물질을 추구하는 경향과 정신을 지향하는 경향이 균형 상태를 이룬다는 것을 의미한다.

감성충동과 형식충동의 지배에서 자유로운 놀이충동은 가상을 만들어내는 데, 그것이 곧 아름다움의 토대가 된다. 놀이하는 인간은 바로 인간이 미적 존재라는 것, 이 미적 존재로서 인간이 비로소 인간성의 총체성을 실현한다는 것이 실러의 생각이다. 실러의 놀이 개념은 분명 칸트의 놀이 개념보다 심화된 측면이 있다. 그는 놀이를 인식능력의 차원으로 제한하지 않고 인간학적 지평에서 받아들인다.

그러나 실러의 놀이 개념에도 분명 한계가 있다. 우선 놀이충동이 두 가지 근본충동에서 자유로울 수 없다는 점 때문이다. 놀이충동은 두 충동의 힘이 균형을 이룰 때 비로소 발생하는 제3의 충동이다. 따라서 놀이충동이 두 충동의 힘을 적극적으로 제어하거나 조정할 수는 없다. 또한 놀이충동이 현실적으로 작동하기보다는 이념에 가깝다는 것도 실러의 놀이 개념이 안고 있는 한계이다. 그리고 놀이충동에서 비롯된 아름다움이라는 것도 감성보다는 이성, 즉 형식의 지배를 받아야 한다는 그의 미학이론에서 우리는 칸트를 극복하기보다는 칸트의 한계에 머무르는 실러를 발견한다. 따라서 칸트와 실러에서 놀이 개념은 소극적이고 제한적인 역할을 할 뿐인데, 이것은 근본적으로 그들이 근대적 사유 양식 내에 머물러 있다는 데서 그 원인을 찾아야 할 것이다.

현대에 놀이는 인간의 본질을 이해하는 데 없어서는 안 될 중심 개념으로 자리 잡는다. 주체의 죽음이 대변하듯 전통적 가치가 권위를 상실한 시대에 인간은 보편적 진리나 규범에 의존하기보다는 개인의 자유와 개성을 중시하게 되었다. 이러한 시대 상황은 놀이를 새롭게 조명하는 계기가 되었다. 놀이를 철학적으로 성찰한 예는 비트겐슈타인이 잘 보여준다. 비트겐슈타인은 놀이를 그의 언어철학에서 핵심 개념으로 수용한다. 그는 ‘언어놀이Sprachspiel’ ‘말놀이Wortspiel’로써 진리와 언어의 쓰임의 관계를 해명한다. 가다머는 칸트와 실러의 근대 미학의 주관성을 비판하고 예술작품과 놀이의 관계를 해명한다. 또한 놀이 개념은 일체의 중심 해체를 선언한 프랑스 후기구조주의에서 기초 개념이 된다.

디지털 시대의 놀이는 더욱 빛난다. 디지털 문화에서 중심은 끊임없이 생성되고 이동하며 사멸한다. 인터넷으로 대변되는 디지털 시대에 정보 전달자와 수혜자는 더 이상 주종관계에 있지 않으며, 관계의 지속도 한시적이다. “모든 것은 흐른다”는 헤라클레이토스의 언명은 디지털 시대의 정신을 가장 잘 대변해준다. 영토를 둘러싼 담장은 무너지고, 어울릴 것 같지 않은 이종끼리의 결합이 더는 낯설지 않다. 오늘날 유행어가 된 ‘통섭’이 이를 잘 말해준다. 이러한 시대정신에 놀이는 가장 잘 어울리는 핵심 코드가 된다. 놀이는 이제 한낱 유치하고 비본질적인 것이 아니라 창조성의 원천이며, 경제적인 가치를 창출하는 바탕이 된다는 점에 많은 사람들이 동의한다.

현대의 놀이에 대한 전복적 이해는 니체에서 출발한다.《이 사람을 보라》에서 니체는 이렇게 말한다. "나는 위대한 과제를 대하는 방법으로 놀이보다 더 좋은 것을 알지 못한다: 이것이 바로 위대함의 징표이자 본질적인 전제조건이다."[2] 이것은 니체 철학의 핵심이 놀이와 근본적인 관계가 있다는 것을 의미한다. 따라서 그의 '예술철학' '관점주의' '비도덕주의' '힘의 의지' '영원회귀' '위버멘쉬' '운명애' 등은 모두 놀이를 통해 해명될 수 있다고 하겠다. 니체는 놀이를 철학의 제한적인 영역으로 수용하고 설명하는 여느 철학자들과는 달리 자신의 모든 철학적 주장을 놀이로 설명한다. 이 점이 놀이를 다루는 일반 철학자들과 니체를 구별 짓는 결정적인 요소이다.

2. 니체 놀이철학의 단초―헤라클레이토스 단편 B52

하위징아에 따르면 그리스어에서 놀이는 다음과 같은 의미가 있다. 첫째, 놀이는 'paidia'라는 낱말로 나타날 수 있는데, 그것은 어린아이의 속성으로 쾌활하고 명랑하고 걱정 없다는 의미를 담고 있다. 둘째, 그리스어에서 놀이는 '장난치는 것'과 비본질적인 것'이라는 의미가 있다. 셋째, 놀이는 경쟁agon과 경기를 뜻한다.[3] 라틴어에서 놀이를 지칭하는 단어는 'ludus'이다. 그 의미 또한 부정적인데, '진지하지 않은 것' '조롱' '농담' '가상'을 뜻한다.[4] 그리스어로 놀이는 paidia인데, 여기에는 부

---

2   F. Nietzsche, EH: KSA6, 297.
3   하위징아,《호모 루덴스》, 김윤수 옮김(까치, 1994), 50~52쪽 참조.
4   하위징아,《호모 루덴스》, 59~60쪽 참조. 놀이 개념에 대한 철학사적 추적은 A. Corbineau-

정적인 의미와 중립적인 의미, 그리고 agon이라는 긍정적인 의미가 동시에 혼재한다. 특히 agon으로서 놀이는 헬레니즘 문화를 설명할 때 빼놓을 수 없는데, 그것은 축제나 제식 행위와 밀접하게 관계한다. 니체는 agon을 그리스 정신, 특히 그리스 교육의 핵심 정신으로 규정한다. 그에 따르면 그리스인들은 "아테네에서 최고로 유익할 수 있거나 아니면 적어도 해를 가져오지 않도록 경쟁을 통해 자기"[5]와 공동체의 발전을 조화시켰다.

놀이에 대한 상반된 이해는 고대철학에서도 그대로 드러난다. 플라톤에서 '놀이'는 전적으로 부정적인 의미를 담고 있다. 플라톤의 놀이 개념은 주로 《국가》와 《에우티데모스Euthydemos》에 나타난다. 플라톤은 이데아와 모상 사이의 관계를 침상을 제작하는 목수와 목수가 만든 침상을 그리는 화가의 경우를 예로 들어 설명한다. 목수는 침상의 이데아를 모방하고, 화가는 목수의 침상을 다시 모방한다. 화가의 그림은 모상을 모방하기에 지식의 단계에서 가장 헛된 것인데, 플라톤은 화가의 이러한 헛된 행위를 놀이paidia라고 명명한다. 즉 플라톤에서 놀이는 일종의 헛된 짓이며, 시인과 화가에 의해 이루어지는 예술행위 또한 그러한 지위를 벗어날 수 없다.[6] 놀이에 대한 플라톤의 이 같은 이해는 그 뒤 오랫동안 놀이 이해에서 결정적인 방향타 구실을 한다.

Hoffmann, "Spiel", Joachim Ritter & Karlfried Grunder(Hrsg.), *Historisches Wörterbuch der Philosophie*, Bd. 9, Basel, 1995, pp. 1383~1390 참조.

5 HW; KSA1, 788. "가장 고귀한 그리스적 근본 사상"인 "경쟁Agon"(Ebd., 792). "교육받는 청년들이 서로 경쟁하면서 교육되었던 것처럼"(Ebd., 790).

6 Platon, *Politeia*, 602b. paidia와 logos, 인식, 그리고 진리의 관계에 대해서는 Platon, *Euthydemos*, 278b~c.

오늘날에는 놀이를 둘러싸고 다양한 철학적 논의가 펼쳐지고 있는데, 하나의 공통된 의견은 놀이에 대한 근본적인 통찰을 최초로 제공한 자가 헤라클레이토스라는 점이다. 우리는 헤라클레이토스 철학을 놀이 개념을 중심으로 이해하는 대표적인 철학자로 니체와 하이데거를 들 수 있다. 니체와 하이데거는 유럽의 니힐리즘과 형이상학을 극복하기 위한 단초로 소크라테스 이전의 철학에 주목하는데, 두 사람의 시선이 공통으로 머무는 곳이 바로 헤라클레이토스이다. 그들은 형이상학의 역사에서 헤라클레이토스를 소박한 자연철학자 또는 변증법의 창시자이며 그것을 근거로 한 조야한 형이상학자로 다루기를 거부한다.[7]

세계의 유일한 실재는 생성이고, 생성은 언제나 비영속성의 모습을 띤다. 생성과 대립자가 투쟁하는 세계는 로고스가 지배하는 세계가 아니라 놀이의 세계이다. "세계[를] 하나의 놀이"[8]로 파악하는 헤라클레이토스의 사상이 가장 잘 드러나는 단편은 B52이다.

사람들이 "삶의 시간(영겁의 시간aion, Lebenszeit, Ewigkeit)이란 도대체 무엇인가?"라고 헤라클레이토스에게 묻자 그는 "장기알을 모았다 흩트렸다 하며 노는 아이pais paizon, spielendes Kind(Knabe)"[9]라고 대답한다. 헤라클레이토스의 단편 B52는 다양한 관점에서 읽히는데, 특히 놀이와 관련하여 그 중요성을 간파한 철학자가 니체와 하이데거이다. 그들은 헤

---

7 헤라클레이토스의 철학을 "세계의 합목적성에 대한 일반적 통찰"로 보고 그를 "조야한 낙관주의자"(PHG; KSA1, 833)로 다루는 것은 잘못이다.

8 N; KSA7, 399(16[17]).

9 프리드리히 니체, 《플라톤 이전의 철학자들》, 김기선 옮김(책세상, 2003), 321쪽. "삶의 시간 aion, Lebenszeit, Ewigkeit은 장기를 두면서 노는 아이aiōn pais esti paizon, pesseyōn paidos, 왕국 basilēiē은 아이의 것이니"(H. Diels/W. Kranz, "Herakleitos", Fragment B52, in: *Die Fragmente der Vorsokratiker*, Bd. 1, Berlin, 1960, p. 162).

라클레이토스의 단편 B52를 자신의 핵심 철학에 변용시킨다.

문헌학자로서 니체는 바젤 시절(1869년 4월~1879년 5월) '플라톤 이전의 철학자들'에 관해서 여러 차례 강의하는데,[10] 이 강의의 중심이 바로 헤라클레이토스였다.[11] 니체는 강의를 통해서 훗날 자신의 철학을 형성할 단초들을 얻는다. 니체는 헤라클레이토스의 단편을 독창적으로 해석하고 거기에 자신의 사유를 덧붙인다. 이 점은 헤라클레이토스의 '놀이' 개념에 직접적으로 드러나지 않는 '순진무구Unschuld'를 헤라클레이토스 단편 해석에 덧붙이고, 헤라클레이토스에서 등가로 사용된 '창조'와 '파괴'에 더 큰 가치를 둔다는 점에서 잘 드러난다.《그리스 비극 시대의 철학》에서 니체는 헤라클레이토스의 단편 B52를 이렇게 설명한다.

모든 것이 헤라클레이토스에게는 하나의 조화로 합쳐진다. …… 생성과 소멸, 건설과 파괴는 아무런 도덕적 책임도 없이 영원히 동일한 무구의 상태에 있으며, ……. 영겁의 시간 에온Aeon은 자기 자신과 이 놀이를 한다. 마치 아이가 바닷가에서 모래성을 쌓듯이 그는 물과 흙으로 변신하

---

10 '플라톤 이전의 철학자들'에 대한 강의는 정확히 1872년 여름학기(KSA15, 40), 1873년 여름학기(KSA15, 49), 그리고 마지막으로 1876년 여름학기(KSA15, 67)에 걸쳐 반복된다. 이에 관해서는 R. Oehler, *Friedrich Nietzsche und die Vorsokratiker*, Leipzig, 1904, p. 36; H. Cancik, *Nietzsches Antike: Vorlesung*, Stuttgart u.a., 2000, pp. 23~34 참조. 1872년 여름학기 강의는《플라톤 이전의 철학자들*Die vorplatonischen Philosophen*》이라는 제목으로 유고(KGW II-4)에 실렸으며, 1873년 여름학기 강의인《그리스 비극 시대의 철학*Die Philosophie im tragischen Zeitalter der Griechen*》은 출판 초고의 형태로 그해 코지마 바그너에게 크리스마스 선물로 보낸다.

11 "이 저서의 중심은 헤라클레이토스이다"(E. Fink, *Nietzsches Philosophie*, Stuttgart, 1960, p. 40). "사실 이 철학 저작의 가장 설득력 있는 장은 헤라클레이토스에 관한 것으로 돌아간다" (Colli, KSA1, 917). 바젤 시절 니체가 강의한 구체적인 헤라클레이토스의 단편들은 G. Wohlfart, *Also sprach Heraklit*, p. 234 참조. 니체의 헤라클레이토스 B52에 대한 해석과 수용에 관해서는 V. Pădurean, *Spiel-Kunst-Schein. Nietzsche als ursprünglicher Denker*, Stuttgart, 2008, pp. 48~69 참조.

면서 높이 쌓았다가는 부수곤 한다.[12]

　니체가 헤라클레이토스의 단편 B52 해석에 '순진무구'를 덧붙이
고 창조보다 '파괴'를 강조하는 것은 세계가 형이상학적인 목적이나 도
덕과 무관함을 드러내기 위한 의도에서 비롯된 것이다. "세계가 일종의
신적인 놀이이고 선과 악의 저편에 있다고 본 점에서 베단타 철학과 헤
라클레이토스는 내게 선배가 된다."[13]

　하이데거 역시 헤라클레이토스의 놀이 개념과 관련하여 단편 B52
에 시선을 집중한다. 하이데거는 프라이부르크 대학의 1956/57년 겨
울학기 세미나에서 강연되고 1957년 출간된《근거율》에서 역사의 본
질을 존재역운Seinsgeschick으로 설명하면서 헤라클레이토스의 단편을 언
급한다. 존재역운이란 "존재가 우리에게 말을 건네고 자신을 밝히고 또
밝히면서 그 안에서 존재자가 현상할 수 있는 시간-놀이-공간Zeit-Spiel-
Raum을 마련해주는 것"[14]이다. 즉 하이데거에서 역사의 본질은 사건의
집합이 아니라 존재가 드러나고 퇴각하면서 자신을 보여주는 것이다.

　존재역운과 관련하여 하이데거는 헤라클레이토스의 B52를 언급
한다. "존재역운, 그것은 놀이하고 있는 한 어린아이이며, 즉 장기놀이를
하는 아이이다. 이때 왕국은 아이의 것이다."[15] 하이데거는 또한 "헤라클
레이토스가 aion(세계시간) 속에서 발견한 세계놀이라는 큰 아이는 왜 놀

12　PHG; KSA1, 830, PHG; KSA1, 831 참조.
13　N; KSA11, 201(26[193]).
14　M. Heidegger, *Der Satz vom Grund*, Pfullingen, 1971, p. 109.
15　Ebd., p. 188.

이를 하는가?"라고 자문하면서 "그는 놀이하기 때문에 놀이한다"[16]고 대답한다. 놀이에 어떠한 초월적·도덕적인 목적이 없다는 점, 바로 그 때문에 놀이는 인간의 여느 행위와 근본적으로 다르다고 본 점에서 하이데거는 니체와 전적으로 같은 시각이다. 또한 하이데거에서 헤라클레이토스 B52에 등장하는 놀이는 존재자의 존재를 해명하는 단초가 된다.[17]

> 근거가 없는 존재, 그러면서 그때마다 그 자신을 보여주고 인간의 마주하는 응대를 통해 인간의 역사를 성립시키는 존재, 그러나 거기에서 아무런 법칙도 찾아낼 수 없는 존재, 아니 오히려 모든 것이 그것에 의해 정립될 수 있도록 자신을 보내주면서 다시금 자신을 자기 안에 모으는 법-칙Ge-setz, 그것을 무엇이라고 부를 것인가? 하이데거의 대답은 놀이라는 것이다.[18]

3. 놀이의 근대적 이해

헤라클레이토스의 놀이에 대한 근본 성찰은 소크라테스와 플라톤을 거치면서 근본적인 변화를 겪는다. 그들은 놀이를 비본질적이고 유

---

16 Ebd.
17 "근거 없이는 아무것도 존재하지 않는다. 존재와 근거: 같은 것. 근거 짓는 것으로서의 존재는 아무런 근거도 갖지 않고, 탈-근거Ab-Grund로서의 놀이이고, 이것이 우리에게 존재와 근거를 보내준다"(Ebd., p. 188).
18 정은해, 〈하이데거와 가다머의 놀이 개념〉,《인문논총》57권(서울대학교 인문학연구원, 2007), 63쪽.

치한 것, 그리고 도덕적이지 않은 것으로 간주했는데, 놀이를 대하는 이들의 태도는 중세에도 견지된다. 근대에 이르러 놀이 개념은 새로운 의미를 획득한다. 근대인은 비록 놀이를 진지함, 노동, 합목적적 활동과 다른 것으로 이해했지만, 놀이의 속성에 "맹목적인 우연만 있는 것이 아니라 지능·지성·재치가 함께 활동한다"[19]고 보았다.

놀이에 대한 새로운 이해는 미학의 역사와 밀접한 관계가 있다. 근대인은 논리적 사유와 개념적 인식 이외에 감성적 인식이 가능하다는 통찰을 하게 되었는데, 감성적 인식의 독자성은 심미적 판단으로 나타난다고 보았다. 미적 판단은 근본적으로 개인의 취미에서 출발하며 취미의 차이는 개인의 상상력의 차이이다. 심미적 상상력은 놀이의 본질을 잘 보여준다.

실러는《인간의 미적 교육에 관한 편지》에서 계몽주의가 야기한 인간성 상실을 인간의 미적 성품의 형성을 통해 치유하고자 했으며, 그 구체적인 방안을 미적 교육론을 통해 제시한다.[20] 실러는 인간 내면 깊은 곳에 '감성충동'과 '형식충동'이 있다고 본다. 감성충동은 삶의 생동과 변화를 직접적으로 추구하는 반면, 형식충동은 생동하고 변화하는 삶의 원칙을 제시하려는 충동이다.[21]

실러에 따르면 계몽주의는 형식충동이 감성충동을 지배하여 기술

19 T. Wetzel, "Spiel", in: *Ästhetische Grundbegriffe* Bd. 5, Stuttgart u.a., 2000, p. 619 참조.
20 실러는 자신의 시대적 과제를 "기술이 파괴한 인간 본성의 총체성을 더 차원 높은 하나의 예술에 의해 다시 만들어내는 것"이라 규정한다. Friedrich Schiller, *Über die ästhetische Erziehung des Menschen in einer Reich von Briefen*(1795), in: *Schillers Werke, Nationalausgabe*, Bände 20, Weimar, 1962, p. 28.
21 Ebd., p. 318 참조.

의 발전과 사회의 정치적 체계화를 이룩할 수 있었다. 실러는 두 가지 충동 모두 인간에게 필요하며, 따라서 한쪽으로 포섭되어 균형이 깨져서는 안 된다고 본다. 둘의 조화는 인간의 건강한 삶의 요체인데, 그것은 인간의 미적 성품에서 가능하다.

인간의 두 가지 충동이 조화를 이룰 때 인간 내부에서 일어나는 새로운 충동이 바로 놀이충동이다. 놀이충동이 만들어내는 아름다움 가상이 바로 예술인데, 놀이충동은 감성적 충동이 만들어낸 물리적 필연성과 형식충동이 초래한 이성적·도덕적 필연성의 강제에서 해방된 자유로운 심적 상태를 말하고, 이것이 미적 상태를 조성한다. 미적 성품이 삶의 총체성을 회복하고 참된 자유에 이르게 함으로써 인간성의 실현을 가능하게 한다는 실러의 주장은 바로 여기에 근거한다. 요약하자면, 미적 행위는 놀이충동에 근거하며 인간은 미적 행위를 통해 참된 인간성을 실현한다. 그리하여 실러는 인간과 놀이의 관계를 이렇게 단언한다. "인간은 오직 그가 그 말의 완전한 의미에서 인간일 경우에만 놀이하며, 놀이할 경우에만 온전히 인간이다."[22]

놀이의 예술의 관계, 그리고 자유로운 상상력과 지성의 조화 등은 실러에 앞서 칸트에서도 나타난다. 칸트는 인간의 본성 중 심미적인 영역을 이론적·실천적 영역에서 독립시킨다.[23] 칸트에 따르면 '이 장미는 아름답다'라는 진술은 '이 돌의 무게는 10킬로그램이다' 또는 '부모를 공경하라'는 진술과 다르다.[24] 미적 판단은 근본적으로 주관의 쾌·불쾌

---

22 Ebd., p. 359.
23 "모든 심적 능력은 …… 하나의 공통 근거에서 도출될 수 없는 세 가지 능력, 즉 인식능력, 쾌·불쾌의 감정, 욕구의 능력으로 환원될 수 있다"(I. Kant, KdU, 서문, p. XXIII).

의 느낌에서 출발한다. 우리가 '이 장미는 아름답다'고 말할 때 그것은 전적으로 개인의 주관적인 느낌을 말하는 것이다. 따라서 미적 판단은 취미판단[25]이라 할 수 있다. 그렇다면 미적 판단은 근본적으로 객관성과 보편성을 담보할 수 없다. 그런데 칸트는 취미판단도 판단인 이상 보편적인 성격을 띤다고 주장한다.

칸트는 아름다움을 "개념 없이 보편적인 만족을 주는 것"[26]으로 정의한다. 이것은 모순처럼 보인다. 왜냐하면 개념 없이 보편적일 수 없으며, 또한 아름다움은 주관적 취미에 근거하기에 모든 사람의 동의를 얻기란 불가능하기 때문이다. 여기서 칸트는 취미판단이 감관취미Sinnengeschmack가 아니라 반성취미Reflextionsgeschmack[27]임을 분명히 한다. 감관취미가 개별 사물에 대한 직접적인 감각적 반응에 따른 판단이라면, 반성취미는 보편적이고 타당한 판단을 내린다. 미적 판단은 판단자가 자신의 개인적인 조건이나 관심과 상관없이, 무관심한 상태에서 내리는 판단이다.

그렇다면 그것이 구체적으로 어떻게 가능한가? 이것이 바로 칸트가 《판단력비판》에서 제기한 핵심 문제이다. 칸트는 인식판단에서 코

---

24 "취미판단은 그러므로 인식판단이 아니며, 따라서 논리적이지 않고 미적이다"(KdU, B4). "취미란 …… 미를 판단하는 능력이다"(KdU, A4).

25 《판단력비판》에서 칸트는 '미적 판단das ästhetische Urteil'이라는 개념 대신에 주로 '취미Geschmack' 또는 '취미판단Geschmacksurteil'이라는 개념을 사용한다. 칸트가 쓰는 '취미판단'에는 아름다움에 대한 판단이라는 의미가 벌써 포함되어 있기 때문에 우리는 취미판단과 미적 판단을 같은 의미로 사용하고, 이 글의 취지에 맞춰 특별한 경우 외에는 '미적 판단'으로 통일한다. 칸트의 인용에서 독일어 Geschmacksurteil이 있을 때는 '취미판단'으로 번역한다.

26 KdU(Ad), 32.

27 KdU, B21f.

페르니쿠스적 전회를 시도했듯이 미적 판단에서도 동일한 자세를 취한다. 즉 칸트는 미가 대상 자체에 근거한다는 전통적 모방론을 거부하고, 미에 대한 판단은 우리의 주관에 의존한다고 본다. 다시 말하면, 칸트에서는 어떤 대상이 아름답다는 것이 중요한 것이 아니라 어떤 대상을 아름답다고 판단하는 우리 주관의 문제가 핵심이다.[28]

칸트는 어떤 것을 아름답다고 판단하는 것은 인간 정신활동의 일부이며, 미적 판단의 본질은 상상력과 지성 사이의 조화와 일치에서 성취된다고 본다. 상상력은 자신을 구속하는 원리나 법칙을 거부한다. 그러나 상상력의 자유는 지성이 수용할 수 없을 정도까지 나아가서는 안 된다. 그럴 경우 미적 판단은 감관취미에 불과하며 보편성을 획득할 수 없다. 그렇다고 상상력과 지성이 서로를 구속하는 것도 아니다.

그렇다면 그것은 어떻게 조화와 일치를 이룰 수 있는가? 미적 취향의 근본은 상상력에서 비롯되고, 상상력은 스스로의 법칙을 구속할 수 있는 법칙을 가지고 있지 않다. 지성 역시 자유롭다. 상상력을 구속할 수 있는 특정한 법칙도 없는 지성이 상상력이 만든 자유로운 상과 일치하는 것을 칸트는 '법칙 없는 합법칙성, 목적 없는 합목적성'이라고 표현한다.[29]

---

28 아도르노는 칸트가 《판단력비판》을 통해 성취한 업적을 다음과 같이 기술한다. "《판단력 비판》에서의 혁명적인 면은 그것이 과거 효과 미학의 범위를 벗어나지 않으면서도 이를 또한 내재 비판을 통해 한정 짓고 있다는 데에 있다. 마찬가지로 칸트의 주관주의는 주관적인 계기들의 분석을 통해 객관성을 지키려는 객관적 의도를 갖는 점에서 그 특유의 중요성을 지닌다." T.W. 아도르노, 《미학 이론》, 홍승용 옮김(문학과지성사, 1997), 25쪽.
29 KdU, B62.

순수한 아름다움에 대한 판단은 대상의 감각적·질료적 성격, 색, 맛, 소
리에 의한 자극과 동요에 의한 것이 아니다. 순수한 미적 판단은 대상의
합목적적인 형식에 의해 일어나는 인식능력의 놀이에 의한 반성적 쾌감
에 의한 것이다.[30]

그러므로 "칸트는 상상력에 의해 포착되는 다양성 중의 통일이라
는 미적 형식을 사물의 자체 목적으로서의 완전성이나 실천적인 목적
개념으로 규정하지 않기 때문에 '목적 없는 합목적성'이라고 칭한다."[31]

상상력과 지성의 자유로운 일치에서 우리는 보편적인 미적 판단을
할 수 있게 된다. 상상력과 지성의 일치는 강제하는 법칙 없이 자유롭게
이루어지는데, 칸트는 상상력과 지성의 자유롭고 우연적인 일치를 '놀
이Spiel'[32]라고 부른다. 즉 미적 판단은 상상력과 지성의 자유로운 놀이
에서 성취된다. "칸트에게 놀이란 우연적이며 특수하고, 그 자체로 어떠
한 법칙에 종속되어 있지도 않으며, 어떠한 목적도 지향하지 않는 활동
이면서도 그 속에서 법칙과 목적을 담아내는 활동이다."[33]

칸트에 따르면, 미적 판단은 대상을 관조할 때 우리 마음의 상상력
과 지성의 자유로운 놀이 속의 조화가 일으키는 쾌감에 의해서 성취된
다.[34] 칸트의 놀이는 자유를 속성으로 하는 상상력과 규칙을 속성으로

---

30 공병혜,《칸트, 판단력비판》(울산대학교 출판부, 1999), 51~52쪽.
31 공병혜, 같은 책, 52쪽.
32 KdU, B38 참조.
33 최소인,〈놀이와 문화—칸트의 놀이Spiel 개념이 지니는 현대적 의미에 대한 성찰〉,《고전해
석학의 역사》(철학과현실사, 2002), 224쪽.
34 KdU, B38. "미란 목적에 대한 표상 없이 대상을 지각할 때, 대상의 합목적성의 형식이다"
(KdU, B62).

하는 지성 사이에서 활동한다. 이때 놀이는 헤라클레이토스의 아이의 놀이가 보여주는 순간과 우연을 긍정하며, 목적과 상관없는 세계와 분명한 차이를 보이고 있다. 칸트의 '사이'의 놀이는 그의 미학이 인식과 도덕의 세계를 합목적적으로 연결해주는 것을 목적으로 하듯이, 놀이 역시 상상력과 지성 사이에서 미적 판단의 보편성을 확보하는 역할을 한다. 결국 칸트의 놀이는 그의 철학이 그러하듯 궁극적으로 미적 판단의 보편화 가능성의 물음에 기여하는 주관의 장치인 셈이다. 여기서 우리는 칸트의 놀이 개념이 여전히 근대의 주관성의 철학에서 자유롭지 못하다는 사실을 알 수 있다.[35] 칸트가 사이의 존재로서 규정하는 놀이는 헤라클레이토스의 '세계놀이'나 니체의 디오니소스적 놀이와는 분명한 차이가 있다.

---

35 칸트의 미학이론은 미적 판단을 선험적으로 정당화함으로써 미적 의식의 자율성을 확립한 점은 높이 평가받을 만하다. 그러나 미적 판단을 위해 칸트가 도입한 '인식 일반' '미적 반성' '공통감', 놀이, 그리고 '천재' 개념 같은 장치들은 오히려 미학의 지나친 주관화를 초래했다는 비판도 받는다. 가다머에 따르면 예술의 경험은 "완결되지 않은 생기Geschehen와의 만남이며, 그 자체가 이 생기의 한 부분"이다. H.G. Gadamer, *Wahrheit und Methode.* p. 105. 비슷한 취지에서 아도르노도 칸트 미학을 비판한다. 칸트는 "예술이 논리적 인식과 질적으로 다른 점이 무엇인지 모른다. …… 취미판단을 총괄할 어떠한 개별적인 규칙이나 그 총체성도 어떤 작품의 품격에 대해 무엇을 말해주지는 않는다. …… 칸트는 보편적 개념에 의한 공식화를 통해 윤리학의 객관성과 마찬가지로 자신이 목표로 하는 미학의 객관성에 도달한다. 이는 본질 구성적으로 특수한 것인 미적 현상과는 대치된다. 어떠한 작품에서도 그 순수 개념에 따라 필연적으로 취해야 하는 형상은 본질적인 것이 아니다. 칸트는 예술을 주관적인 영역, 결국은 우연성에서 탈피시키고자 했고 이로써 예술 자체와도 모순을 이룬다." 아도르노, 《미학 이론》, 262쪽. 칸트의 미학적 주체성ästhetische Subjektivität이 니체의 초기 예술철학에 끼친 영향에 관해서는 M. Hölzell, *Das Spiel des Aion und das Spiel des Menschen: Zur Vertiefung der ästhetischen Subjektivität Kants bei Schopenhauer und frühen Nietzsche,* Berlin, 2008, pp. 51~61 참조.

4. 니체의 놀이 개념

예술과 놀이

현대에 놀이와 관련한 철학적 이해는 니체에서 출발한다. 니체의 놀이 개념은 근대의 놀이 개념에서 영향을 받은 것이 아니라 헤라클레이토스에게 많이 빚지고 있다. "세계가 일종의 신적인 놀이이고 선과 악의 저편에 있다고 본 점에서 베단타 철학과 헤라클레이토스는 내게 선배가 된다."[36] 니체 철학에서 놀이 개념은 이미 그의 초기 저작에 등장한다. 문헌학에서 철학으로 방향을 틀 무렵 집필한《그리스 비극 시대의 철학》에서 니체는 철학자 헤라클레이토스를 언급하며 놀이 개념을 본격적으로 언급한다. 니체는 헤라클레이토스의 단편 B52에 등장하는 aion을 놀이의 본질을 실현하는 것으로 본다.

세계에 대한 헤라클레이토스의 시각은 한마디로 "심미적 인간"[37]의 시각이었다. "그는 예술작품을 만들기 위해서는 필연성과 놀이, 투쟁과 조화가 서로 결합해야만 한다는 사실을 예술가와 예술작품의 생성 과정을 보면서 알게 된"[38] 철학자였다. 헤라클레이토스에 따르면 이 세계에서는 "영원히 생동하는 불"이 "예술가와 어린아이가 놀이를 할 때"처럼 "무구하게 놀이를 하면서 세웠다가 부순다—영겁의 시간 에온은 자기 자신과 이 놀이를 한다."[39] "그에게는 이 세계가 영원한 시간 에온의

---

36   N; KSA11, 201 (26[193]).
37   PHG; KSA1, 832.
38   Ebd.
39   PHG; KSA1, 830, PHG; KSA1, 831 참조.

아름답고 무구한 놀이라는 사실만으로 충분했다."[40]

니체는 헤라클레이토스 단편 B52에서 세계놀이가 근본적으로 미학적 인식[41]임을 간파하고 그것을 자신의 예술철학에 수용한다.

그것은 놀이이다. …… 그것을 도덕적으로 보지 말라! …… 아이는 마치 예술가가 자신이 창조하고 있는 작품에서 누리는 것과 같은 즐거움을 그 안에서 누린다.[42]

헤라클레이토스가 삶과 어린아이의 놀이를 등치했다면 니체는 그것을 세계와 예술가로 전환한다. 예술과 놀이에 관한 니체의 사유는 그리스 비극에 대한 자신의 해석에서 더욱 분명해진다. 그리스 비극은 꿈의 예술인 아폴론적인 것과 도취의 예술인 디오니소스적인 것과의 놀이의 결과물이다. "현실을 대상으로 한 개개인의 놀이가 꿈이라고 한다면, 조형가의 예술은 꿈과의 놀이이다."[43] 아폴론적인 놀이와 달리 "도취가 자연이 인간과 행하는 놀이라고 한다면, 디오니소스적인 예술가의 창조는 도취와의 놀이이다."[44] 형상을 다루는 아폴론적 놀이와 도취의 놀이인 디오니소스적 예술충동은 서로 경쟁하면서 보완적인 관계를

40 Ebd.
41 "세계놀이에 대한 미학적 근본 사상·aesthetischen Grundperception"(PHG; KSA1, 833).
42 PHG; KSA1, 832. "우주의 예술적 놀이. 헤라클레이토스"(N; KSA7, 83(3[84])). "헤라클레이토스. 환상. 철학자 안의 예술적인 것. 예술"(N; KSA7, 449(19[89])). 니체가 헤라클레이토스 단편 B52를 어떻게 예술철학적으로 변용하고 있는지는 V. Pădurean, *Spiel-Kunst-Schein*, pp. 70~82 참조.
43 DW; KSA1, 554.
44 Ebd., 555.

유지하는데, 그것의 최종 결실이 그리스 비극이다.[45] 종합예술인 비극은 봄과 들음의 지양으로 최고의 예술적 쾌락을 산출한다.

비극이 비록 아폴론적 충동과 디오니소스적 충동의 결과물이긴 하지만, 니체에게 비극은 근본적으로 '디오니소스적인 음악정신'에서 탄생한다.[46] 따라서 비극이 지닌 놀이적 성격은 '디오니소스적인 것'에서 기원한다. 음악은 속성상 대상의 모사와 무관하고, 대상과 지성을 일치시키고자 하는 개념적 활동이 아니며, 따라서 동일성의 법칙을 목표로 하는 아폴론적인 활동과 다르다. 음악은 아폴론적인 인식활동이 배제하는 모순을 배척하지 않는다. 오히려 음악은 모순과 차이를 근거로 성립한다.

음악은 음들 사이의 높이와 길이의 차이를 근거로 성립한다는 사실은 음악이 지닌 놀이의 본성을 잘 보여준다. 음악의 놀이적 성격은 작곡, 편곡, 악기 편성, 연주 형태, 곡 해석에 따라 음악이 달라진다는 사실에서도 분명히 드러난다. 음악에는 근본적으로 모두가 확인할 수 있고 동의할 수 있는, 모사해야 할 절대적 원본이 없다. 따라서 음의 차이와 반복을 통해 긴장과 이완 등의 효과를 내는 음악은 근본적으로 '파괴'와 '생성'의 디오니소스적 놀이로 표현될 수 있다. 즉 "음악은 …… 어떻게 모든 것이 놀이일 수 있는지"[47]를 잘 보여준다. 음악과 디오니소스적 본

---

45 비극의 종합예술적 성격에 관해서는 GT; KSA1, 25~30; B. Klaus-Detlef, "Die Griechische Tragödie als 'Gesamtkunstwerk' – Anmerkungen zu den musikästhetischen Reflexionen des frühen Nietzsche", in Nietzsche Studien Bd. 13(1984), pp. 156~176 참조. 헤라클레이토스의 놀이하는 아이와 니체의 《비극의 탄생》에서 '미학적 현상'의 관계는 J.P. Hershbell/St. A. Nimis, "Nietzsche and Heraclitus", in: Nietzsche-Studien 8, 1979, pp. 32, 37 참조.
46 "디오니소스적인 것 …… 비극의 근원"이다(GT; Versuch einer Selbstkritik 4, KSA1, 15).
47 N; KSA7, 802(34[32]).

능의 유사성은 둘 다 불협화음을 긍정한다는 사실에서도 잘 드러난다.

> 디오니소스적 예술의 파악하기 어려운 이 근원적 현상은 …… 음악적 불
> 협화음의 놀라운 의미 속에서 직접 파악된다. 세계와 나란히 세워진 음
> 악만이 미적 현상으로서의 세계의 정당화가 어떻게 이해될 수 있는가에
> 관한 개념을 제공할 수 있다. 비극적 신화가 산출하는 쾌락은 음악에서
> 불협화음에 대해 느끼는 즐거움과 같은 고향에서 유래한다.[48]

니체는 그리스 비극의 핵심을 신화와 합창의 절묘한 만남으로 파악
한다. 신화는 인간 삶의 부조리를 말해주고, 합창은 불협화음을 통해 삶
의 부조리와 추함의 의미를 예술로 승화한다. 관객은 무대 위 합창단의
합창을 통해 삶의 부조리를 듣는 동시에 삶의 모순을 이겨내는 예술적
효과를 얻는다. 《비극의 탄생》에서 드러난 불협화음, 그리고 음악의 놀
이적 성격에 대한 니체의 이해는 사실상 바그너의 음악극Musik-Drama 이
념에 많이 의존한다.[49]

청년 니체에게 바그너의 음악극은 그리스 비극의 재탄생이었다. 디
오니소스적 축제가 바그너의 바이로이트Bayreuth 축제놀이Fest-Spiel로 재
현된 것이다. 그러나 니체는 바그너의 음악극이 디오니소스적 음악정

---

48 GT; KSA1, 152.
49 "인간이든 자연이든 그(바그너―옮긴이)가 음악을 통해서 말하는 것은 모두 엄격히 개성화한
열정을 지닌다. …… 모든 소리를 내는 개체들, 그들의 열정의 싸움, 그리고 모든 대립의 소용돌이
위에는 힘찬 심포니 같은 오성이 사려 깊게 부유하고 있다. 싸움에서부터 끊임없이 일치를 낳고 있
는 오성 말이다. 전체로서의 바그너 음악은 세계의 모사와도 같은데, 즉 위대한 에페소스의 철학
자가 논쟁이 스스로에게서 생산해내는 조화로, 정의와 적대의 통일로 이해한 것과 같은 세계 말이
다"(WB; KSA1, 493f.).

신에 충실한 것이 아니라는 사실을 간파하게 된다. 바그너는 음악극에서 음이 주는 차이에 근거하는 디오니소스적 놀이의 성격에 초점을 맞추기보다는 음악을 점점 더 자신의 이념을 전파하는 수단으로 이용했고, 악극에서 음악은 줄거리나 대사의 보조수단으로 전락하게 되었다.[50] 그러나 "음악은 결코 수단이 될 수 없다."[51] 따라서 바그너의 극음악은 디오니소스적 정신에서 출발하는 음악과 분명한 거리가 있다.

바그너와 결별한 뒤 니체는 예술이 형이상학적 위로를 대신한다는 '예술가-형이상학Artisten-Metaphysik'의 핵심 이념을 포기한다. 그러나 그는 여전히 "삶이란 현상의 모든 변화에도 파괴할 수 없을 만큼 강력하고 즐거운 것"[52]이라는 시각을 고수한다. 예술은 초월적 이념이 아니라 바로 삶과 신체로 대변되는 대지를 노래해야 한다. 이것이 니체 예술생리학의 핵심 주장이다. 예술생리학은 미적 체험과 생리적 조건이 불가분의 관계가 있다고 보며, 예술은 삶과 분리될 수 없는 통일체를 형성한다고 파악한다. 지금 여기의 삶의 생동감은 창조적인 힘이 발휘될 때 고조되며, 또한 창조적인 힘은 삶의 건강함에서 촉진된다. 예술생리학은 미적 가치나 판단을 인간의 생리적 조건의 산물로 본다.[53]

---

50 바그너에게 음악은 음악극의 이념을 표현하는 수단이다. R. Wagner, *Oper und Drama*. Stuttgart 1984, p. 19 참조. K. Kropfinger, "Wagners Musikbegriff und Nietzsches 'Geist der Musik'", in: *Nietzsche Studien* Bd. 14(1985), pp. 1~12 참조.

51 N; KSA7, 186. 니체는 1886년《비극의 탄생》서문을 다시 쓰면서 1872년에 바그너의 음악극이 디오니소스적 음악의 재탄생이라고 보았던 자신의 판단을 취소한다. "나는 당시 가장 현재적인 것을 사용함으로써 나의 첫 번째 책을 망쳤는데, 이 현재적인 것에 대한 너무 성급한 희망과 잘못된 응용들"(GT; KSA1, 20).

52 GT; KSA1, 56. 비극에서 디오니소스적인 것은 절대적인 역할을 한다. M. Fleischer, "Dionysos als Ding an sich. Der Anfang von Nietzsches Philosophie in der ästhetischen Metaphysik der *'Geburt der Tragödie'*", in: *Nietzsche Studien* Bd.17(1988), pp. 74~90 참조.

니체의 예술생리학에서 미의 창조는 놀이Spiel 형태로 나타난다. 생리적 조건과 미적 체험은 상호 조건적이다. 생리적 조건이 도취를 가능하게 하고, 도취는 '힘의 상승'과 '힘의 충만'으로 나타나며, 이것은 다시 생리적 조건인 생명감을 촉진한다. 이러한 메커니즘은 힘을 향한 의지에 따른 것이다. 니체는 힘을 향한 의지를 "영원히 파괴하고 다시 창조하는 디오니소스적 놀이"[54]로 설명한다. 세계는 힘을 향한 의지 이외의 아무것도 아니며, 힘을 향한 의지는 디오니소스적으로 파괴와 창조를 되풀이하는 놀이이다. 그래서 니체는 세계를 "스스로 분만하는 예술작품"[55]이라고, 더 극단적으로는 "세계 자체가 예술"[56]이라고 선언한다. 여기서 예술은 더 이상 연주회나 전람회에 갇혀 있기를 거부한다.

인식과 놀이

놀이가 지닌 속성은 예술가의 창작활동과 비슷하며, 따라서 철학사에서 놀이를 예술과 관련지어 설명하는 사례는 적지 않았다. 그러나 니체는 놀이를 좀 더 근본적으로 파악한다. "어떻게 모든 것이 놀이일 뿐이고 기본적으로 축복일 뿐인지."[57] 니체는 우리의 인식행위와 도덕행

53　이것을 니체는 '도취Rausch'를 통해 설명한다. 예술활동의 필수 요소인 도취는 생명감이나 활력이라는 생리적 조건에 전적으로 의존한다. 따라서 예술의 최초 동인은 바로 활력과 생명감이라는 생리적 조건이며, 이 조건을 충족하지 못하는 경우 미적 체험은 불가능해진다. GD; KSA6, 116 참조.

54　N; KSA13, 260(14[80]). "'예술가'의 현상은 아직도 가장 쉽게 알아차릴 수 있다:―그것으로부터 힘Macht의 근본 본능을 바라본다! ……/ 힘이 축적된 자의 이상으로서의, '어린이다운 것'으로서의 '놀이', 무용한 것. 신의 어린이다움, 놀이하는 아이 Pais Paizon"(N; KSA12, 129(2[130])).

55　N; KSA12, 119(2[114]).

56　N; KSA12, 121(2[119]).

57　N; KSA7, 802(34[32]).

위가 근본적으로 놀이적 성격에서 기원한다고 본다. 《비극의 탄생》이후 니체의 놀이철학은 더 이상 예술 영역에 머무르지 않고, 인간의 모든 행위에 적용된다. "우리의 사고란 실제로는 보고 듣고 느끼는 매우 정교하게 서로 얽힌 놀이일 뿐……"[58]이며, "……환상을 좇는 힘의 충동적 놀이는 우리의 정신적이고 근본적인 삶이다."[59] 놀이를 통한 실존과 세계 이해는 결국 지금까지의 형이상학적 세계관과 정면으로 충돌한다. "오, 내 머리 위에 펼쳐져 있는 하늘이여, …… 네게는 영원한 이성이라고 불리는 거미가 존재하지 않으며 그런 거미줄도 쳐 있지 않다."[60]

이성의 법칙은 근본적으로 동일성의 원리에 근거한다. 이성은 현상의 잡다함 속에 영구불변하는 것을 찾고자 하며, 필연성의 철칙으로 세계를 감싼다. 니체는 이성의 이러한 무한한 팽창욕과 지배 욕구를 "인식욕Erkenntnislust"[61]이라 일컫는다. 인간의 인식욕이 잘 드러나는 곳은 언어활동이다. 인식의 한계는 동시에 언어세계의 한계를 뜻한다. 왜냐하면 우리는 "언제나 언어적 양식으로만 사유할 수"[62] 있기 때문이다. 철학의 중요한 주제, 즉 존재·논리·신 등은 언어와 밀접한 연관이 있다.[63] 따라서 유럽 철학은 "언어 형이상학Sprach-Metaphysik"[64]이다.

---

58 N; KSA9, 309(6[433]). 니체에게서 놀이와 인식, 특히 놀이와 언어에 관해서는 A. Aichele, *Philosophie als Spiel. Platon-Kant-Nietzsche*, Berlin, 2000, pp. 147~155 참조.
59 N; KSA9, 430(10[d79]).
60 Za; KSA4, 209f. "의지나 목적이라는 것은 없는 것이며 그것들은 우리가 상상해낸 것이다" (M; KSA3, 122).
61 GT; KSA1, 89.
62 N; KSA12, 193.
63 "철학자는 언어의 그물에 사로잡혀 있다"(GD; Die 'Vernunft' in der Philosophie 5, KSA6, 77).
64 GD; KSA6, 77.

니체는 언어가 세계를 있는 그대로 재현한다는 대응설을 거부한다.[65] 니체에 따르면 세계와 언어는 전적으로 상이한 영역이다. 언어는 "어떤 사물을 전적으로 상이한 영역으로 전이한 것이다."[66] 언어는 대상, 실체 또는 물자체와 필연적인 관계가 없고 단지 그것을 "우선 신경 자극에, 그리고 표상으로 종국적으로 소리"[67]로 전이한 것이다. 언어는 우선 사물→신경 자극→표상→소리→개념으로 전이되며, 이것은 궁극적으로 단어나 개념으로 발전한다.[68] 니체에 따르면 전이 사이의 필연적인 관계는 존재하지 않고 "그럴듯한 미학적 관계"[69]만 있을 뿐이며, 순서 또한 단순한 창작이며 인간의 습관에 기인한 것이다.

전이의 각 영역은 완전히 독립된 영역으로, 전적으로 하나의 영역에서 완전히 다른 영역으로 비약할 뿐이다. 이러한 도약을 니체는 "메타포"[70]로 본다. 이 메타포는 사물의 관계를 인간에게서 언어적 표현으로 보전하게 한다. 언어의 생성은 메타포 생성을 위한 충동이며, 자유로

---

65 "만약 단어들이 있다면, 그러면 그 단어들이 그 무엇인가. 예컨대 영혼, 신, 의지, 운명 등에 상응한다고 믿는다"(N; KSA8, 464(23[163])).

66 N; KSA7, 66.

67 이것을 니체는 귀머거리가 음을이 무엇인지를 인식하는 과정에 빗대어 설명한다. "신경자극을 우선 하나의 이미지(표상)로 옮기는 것! 첫 번째 은유. 그 이미지(표상)을 다시 하나의 소리로 변형시키는 것! 두 번째 은유. 그렇게 그때그때마다 영역을 완전히 건너뛰어, 전혀 다른 영역으로 들어간다. 우리는 완전히 귀가 먹어 한 번도 음향과 음악을 지각한 적이 없는 사람을 생각해볼 수 있다. 이 사람이 모래를 뿌려놓은 평판이 진동해 그 위에서 생기는 음향 도형을 놀라서 바라보다가, 그 원인이 현의 진동이라는 사실을 깨닫고, 이제 사람들이 음이라고 부르는 것이 무엇인지를 안다고 확신하는 것과 마찬가지로, 우리는 언어와 관련하여 그렇게 한다"(WL; KSA1, 879).

68 Ebd. 참조.

69 WL; KSA1, 884.

70 니체가 말하는 메타포는 Metapher의 그리스어인 metaphors, 즉 '장소 이동'의 의미가 강하다. 즉 사물→신경자극→표상→소리→단어의 전이는 장소 이동의 성격이 강하다. 그만큼 메타포는 인위적이고, 각 단계에는 비약이 존재한다는 뜻이다. WL; KSA1, 879.

이 창작하고 자유로이 고안하는 "중간 영역이며 중간 힘"[71]인 셈이다. 즉 상이한 각각의 영역을 연결하고 그 틈을 메우는 것은 인간의 메타포를 창작하는 능력, 즉 상상력에서 기인한다.[72] 따라서 사물에 대한 "적확한 표현방식adäquaten Ausdrucksweise에 대한 요구는 무의미하다. 언어의 본질상 관계를 나타내는 표현양식이 있을 뿐이다."[73]

니체의 최종 결론은 다음과 같다. 언어는 세계와 결코 일치하지 않는다. "왜냐하면, 그렇지 않다면, 그렇게 많은 언어들이 존재하지 않을 것이기 때문이다."[74] 니체에 따르면 서양 형이상학은 "동일한 문법적 기능들이 무의식적으로 지배"[75]하는 데서 가능했다. 언어는 인간이 자신을 세계의 중심으로 느끼게끔 고안한 기호체계임에도 인간은 그 기원을 망각하고 기호와 실재를 혼동한다.

니체는 우리가 실재에 접근할 수 있는 방법으로 언어가 불충분하다고 본다. 그것은 세계가 허구이기 때문이다. "세계는 흐름 속에 있다. 생성하는 어떤 것으로서, 늘 새로이 변하고 결코 진리에 다가가지 않는 허위로서 말이다."[76] 그러므로 "실재란 존재하지 않고,"[77] 실재를 있는 그

---

71 WL; KSA1, 884.

72 WL; KSA1, 879 참조.

73 N; KSA13, 303(14[122]).

74 WL; KSA1, 879.

75 JGB; von den Vorurtheilen der Philosophen 21, KSA5, 36.

76 N; KSA12, 114(2[108]). "나는 언제나 생성의 무죄를 증명하려고 애써왔다. 그리고 다분히 나는 완전한 '무책임성'의 감정을 얻고 싶었다. …… 나의 첫 번째 해결책은 실존을 미학적으로 정당화하는 것이었다. …… 나의 두 번째 해결책은 죄 개념들의 객관적인 가치를 부인하고 모든 삶의 주관적인 성격, 필연적으로 불의하고 비논리적인 성격을 통찰하는 것이었다. 나의 세 번째 해결책은 모든 목적을 부정하고 인과성의 인식 불가능성을 통찰하는 것이었다"(N; KSA10, 237f.(7[7])).

77 FW; KSA3, 422. "사실! 그렇다, 허구적인 사실!"(M; KSA3, 224[307]). "우리는 참된 세계를 없애버렸다"(GD; KSA6, 81).

대로 드러내는 진리도 없다.[78] 고정된 실재가 존재하지 않을 뿐만 아니라, 세계를 인식하는 주체 역시 실재를 파악하는 데 무능하다. 인식은 근본적으로 생리적, 사회적, 그리고 역사적 조건에 놓여 있다. 그러므로 사태에 대한 인식은 개별적일 수밖에 없다. 세계에 대한 하나의 총체적 관점과 보편적 진리를 고집하는 전통 형이상학은 허망한 꿈이다. 인간에게 "영원한 지평과 관점"[79]은 존재하지 않는다. 니체에 따르면 형이상학은 세계의 "경이로운 불확실성과 풍부한 다의성"[80]을 제거하는 실수를 저지른다.

인간은 "자신의 세계와 모든 사물을 존재하는 것보다 더 적은 수의 색깔로 그리며, 또한 몇 가지 색을 서로 구분할 수 없는 색맹이다."[81] 따라서 인간에게는 "오직 관점주의적으로 보는 것만이, 오직 관점주의적인 '인식'만이 존재한다."[82] 전통 형이상학에서 말하는 '순수이성'이나 '절대정신' '인식 자체' 같은 개념은 세계를 인식하는 하나의 눈을 전제하고, 그 눈의 방향도 확정되어 있다고 본다. 이것은 삶에 대한 위반이다. 왜냐하면 "관점적인 것은 삶의 근본조건"[83]이기 때문이다. 세계를

---

78 N; KSA12, 114(2[108]) 참조. "사물을 있는 그대로 보는 것! 그 방법: 백 개의 눈으로, 수많은 사람이 되어 사물을 볼 수 있는 것!"(N; KSA9, 466(11[65])).

79 FW; KSA3, 491(143).

80 FW; KSA3, 373.

81 M; KSA3, 262. "진리란 그것 없이는 특정한 종이, 살아 있는 존재들이 더 이상 살지 못할, 그런 오류의 한 양식이다"(N; KSA11, 506(34[253])).

82 GM; KSA5, 365(12).

83 JGB; KSA5, 12. "자신(인간)의 본질을 그 어떤 하나의 목적에 넘겨주고자 하는 것은 불합리하다. '목적'이라는 개념은 우리가 고안해낸 것이다: 사실 목적이라는 것은 없다. …… 우리의 존재를 판결하고 측정하며 비교하고 단죄할 수 있는 것은 없다. 왜냐하면 그런 일은 전체를 판결하고 측정하며 비교하고 단죄할 수 있을 만한 것을 의미하기 때문이다. …… 그러나 전체의 외부에 존재하는 것은 아무것도 없다!─어느 누구도 더 이상은 책임지지 않는다는 것, 존재의 방식이 제일 원

하나의 눈으로 본다는 것은 우리가 지닌 능동적이고 해석적인 힘을 망각하는 것이다. 관점주의적 사고는 전통적인 인식론의 특권적 대상들을 해체한다. 니체는 진리 그 자체의 가치에 대한 '과대평가', 특권적 지위를 비판한다. 진리들이 있을 뿐이지 "진리는 없다."[84]

'진리를 향한 의지'와 '확실성을 향한 열망'은 형이상학적 독단론의 근거이다. 그것은 인간을 하나의 총체적 관점으로 몰아넣고, 그 경계를 넘어서지 못하도록 구속한다. 세계의 '놀라운 불확실성과 풍부한 다의성'은 진리의 경계를 넘어설 때 가능하다. 관점주의는 독단적 이론의 특권화를 거부하고, '세계에 대한 하나의 총체적 관점 가운데 안주하는 것을 혐오한다. 관점주의는 세계에 대한 풍부한 해석 가능성을 열어둔다. "세계는 무한한 해석을 자체 내에 포함하고 있다."[85] 세계는 다양한 해석 속에 다양한 모습으로 존재하게 된다. "사실들은 존재하지 않고 해석들만이 있을 뿐이다."[86]

독단적이고 삶에 부정적인 형이상학적 가치와 언어적 권위의 구속으로부터 해석을 자유롭게 함으로써 니체의 관점주의는 전통 철학의 가치들을 해체한다. 세계에 대한 전체적 이해를 꿈꾸는 독단론은 '삶의 기본조건'인 관점성을 거부한다. 이 점에서 독단론은 잘못된 해석이기라기보다는 나쁜 해석에 속한다.[87] 왜냐하면 그것은 삶에 해로운 해석,

---

인으로 소급되어서는 안 된다는 것, 세계가 감각중추나 '정신'으로서의 단일체는 아니라는 것, 바로 이것이야말로 위대한 해방이며—이로써 생성의 무죄가 비로소 다시 회복된다"(GD; Die vier grossen Irrthmer 8; KSA6, 96f.).

84 N; KSA12, 114(2[108]).

85 FW; KSA3, 627(374).

86 N; KSA12, 315(7[60]).

87 형이상학은 "나쁜 해석"이다(KSA10, 231(6[1])).

힘을 쇠퇴시키는 해석이기 때문이다. "도덕적 사실이라는 것은 결코 존재하지 않는다. …… 도덕은 단지 특정 현상들에 대한 해석이고, 좀 더 정확하게 말하자면 그릇된 해석에 불과하다."[88] 하나의 유일한 진리를 신봉하는 것은 삶의 근본조건인 '관점성'을 부정하는 것이며, 스스로 진리의 창조자가 될 수 있는 해석의 놀이를 포기하는 것이고 형편없는 놀이꾼임을 자인하는 것이다.[89]

관점주의는 무조건적 수용을 강요하는 전통적인 가치들의 특권화를 거부하고 해석의 창조적인 놀이를 통해 스스로 진리를 창조하는 것을 가능하게 한다. "학문에서 지식을 획득하는 데 유일무이한 방법이란 없다!"[90] "우리가 한 사태에 대해 좀 더 많은 정서로 하여금 말하게 하면 할수록, 우리가 그와 같은 사태에 대해 좀 더 많은 눈이나 다양한 눈을 맞추면 맞출수록, 이러한 사태에 대한 우리의 '개념'이나 '객관성'은 더욱 완벽해질 것이다."[91] "동일한 텍스트에 수많은 해석이 가능하다. '옳은' 해석이란 없다."[92]

한 사태에 새로운 관점들이 받아들여진다는 것은 곧 해석의 증식을 뜻하며, 이것은 새로운 의미의 증식을 말한다. 해석되어야 할 사태에 더 많은 관점을 제시할 수 있다는 것은 바로 힘의 상승을 의미한다. 단일한

---

88   GD; KSA6, 98.
89   니체는 《차라투스트라는 이렇게 말했다》에서 형이상학자와 도덕군자들을 목적과 인과의 거미줄에 묶인 사람들로 보고 그들이 형편없는 놀이꾼임을 조롱한다. "그대들은 주사위를 잘못 던졌던 것이다"(Za; KSA4, 363f.). "저들은 묵직한 발에 후텁지근한 심장을 가지고 있다. 춤을 출 줄도 모른다. 이런 자들에게 어떻게 이 대지가 가뿐할 수 있겠는가!"(Za; KSA4, 365).
90   M; KSA3, 266(432).
91   GM; KSA5, 365(12).
92   N; KSA12, 39(1[120]).

관점을 고집하는 형이상학은 따라서 약함의 징후인 것이다. "진리는 무엇으로 입증되는가? 고양된 힘의 느낌으로."[93]

니체는 새로운 해석의 추가를 세계에 대한 창작과 놀이로 본다. "왜 우리는 형이상학과 종교를 성인의 놀이로 간주할 수 없는 것일까?"[94] 형이상학은 관점의 다양성과 해석의 증식적 놀이를 제한하는 삶에 적대적인 해석이다.[95] 형이상학자들은 텍스트를 해석하는 놀이에 서툰 자들이다. 니체는 관점의 다양성과 해석의 자유로운 놀이를 미래 철학의 핵심 과제로 설정한다. "새로운 부류의 철학자들이 나타나고 있다. …… 미래의 철학자들은 시도하는 자로 불릴 권리를"[96] 가진다. "우리는 시험적으로 사물들을 고찰해야 한다."[97] 미래의 철학자들은 이성이 제거한 우연을 복권시킨다.

'모든 사물 위에 우연이라는 하늘, 천진난만이라는 하늘, 뜻밖이라는 하늘, 자유분방이라는 하늘이 펼쳐져 있다.' …… '뜻밖에.' 이것이야말로 세상에서 더할 나위 없이 유서 깊은 귀족이다. 그것을 나 모든 사물에게 되돌려주었다. 그렇게 하여 나 모든 사물을 목적이라는 것의 예속 상태에

---

93 N; KSA13, 446(15[58]). 니체는 해석에서 힘의 증강과 쇠퇴라는 기준을 채택함으로써 하나의 '옳은' 해석을 고집하는 독단론을 거부하는 동시에 모든 해석이 동일한 가치를 담고 있다고 간주하는 완전한 상대주의도 피해간다. 앨런 슈리프트, 《니체와 해석의 문제》, 박규현 옮김(푸른숲, 1997), 321쪽 참조.
94 N; KSA8, 520 (29[49]). "왜 사람들은 형이상학적으로 놀이하는 것을 허락할 수 없다는 말인가? 그리고 창조(작)의 거대한 힘(에너지)을 거기에 이용할 수 없는가?"(N; KSA8, 519(29[45])). Vgl. N; KSA9, 494(11[141]) und KSA10, 552(17[46]).
95 앨런 슈리프트, 《니체와 해석의 문제》, 332쪽 참조.
96 JGB; KSA5, 59(42).
97 M; KSA3, 266(432).

서 구해준 것이다.[98]

"세계는 선과 악을 넘는 신성한 놀이"[99]일 뿐이다. 니체는 우연의 긍정을 주사위놀이에 자주 비교한다. 니체는 형이상학자들을 서툰 주사위놀이꾼으로 조롱하면서, "그대들은 **주사위를 잘못 던졌던 것이다**"[100]라고 단언한다. 니체는 그들이 아이와 비교하여 얼마나 서툰 놀이꾼인가를 조롱한다. 놀이를 모르는 자들은 자신들이 믿고 있는 법칙을 확인하기 위해 주사위를 던진다. 그들은 주사위의 특정한 면이 나올 확률이 언제나 동일하다고 믿는다. 그들에게 주사위를 던지는 행위는 항상 동일성의 반복일 뿐이다. 비록 주사위의 한 면이 나올 확률이 정확히 6분의 1이 아닌 예외적인 경우가 있을 수 있지만 그것은 매우 이례적인 일이며, 던지는 횟수가 많아질수록 그것은 의미가 없다고 확신한다. 즉 그들에게 우연은 필연에 의해 지배받는다. 그들은 주사위의 특정한 눈이 나올 확률을 인과성의 원리로 정당화하고, 수의 조합을 획득해야 할 목적으로 설정한다. 주사위 던지기의 행위, 수의 조합, 확률, 인과성은 모두 '이성의 그물'에 의해 결합된다. 그들의 주사위 던지기는 더 이상 새로움이 없는 기계적인 동작, 즉 노동일 뿐이다. 그러나 아이에게 주사위 던지기는 매번 새롭다. 왜냐하면 아이는 놀이를 알기 때문이다. 아이는 주사위 던지기에서 이루어야 할 목적이 없으며, 찾아야 할 원인이 존재

---

98   Za; KSA4, 209. "나는 일체의 사물에서 저들 사물들은 차라리 우연이라는 발로 춤을 추려 한다는, 저 행복한 확신을 발견했다"(Za; KSA4, 365).

99   N; KSA11, 201(26[193]).

100   Za; KSA4, 363f.

하지 않는다는 것을 알고 있다. 아이에게 주사위 던지기는 매번 다르고 새롭다. 새로운 호기심과 기대가 새롭게 주사위를 던지게 한다. 학자는 동일성을 확인하는 차원에서 주사위를 던지지만 아이에게는 주사위 던지는 행위의 반복이 생성의 반복, 새로움의 반복이다.[101]

"그때부터 인간은 헤라클레이토스의 '커다란 어린아이'……가 하는 전혀 예기치 않은 가장 자극적인 행운의 주사위놀이 중 하나로 헤아려지게 된 것이다. …… 인간이란 목적이 아니라 단지 길, 우발적인 사건, 다리"[102]이다. 세계에 절대적인 목적이나 목표가 존재하지 않고 세계를 감싸는 인과의 거미줄도 없다면[103] 결국 생성만이 남게 되고 우연을 긍정할 수밖에 없다. 세계의 의미는 관점과 해석의 증식놀이가 많으면 많을수록 풍부해지고, 그것과 더불어 삶은 더욱 긍정된다.

놀이와 차라투스트라의 철학

'모든 것이 놀이이다'라는 니체의 사유는 후기로 갈수록 더욱 심화한 형태로 드러난다. 자신의 가장 중요한 이론들, 즉 '힘을 향한 의지' '영원회귀' '운명애' 등이 모두 놀이로 이해되어야 한다는 니체의 주장은 놀이를 대하는 다른 철학자들의 시각과 분명한 차이를 보여준다. 놀이에 관한 니체의 사유가 가장 성숙된 형태로 나타나는 곳은《차라투스트라는 이렇게 말했다》의 '정신의 세 가지 변화'이다.[104] "어떻게 정신

101 질 들뢰즈,《니체와 철학》, 이경신 옮김(민음사, 1999), 64~66쪽 참조.
102 GM; KSA5, 323. Za; KSA4, 209f. 참조.
103 "나는 너희들[형이상학자, 도덕군자]이 친 거미줄을 찢어낸다"(Za; KSA4, 128).
104 니체의 '정신의 세 가지 변화'를 둘러싼 다양한 해석과 그 문제점에 대해서는 정낙림, 〈차라투스트라의 '세 가지 변화'에 대한 몇 가지 해석―진화론적, 역사철학적, 변증법적 해석의 문제

이 낙타가 되고 낙타가 사자로, 그리고 마지막으로 사자가 아이가 되는 가."[105] 낙타의 정신은 '너는 해야만 한다'로 요약되는데, 그것은 전통적 세계관에 복종하는 것을 의미하고, '나는 원한다'는 사자의 정신은 부정적 자유를 상징한다. 그리고 마지막으로 놀이하는 아이의 정신이 있다.

> 아이는 순진무구이며 망각이다. 새로운 시작, 놀이, 스스로에서부터 돌아가는 바퀴, 최초의 운동, 신성한 긍정이다. 창조의 놀이를 위한 긍정, 나의 형제여, 창조의 놀이는 신성한 긍정을 필요로 한다.[106]

사자의 부정적인 자유를 극복한 아이의 정신은 최고의 정신으로 변한다. 니체는 아이의 정신을 통해 놀이철학의 핵심뿐 아니라 자신의 핵심 철학을 은유적으로 드러낸다. 우선 니체는 아이의 정신을 순진무구하고 망각하는 정신으로 표현한다. 순진무구와 망각은 놀이를 위한 전제조건이다. 낙타 단계의 인간에게 기억은 덕이고 망각은 부덕이다. 기억은 "한 번 새겨진 인상에서 단순히 수동적으로 다시 벗어날 수 없음을"[107] 의미하기 때문에, 신이나 조상이 명령한 계율을 지키기 위해 꼭 필요한 것이다. 반대로 망각은 복종해야 할 계명과 기억을 저지하는 작용을 한다. 니체는 창조적 인간에게는 전통 철학에서 말하는 상기나 기억보다 망각이 더욱 중요한 가치라고 본다.

점),《철학연구》106집(대한철학회, 2008), 235~262쪽 참조.
105   Za; KSA4, 29.
106   Ebd., 31.
107   Ebd.

망각이란 천박한 사람들이 믿고 있듯이 그렇게 단순한 타성력vis inertiae 이 아니다. 오히려 이것은 일종의 능동적인, 엄밀한 의미에서의 적극적인 저지능력이며, …… 의식의 문과 창들을 일시적으로 닫는 것, …… 새로운 것, 특히 고차적인 기능과 기관에 대해, 통제하고 예견하며 예정…… 하는 데 다시 자리를 마련하기 위한 약간의 정적과 의식의 백지 상태 tabula rasa이다.[108]

그러므로 망각이 없다면 "행복도, 명랑함도, 희망도, 자부심도, 현재도 있을 수 없다. 이러한 저지장치가 파손되거나 기능이 멈춘 인간은 소화불량 환자에 비교될 수 있다."[109] 망각은 과거가 현재를 지배하는 것을 저지하는 것이며, 동시에 새로운 것이 창조되는 것을 가능하게 하는 것이다. 따라서 망각은 "힘과 강인한 건강"[110]을 의미한다. 아이의 정신은 세계의 목적과 원인을 알지 못한다. 그러므로 아이는 놀이할 수 있는 것이다.

정신의 세 가지 변화에서 니체가 말하는 아이의 놀이는 힘의 의지와 밀접한 관계가 있다. 니체의 힘을 향한 의지는 "주인이 되고자 하며 더욱더 크고 강력하고자 하는 것"[111]을 의미하고 인간 삶을 지배한다. "삶을 향한 의지? 거기서 나는 늘 힘을 향한 의지만을 발견한다."[112] 니체에게 힘은 타자를 지배하고 부정하고 파괴하는 것을 의미하지 않는

---

108 GM; KSA5, 291.
109 Ebd., 292.
110 Ebd.
111 N; KSA11, 611(38[12]), GD; KSA6, 116 참조.
112 N; KSA10; 17(5[1]).

다. 즉 그것은 낙타의 참을성, 용과 싸울 수 있는 사자의 이빨과 발톱, 그리고 포효하는 소리와는 무관하다. 오히려 힘은 놀이하는 아이의 순진무구하고 긍정하는 정신, 특히 새롭게 시작할 수 있는 놀이의 정신 속에서 구현된다. 이 점은 1880년대 중반의 한 유고가 잘 말해준다. "힘이 축적된 자의 이상으로서의, '어린이다운 것'으로서의 '놀이'."[113] 더 나아가 니체는 세계를 힘의 놀이로 설명한다.

> 그대들은 '세계'가 무엇인지를 알고 있는가? …… 이 세계는 시작도 끝도 없는 거대한 힘이며, …… 힘들과 힘의 파동의 놀이로서 하나이자 동시에 '다수'이고, …… 모순의 놀이에서 조화의 즐거움으로 되돌아오고, …… 이러한 세계가 힘을 향한 의지이다―그리고 그 외에 아무것도 아니다![114]

놀이하는 아이의 정신이 말하는 '스스로에서부터 돌아가는 바퀴'는 니체의 영원회귀를 의미한다. 니체는 영원회귀를 "가장 어려운 사상"[115] 또는 "사상 중의 사상"[116]으로 표현한다. 영원회귀란 이미 한 번 일어났던 바의 모든 것이, 지금 그리고 여기에서 똑같은 방식으로 일어나고 미래에도 똑같이 일어나리라는 것을 말한다.[117] 이것은 마치 아이의 '놀이,

---

113   N; KSA12, 129(2[130]).
114   N; KSA11, 610f.(38[12]). 힘의 파동놀이로서의 세계는 "영원한 자기 창조와 파괴의 디오니소스적 세계"(Ebd.)의 다른 이름이다.
115   N; KSA11, 225(26[284]).
116   N; KSA9, 496(11[43]).
117   "모든 것은 가며, 모든 것은 되돌아온다. 존재의 수레바퀴는 영원히 돌고 돈다. 모든 것은 시들어가며, 모든 것은 다시 피어난다. 존재의 해는 영원히 흐른다. 모든 것은 부러지며, 모든 것은 다

스스로 구르는 바퀴'와 같은 원리이다. 영원회귀는 순간과 영원의 일치, 우연과 필연의 일치를 가르친다. 놀이와 영원회귀의 직접적인 관계를 니체는 1881년의 한 유고에서 이렇게 설명한다. "새로운 주요 관심사: 동일한 것의 영원회귀. …… 단지 놀이로만 간주되고 통용되며, …… 우리는 이전에 존재자의 진지함을 이루었던 것에 대해 마치 아이들 같은 태도를 취한다."[118] 1888년에 쓴 유고에서 둘의 관계는 좀 더 확실해진다. "새로운 세계 구상 …… 이미 무한히 자주 반복되었고 자신의 놀이를 무한히 즐기는 순환운동으로서의 세계."[119]

놀이하는 아이의 정신은 최종적으로 삶에 대한 절대적 긍정을 뜻한다. 아이의 '신성한 긍정'은 영원회귀가 함축하는, 순간과 영원의 일치, 우연과 필연의 일치가 도달한 "긍정의 최고 형식"[120]이다. 니체에게 삶에 대한 무조건적 긍정은 '운명애'이다. 그것이 의미하는 바는 "앞으로도, 뒤로도, 영원토록 다른 것은 갖기를 원하지 않는다는 것", 그리고 "그것을 사랑하는 것"[121]이다.

아이의 신성한 긍정은 바로 대지와 위버멘쉬의 의미이다. 위버멘쉬는 "대지의 뜻이다. …… 형제들이여, 맹세코 이 대지에 충실하라. 하늘나라에 대한 희망을 설교하는 자들을 믿지 말라!"[122] 니체는 하늘나라의 희망을 설교하는 사람을 '중력의 악령Geist der Schwere'이라 칭하고 자

시 이어진다. 똑같은 존재의 집이 영원히 지어진다"(Za; Der Genesende 2; KSA4, 272f.).

118   N; KSA9, 494f.(11[141]).

119   N; KSA13, 376(14[188]).

120   EH; KSA6, 335.

121   EH; KSA6, 297.

122   Za; KSA4, 15.

기극복의 최대의 적이라 일컫는다. 그는 자신의 시대가 중력의 악령으로 넘쳐나고 있다고 경고하고, 중력의 악령이 인간에게 강요한 가치목록을《차라투스트라는 이렇게 말했다》의 제3부 〈낡은 서판과 새로운 서판에 대하여Von alten und neuen Tafeln〉에서 제시한다. "내가 나의 옛 악마이자 불구대천의 적인 중력의 악령과, 그가 만들어낸 모든 것, 이를테면 강제, 율법, 곤궁Noth과 결과, 목적, 의지, 선과 악을 다시 발견한 그곳에는"[123] 우연을 긍정하는 놀이가 존재하지 않는다. 차라투스트라는 중력의 악령에 대항하여 '우연을 구제하는 자'이다. "나는 일체의 사물에게서 저들 사물들은 차라리 우연이라는 발로 **춤을 추려 한다**는, 저 행복한 확신을 발견했다."[124]

우연을 구제하는 자로서 차라투스트라가 쓰는 새로운 서판에 올릴 새로운 가치는 바로 생성, 우연, 순간, 차이, 웃음, 춤 등이다. 이러한 가치의 바탕에는 놀이의 정신이 있다. 아이의 놀이가 잘 보여주듯이 자기극복은 낡은 서판의 율법을 지키는 것이 아니라 모든 순간과 우연의 긍정에서, 그리고 모든 순간에 자기를 뛰어넘어 창조하는 행위에서 현실화한다. 놀이하는 아이의 '새로운 출발'은 세계사의 새로운 시작, 가치의 전도, 즉 니힐리즘 극복의 출발을 뜻한다.

---

123   Za; KSA4, 248.

124   Za; KSA4, 209f. "나는 가볍다. 나는 날고 있으며 나 자신을 내려다보고 있다. 이제야 어떤 신이 내 몸속에서 춤을 추고 있구나"(Za; KSA4, 50).

5. 니체의 놀이철학과 탈현대

놀이 개념은 역사가 오래되었음에도 철학사에서 '고정적이지 않은 것' '중요하지 않은 것' '심심풀이' '오락' '한담'의 의미로 이해되어왔다. 따라서 놀이는 목적과 인과율로 파악될 수 없는 탓에 참과 거짓, 선과 악의 경계를 흐리게 하는 현상적이고 표피적인 것이라는 지극히 부정적인 평가를 받았다. 근대에 들어 놀이는 새로이 빛을 받는데, 그것은 인간이 과학적이고 도덕적인 존재이기도 하지만 심미적 존재이기도 하다는 사실을 간파한 근대인의 통찰에서 비롯된다. 심미적 판단은 기본적으로 인간의 개별 감성과 상상력에서 비롯되며, 상상력의 활동은 놀이 형태로 드러난다. 그러나 근대는 놀이가 근본적으로 목적이나 인과와 무관하다는 근본적인 이해를 고수하지 못하고, 인식이나 도덕과 밀접한 관계를 통해서만 존립할 수 있다고 봄으로써 한계를 드러낸다.

놀이에 관한 현대의 논의는 니체에게서 비롯된다. "세계는 놀이이다"라는 니체의 언명을 통해 우리는 놀이를 대하는 니체의 태도를 읽어낼 수 있다. 니체는 자신의 핵심 사유가 모두 놀이로 설명될 수 있음을 여러 차례 언급한다. 니체는 세계가 초월적 목적이나 기계적 인과의 고리로 파악할 수 없는 영원한 생성 속에 놓여 있다고 본다. 항상적 생성 속에 놓여 있는 세계를 하나의 거미줄로 묶으려는 일체의 이론적 욕망은 생성의 세계를 항상 새롭게 이해하고 설명해야 한다는 두려움과 나태에서 비롯된 것이다. 이러한 욕망은 형이상학적·도덕적 독단론의 근거가 되는데, 니체에 따르면 그러한 욕망은 새로운 가치 창조에 무능하여 니힐리즘이라는 결과를 낳는다. 니힐리즘의 극복은 이러한 욕망을 포기하는 데서 비롯된다. 참과 거짓, 선과 악의 차원에서 세계와 인간을 이해하고 규정하는 것을 포기한 곳에 놀이가 등장한다.

니체는 목적론적·인과론적·도덕적 관점이 아닌 놀이의 관점으로 세계와 삶을 설명하고 정당화하는 범례를 소크라테스 이전의 철학자에게서 찾았는데, 그가 바로 헤라클레이토스이다. 헤라클레이토스의 단편 B52에 기술된 aion을 통해 자기가 찾던 희망을 발견한 니체는 헤라클레이토스의 해석을 토대로 자신의 놀이철학을 심화한다.

니체는 자신의 '위대한 과제'가 바로 '놀이'로서 이해되어야 한다고 공표한다. 따라서 니체 철학은 놀이로써 해명할 수 있으며, 니체 철학의 변화는 바로 놀이에 대한 이해의 변화를 의미한다. 이 점이 바로 니체가 놀이를 대하는 여느 철학자들과 근본적으로 다른 점이다. 니체는 자신의 예술과 인식론이 어떻게 놀이와 관계있는지를 설명한다.

니체 놀이철학의 극치는 '힘을 향한 의지' '영원회귀' '운명애' 등과 같은 그의 핵심 사유를 놀이로 설명하는 데서 찾을 수 있다. 이때 놀이는 세계와 삶에 대한 가치를 전면적으로 전환하는 동시에 니힐리즘을 극복할 수 있는 새로운 가치를 제시하는 등대 구실을 한다. 니체의 놀이철학은 우리에게 순간과 우연의 긍정을, 그리고 운명의 사랑을 알려준다. 니체는 문화의 건강함은 바로 놀이를 받아들이는 감수성에 따른다고 본다. "……민족이 오직 놀이를 위해 민족과 국가이고 오직 놀이를 위해 상인과 학문적 인간이 존재하는 때를 가장 축복된 시기로 예견한다. …… 어떻게 모든 것이 놀이일 뿐이고 기본적으로 축복일 뿐인지."[125]

---

125 N; KSA7, 802(34[32]).

니체의 놀이철학이 현대에 끼친 영향은 다대하다. 무엇보다 프랑스 후기구조주의자들에게서 니체 놀이철학의 영향을 쉽게 찾아볼 수 있다. 대표적인 경우가 들뢰즈이다. 들뢰즈는 니체 철학을 놀이의 관점에서 해석한다. 그가 볼 때 반플라톤적·반기독교적·반변증법적·반근대적인 니체의 태도는 우연과 차이의 가치를 긍정하는 데서 비롯되었는데, 그 출발점이 곧 놀이의 정신이다. 들뢰즈는 니체의 놀이철학을 자신의 '차이철학'의 선구로 보고 '힘을 향한 의지'와 '영원회귀'를 자신의 방식으로 변형한다. 그것이 구체화한 결과물이 바로 들뢰즈의《차이와 반복》이다.

니체의 놀이철학은 철학 분야에 못지않을 만큼 현대예술에도 큰 영향을 끼쳤다. 특히 니체의 놀이철학은 '반反예술운동'에 직접적인 영향을 주었다. 그들이 표방하는 실험주의는 다양한 장르에서 구현되는데, 그들은 서사보다는 차이와 우연을 중시하여 삶과 세계의 놀이성을 작품에 구현한다는 공통점이 있다.

2장
하이데거의 놀이철학—존재와 놀이

1. 놀이와 존재론

칸트를 필두로 한 근대의 놀이 개념은 주로 미학과 밀접한 관계가 있다. 칸트는 미적 판단의 보편화를 위해 상상력과 지성의 관계를 자유로운 놀이로 설명하며, 실러는 감성충동과 형식충동의 조화에서 미적 충동이 발현한다고 본다. 현대 놀이철학의 단초를 제공한 니체의 놀이철학은 놀이를 단순히 예술과 관련하여 설명하는 것을 넘어 인간의 일체 사고와 행위를 놀이의 관점에서 해명하려고 한다.

놀이에 관한 하이데거의 사유는 많이 알려지지 않은 편이다. 그의 동료나 후학, 특히 오이겐 핑크E. Fink나 가다머H.G. Gadamer가 이 주제에 천착한 것과는 대비된다. 그러나 하이데거의 저서 곳곳에서 우리는 놀이와 관련된 그의 사유를 확인할 수 있다.[1] 놀이에 관한 그의 사유는 존재 해명과 밀접한 관계가 있으며 존재론적 성격이 강하다. 또한 놀이에 대한 그의 이해는 핑크나 가다머의 놀이철학의 선구가 된다.

하이데거 철학의 큰 주제는 존재를 해명하는 것이다. 하이데거에 따르면 서양의 형이상학은 존재를 존재자로 이해했으며, 둘 사이의 존재론적 차이에 눈감음으로써 존재망각을 초래했다. 그의 형이상학 비판은 바로 존재와 존재자의 차이를 해명하고 존재를 밝히는 것이다. 잘 알려져 있듯이 초기 하이데거의 존재 이해는 현존재를 통하여 존재를 해명하며, 이른바 전회Kehre 이후의 존재 이해는 존재 그 자체를 통해서 해명하는 방식을 택한다. 그런데 놀이는 목적이나 인과와 같은 서양 형이상학의 바탕이 된 표상적 이해로는 접근하기 어렵다. 가다머가 놀이를 중간태로 설명한 것도 바로 이 점을 말해준다. 하이데거에서 놀이가 주목받는 것도 비슷한 맥락에서일 것이다.

우리는 논의의 편의상 하이데거의 놀이철학을 그의 전기 사상과 후기 사상으로 나누어 설명할 것이다. 하이데거의 전기 저서 가운데 우리가 주목하는 것은《철학 입문》(1928/29),《칸트와 형이상학의 문제》(1928)이다. 여기서 하이데거 놀이철학의 주제가 되는 것은 '삶의 놀이Spiel des Lebens''초월의 놀이'이다. 또한 놀이와 관련하여 우리가 주목하는 후기 저서들은《예술작품의 근원》(1935/36),《근거율》(1956/57),《언어로의 도상》(1959)이다. 후기 저서에서 놀이철학은 '놀이-공간Spiel-raum''시간-놀이-공간Zeit-Spiel-Raum''거울-놀이''정적의 놀이Spiel der Stille'등의 개념으로 제시된다.

---

1 하이데거의 놀이 개념에 대한 체계적인 이해는 M. Roesner, *Metaphysica Ludens: Das Spiel als phänomenologische Grundfigur im Denken Martin Heideggers*, Dordrecht/Boston/London: Kluwer Academic Publishers, 2003 참조.

2. 현존재와 놀이

1920년대 후반 하이데거의 철학은 전기의 주저《존재와 시간*Sein und Zeit*》의 주제인, 자신의 존재를 문제 삼는 존재자로서 현존재Da-Sein 분석과 현존재를 통한 존재 이해에 초점이 맞추어져 있다. 이 시기 하이데거에서 놀이는 현존재가 그의 존재 가능성을 기투企投하는 존재이행인 '초월의 놀이'와 '삶의 놀이'로 등장한다. 이때 하이데거의 놀이는 사회·문화적 범주가 아닌 존재론적 지평을 드러낸다. 하이데거는 놀이를 통해 현존재와 세계의 연관성을 보여준다. 결국 놀이는 현존재의 고유한 존재 이해 방식을 보여주는 것이다. 초기 하이데거의 '놀이'에 관한 사유는《존재와 시간》에서보다는《철학 입문》《칸트와 형이상학의 문제》에서 명확히 제시된다.[2] 그렇다면《철학 입문》에서 하이데거가 놀이를 어떻게 이해하는지 살펴보자.

1928/29년 겨울학기 프라이부르크 대학의 강의록을 모은《철학 입문》은 하이데거의 초기 놀이 사상을 잘 보여준다. 이 저서의 §36은 '삶의 놀이로서 세계'라는 주제를 다루는데, 여기에서 하이데거는 놀이의 근본적인 의미를 묻는다.[3] 그는 놀이의 특징을 크게 두 가지 관점에서 파악한다.

---

[2] 초기 하이데거의 놀이 개념에 관해서는 배상식, 〈하이데거의 '놀이' 개념〉,《철학연구》123집 (대한철학회, 2012), 143~150쪽 참조.

[3] M. Heidegger, *Einleitung in die Philosophie*, Gesamtausgabe, Bd. 27, Frankfurt am Main, 1996, p. 312 참조. 앞으로 이 저서는 EP로 줄여서 표시하고 쪽수를 덧붙인다. 예를 들면 EP, 312. 하이데거,《철학 입문》, 이기상·김재철 옮김(까치글방, 2006), 309쪽 참조. 인용은 이 번역에 의거한다.

첫째, 놀이는 아주 넓은 의미에서 받아들여지며, 이러한 놀이는 현실에 대립하는 '유희적인spielerisch' 단순한 놀이와는 완전히 다른 것이다. …… 둘째, 놀이는 그 자체로 넘어서면서 도약한 것, 선행적으로 열어 밝혀진 것으로서 받아들여진다. 놀이는 주체에 개입하는 놀이활동이 아니라 오히려 그 반대이다. 이러한 초월의 놀이에는 이미 우리가 관계를 맺는 모든 존재자가 주위에서 놀고 있으며, 모든 관계맺음은 이 놀이에 개입되어 있다.[4]

이 인용문은 하이데거가 놀이에 상식적인 또는 사회 · 문화과학적인 차원에서 접근하는 것이 아니라 그것의 심층적인 의미를 묻고 있다는 점을 말해준다. 하이데거에서는 놀이에 관한 두 번째 특징이 더욱 근본적이며, 그가 놀이에 접근하는 방식의 고유성이 잘 드러난다. 두 번째 특징이 말하는 것은 놀이에서 중요한 것은 주체가 아니라는 사실과 초월의 놀이에서 우리는 존재자 전체와 관계를 맺는다는 것이다. 놀이에 대한 하이데거의 두 번째 이해는 그의 제자라고 할 수 있는 핑크나 가다머의 놀이 이해와 밀접한 관계가 있다.[5]

놀이와 초월의 관계를 하이데거는 이렇게 단정적으로 말한다: "우리는 초월을 놀이로서 파악한다. 초월 자체는 우선 존재 이해라는 계기의 관점에서 파악되며, 따라서 존재 이해도 이러한 놀이의 성격을 띠고

---

4 EP, 313.
5 핑크는 놀이를 실존의 근본 현상으로 이해하고 실존론적 관점에서 놀이를 현상학적으로 재구성한다. E. Fink, *Oase des Glücks. Gedanken zu einer Ontologie des Spiels*, Freiburg(Breisgau), 1957, p. 27 참조.

있다."[6] 이 말은 존재가 놀이 차원에서 이해될 수 있다는 뜻인데, 이것은 앞서 하이데거가 언급한 놀이의 두 번째 특징과 불가분의 관계가 있다. 그래서 하이데거는 존재와 놀이의 관계를 "존재를 놀이하는 것, 놀이를 통해서 존재를 얻는 것, 놀이에서 존재를 형성하는 것"[7] 등으로 표현할 수 있었다. 즉 하이데거의 확신에 따르면, 존재와 놀이는 공속성을 띤다. 그러므로 놀이를 통한 존재 이해는 충분히 매력적이다. 하이데거는 놀이함Spielen이 왜 존재 이해에서 결정적인 역할을 하는지 네 가지 근거를 들어 설명한다.

① 놀이함은 자유로운 형성이다. 이러한 형성은 그때마다 자신에게 고유한 일치성Einstimmigkeit을 지니는데, 이 일치성은 놀이함에서 형성된다.
② 놀이함은 자유로운 형성이지만, 결속Bindung이다. 그러나 분리된 형성물이 아니라 놀이하는 형성 자체에서, 그리고 그 안으로 형성하면서 스스로 결속하는 것이다.
③ 따라서 놀이함은 한 대상과의 관계 맺음, 나아가 단순한 ~과의 관계 맺음이 결코 아니다. 오히려 놀이의 놀이함과 놀이함의 놀이는 동시에 근원적으로 그 자체에서 분리될 수 없는 하나의 사건이다.
④ 이런 의미에서 놀이함을 우리는 세계-내-존재In-der-Welt-sein, 그리고 우리가 우선 항상 존재자를 넘어섬으로 특징지었던 초월이라고 부른다. 세계-내-존재는 항상 존재자를 앞서 넘어, 존재자 주위에서 놀아왔다.

---

6 EP, 315.
7 Ebd.

이 놀이함에서 가장 먼저 공간이 형성된다. 현실적인 의미에서 우리는 이 공간에서 존재자를 만난다.[8]

하이데거는 놀이의 본질을 '자유' '활동과 분리할 수 없음' '존재자를 넘어섬의 사건', 즉 '초월'로 파악한다. 특히 놀이는 일반적인 인간의 활동과 달리 주관과 객관의 분리 차원에서 이해될 수 없으며, 세계-내-존재로서 '현존재'가 존재를 이해하는 방식으로 존재자 전체를 넘어 세계로 초월하는 행위가 곧 놀이라고 보는 것이다. 따라서 놀이는 존재 이해와 뗄 수 없게 된다. "존재 이해는 본질적으로 초월의 놀이에 속하며, 그 자체가 하나의 놀이이다."[9] 존재와 초월의 놀이는《존재와 시간》에서 현존재의 기획투사Entwurf와 관계한다.

하이데거에 따르면 '존재한다는 것은 도대체 무엇을 의미하는가?' 하는 물음은 인간만이 제기할 수 있을 만큼, 인간은 존재 이해를 지닌 존재자이다. 하이데거는 초기 인간, 즉 현존재 분석을 통해 존재 물음에 천착한다. 하이데거에서 현존재 분석은 곧 실존론적 분석이다.[10] 왜냐하면 현존재 분석이란 인간의 고유한 실존의 내용을 묻는 것이기 때문이다. 그렇다면 현존재는 다른 존재자와 어떤 존재론적 차이를 보여주는가? 우선 인간은 여느 사물들과 달리 자신을 고정된 대상, 즉 객체로

---

8 EP, 316.
9 EP, 317.
10 하이데거의 현존재 분석론에 관해서는 M. Heidegger, *Sein und Zeit*(앞으로 SuZ로 줄여서 표시하고 쪽수를 덧붙인다), 14. Aufl. Tübingen, 1977, 1부 참조.《존재와 시간》에 관한 국내의 연구로는 소광희,《하이데거,『존재와 시간』 강의》(문예출판사, 2003); 박찬국,《하이데거의『존재와 시간』 강독》(그린비, 2014) 참조.

이해하지 않는다. 인간은 끊임없이 자신을 초월하여 세계로 나아간다는 것이다. 말하자면 인간은 자신을 초월하는, 즉 탈존하는 존재자이다. 그러나 이때의 초월은 형이상학적인 세계로의 초월이 아니라 세계내적 초월이다.

세계내적 초월은 '기획투사'의 형태로 이루어지는데, 기획투사는 실존이 근본적으로 시간성에 기초한다는 의미이다. 즉 인간은 과거를 회상하고 미래의 자신을 기획하고 분투함으로써 현재의 자신을 이해할 수 있는 존재자이다. 현존재는 자신의 가능성을 향하여 자신을 넘어 스스로를 항상 기획투사하는 존재자이다. 현존재는 시간 안에 존재하고 과거와 미래에 의해 확정된 존재자가 아니라 자신의 가능성을 끊임없이 기획투사하는 존재자이다. 이러한 기획투사에서 현존재는 자신과 그 밖의 다른 존재자의 존재의미를 발견하며, 세계가 개방된다. 즉 세계로의 초월은 밖으로 향하는 길이 아니라 세계 안에서 존재의미를 발견하는 데서 성취된다.

세계-내-존재로서의 현존재는 언제나 주어진 상황 속에서 자신을 발견한다. 현존재는 문화적·사회적 상황 속에서 제약되어 있지만 그는 세계를 의미 있게 만들어가는 존재자이다. 즉 인간의 실존은 '현사실성'에 뿌리내리고 있다. 하이데거는 현존재의 기획투사를 일종의 놀이로, 이것이 이루어지는 공간을 놀이의 공간으로 이해한다. 하이데거의 "현사실적 존재 가능의 놀이공간"이라는 표현에서 우리는 기획투사와 놀이의 관계를 확인할 수 있다.[11] 다시 말해 현존재의 기획투사로 세계가

---

11 하이데거는《존재와 시간》에서 현존재의 기획투사가 펼쳐지는 공간을 놀이와 관계시킨다. 기

개방되는 것이 일종의 놀이이고, 이러한 놀이로 존재의 의미가 드러나는 그곳, 즉 세계는 놀이공간이 되는 것이다.

하이데거는 《존재와 시간》에서 현존재 분석론의 기획투사와 관련하여 놀이를 언급하는데, 놀이가 존재를 이해하는 차원에서 간접적으로 언급되었다고 보는 것이 온당할 것이다. 앞서 언급한 바와 같이 초기 하이데거의 놀이 개념은 《철학 입문》에서 더욱 분명하게 드러난다. 여기서 하이데거는 '삶의 놀이'[12]라는 개념으로 놀이에 접근한다.

> '삶의 놀이'라는 표현은 인간이 역사적으로 서로 함께 있음으로 인해 다채로운 다양성과 변화, 우연성의 모습이 제공된다는 사실로부터 나온 것이 분명하다. 그러나 이렇게 볼 수 있는 모든 것은 바로 현사실적이며 역사적으로 놀이를 진행하고 있는 현존재의 본질의 반영일 뿐이다. 달리 말해 현존재가 이러한 모습을 제공할 수 있으려면, 현존재의 본질 속에 놀이의 성격이 있어야 한다.[13]

위의 인용문은 현존재의 초월, 세계-내-존재, 세계와의 관계 등이 근본적으로 놀이적 속성에 기초해 있다는 것을 말해준다. 현존재는 자신이 존재자로 취급되는 것을 거부하고 존재(세계)를 향해 초월활동을

획투사가 펼쳐지는 곳은 "현사실적 존재 가능의 놀이공간"이다(SuZ, 145).
12 '삶의 놀이'는 본래 칸트가 그의 《인간학》에서 인간이 비인간적 존재자 전체와의 관계 맺기와 관련해서 쓴, 즉 인간의 고유한 성격을 표현하기 위해 차용한 개념이다. 하이데거는 칸트의 세계 개념을 실존적인 차원에서 해석하면서 '삶의 놀이'를 언급한다. 하이데거는 현존재가 세계로 초월하는 활동을 '삶의 놀이'로 해석한다. EP, 308~323 참조.
13 EP, 310.

지속한다. 이러한 초월행위는 존재자의 범주, 즉 자연을 설명하는 방식이 아닌 놀이로 이해할 수밖에 없다. 현존재가 초월하는 세계는 대상 세계가 아니라 현존재가 스스로 그 안에 머무르는 곳이다. 즉 현존재의 "초월함은 세계-내-존재를 의미한다."[14] 세계-내-존재로서 현존재의 활동은 목적과 인과연관적 행위가 아니라, 기획투사하면서 자신의 가능성을 열어가는 행위이다. 하이데거는 현존재가 세계와 맺는 관계를 "근원적인 놀이ursprünglichen Spiel"[15]로 파악한다.

하이데거가 존재 이해를 근원적인 놀이로 볼 수 있었던 이유는 놀이함das Spielen이 여타의 행위와 근본적으로 다른 특성이 있기 때문이다. 놀이함은

① 진행과정의 기계적인 연속이 아니라 자유로운 사건, 즉 항상 규칙에 결속된 사건이다.

② 이때 이 사건에서 본질적인 것은 행위와 행동이 아니다. 놀이함에서 결정적으로 중요한 것은 바로 특별한 상태의 성격, 즉 고유한 거기에 처함Sich-dabei-befinden이다.

③ 태도는 놀이함에서 본질적인 것이 아니기 때문에 규칙도 다른 성격을 띤다. 다시 말해 규칙들은 놀이함에서 비로소 형성된다. 결속은 아주 특별한 의미에서 자유로운 결속이다. 놀이함은 스스로 작용하면서 그때마다 가장 먼저 놀이에 개입한다. 그 후에 이 놀이는 놀이체계로서 떨어져

---

14 EP. 307.
15 EP. 313.

나갈 수 있다. 이렇게 ~에 개입하는 놀이함Sicheinspielen에서 비로소 놀이가 생기지만 이 놀이가 규칙체계, 앞선-규정Vor-schrift으로 형식화할 필요는 없다.

④ 그러나 여기에 다음과 같은 사실이 놓여 있다. 즉 놀이의 규칙은 확고하며 어딘가에서 옮겨온 규범이 아니라 놀이함에서, 그리고 놀이함을 통해 변할 수 있다. 이러한 놀이함은 매번 그 안에서 형성되고 동시에 변화될 수 있는 자신의 공간을 창출한다.[16]

하이데거가 '놀이함'에서 발견한 특징은 우선 놀이함에는 규칙이 있는데, 이 규칙이 기계적이고 행위에 대해 절대적 구속력을 행사하는 일반적인 형태의 규칙과는 다르다는 것이다. 놀이함에서 규칙과 놀이자의 평면적인 관계보다 더 중요한 것은 놀이의 상태, 상황이다. 놀이의 촉발에서는 놀이의 규칙이 아니라 놀이를 가능하게 하는 사건이 우선한다. 이 사건의 전개에 따라 규칙은 변경될 수 있고, 더 나아가 놀이자의 태도도 변화할 수 있다.

놀이함의 네 가지 특징을 하이데거는 초월의 문제와 연결한다. 그는 세계를 "초월이 노는 놀이"[17]로 본다. 그것은 "모든 현사실적 현존재가 현사실적으로 이렇게 또는 저렇게 그의 실존이 지속하는 동안 함께 노는 형태로 지속할 수 있기 위해 개입해서 놀아야 하는 세계이다. 세계-내-존재는 이러한 '놀이의 근원적 놀이함'을 의미한다."[18] 하이데거

---

16   EP, 312.

17   Ebd.

18   김재철, 〈전기 하이데거의 놀이존재론〉,《존재론연구》35집(한국하이데거학회, 2014), 21쪽.

가 놀이를 초월과 관련시킴으로써 말하고자 하는 바는 놀이에서 본질적인 것은 놀이를 위한 규칙 또는 놀이하는 사람의 의도나 이익 따위의 목적이 아니라는 것이다. 놀이에서 더욱 근본적인 것은 놀이함 그 자체이고, 그 속에서 놀이하는 자가 자신의 고유한 가능성을 시도한다는 점이다. 현존재의 초월 역시 자신을 기투함으로써 가능성을 확장하는 것이다. 놀이함의 의미가 철저히 놀이활동 자체에서 비롯되듯이 자신의 외부에서 존재근거를 취할 수 없는 현존재의 초월 또한 철저히 세계 내로의 초월, 즉 내재적 구조를 취한다. 이 점에서 초월은 철저하게 놀이의 형태를 띤다. 그래서 하이데거는 현존재를 이미 그의 존재에서 "놀이에 던져져 있는"[19] 존재자로 보았다.

초월과 놀이의 관계는 1928년의 《칸트와 형이상학의 문제》[20]에서도 중요한 주제가 된다. 이 저서에서 하이데거는 칸트가 시도한 형이상학 비판을 검토하고 형이상학을 새롭게 정초하고자 한다. 그는 형이상학의 핵심 주제이자 현존재의 존재 이해에서 결정적인 '초월'에 다른 방식으로 접근하기 위해 놀이를 끌어들인다. '유한한 인간에게 어떻게 초월이 가능한가?'라는 물음에 하이데거는 이렇게 답한다.

유한자는 ~을 마주 서게 하면서 거기로 지향할 수 있는 이러한 근본능력을 필요로 한다. 이러한 근원적 지향을 통해 유한자 일반은 자신에게 어

19 EP, 313; 김재철, 〈전기 하이데거의 놀이존재론〉, 22쪽 참조.
20 M. Heidegger, *Kant und das Problem der Metaphysik*, Gesamtausgabe, Bd.3, Frankfurt am Main, 1973. 앞으로 이 저서는 KM으로 약칭하며, 인용은 한글 번역본인 《칸트와 형이상학의 문제》, 이선일 옮김(한길사, 2001)에 의거한다.

떤 것이 "대응"할 수 있는 하나의 놀이공간을 비로소 자기 앞에 보유한다. 이러한 놀이공간 안에 처음부터 체류하고 있음, 즉 이러한 놀이공간을 근원적으로 형성함, 이것이 바로 존재자에 대한 모든 유한한 태도를 특징짓는 초월이다.[21]

이 인용문이 의미하는 것은 놀이는 유한한 인간이 부단히 자신을 넘어서려는 '초월'과 관계있으며, "'존재 이해'는 곧 초월로서의 놀이로 해석할 수 있다"[22]는 것이다. 이 점은 《철학 입문》에서도 분명히 드러난다. 하이데거는 현존재의 존재방식을 '놀이판에 걸려' 있는 것으로 본다. "놀이판에 걸려 있음, 즉 세계-내-존재는 그 자체에서 무-기반성 Halt-losigkeit이다. 다시 말해 현존재의 실존함은 기반을 조달해야 한다. 엄밀히 말해 세계-내-존재는 현존재에 붙어 있는 어떤 속성이 아니라 그 본질에 따라 현존재가 그 속에 머무를 것을 요구하는 그런 존재구성틀이다."[23] 즉 현존재의 존재 이해와 초월은 놀이적이다. "우리는 초월을 놀이로 파악한다. 초월 자체는 우선 존재 이해라는 계기의 관점에서 파악되며, 따라서 존재 이해도 이러한 놀이의 성격을 띠고 있다."[24] 이로써 존재를 놀이하고, 놀이를 통해서 존재를 얻고, 놀이에서 존재를 형성한다고 할 수 있다는 하이데거의 언급을 이해할 수 있다.[25]

---

21 KM, 67.
22 배상식, 〈하이데거의 '놀이' 개념〉, 148쪽. 전기 하이데거의 놀이 사유에 관해서는 김재철, 〈전기 하이데거의 놀이존재론〉, 1~30쪽 참조.
23 EP, 337.
24 EP, 315.
25 같은 곳 참조.

《존재와 시간》을 비롯한 하이데거의 전기 철학은 현존재 분석을 통한 존재 이해를 꾀한다. 이때 놀이는 현존재, 즉 인간의 존재 이해, 그리고 초월과 깊은 관련이 있다. 하이데거가 지적하듯이 존재를 존재자처럼 표상적인 방식으로 이해해서는 안 된다. 존재 이해, 초월, 삶은 놀이로 이해할 때 더욱 분명해질 것이다.

그런데 존재 이해는 현존재를 통한 것이기 때문에 여전히 유한자인 현존재와 무한자인 존재와 관련된 듯한 오해를 지울 수 없다. 마찬가지로 놀이도 마치 현존재인 인간이 의식적으로 행하는 어떤 것이라는 선입견을 줄 수 있다. 원래 놀이에서 주체는 부수적인 것이다. 예컨대 강강술래를 보더라도 그곳에 놀이 기획자가 있어 놀이를 유지시키는 것이 아니라 놀이가 있기에 인간이 참가한다. 놀이의 이러한 끊임없는 지속과 변양은 존재의 생기와 비슷한 점이 있다. 하이데거가 후기 철학에서 놀이에 천착하는 이유도 그 때문일 것이다.

3. 예술작품의 진리와 놀이

하이데거의 후기 사유에서 놀이는 결정적인 의미가 있다. 현존재를 통한 존재 이해가 아니라, 존재생기Ereignis · 존재역운에서 알 수 있듯이 존재 스스로가 생기하거나 존재가 자신을 역사에 보내는 것 등 존재 자체가 문제의 핵심에 있다. 이러한 존재를 해명하는 데 놀이는 더할 나위 없는 개념일 것이다. 후기 하이데거의 놀이 사유는 주로《근거율》(1957/59)과《언어로의 도상에서》(1959)에 집중적으로 드러나지만, 〈예술작품의 근원〉(1935/36)[26]에서 이미 그 단초가 보인다.

〈예술작품의 근원〉에서 하이데거는 존재 문제에 초기와는 다른 관점으로 접근한다. 즉 그는 존재를 예술작품에서의 존재진리의 생기라는 측면에서 접근한다. 이 저서의 핵심주제는 예술작품의 근원과 존재진리이다. 그런데 왜 하이데거는 진리를 예술작품에서 찾는가? 여기서 하이데거는 진리를 더 이상 주체와 대상의 관계에서 찾는 전통 형이상학과 《존재와 시간》에서와 같은 방식의 현존재를 통한 해명을 포기한다는 것을 우리에게 확인시켜준다. 즉 진리는 대상이 주체에 의해서 모사 또는 재현되거나, 의식에 의해서 구성 또는 추론되는 것이 아니다.

하이데거에서 존재의 진리가 일어나는 곳은 예술가나 예술가의 합목적적인 행위가 아니라 예술작품에서이다. 예술작품에서 진리는 스스로 자신을 드러낸다. 작가는 단지 그러한 진리에 따르는 자일 뿐이다. 즉 예술가와 창작활동, 그리고 작품에서 좀 더 근원적인 것은 예술작품이다. 다시 말하면 예술의 본질은 예술작품 자체에 있다. 하이데거의 이러한 시각은 예술작품과 존재의 진리를 해명하기 위한 반 고흐의 〈구두〉와 그리스 '파르테논 신전' 해석에서 더욱 분명하게 드러난다.

하이데거는 예술작품의 본질을 작품 속에 존재자의 진리를 정립하는 것으로 파악한다. 그는 고흐가 그린 시골 아낙의 신발을 언급하면서 이렇게 자문한다. "여기서 무엇이 일어나고 있는가? 작품 속에서 무엇이 작용하고 있는가? 반 고흐의 그림은 하나의 도구가, 농부의 한 켤

---

26 M. Heidegger, "Der Ursprung des Kunstwerkes" in: *Holzwege*, Gesamtausgabe Bd. 5, Frankfurt am Main, 1977. pp. 1~72(앞으로 이 논문은 HW로 약칭하고, 뒤에 쪽수를 덧붙인다).

레 신발이 참으로 무엇인가 하는 것의 개방이다."[27] 여기에서 무엇인가에 해당하는 것을 바로 다음의 인용문이 대답해준다. "그림은 한 존재자를 개방하고 있고, 이로써 그 존재자는 자신의 존재의 비은폐성Un-verborgenheit(알레테이아, 진리) 속에 들어서 있다. 이를 토대로 예술작품 속에서는 존재자의 진리가 작품 속으로 정립되어 있는 것이다."[28] 여기서 하이데거가 생각하는 예술의 본질을 유추해볼 수 있는데, 그에 따르면 예술의 본질은 "존재자의 진리가 스스로를 작품 속으로 정립함"[29]이라고 말할 수 있다.

하이데거는 고흐가 그린 시골 아낙의 신발을 주제로 한 작품에서 사물이 존재의 빛 속으로 자신을 온전히 드러내는 것을 확인한다. 그렇다고 작품 속의 신발이 신발 자체를 완벽하게 모사하고 있다는 것을 의미하는 것은 아니다. 만약 그것을 의미한다면 농화農靴(또는 시골 아낙의 신발)를 찍은 사진이나 극사실주의 그림이 이러한 역할을 하는 데 더 잘 어울릴 것이다. 하이데거가 농부의 구두가 존재의 빛 속에 자신을 드러낸다고 말할 때 그것의 진정한 의미는 고흐의 〈구두〉가 사물의 본질, 즉 존재자의 진리와 관계한다는 것이다. 이것은 사물의 표피를 모사하는 방식으로 성취할 수 없다. 그것은 하나의 사물이 새로운 빛 속에서 드러날 때 가능하다. 고흐의 작품에서 구두는 도구로서의 구두가 아니라 대지의 침묵하는 부름과 그에 따르는 농부의 충만한 삶을 구현한 것이다.

---

27 HW, 21.

28 정은해, 〈하이데거와 가다머의 놀이 개념〉,《인문논총》57집(서울대학교 인문학연구원, 2007), 57쪽.

29 HW, 21.

대지는 농부의 삶과 세계를 떠받치는 근거가 된다. 예술작품은 이렇게 도구에 대한 모사가 아니라 존재자들의 진리를 빛 속으로 드러낸다.

하이데거에 따르면 진정한 예술작품은 존재자들의 진리를 드러낸다. 고흐의 구두는 실재적 도구에 대한 신뢰에 기초하지만 예술작품이 실재적 도구와 무관한 경우에도 존재자들의 진리를 드러낸다. 그것에 대한 예시가 파르테논 신전이다.

> 그리스 신전은 아무런 대상도 모사하고 있지 않다. 그것은 갈라진 바위 계곡 한가운데에 단순히 서 있을 뿐이다. 그 건축작품은 신의 형상을 보존하면서 그것이 자신을 은닉한 채로 주랑柱廊을 통해 성스러운 경내로 나서게 한다. 신전의 건립과 함께 신은 그 신전 안에 임재한다. 신이 이렇게 임재하게 되는 것과 함께 그 구역은 성스러운 구역으로 나타난다. …… 그곳에 그렇게 선 채 이 건축작품은 바위 위에 머물고 있다. 이렇게 머무르면서 신전은 바위에서 완강하면서도 무목적적인 지탱이라는 어둠을 끌어낸다.[30]

그리스 신전은 주위를 굴복시키지도 않으며 주변 풍경 속으로 사라지지도 않는다. 그것은 그렇게 서 있으면서 주위의 바위 같은 사물들에게 자신들의 진리를 드러내게끔 한다. 이러한 신전에서 비로소 성스러운 것이 성스러워지고, 신은 스스로를 임재하게 한다anwesenlassen. 이러한 신전은 사물과 행위 각각에 자신의 시간과 공간을 부여한다. 달리 말하

---

30 HW, 27.

면 작품을 위해서 사물과 행위는 필요하지만 자신을 감추는 방식으로 드러낸다. 예술작품을 위해 자신을 감추면서 드러내는 것을 하이데거는 대지로 본다. 하이데거는 예술작품이 생성되는 과정을 세계와 대지의 투쟁으로 설명한다. "하나의 세계를 열어 세움aufstellen과 대지를 불러 세움herstellen"[31]이 작품에서 한 치의 양보 없이 대립하고, 이 두 가지 모순적 성질이 작품의 본질을 형성한다. 세계는 자신을 밝히려 하고 대지는 자신을 은폐하려 하는데, 따라서 세계와 대지 사이에는 투쟁이 존재한다. 작품에서 둘의 투쟁이 일어나고 거기에서 진리가 발생한다는 것이다. "한 세계를 열어 세우고 대지를 불러 세우면서 작품은 그 속에서 존재자 전체의 비은폐성, 즉 진리가 쟁취되는 그런 투쟁의 격돌이다."[32]

하이데거는 존재자의 비은폐성, 즉 진리를 설명하면서 우리의 주제인 놀이, 더 정확히 '놀이공간'을 이렇게 언급한다. 우리가 "알아차려야 할 것은 다음이다. 존재자의 비은폐성Unverborgenheit의 본질이 어떤 방식으로든 존재 자체에 속한다면(《존재와 시간》 44절 참조 – 필자), 이 존재 자체는 자기의 본질에서 개방성Offenheit, 곧 '거기'의 밝힘die Lichtung des Da의 놀이-공간을 생겨나게 하고 이 놀이-공간을 그 안에서 각각의 존재자가 자신의 방식대로 출현하는 그런 어떤 것으로 가져온다."[33]

여기서 비은폐성이나 개방성은 존재자가 그 안에서 그 자신의 방식대로 숨기면서 드러내는 일종의 놀이 장소, 즉 존재자를 위한 놀이-공간이라 할 수 있다.[34] 위의 인용문에 이어 하이데거는 비은폐성으로서

---

31 HW, 34.
32 HW, 42.
33 HW, 49.

진리가 어떻게 놀이로 이해될 수 있는지를 언급한다. "진리는 오직, 진리 자신에 의해 열리는 투쟁과 놀이공간 속에서 스스로를 설립하는 식으로만 일어난다."[35] 앞서 언급했듯이 예술작품은 세계를 건립하면서 동시에 대지로 감추면서 존재자 전체의 진리를 드러낸다. 〈예술작품의 근원〉에서는 전부 네 번에 걸쳐 '놀이'가 언급되는데, 다음은 시詩짓기와 관련된 것이다.

> [존재의 말 건넴에 응답하는] 기투하면서 말하기가 시짓기이다. 그것은 세계와 대지의 이야기요, 세계와 대지의 투쟁의 놀이공간의 이야기이며, 그래서 신들의 모든 가까움과 멂의 처소 이야기이다. 시짓기는 존재자의 비은폐성의 이야기이다.[36]

하이데거에서 시짓기도 회화와 건축 등 다른 예술작품처럼 존재자의 비은폐성이 세계와 대지의 투쟁양식으로 등장하는, 투쟁의 놀이공간이다. 그런데 〈예술작품의 근원〉에서 진리는 존재자의 놀이공간으로, 또 세계와 대지의 투쟁의 놀이공간으로 언급될 뿐, 진리와 놀이의 직접적인 관계에 대해서는 분명한 언급이 없다. 이 점에서 진리와 놀이를 일치시키는 1950년대 저작과의 차이를 분명히 확인할 수 있다. "이런 점에서 보자면 〈예술작품의 근원〉에서 놀이 개념은 아직 주제적 개념이 아니라고 말할 수 있을 것이다."[37]

34　정은해, 〈하이데거와 가다머의 놀이 개념〉, 58쪽 참조.
35　HW, 49.
36　HW, 61.

4. 존재역운과 놀이[38]

놀이는 하이데거의 이른바 전회 이후의 존재 해명에서 더 중요한 역할을 한다. 특히 존재생기를 둘러싼 논의에서 놀이는 빠질 수 없다. 1950년대 중반 존재생기는 존재역운 개념과 밀접한 관계가 있다. 놀이에 관한 하이데거의 사유가 가장 명확하게 드러난 저서가 바로 1956/57년의 강의를 모은 《근거율》인데, 여기에서 하이데거는 존재가 어떻게 사유에게 자신을 보내오는지를 역사를 통해 설명한다.

우리는 흔히 역사를 인간의 의도가 투영된 노동의 산물로 보고, 역사의 시대구분도 영웅 또는 사건으로 초래된 앞 시대와 단절된 상황에 따른 것으로 본다. 그런데 하이데거는 우리의 상식과 달리 역사를 존재의 역운으로 이해한다. 존재역운은 "존재가 우리에게 말을 건네고 자신을 밝히고 또 밝히면서 그 안에서 존재자가 현상할 수 있는 시간-놀이-공간을 마련해준다."[39] 즉 존재는 자신이 존재자에게 마련해준 시간-놀이-공간에서 스스로를 숨기면서 동시에 자신을 우리에게 보낸다.

하이데거에 따르면 존재가 자신을 우리에게 숨기고 그때그때 밝혀진 것이 바로 역사의 단계이다. 하이데거식으로 보면 서양의 특정 시기의 특정한 철학은 모두 존재역운의 산물이다. 그가 '마지막 형이상학자'로 명명하고 대결하고자 한 니체의 철학도 바로 이러한 존재역운의 산

---

37 정은해, 〈하이데거와 가다머의 놀이 개념〉, 59쪽.
38 아래의 내용은 정낙림, 〈놀이와 형이상학―니체, 하이데거, 핑크의 놀이 사유〉, 《니체연구》 29집(한국니체학회, 2016), 28~31쪽에 기초한다.
39 M. Heidegger, *Der Satz vom Grund*, Gesamtausgabe Bd. 10, Frankfurt am Main, 1977, p. 39(앞으로 이 저서는 SG로 약칭하고, 뒤에 쪽수를 덧붙인다).

물인 것이다. 하이데거가 "서양 사유의 역사가 존재의 역운 속에 머무른다"[40]고 말한 것도 이런 의미이다.

그러면 존재역운과 인간의 관계를 조금 더 살펴보자. 존재자는 존재가 마련해준 시간-놀이-공간에서 그때그때 현상한다. 달리 말하면 존재의 역운은 존재자에게 한시적이고 제한적으로 열려진 시간-놀이-공간인 셈이다. 이것을 하이데거는 이렇게 말한다. "존재는 스스로 퇴각하면서 시간-놀이-공간을 보내줌으로 존속하며 시간-놀이-공간은 역운과 역운의 부름에 상응하면서 그때마다 존재자라고 불리는 것의 현상을 위한 것이다."[41] 그런데 하이데거에 따르면 존재가 보내는 시간-놀이-공간에서 인간은 특별한 지위를 차지한다. "우리[인간]는 이러한 놀이공간 속에서, 그리고 이것을 위해 사용되는 자들Gebrauchten로서, 존재의 밝힘에 종사하고 이것을 세우도록, 광의의 의미로 말해 이것을 보존하도록 사용된다."[42] 말하자면 인간은 존재역운, 즉 시간-놀이-공간에서 존재의 밝힘과 보존에 필요한 존재자이다.

존재는 스스로 숨기면서 밝혀, 존재자를 위한 시간-놀이-공간을 마련한다. 그러나 존재의 밝힘은 존재 스스로의 일방적인 사건으로 가능하지 않기 때문에 인간의 응대가 필요하다. 이렇게 존재가 자신을 보내고 인간이 여기에 응대함으로써 존재는 밝혀진다. 이러한 존재역운의 과정을 놀이로 설명하면서 하이데거는 저 유명한 헤라클레이토스의 단편 B52를 소환한다: "존재역운, 그것은 놀이하고 있는 한 어린아이,

---

40 SG, 130.
41 SG, 143.
42 SG, 146. 정은해, 〈하이데거와 가다머의 놀이 개념〉, 62쪽 참조.

즉 장기놀이를 하는 아이이다. 이때 왕국은 아이의 것이다."⁴³ 그런데 하이데거는 여기에 위대한 아이를 덧붙인다. "가장 위대하며, 그 자신의 놀이의 부드러움을 통해 왕 같은 아이는 놀이의 비밀이며, 이 비밀 속으로 인간과 그의 삶의 시간을 데려가고, 그것에서 인간의 본질이 정립된다."⁴⁴ 여기서 위대한 아이는 삶의 본질을 간파한 인간을 가리킨다.

그렇다면 하이데거에서 놀이와 존재역운, 그리고 놀이하는 아이는 어떤 관계에 있을까? 다음 인용문은 우리에게 그 실마리를 준다. "헤라클레이토스의 아이온aion(삶의 시간) 속에서 발견하는 세계놀이Weltspiel라는 위대한 아이는 왜 놀이를 하는가? 그는 놀이하기 때문에 놀이한다 Es spielt, weil es Spie."⁴⁵ 헤라클레이토스의 '놀이하는 아이'의 놀이에서 놀이의 원인과 목적은 존재하지 않는다.

하이데거에서 존재의 근거 물음도 마찬가지다. 존재는 존재자의 근거이지만, 그렇다고 존재가 자신의 근거를 존재자에서 찾지는 않는다. 말하자면 놀이의 근거가 놀이이듯 존재의 근거는 존재인 셈이다. "때문에Weil라는 것은 놀이 속에서 가라앉는다. 놀이는 '왜'라는 것이 없이 존재한다. 그것이 놀이하는 동안에dieweil, 그것은 있다. 단지 놀이만이 머물고 있다: 최고의 것이자 가장 깊은 것이다."⁴⁶ "근거 짓는 것으로서의 존재는 아무런 근거도 갖지 않고, 탈-근거로서 놀이이고, 이것이 우리에게 존재와 근거를 보내준다."⁴⁷

---

43 SG, 188.
44 Ebd.
45 Ebd.
46 Ebd.
47 Ebd. 하이데거는《근거율》에서 탈-근거를 설명하기 위해 안겔루스 질레지우스Angelus Sile-

역운으로서 존재는 놀이이고, 이 놀이는 인간에게 존재를 개방한다. 인간은 여기에 응대함으로써 놀이에 참여한다. 인간의 이러한 참여는 새로운 역사시기의 형성에 기여하는 결과를 낳는다. 하이데거가 존재의 생기를 존재역운으로 설명하는 이유는, 전기의 현존재로부터의 존재 해명이 여전히 인간 중심의 주체철학을 탈피하지 못했다는 비판을 존재에서 존재자로 오는 사유의 전환을 통해 극복하고자 했기 때문이다. 존재 자신을 존재자에게 보내는 역운을 설명하기에 가장 좋은 방식은 '주체' 없이도 의미 있는 행위가 가능한 놀이를 통하는 방식이었을 것이다. 이 점에서 그는 니체와 같은 지점을 보고 있다. 그들이 똑같이 소크라테스-플라톤의 철학을 '몰락'의 출발점으로 본 점, 그리고 헤라클레이토스에서 몰락을 되돌릴 가능성을 본 점은 우연이 아닐 것이다.

5. 언어와 놀이

후기 하이데거는 언어와 존재의 관계를 천착한다. "언어는 존재의 집"이라는 언설에서도 존재와 언어의 밀착성을 확인할 수 있다. 놀이라는 주제와 관련하여 우리의 주목을 끄는 것은 하이데거의《언어로의 도상》(1959)[48]이다. 여기서 우리는 '세계놀이'나 '시간-놀이-공간' 개념을

---

sius(1624~1677)의 유명한 시를 인용한다. "장미는 왜warum라는 이유(근거) 없이 존재한다. 장미는 피어나기 때문에weil 핀다. 장미는 자기 자신을 위해 배려하지 않고, 자신이 보여지는가 어떤가를 묻지 않는다(SG, 69; 77).

48 M. Heidegger, *Unterwegs zur Sprache*, Gesamtausgabe Bd. 12, Frankfurt am Main, 1985. 앞으로 이 저서는 US로 약칭하고 뒤에 쪽수를 표기한다. 한글 번역서로는 하이데거,《언어로의 도상에

자주 만나게 된다.《언어로의 도상에서》에는 여섯 편의 논문이 실렸는데, 그중 〈언어Die Sprache〉〈언어의 본질Das Wesen der Sprache〉〈언어로의 길 Der Weg zur Sprache〉이 놀이와 직접적인 연관이 있다.

하이데거가 언어에 관심을 쏟은 근본적인 이유는 언어와 존재의 관계에서 비롯된다.[49] 단적으로 언어의 본질은 존재와 관련이 있다. 우리는 대개 언어를 인간의 의사소통을 위한 도구쯤으로 생각한다. 그러나 하이데거에서는 인간과 존재의 언어[50] 관계가 전도된다. 존재의 언어 차원에서 보면 인간은 언어의 주인이 아니다. 오히려 언어가 인간에게 말을 걸어온다. 인간은 존재의 언어가 건네는 말에 응답할 뿐이다.

존재의 언어, 참말die Sage[51]의 예시로 하이데거는 〈언어〉에서 게오르크 트라클의 시를 언급한다. 트라클의 시와 같은 참말은 "세계와 사물을 부르는, 초청하기"[52]이다. 시인의 말은 자기 감정을 대상에 덧씌워 세계와 사물의 외양을 전하는 것과 차원이 다르다. 그의 말은 세계와 존재자의 언어, 즉 '정적의 소리 없는 울림das lautlose Geläut der Stille'에 대한 응답entsprechen이다.

정적의 울림은 인간적인 것이 아니다. 그 반대로 인간적인 것이 그 본질

서》, 신상희 옮김(나남, 2012) 참조.

49 US, 166, 174, 189 참조. 하이데거의 언어와 놀이에 관한 배경적 설명은 이기상, 〈하이데거의 말놀이 사건—말의 말함과 하이데거의 응답함〉,《하이데거 연구》(한국하이데거학회, 2006), 5~42쪽 참조.

50 하이데거는 일상적인 의미에서 말과 존재의 언어를 구분하여, 근원적인 의미의 말을 '참말'이라고 명명하기도 한다. US, 242 참조.

51 Ebd. 참조.

52 US, 26.

에서 '언어적'이다. 지금 언급된 '언어적'이라는 낱말은 여기서는 '언어의 말함에서 생기되는 (것)'을 말한다. 이렇게 생기된 것, 즉 인간의 본질은 언어를 통해 그의 고유함 속으로 데려와지며, 이러한 그의 본질은 언어의 본질인 정적의 울림에 내맡겨진 채로 머문다.[53]

하이데거에서 언어의 본질은 정적의 소리 없는 울림이며, 인간은 이것을 듣고 응답한다. 이런 맥락에서 인간은 정적의 울림을 완성하고, 언어를 통해 인간은 세계와 사물을 초청하는 셈이 되는 것이다.

세계와 언어에 대한 하이데거의 이러한 이해는 〈언어의 본질〉에서 '방역die Gegend'과 '사방세계das Weltgeviert'라는 개념으로 심화한다. "…… '마주하여 오는 것das Gegnende'으로서의 방역은 자유롭게 하는 밝힘frei-gende Lichtung이고, 이 속에서는 밝혀진 것이 동시적으로 자기를 숨기는 것과 더불어 자유로운 곳에 도달한다."[54] 그러니까 하이데거에서 방역은 세계와 사물의 가장 근원적인 "장소Stätte"[55]라고 할 수 있다. 즉 "이 방역이 땅과 하늘, 깊이의 흐름과 높이의 힘을 서로 만나게 하는, 곧 땅과 하늘을 세계방위들로 규정하는 것이다."[56] 하이데거는 방역을 놀이의 터전, 즉 시간-놀이-공간으로 생각한다. 시간-놀이-공간은 "시간과 공간을 그들의 본질에서 모아 유지하는 그런 동일자"인데 "시간-놀이-공간의 동일자가 시간화하고 공간화하면서 사방세계의 서로 마주함에

---

53 US, 30.
54 US, 197.
55 US, 199.
56 US, 207.

길을 내어준다─[이것이]세계놀이[다].”⁵⁷

시간-놀이-공간은 방역의 ‘길-내주기’이며, 이러한 길-내주기는 사방세계(하늘, 땅, 인간, 신)로 나타난다. “방역의 자유롭게 하면서 숨기는 일은 길-내주기Bewegung이고, 그 속에서 방역에 속한 길들이 생겨난다.”⁵⁸ 하이데거는 길-내주기를 “정적의 울림” “정적의 놀이das Spiel der Stille”⁵⁹라 표현하고, 이것을 사방세계의 참말die Sage des Weltgeviertes이라고 설명한다.

> 사방세계의 참말로서 언어는 더 이상 우리가─즉 말하는 인간들이─인간과 언어 사이에 존립하는 어떤 관계라는 의미에서 [그것과] 어떤 관계를 맺고 있는 그런 것에 불과한 것이 아니다. 언어는 세계를-움직이면서-길을-내어가는 참말로서 모든 관계들의 관계이다. 언어는, 그 자신이─즉 참말이─자기 안에 머무름으로써, 관계하고 얘기하며 건네주고 서로-마주하고-있는 세계방역들을 풍부하게 하고 유지하며 그것들을 지켜준다.⁶⁰

하이데거에서 언어는 사방세계, 일체의 사물들이 기거하는 시간과 공간의 놀이터에서 만나고, 어울리고, 서로 포개지면서 되비쳐주는 정적의 소리 없는 울림인 셈이다. 이것은 일종의 ‘거울-놀이das Spiegel-Spiel’

---

57 US, 214.
58 US, 197.
59 US, 214f.
60 US, 203.

라 할 수 있는데, 이것을 하이데거는 〈사물〉에서 이렇게 표현한다. "넷의 각각은 일어나며-밝혀지는 방식에 따라 비추면서 다른 셋의 각각에게 자신을 건네며 놀이한다."[61] 이러한 사방세계의 거울놀이를 하이데거는 '세계놀이'로 파악한다.

> ……밀어내고-가져오는 시간과 마련해놓고-허용하고-떠나보내는 공간은 동일한 것 속에, 즉 우리가 이제 더 이상 뒤따라 숙고할 수 없는 정적의 놀이 속에 서로 함께 속해 있다. 공간과 시간을 이 둘의 본질 속에 모아두고 있는 저 동일한 것은 시간-놀이-공간이라고 불릴 수 있다. 시간화하고-[공간을-]마련해놓으면서 시간-놀이-공간의 동일한 차원이 이네 가지 세계방역 ─땅과 하늘, 신과 인간─ 의 서로-마주하고-있음을, 즉 세계놀이를 움직이면서-길을-놓는다.[62]

참말은 사방세계의 '길-내주기'로서 모든 것을 서로-마주하고-있음의 가까움 속으로 모아들이되, 아무 소리도 없이 모아들인다. 시간이 시간화하고 공간이 공간화하듯 그렇게 고요하게, 시간-놀이-공간이 놀이하듯 그렇게 고요하게 모아들인다. 시어詩語는 바로 이러한 참말에 대한 응대이다. 즉 인간은 참말을 들음으로써 방역, 근원적인 장소에 틈입할 수 있는 것이다. 인간이 말하는 것이 아니라 참말을 들을 수 있기에 비로소 말할 수 있는 것이다. 즉 사방세계의 놀이에 동참할 수 있는

---

61 M. Heidegger, *Vorträge und Aufsätze*(앞으로 VA로 약칭), Pfullingen, 1954, p. 172.
62 US, 202.

것이다. "언어에 귀 기울여 듣는 그런 말함 안에서 우리는 [우리가 귀 기울여] 들은 참말을 뒤따라 말한다. 우리는 참말의 말없는 소리가 [우리에게] 다가오도록 허용한다."[63] 즉 우리는 존재의 참말에 뒤따라 말할 수 있을 뿐이다.

6. 놀이의 존재론적 이해

하이데거는 니체와 달리 놀이를 독립적인 주제로 다루지는 않았다. 그에게서 놀이는 존재의 해명과 밀접한 관계가 있다. 하이데거는 존재를 해명하기 위한 다양한 시도에서 전통적인 주체 중심의 형이상학적 사유양식을 깰 수 있는 방안을 모색했는데, 놀이도 바로 이러한 맥락에서 수용했다고 보는 것이 온당할 것이다. '존재는 존재자가 아니다.' 이 것은 하이데거가 존재를 해명하는 제1원칙이다. 존재를 주체에 의해 인식되거나 포섭될 수 있는 존재자처럼 다루어서는 안 된다는 것이다. 즉 형이상학적 태도나 실증주의적 법칙으로는 존재를 파악할 수 없다는 것이다. 그렇다면 존재에 접근하는 길은 인간의 오랜 사유방식을 포기하는 데서 열릴 것이다.

하이데거가 존재를 해명하는 방식에는 전기와 후기 사이에 차이가 있다. 마찬가지로 놀이에 대한 그의 사유에서도 전기와 후기 사이에 차이가 드러난다. 전기의 사유는 존재 이해에 대한 탁월한 통로인 현존재

---

63 US, 244.

분석에 초점을 맞춘다. 따라서 하이데거의 초기의 놀이 이해는 현존재의 존재 이해를 위한 활동과 관계된다.

현존재가 세계와 관계 맺는 방식을 초월이라 할 때, 놀이는 바로 '초월의 놀이'가 된다. 현존재는 여느 존재자들과 달리 자신을 끊임없이 초월하여 세계로 나아간다. 하이데거는 이러한 초월을 '기획투사'로 설명한다. 즉 현존재는 과거를 회상하고 미래에 자신을 기획하고 자신의 가치를 성취하기 위해 분투한다. 기획투사는 현존재가 세계-내-존재라는 것, 그리고 현존재의 의미를 추구하는 행위인 초월은 시간-공간의 놀이라는 것을 말해준다. 이러한 놀이가 결국 삶을 형성하게 된다. 하이데거가 '삶의 놀이'라는 말로써 표현하려는 것도 바로 이런 의미일 것이다.

하이데거가 존재와 놀이의 관계를 집중적으로 거론한 것은 이른바 '전회' 이후의 후기 철학에서이다. 후기 하이데거에서 놀이는 '놀이-공간' '시간-놀이-공간' '거울-놀이' '정적의 놀이' '세계놀이' 등의 표현에서 알 수 있듯이 더욱 심화한 형태로 드러난다. 후기 하이데거의 존재 이해는 현존재를 통하지 않는 존재 자체와 직접 대면하는 방식을 택한다. 후기의 놀이 사유에서 핵심은 '존재역운'이 잘 보여준다. 하이데거에 따르면 역사는 인간의 합목적적 행위의 결과물이 아니다. 그에게 역사는 존재가 자신을 개방하는 것이다. 존재의 개방성은 존재가 나타날 수 있는 '시간-놀이-공간'을 제공하는데, 이러한 존재의 개방성이 곧 존재역운이며, 이 역운을 하이데거는 놀이로 본다.

하이데거의 후기 사유에서 아주 중요한 존재와 언어에 관련된 이해에서도 놀이는 큰 의미가 있다. 하이데거에서 진정한 언어는 존재의 언어, 참말인데, 이것은 우리가 대상을 설명하거나 소통할 때 쓰는 일상언어와 다르다. 참말은 '정적의 울림'을 본질로 하며, 이 정적의 울림에 인간은 다만 호응할 뿐이다. 존재의 언어는 사방세계의 길을 내는 움직임인데, 이것을 하이데거는 시간-놀이-공간으로, 또 세계놀이로 본다. 또한 하이데거는 사방세계, 즉 땅과 하늘과 신과 인간 사방이 서로 화동하고 서로 비추며 하나로 포개지는 것을 '거울-놀이'로 본다. 즉 사방 각각이 서로를 비춰 길을 만든다는 것이다.

하이데거 철학의 주제는 존재이다. 하이데거에 따르면 니체를 포함한 유럽 철학은 존재망각 역사의 산물이다. 하이데거에 따르면, 니체는 유럽 형이상학을 극복하고자 했지만 그의 철학은 여전히 형이상학의 그늘 밑에 있다. 하이데거가 보기에 니체에서, 특히 '힘을 향한 의지'에서 가치평가의 기준과 주체는 분명히 존재한다. 그런 의미에서 니체의 힘을 향한 의지는 근대 주체철학의 산물이다.

하이데거에서 주체철학의 극복은 존재사유에서 가능하다. 존재는 존재자가 아니기에 주·객, 목적, 인과, 선·악을 통해 그 근거를 찾는 것은 불가능하다. 이런 이유에서 존재는 놀이와 닮아 있다.

사회·문화적 차원이 아니라 존재론적 차원에서 놀이(사유)에 접근하는 하이데거의 사유는 가다머의 해석학적 놀이와 오이겐 핑크의 놀이존재론에 크나큰 영향을 주었다. 그러나 하이데거는 놀이의 존재론적 의미에 집착하고 주체의 형이상학 극복의 가능성을 놀이에서 찾다보니 놀이에 담긴 일상적인 의미를 간과했다는 비판에서 자유로울 수 없다. 존재와 세계가 자신을 보낸다는 식의 언설이 주체철학을 극복하는 방편이라는 점을 이해하지 못할 바는 아니다. 그러나 존재, 세계, 그리고 놀이를 마치 수수께끼 같은 것으로 신비화하고 실체화할 위험이

있다는 것도 부인할 수 없는 사실이며, 이러한 비판은 다양한 형태로 제기되고 있다.[64]

---

64 이러한 비판의 대표적인 예는 뢰비트K. Löwith에게서 찾을 수 있다. K. Löwith, *Nietzsches Philosophie der ewigen Wiederkehr des Gleichen*, Hamburg, 1986, pp. 222~225 참조.

3장
가다머의 놀이철학―해석학과 놀이

1. 해석학과 예술

　우리는 앞 장에서 하이데거의 놀이 개념이 그의 존재 해명과 밀접한 관계가 있으며, 놀이가 궁극적으로 근대의 주체 중심적 사유양식을 극복하는 중요한 단초가 된다는 점을 살펴보았다. 하이데거에서 존재사유의 철학적 세례를 직접 받은 가다머는 하이데거의 문제의식을 물려받으면서도 특히 '놀이' 사유에서 더욱 심화한 사유를 펼친다. 가다머의 놀이 사유는 그의 해석학에서, 특히 예술작품의 존재론적 의미를 분석하는 데서 구체적으로 드러난다. 하이데거에서는 놀이가 존재생기와 관련하여 주변적인 주제로 언급되었다면, 가다머에서는 독립적이고 심층적인 주제로 다루어진다.

　가다머는 자신의 해석학적Hermeneutisch 경험을 설명하는 데 예술이 탁월한 예시를 제공한다고 본다. 우리는 박물관에서 우연히 접한 예술작품을 통해서 인간과 인간, 현재와 과거의 만남이라는 해석학의 근본 문제를 이론으로 아는 것이 아니라 직접 체험한다. 우리 앞에 있는 작품은 까마득한 옛날의 인간이 낯선 시간과 공간에 남긴 흔적이고 또한 역사 속에서 평가되고 재단된 것이라 해도, 우리는 그것이 우리에게 말 걸어오고 생생한 현재성으로 다가오는 것을 어렵지 않게 경험한다. 이러한 경험을 통해 우리는 예술이 역사를 뛰어넘어 언제나 동시적이며 자신만의 고유하고 일회적인 경험을 감상자(수용자) 개개인에게 제공한다고 말할 수 있다. 이러한 이유에서 가다머는 예술이 근본적으로 해석학적이라고 단언할 수 있었다.

> 확실히 해석학은 예술의 전 영역과 그 문제 제기를 다 함께 포함할 만큼 포괄적인 것으로 이해되지 않으면 안 된다. …… 미학은 해석학에서 출발하지 않으면 안 된다. 이 말은 단지 문제의 범위에 관련된 언명일 뿐만 아니라, 내용적으로도 타당하다. 거꾸로 말하면 해석학은 전체적으로 예술의 경험을 올바르게 다룰 수 있도록 규정되어 있음에 틀림없다.[1]

가다머에게 예술과 관련된 경험은 해석학적이며, 텍스트와 관련된 해석학적 경험은 예술경험에도 유효하다. 그래서 그는 "모든 대화에 유효한 것은 탁월한 방식으로 예술경험에도 유효하다"[2]고 말할 수 있었던

---

1 WM, 170.
2 H.G. Gadamer, "Ästhetik und Hermeneutik", in: Gesammelte Werke, Bd. 8, Tübingen, 1993, p. 6. 해석학에 기초한 가다머의 미학이 칸트의 형식미학이 아니라 헤겔을 따른다는 것은 분명하다. 헤겔의 다음과 같은 언급은 가다머의 생각과 매우 가깝다. "모든 예술작품은 누구든 그 앞에 서 있는 사람과의 대화이다"(G.W.F. Hegel, *Vorlesungen über die Ästhetik*, Bd 13, in: *Werke in zwanzig*

것이다. 예술과 해석학의 관계에 대한 가다머의 통찰은 근대미학, 특히 칸트 미학에 대한 비판적 대결에서 성취되었다. 칸트가 주로 미의 보편적 인식에 집중했다면, 가다머는 예술과 관련된 체험에 주목한다. 그는 예술과 관련된 경험에서 본질적인 것은 '체험'을 통해 획득되며, 예술체험은 인간의 체험이 그렇듯 인간 삶의 전체적인 측면과 관계할 뿐만 아니라 삶의 맥락과 흐름에 따라 부단히 확장된다고 본다. 그런데 가다머는 근대철학자들과는 달리 우리의 체험이 체험 주체의 주관에 전적으로 지배되는 것은 불가능하다고 본다. 체험에서 주체보다 훨씬 중요한 부분은 오히려 주체 밖의 것, 근대철학에서 주변적으로 다루어졌던 것에서 비롯된다.

가다머는 칸트가 이전의 대상 중심, 즉 모방론 중심의 미학을 극복하고 '미적 의식의 자율성'의 중요성을 꿰뚫어본 점을 높이 평가한다. 그러나 또한 칸트가 미적인 경험을 철저히 주관화함으로써 삶과의 전체적인 연관성을 간과했을 뿐만 아니라 미학에서 더욱 중요한 부분을 지나쳤다고 비판한다. 가다머가 보기에 칸트의 유일한 관심은 미적 판단의 보편화에 있고, 예술작품의 창작·감상처럼 예술체험에서 더욱 중요한 측면은 간과하고 있다.

가다머는 미학에서 더 중요한 것은 예술작품을 감상하는 주관이 아니라 예술작품 그 자체이며, 그것을 경험하는 것에 있다고 본다. 우리는 예술작품을 경험함으로써만 작품이 보여주는 원초적이고 근원적인 사태와 세계연관성을 획득하는 것이다. 가다머는 칸트가 미적 체험을 주

Bänden, E. Moldenhauser u. K. M. Michel[Hg.], Frankfurt a. M., 1969~1971, p. 341).

3장 가다머의 놀이철학—해석학과 놀이 241

관의 의식으로 제한하는 것을 이렇게 비판한다.

예술에 대한 의식, 즉 미적 의식은 언제나 부차적인 의식일 뿐이기 때문이다. 그것은 우리가 예술작품의 경험에서 얻게 되는 작품의 직접적인 진리 주장에 견주면 이차적인 것이다. 그런 한에서 만약 우리가 어떤 것을 오로지 그것이 지닌 미학적인 질을 기준으로 평가한다면, 이런 판단은 더 가까운, 그래서 진정으로 신뢰할 만한 모든 것들로부터 소외를 의미할 뿐이다.[3]

가다머는 미학에서 더욱 중요한 것은 체험의 주관이 아니라 예술작품 자체라고 거듭 단언한다. 그가《진리와 방법》1권의 제2편에 〈예술작품의 존재론과 그 해석학적 의미Die Ontologie des Kunstwerks und ihre herme­nutische Bedeutung〉라는 제목을 달고 상론한 것도 바로 이 때문이다. 그런데 가다머가 이 제목 아래 가장 먼저 다룬 것은 "존재론적 실마리로서 놀이Spiel als Leitfaden der ontologischen Explikation"[4]이다. 그렇다면 우리는 가다머에서 예술작품과 놀이가 밀접한 관계에 있으며, 또한 놀이와 해석학 사이에는 지나칠 수 없는 연관이 있다고 유추할 수 있겠다.

---

3 H.G. Gadamer, *philosophisches Lesebuch*, Tübingen, 1997, p. 59.
4 WM, 107.

2. 예술작품과 놀이

가다머는 예술작품이 어떻게 존재하는지를 설명하는 실마리로 놀이 개념을 선택한다. 그의 확신에 따르면 예술작품의 존재방식은 단적으로 놀이이다. 앞서 우리가 살펴봤지만 놀이는 오랜 역사를 지니고 있다. 플라톤 역시 놀이를 예술과 관련해서 설명한다. 그런데 플라톤에서 놀이는 실재에 대한 가상을 설명하기 위한 예시로 채택된다. 즉 예술은 가상의 가상을 주제로 하는 것, 실재와 가장 먼 거리에 있는 것, 하찮거나 유치한 것이다. 화가의 그림은 모상을 모방하므로 지식의 단계에서 가장 헛된 것인데, 플라톤은 화가의 이러한 헛된 행위를 놀이paidia로 명명한다. 그에게 예술과 놀이는 몹시 부정적인 의미를 띤다.

예술과 놀이의 관계는 근대철학에서도 언급되지만, 가다머의 경우와는 분명한 차이를 드러낸다. 칸트는 상상력과 지성의 자유로운 놀이에서 취미판단의 보편성을 확보했다. 또 실러는 감성충동과 형식충동의 조화에서 놀이충동이 등장하고 그것이 인간성의 완성에 기여한다고 본다. 그러나 이들의 경우 놀이는 주관의 인식능력이나 충동과 관계한다. 즉 그들에게 놀이는 주관이 대상과 관계할 때 발생하는 것이다. 근대철학에서 주관과 객관은 분리되어 있으며, 미와 진리와 놀이는 주관성에 종속된다.

가다머는 주객 이원론에 기초한 예술 이해가 자연과학을 학문의 이상으로 본 '예술과학', 즉 '예술에 관한 진리'를 추구한 결과라고 보는데, 이것은 '예술의 진리'를 인정하지 않는 태도이다. 예술의 진리는 주객 이원론을 극복하는 데서 출발해야 하며, 놀이 역시 주관의 능력으로 보는 태도를 버려야만 그 본질을 파악할 수 있다.

우리에게 주요한 것은, 칸트와 실러에게서 볼 수 있었고 또 근대의 미학과 인간학 전반을 지배했던, 주관적 의미에서의 이 놀이 개념을 분리하는 것이다. 우리가 예술경험과 연관해서 언급하는 놀이는 창작자 또는 향유자의 태도나 마음 상태가 아니다. 또한 놀이는 결코 놀이에서 작용하고 있는 주관성의 자유가 아니라, 예술작품 그 자체의 존재방식을 의미한다.[5]

예술작품의 존재방식과 놀이의 관계를 설명하기 위해 가다머는 놀이에 관한 가장 일반적인 편견을 비판한다. 우선 그는 놀이가 진지하지 않다는 편견을 비판한다. 플라톤과 아리스토텔레스가 잘 보여주듯이 전통 철학에서 놀이는 일종의 장난, 심심풀이 또는 여가활동으로 간주되어 진지함과는 거리가 있다. 그 결과 놀이는 그 자체의 목적이 없고 '기분전환을 위한 것' 또는 인식과 실천의 문제에서 하찮은 것 또는 지나가는 과정쯤으로 취급받았다.[6]

그러나 "더 중요한 것은, 놀이함 그 자체에는 어떤 독특한, 아니 어떤 신성한 진지함이 존재한다는 것이다."[7] 놀이가 비록 일상적인 목적이나 유용성과 거리가 먼 까닭에 노동의 관점에서는 가볍고 무가치한

---

5 WM, 107. 가다머의 칸트 미학과 칸트 이후의 관념론적 미학 비판에 관해서는 구자윤, 〈미적 의식과 미적 구분, 그리고 예술의 본질—실러 미학에 대한 비판과 가다머의 예술론〉, 《해석학 연구》15(한국해석학회, 2005), 1~26쪽 참조.

6 Aristoteles, *Politika* 8권, 3, 1337 b39; Ethica Nicomchea, 10장, 6, 1176 b33 참조.

7 Ebd.

것일 수 있어도, 유용성이 아닌 관점에서 보면 놀이를 위해 진지함을 요구한다는 것을 쉽게 확인할 수 있다. 놀이하는 아이 또는 유용성과 거리가 먼 놀이에 진지하게 몰두하는 어른들을 관찰하는 것은 어렵지 않다. 그런데도 놀이에는 진지함이 결여되었다고 평가하는 이유는 놀이를 특별한 관점, 즉 노동과 목적연관에서만 보기 때문이다. 이러한 태도는 근대에 이르러 정착된 세계관에서 비롯된 것일 뿐, 인간의 삶, 특히 놀이의 본질을 해명하는 데는 분명 한계가 있다. 노동과 달리 놀이의 진지성은 놀이 자체에서 찾아야 한다.

> 놀이하는 사람이 놀이하는 데 전적으로 몰두할 때에만, 놀이함은 그 목적을 실현하게 된다. 놀이가 전적으로 놀이가 되게 하는 것은 놀이에서 벗어나 있는 진지성과의 관계가 아니라, 오직 놀이에서의 진지성이다. 놀이를 진지하게 받아들이지 않는 사람은 놀이를 망치는 사람이다. 놀이의 존재방식은 놀이하는 사람이 놀이를 대상처럼 대하는 것을 허용하지 않는다. 놀이하는 사람은 놀이가 무엇이라는 것, 그리고 그가 행하는 것이 '다만 놀이일 뿐'이라는 것을 잘 알고 있다.[8]

놀이의 몰입과 진지성은 놀이 자체에서 비롯된다는 사실에 놀이의 두 번째 특징이 드러난다. 즉 그것은 놀이의 몰입에서 주관과 객관의 구분은 무의미하다는 말이다. 통상 놀이하는 자의 주관적 의식에 종속시키는 전통적인 이해방식은 놀이를 여전히 놀이 외적인 목적과 관련해

---

8 WM, 107f.

서 보는 태도를 벗어나지 못했기 때문이다. 만약 우리가 놀이의 본질을 "놀이하는 사람의 주관적 반성으로부터 그 대답을 기대한다면, 어떠한 대답도 얻을 수 없다."[9] 가다머에 따르면 놀이에서 놀이하는 자와 놀이를 구분하는 전통적인 주관·객관의 이원론적 태도는 놀이에 대한 이해의 피상성을 보여준다. 놀이에서 놀이의 주체가 아니라 놀이과정 자체가 본질적이라는 사실은 예술경험에서 분명히 확인할 수 있다. 그와 더불어 예술작품의 존재방식을 이해하는 데에도 놀이와 같은 원리가 작동함을 이해할 수 있다.

> 예술작품이 대자적으로 존재하는 주체에 마주 서 있는 대상이 아니라는 점이 바로 예술의 경험이었고, 이 경험은 우리가 미적 의식의 수평화에 맞서 고수해야만 하는 것이다. 예술작품은 오히려 자신의 본래적인 존재를, 그것이 경험하는 자를 변화시키는 경험이 된다는 데에 두고 있다. 예술의 경험의 '주체', 즉 무엇인가 지속하며 버티는 것은 예술을 경험하는 자의 주관성이 아니라 예술작품 자체이다.[10]

놀이와 예술작품의 존재방식에서 공통적으로 더 본질적인 것은 놀이하는 자, 작품을 창작하는 자, 감상하는 자가 아니라는 것이다. "놀이의 주체는 놀이하는 사람이 아니고, 놀이하는 사람을 통해서 표현될 뿐이다."[11] 마찬가지로 예술작품의 경험에서도 예술작품을 창작하는 자

---

9 WM, 108.
10 Ebd.
11 Ebd.

또는 감상하는 자에 의해 작품이 종속되는 것이 아니라, 작품으로 인해서 창작자와 감상자가 있다는 것이다. 비록 창작자가 작품을 창작했지만, 작품 자체는 끊임없는 진리를 드러낸다. 그러므로 예술의 경험은 놀이의 경험이라고 할 수 있다.[12]

3. 놀이와 목적

가다머가 놀이의 속성으로 두 번째로 주목하는 것은 놀이가 어떤 목적이나 법칙에 따라 예정된 행로로 진행되는 것이 아니라 단순 왕복운동의 형태를 띤다는 것이다. 이것은 인간과 동물의 놀이뿐 아니라 무생물의 놀이에도 적용되는 공통 속성이다. 가다머의 관찰에 따르면 빛의 놀이, 파도의 놀이 같은 자연의 놀이뿐만 아니라 볼 베어링 속 기계부품의 놀이, 손발의 공동놀이, 힘들의 놀이, 낱말 놀이, 심지어 모기들의 놀이까지 모든 놀이는 '왕복'운동의 형태를 보여준다. "언제나 ……놀이들에서는 왕복운동(이리저리 운동das Hin und Her einer Bewegung)이 염두에 두어지는데, 이 운동은 자신이 거기서 끝나는 그런 어떤 목표에 고정되어 있지 않다."[13]

---

12 "가다머에서 예술의 경험은 관조적 경험이 아니라, 우리가 사로잡힌 채 작품의 자기표현 속으로 휩쓸려 들어가는 놀이의 경험이다. …… 사실 [예술경험에서] 놀이 모델의 가치는 예술 작품을—우리 자신은 말할 것도 없고—보편적 개념들과 기존 경험들로부터 해방시킨다는 것이다; 그것은 보편성의 해석학적 적용을" 보여준다(G. Bruns, "The hermeneutical Anarchist: Phronesis, Rhetoric, and the experience of Art", in: J. Malpas etc.[ed.], *Gadamer's Century Essays in Honor of Hans-Georg Gadamer*, Cambridge: MIT Press, 2002, p. 62).
13 WM, 109.

놀이에는 그것의 어떤 주체가 있어, 그것이 미리 정한 최종 목표를 지향하여 놀이가 진행되지는 않는다. 놀이에서 더 중요한 것은 놀이의 목적이 아니라 놀이의 과정, 즉 이리-저리의 반복운동 자체이다.

놀이는 운동이며, 이 운동은 끝나게 될 어떤 목표가 있는 것이 아니라 끊임없는 반복을 통해 새롭게 시작한다. 왕복운동은 명백히 놀이의 본질을 규정하는 데 중심적인 역할을 하며, 따라서 이 운동을 누가 또는 무엇이 수행하는가는 중요하지 않다. 놀이의 운동 자체는 말하자면 기체Substrat 없이도 존재한다. 이때 수행되고 나타나는 것은 놀이이며, 여기서는 놀이하는 주체가 확정되어 있지 않다. 놀이는 운동의 수행 그 자체이다.[14]

가다머는 놀이가 주체나 기체 없이 수행되는 운동이라는 점을 설명하기 위해 언어학적으로 능동과 수동의 중간인 동사를 뜻하는 '중간태적 의미medialer Sinn'라는 개념을 도입한다. 중간태는 말 그대로 능동과 수동의 의미를 동시에 지닌 동사로, 독일어에서 재귀동사를 가장 쉽게 찾을 수 있는 사례이다. 가다머는 중간태적 의미의 예시로 "사람들은 어떤 것이 어느 곳에서 또는 어느 때에 '활동한다spielen', 어떤 것이 일어난다sich abspielen, 어떤 것이 진행 중이다im Spiele sein라고 말한다"를 든다.[15] 이처럼 언어적으로도 놀이의 본래 주체는 주관성이 아니라 놀이

---

14 Ebd. 놀이가 주체 없이 존재한다는 또 다른 예시로 가다머는 색채 운동을 든다. "이를테면 색채놀이 …… 이 경우에 다른 색채로 빛나는 어떤 개별 색채가 현존한다는 것을 의도하는 것이 아니라 오히려 우리는 변하는 다양한 색채들이 나타나는 통일적인 경과나 광경을 염두에 둔다" (Ebd.).

15 Ebd.

자체라는 사실을 알 수 있다. 그런데 사람들은 놀이를 주관성에 관련시키는 데 익숙하기 때문에 놀이의 주체가 놀이라는 사실을 쉽게 수긍하지 못한다.

4. 놀이의 자기표현과 예술

19세기 말 니체를 필두로, 20세기 들어 놀이에 대해 철학과 문화사 등 다양한 영역에서 진행된 연구결과와 놀이에 대한 가다머의 결론은 다르지 않다. "놀이가 놀이하는 사람의 의식에 대해서 우위에 선다는 것이 원칙적으로 인정된다."[16] 가다머는 놀이의 중간태적 의미라는 속성에서 놀이와 예술작품의 관계를 해명한다. "무엇보다도 그러나 놀이의 이러한 중간적인 의미에서 비로소 예술작품의 존재에 대한 [놀이의] 관계가 드러난다. 자연은, 그것이 목적과 의도, 노력 없이 부단히 자기를 갱신하는 놀이인 한에서, 바로 예술의 모범으로 현상할 수 있다."[17] 가다머는 자신의 견해를 정당화하기 위해 슐레겔을 인용한다. "예술의 모든 성스러운 놀이는 다만 세계의 무한한 놀이, 즉 영원히 자신을 창조하는 예술작품의 먼 모조품일 뿐이다."[18]

가다머는 놀이하는 사람에 대한 놀이의 우위성을 거듭 강조하는데,

---

16 WM, 110.

17 WM, 111. 예술작품의 중간태적인 의미는 R. Sonder, *Für eine Ästhetik des Spiel, Hermeneutik, Dekonstruktion und der Eigensinn der Kunst*, Frankfur am Main, 2000, p. 30 참조.

18 F. Schlegel, *Gespräch über die Poesie*: Friedrich Schlegels Jugendschriften, her. v. J. Minor, 1882, II, p. 364. WM, 111에서 재인용.

심지어 놀이에 앞서 인간의 의도가 개입되는 등, 인간의 주관성이 문제가 되는 곳에서도 놀이하는 사람들 자신은 놀이에서 중심이 아니라는 것을 독특한 방식으로 경험하게 된다. 한국의 민속놀이인 강강술래를 생각한다면 다음과 같은 가다머의 언급은 어렵지 않게 이해될 수 있을 것이다.

> 모든 놀이함은 놀이됨Gespieltwerden이다. 놀이의 매력, 놀이가 주는 매혹은 놀이가 놀이하는 사람을 지배한다는 데 그 본질이 있다. 비록 우리가 스스로 제기한 과제를 실현하려고 하는 바로 그런 놀이의 경우라 해도, 놀이가 '제대로 진행되고 있는지' '성공할 것인지', 그리고 '연거푸 성공할 것인지' 어떤지 하는 것은 모험이며, 이것이 놀이에 매력을 준다. 그렇게 시도하는 사람은 사실상 시도되는 사람이다. …… 놀이의 원래 주체는 놀이하는 사람이 아니라 놀이 자체이다. 놀이하는 사람을 사로잡는 것, 그를 놀이로 끌어들여 놀이에 붙잡아 매는 것은 놀이이다.[19]

강강술래에서는 최초의 놀이를 촉발한 자가 있긴 하지만, 반복되는 왕복운동과 그 속에서 새로운 참가자들이 추가될 때마다 놀이는 새로운 모험을 덧붙여 끝없이 이어진다. 여기서 사람들을 놀이에 끌어들이는 것은 놀이하는 자가 아니라 강강술래라는 놀이 자체이다.

물론 인간의 놀이는 동물이나 여느 자연의 놀이와 달리 인간이 놀

---

19 WM, 112. 우리의 전통문화를 놀이철학의 관점에 해석한 논문으로 최성환·최인자, 〈놀이의 해석학―전통놀이 문화의 해석을 위한 시론〉,《해석학연구》18권(한국해석학회, 2006), 183~218쪽 참조.

이를 선택하며, 놀이에 어느 정도의 질서(규칙)이 있다. "인간의 놀이함을 지배하는 운동 질서는 놀이하는 사람이 '선택하는' 어떤 특정한 성질을 띠고 있다는 것이다. 우선 놀이하는 사람은 그가 놀이를 하고 싶어 한다는 사실을 통해 자신의 놀이하는 태도를 그 밖의 다른 태도와 명확하게 구별한다."[20] 즉 놀이하는 자는 일과 노동 중에서 하나를 선택하고, 또 놀이를 선택할 때도 어떤 특정한 놀이를 선택한다. 그리고 놀이하는 자는 놀이를 할 때 나름의 과제를 설정하는 경향이 있다. 그런데이 과제는 놀이와 관련된 것이지 노동처럼 다른 목적을 위한 수단이 되는 과제는 아니다. "그래서 아이는 공놀이의 경우에 자기 자신에게 자신의 과제를 제기하는데, 이러한 과제는 놀이과제이다. 왜냐하면 놀이의 현실적인 목적은 결코 이러한 과제들의 해결이 아니라, 놀이운동 자체의 질서화이자 형태화이기 때문이다."[21]

비록 인간이 놀이를 선택하고 놀이의 과제를 설정한다고 해도, 놀이의 주체는 인간이 될 수 없다. "놀이의 자기표현은 놀이함으로써 그의 고유한 자기표현을 하게 한다. 놀이함이 언제나 표현하는 것이기 때문에, 인간의 놀이는 표현하는 것 자체에서 놀이의 과제를 찾을 수 있다."[22] 모든 표현은 누군가를 위한 표현활동일 가능성이 높다. 특히 예술의 놀이 성격에서 이 점은 두드러진다. 가다머는 여기서 제식놀이와 연극을 예시로 든다.

---

20 Ebd.
21 WM, 113.
22 WM, 114. "놀이는, 우리를 사로잡고 우리를 포위하지만, 우리가 그것의 주인이 아닌 그런 과정을 기술한다"(J. Grondin, *The Philosophy of Gadamer*, tr. by K. Plant, Montreal & Kingston: McGill-Queen's Uni. Press, 2003, p. 92).

제식놀이와 연극은 [자기를] 표현하는 것으로 다 끝나는 것이 아니라, 동시에 자신을 넘어서 자신들을 관람하면서 참여하고 있는 사람들에게로 향한다. 여기에서 놀이는 더 이상 어떤 질서 있는 운동의 단순한 자기표현이 아니고, 또 놀이하는 아이가 몰두하고 있는 단순한 표현도 아니며, 그것은 '~을 위한 표현'이다. 모든 표현활동에 고유한 이러한 지시는 여기에서 실행되며, 이것은 예술의 존재를 위한 본질적인 조건이 된다.[23]

인간의 놀이는 표현의 성격이 강한데, 이 표현은 특히 공동체에서 이루어질 때 다분히 무엇을 위한, 또는 누구를 향한 것인 경우가 많다. 예를 들어 연극 같은 예술놀이는 사방이 막힌 제한된 공간에서 행해질지라도 그것은 관객을 향한 벽을 열어둔다. 그래서 가다머는 예술이 제4의 벽, 즉 무대와 객석 사이의 가상의 벽이 없는 놀이라고 말한다.

제식행위는 실제적으로 공동체를 위한 표현이며, 또한 연극도 마찬가지로 본질상 관객을 요구하는 놀이 과정이다. 제식에서 신의 표현, 연극에서 신화의 표현은, [제식과 연극에] 참여하여 놀이하는 사람이 표현하는 놀이에 몰두해서 자신의 고양된 자기표현을 발견하는 방식의 놀이만은 아니다. 이 표현들은 그 자체로부터 놀이하는 사람이 관객을 위해서 어떤 의미 전체를 표현하는 데로 이행한다. …… [놀이가] 관객을 향해 열려 있음으로써 놀이의 완결성이 더불어 가능해진다.[24]

---

23 Ebd. 놀이에서 놀이하는 자와 예술작품 경험자의 규범적 권위와 창조적 기능의 비교는 조지아 윈키, 《가다머, 해석학, 전통, 그리고 이성》, 이한우 옮김(민음사, 1999), 96~99쪽 참조.

24 Ebd.

인간의 놀이, 특히 예술의 놀이에서 놀이의 중요한 특징인 중간태적 과정이 다시 중요한 의미로 부상한다. 즉 예술의 놀이에서는 놀이하는 사람의 의식이나 태도에 놀이의 본질이 있는 것이 아니라, 놀이가 놀이하는 사람을 놀이의 영역으로 끌어들인다고 표현하는 것이 정당하다. 예술에서 놀이하는 사람은 놀이가 자신을 넘어선다는 것을 경험한다. 이것은 연극에서 연기자와 관객, 그리고 놀이로서 연극을 생각하면 분명해진다.

> 연극 역시 놀이이며, 연극은 그 자체로 완결된 세계라는 놀이구조를 취하고 있다. …… 연극은 관객에게서 비로소 자신의 온전한 의미를 얻는다. 놀이하는 사람[연기자]은 모든 놀이[연극]에서 그러하듯이 자신의 역할을 수행한다. 놀이 그 자체는 놀이하는 사람과 관객으로 이루어진 전체이다. 사실 놀이는 함께 놀이하지 않고 관람하는 사람에 의해 가장 본래적으로 경험되며, '의미된' 그대로 그에게 표현된다. 관람하는 사람에게서 놀이는 말하자면 그 이념성으로 고양된다.[25]

연극에서 연기자는 놀이(연기)를 통해 연극의 의미를 되새기고, 관람자는 관람하면서 연극의 의미를 묻는다. 이 둘은 상호작용적이다.

연기자들은 모든 놀이에서처럼 단순히 자신의 역할을 수행하는 것이 아니라 오히려 [관객 앞에서] 자신의 역할을 보여주며, 관객을 위해서 그

---

25 WM, 115.

역할을 표현한다. 놀이에 참여하는 그들의 방식은 이제 그들이 놀이에 전적으로 몰두한다는 점에 의해 규정되는 것이 아니라, 그들이 아닌 관객이 몰두하는 연극 전체와 관련해서, 또 이 연극 전체를 바라보는 시각에서 자신의 역할을 한다는 사실에 의해 규정된다. 놀이가 연극이 될 경우, 놀이 그 자체에는 일종의 총체적인 전환이 일어난다. 이 전환은 관객을 연기자의 처지에 세우게 된다. …… 근본적으로 여기에서 연기자와 관객의 구별이 지양된다. 연극 자체를 그 의미 내용에서 고려해야 한다는 요구는 양자에게 동일한 요구이다.[26]

연극에서 연기자는 관객의 처지로, 관객은 연기자의 처지로 역할을 전환함으로써 연기자와 관객의 구별이 지양된다. 동시에 연극의 이념성, 곧 연극의 의미내용을 이해해야 한다는 요구가 둘 다에게 요구된다. 이러한 요구가 양자에게 충족되는 경우에만 둘은 연극의 의미내용, 즉 연극에서 가장 본질적인 것을 얻게 된다. 이것은 예술의 장르를 불문하고 똑같이 일어난다. 심지어 "예술의 표현은 비록 듣거나 보는 사람이 아무도 없다 해도, 그 본질상 누군가를 위해 존재한다."[27] 이처럼 예술의 놀이는 자연의 놀이처럼 자기표현이되 누군가를 향한 놀이로, 놀이하는 자와 응대하는 자의 역할이 상호 전환됨으로써 이념성으로 고양되고, 결국에는 둘이 똑같이 마주 보는 의미내용을 얻게 된다.

---

26 Ebd.
27 WM, 116.

5. 놀이의 형성체와 세계의 진리

가다머는 예술작품과 예술의 경험이 근본적으로 놀이라는 사실을 거듭 강조한다. 그런데 놀이가 완성되는 것, 즉 상호 놀이 속에서 '의미의 동일성'을 얻는 변화의 순간을 가다머는 놀이의 "형성체Gebilde로의 변화"[28]라고 일컫는다. "이러한 전환을 통해서야 비로소 놀이는 자신의 이념성을 획득하고, 그 결과로 놀이는 동일한 것으로 의도되고 또 이해될 수 있다. …… 그러한 놀이는 단지 현실태Energeia의 성격뿐만 아니라 작품의 성격, 즉 에르곤Ergon의 성격도 지닌다. 이러한 의미에서 나는 놀이를 하나의 형성체라고 일컫는다."[29] 즉 놀이는 결국 하나의 형성체를 만드는 이를테면 하나의 작품으로 나아가게 된다.

놀이가 형성체로 변화한다는 것은 놀이에서 표현되는 것이 꾸준히 참된 것으로 변화한다는 뜻이다. 여기서 가다머는 변화Verwandlung와 변경Veränderung을 분명히 구분한다. 변경은 동일자(실체)의 속성은 변할지 모르지만 동일자의 본질은 변하지 않는다는 의미로 쓰이는 데 반해, 변화는 그 이전의 동일자가 더 이상 존재하지 않는 것으로 전면적으로 바뀐다는 것을 의미한다. "변화란 어떤 것이 한꺼번에 전체적으로 다른 것이 되어서, 변화된 바로 이것이 참된 존재임에 반해 그 이전의 존재는 아무것도 아님을 의미한다."[30] 또한 "형성체로의 변화는 지금 있는 것, 즉 예술의 놀이에서 표현되는 것이 지속적인 참된 것이라는 점을 뜻하

---

28 Ebd.
29 Ebd.
30 Ebd.

기도 한다."[31]

그런데 놀이에서 표현되는 행위 또는 활동, 즉 현실적인 것은 참된 것으로 변화하고, 이 참된 것은 놀이를 창작한 사람이나 표현하는 사람에게 더 이상 의존하지 않는다. 만약 그렇다면 그것은 변화가 아니라 변경이 될 뿐이다. 이 참된 것은 절대적인 자율성을 띤다. 그래야만 놀이는 형성체로 변화했다고 할 수 있다.

놀이는 어느 누구에게 배타적으로 속하는 것이 아니기 때문에, 놀이에 참여하는 자는 놀이의 형성체가 의미하는 것이 도대체 무엇인가를 물을 수밖에 없다. 형성체로서 놀이에는 "놀이하는 사람들(또는 작가들)이 더 이상 존재하지 않으며, 그들에 의하여 놀이된 것만 존재할 뿐이다."[32] 놀이가 변화한 것, 참된 것으로서의 형성체는 다름 아닌 세계의 진리이다. 즉 진리는 놀이하는 자들에 의해서 놀이된 것을 의미한다. 형성체로서의 진리는 놀이 속에서 결정된 것이기 때문에 놀이 밖, 즉 어떤 객관적인 기준으로 평가되거나 측정되지 않는다. 이러한 과정을 가다머는 연극을 예시로 설명한다.

연극의 행위는 …… 전적으로 자체 내에 근거를 둔 어떤 것이다. 연극의 행위는 모사하여 만든 모든 유사한 것의 숨겨진 척도인 현실과의 어떠한 비교도 허용하지 않는다. 연극의 행위는 그러한 모든 비교를 초월해 있다. 그와 동시에 그 모든 것이 실제로 그러한가 하는 물음을 또한 초월해

---

31 WM, 116f.
32 WM, 117.

있다. 왜냐하면 연극의 행위는 [현실보다] 우월한 진리를 말하고 있기 때문이다.[33]

놀이에서 놀이하는 자는 주체의 역할을 수행하는 것이 아니다. 놀이하는 자의 역할과 그들의 일상세계의 규범도 놀이에서는 제한적인 의미만 있을 뿐이다. 그것들은 놀이에서 지양되며, 하나의 의미의 세계, 즉 진리가 생성된다. 놀이가 형성체로 변화한다는 것은 참된 것으로의 변화를 뜻한다. "이 변화는 …… 그 자체가 참된 존재로의 구원이며, 원래대로의 복귀이다. 놀이는 그 표현에서 본질적인 것이 나타난다. 표현되지 않으면 계속 숨겨진 채 은폐될 것이 표현을 통해 끌어내져 밝게 드러난다."[34] 이것을 가다머는 예술작품과 예술의 놀이로 설명함으로써 자신의 주제에 더 가까이 다가선다.

우리가 예술의 놀이로서 특징짓는 놀이의 현실성이 무엇인지가 드러난다. 모든 놀이의 존재는 항상 완수, 순수한 실현이며, 그 '목적Telos'을 자체 내에 지닌 현실태이다. 하나의 놀이가 그와 같이 그 과정의 통일성을 지니고 남김 없이 표현하는 예술작품의 세계란 사실상 하나의 완전히 변화한 세계이다. 거기서 각자는 그것이 바로 이것이구나 하는 것을 인식한다.[35]

---

33 Ebd.
34 WM, 118.
35 Ebd.

놀이가 형성체로 변화하는 것을 가다머는 일종의 예술작품으로 이해했으며, 또 그곳에서 세계의 진리가 현현한다고 주장한다. 그리고 놀이에 참여한 자들에게 '바로 이것이구나'라는 새로운 인식이 일어난다고 본다. 가다머는 이러한 인식을 "재인식Wiederkennung"[36]이라고 표현한다. 재인식은 예술에서 모방이라는 개념을 통해 알려진 것이다. "모방의 인식적 의미는 재인식이라는 것이다."[37] 모방을 통해서 사람들은 모방하는 대상을 재현하고, 그럼으로써 그 대상에 대한 재인식을 얻는다. 이것은 예술작품을 감상하는 관객에게도 적용된다. "사람들이 본래 어떤 예술작품에 의거해 경험하는 어떤 것과 사람들이 그리로 방향을 두는 어떤 것은 오히려 그 예술작품이 얼마나 참된가, 즉 사람들이 거기서 어떤 것을, 그리고 자기 자신을 얼마만큼 인식하고 재인식하는가이다."[38]

그런데 우리가 재인식한다고 할 때, 그것의 본질적인 의미는 이미 알려진 것을 단순히 다시 인식한다는 것, 즉 새로울 것이 없는 것을 반복해서 인식한다는 것을 뜻하지 않는다. 가다머에서 재인식은 본질인식과 깊은 관계가 있다. "재인식 행위의 기쁨이란 오히려 단지 이미 알려진 것 이상의 것이 인식되는 데 있다. 재인식에서는 우리가 알고 있는 것이 마치 어떤 빛을 받은 것처럼 자신을 제약하는 모든 우연적이고 가변적인 상황을 벗어나 등장하고 그 본질에서 파악된다."[39]

가다머는 놀이와 예술작품의 관계, 예술작품과 진리, 그리고 진리

---

36 WM, 119.
37 Ebd.
38 Ebd. 가다머는 재인식의 예로 플라톤의 상기를 들고 있다. 재인식은 본질인식이고 그래서 아리스토텔레스는 시학을 역사학보다 더 철학적인 것이라고 할 수 있었다고 본다(WM, 120 참조).
39 Ebd.

인식의 문제에 점층적으로 접근한다. 놀이는 본질적으로 자기표현이며, 이 표현은 바로 예술작품 자체의 존재양식이 된다.

'표현'은 마땅히 예술작품 자체의 존재양식으로 인정받아야 할 것이다. 이것은 표현의 개념이 놀이의 개념에서 도출되었다는 것에 의해 벌써 예비되어 있다. 왜냐하면 자기표현 활동이 놀이의 참된 본질인 동시에 예술작품의 참된 본질이기도 하기 때문이다. 행해지고 있는 놀이는 표현을 통해 관객에게 말을 거는 것이며, 이 사실은 관객이 [표현과] 마주해 있는 거리에도 불구하고 놀이에 함께 속하기 때문에 그러하다.[40]

놀이와 예술작품의 관계는 예술에서 우연성이 담고 있는 의미에서도 확인할 수 있다. "예술작품은, 자신이 그 아래에서 나타나게 되는 그런 접근조건들의 '우연성'으로부터 단적으로 분리될 수 없고, 그러한 분리가 일어나는 곳에서의 성과란 작품의 본래적 존재를 축소하는 추상이다. 예술작품 자체는, 자신이 거기에 자신을 표현하는 그런 세계 속으로 들어서 속해 있다."[41] 따라서 가다머는 예술의 본질을 미적 의식의 차원으로 정의하는 근대의 미학을 받아들일 수 없었다. 미적 행위는 의식의 차원에서 이해할 수 없다. "왜냐하면 미적 행위는 거꾸로 미적 행위가 자신에 관해 알고 있는 것 이상이기 때문이다. 미적 행위는 표현의 존재 과정의 한 부분이며, 본질적으로 놀이 자체에 속한다."[42]

40　WM, 121.
41　Ebd.
42　WM, 121f.

지금까지의 논의를 정리하면, 작품과 그 작품의 표현이 분리될 수 없는 것과 마찬가지로, 형성체와 놀이의 관계 또한 그렇다. 놀이는 형성체가 되고 형성체는 놀이 속에서 완전해질 수 있다. "형성체는 그러나 또한 놀이이기도 한데, 왜냐하면 형성체는 자신의 이러한 이념적 통일성에도 불구하고 오직 그때마다의 놀이됨 속에서만 자신의 완전한 존재에 도달하기 때문이다. 그 두 측면의 공속성이 바로 우리가 미적 구별의 추상에 맞서 강조해야만 하는 것이다."[43] 즉 작품과 그 작품의 미적인 것을 분리하는 것 또한 놀이와 형성체를 분리하는 것만큼이나 잘못되었다. 가다머는 작품과 미를 구분하는 근대미학에 강하게 반발하면서 '미적 무구별'을 주장한다.

　　명백한 것은 다음과 같다. 모방에서 모방된 것, 작가에 의해 형상화한 것, 놀이하는 사람에 의해 표현된 것, 관객에 의해 인식된 것은 분명히 의미된 것이다. 여기에는 표현의 의미가 놓여 있어서 작가의 형성 활동이나 표현능력[즉 작품] 그 자체가 전혀 [소재들과] 구별되지 않는다. …… 놀이하는 사람이 놀이하는 것과 관객이 인식하는 것은 작가에 의해서 형상화한 그대로 형상들이며 행위 자체이다. 여기서 우리는 이중의 모방을 보게 된다. 작가도 표현하고 놀이하는 사람도 표현한다. 그러나 이중의 모방은 바로 하나이다. 양자에게 현존하는 것은 동일한 것이다.[44]

43　WM, 122.
44　Ebd.

우리에게 잘 알려져 있듯이 플라톤은《국가》에서 예술작품이 이데아를 모방한 것의 모방, 즉 이중 모방의 결과물로 본다. 따라서 예술작품은 존재에서 가장 먼 것, 즉 존재를 감소시키는 헛된 것, 유치한 놀이이가 된다. 그러나 가다머는 놀이를 모방행위로 간주하는 플라톤을 비판하고 놀이와 형성체(존재, 진리)의 공속성이 오히려 모방에서 생겨날 수 있는 존재의 감소를 막아준다고 본다. 연극은 이러한 사실을 잘 보여주는 예시이다. 연극의 놀이는 작가가 모방(표현)한 것을 놀이하는 자인 배우가 그것을 다시 모방한 것, 즉 전형적인 이중 모방에 해당하지만, 플라톤에서처럼 연극에서 존재(진리)는 결코 감소하지 않는다. 작가에 의해 형상화한 것인 희곡과 배우에 의해 표현된 것, 그리고 관객에 의해 인식된 것은 사실 모두 한 가지이고 같은 것이기 때문이다.

그렇다고 여기서 같다는 것이 하나의 동일성과 그것을 복사한다는 차원을 의미하지는 않는다. 연극에서 이루어지는 작가, 연기자, 그리고 관객의 해석은 작품의 다양한 존재 가능성을 봉쇄하지 않는다. 오히려 그 반대이다. 실제로 연극에서 작품과 그 소재, 그리고 작품과 상연은 구별되지만 예술의 놀이에서 인식하는 진리는 동일하다. 가다머는 이것을 "이중적 무구별"[45]이라 일컫는다. 이중적 무구별 속에 이루어지는 표현의 다양성은 놀이하는 사람들의 인식이나 해석의 다양성이라기보다는 작품 자체에서 비롯된다.

형성체의 상연이나 연주의 다양성이 아무리 놀이하는 사람[연기자, 연

---

45 Ebd.

주자]의 견해에 근거한다 해도 그 다양성은 그들 생각의 주관성 안에 갇혀 있지 않고 생생하게 살아 있다. 따라서 문제가 되는 것은 견해의 단순한 주관적 다양성이 아니라, 말하자면 그 작품 자체의 다양한 국면에서 전개되는, 작품의 고유한 존재 가능성들이다. 이로써 여기에 미적 반성을 위한 가능한 단초가 놓여 있다는 것을 부정할 수 없다. 동일한 놀이의 여러 가지 다른 상연에서 우리는 물론 매개의 한 방식과 다른 방식을 구별할 수 있다. 그와 마찬가지로 다른 유형의 예술작품에 대한 접근 조건들이 달라질 수 있다고 생각할 수 있다.[46]

작품은 다양하게 표현되고, 해석될 수 있다. 그러나 아무리 작품에 대한 표현이 다양하더라도 표현의 변양Varietät이 경계가 없을 정도로 자유로운 것은 아니다. 변양은 작품에 구속된다. 또 표현에서 변양이 '올바른' 표현인가는 "비판적인 주도적 척도",[47] 즉 전통에 맡겨야 한다. 우리는 예술의 표현이 자의적으로 이루어지지 않는다는 것을 예술이 펼쳐지는 장場에서 어렵지 않게 발견할 수 있다. "거기에는 임의적이거나 단순한 변양이 있는 것이 아니라, 오히려 지속적인 모범과 생산적 변화로부터 하나의 전통이 형성되며, 모든 새로운 시도는 이 전통과 대결하지 않으면 안 된다."[48]

심지어 모방을 최우선으로 하는 재현예술가에게서도 이런 모습이 보이는데, 그에게 중요한 것은 전통을 맹목적으로 모방하는 것이 아니

46 WM, 123.
47 WM, 124.
48 Ebd.

라 전통과의 대결이다. 재현예술가에게는 전통의 영향이 다른 예술의 영향보다 크다고 해도, 전통은 다만 자신의 모범을 지속하는 정도이지, 재현예술가의 자유로운 형상화를 방해할 정도로 영향력을 행사하지는 않는다. 전통은 작품과 융합되어 새로운 창조적 재현을 성취하도록 하는 데 진정한 의미가 있다. 그래서 재현예술은 "그것들이 다루는 작품들을 이런 식으로 자유롭게 추형성Nachgestaltung하게 하며, 그와 동시에 예술작품의 동일성과 연속성을 미래를 향해 분명하게 열어놓는다."[49]

이처럼 전통은 자유로운 표현을 방해하는 것이 아니라, 자신의 모범을 해석하여 따르게 하고 창조적인 재형태화를 위한 자극제 구실을 한다. 따라서 재현활동은 전통에 대해 구속되면서도 동시에 자유로운 것이라 할 수 있다. 마찬가지로 작품에 대한 "해석이란 어떤 의미에서는 재창작이다. 그러나 이 재창작은 앞선 창작행위를 그대로 뒤따르는 것이 아니라 앞서 창작된 작품의 형상Figur을 뒤따른다. [다시 말해] 재창작자는 앞서 창작된 작품에서 발견되는 의미에 따라 형상을 표현해야 한다."[50]

결국 예술의 해석은 근본적으로 작품 또는 전통에서 출발하고, 비록 작품에 대한 해석의 다양성이 가능하더라도 그것이 작품 자체의 동일성을 훼손할 정도까지 나아가지는 않는다. 그리고 작품은 언제나 현재적이다. "작품은 그 자체의 변화하는 국면에서 자신의 동일성을 상실할 정도로 분열되는 것이 아니라, 그 모든 국면에서도 존재하고 있음이

---

49 Ebd.
50 WM, 125.

명백하다. 그 모든 변화의 국면은 작품에 속하며 작품과 동시적이다."[51]
즉 작품은 재현을 통해 늘 현재 속에 재생된다.

6. 예술놀이와 시간성

앞서 우리는 예술작품의 동시성을 언급했다. 예술작품에서 동시성
의 핵심은 작품이 비록 과거의 것이라도 현재에 인식되거나 재현되는
한에서 언제나 동시적·현재적이라는 것이다. 그렇다면 그것이 의미하
는 바는 무엇인가? 가다머는 예술의 동시적이고 현재적인 의미의 중요
성을 거듭 강조한다. "우리는 미적 존재의 …… 동시성과 현재성을 일
반적으로 미적 존재의 무시간성이라 일컫는다. 그러나 이러한 무시간
성과, 이 무시간성이 본질적으로 짝을 이루는 시간성을 함께 생각하는
것이 [우리의] 과제이다."[52] 그런데 앞서 논의한 예술과 해석학의 관계
를 기초로 예술작품의 무시간성을 시간성·현재성과 더불어 사유하는
것은 결국 과거와 현재의 끊임없는 상호관계를 통해 가능하리라고 예
감할 수 있다.

가다머는 무시간성과 시간성의 관계를 자기보다 앞서 사유한 제들
마이어H. Sedlmayr의 견해를 비판적으로 검토한다. 제들마이어는 무시간
성과 시간성으로 예술작품의 시간성을 규정하려 하는데, 그는 그것을

---

51   WM, 126.
52   Ebd.

초역사적 시간성과 역사적 시간성의 변증법적인 관계로 파악했다. 그는 역사적·실존적 시간을 가상의 시간Schein-Zeit으로, 초역사적인 신성한 시간을 참된 시간wahre Zeit으로 대립시킴으로써 이 문제를 해결한다. 즉 그는 역사적·실존적 시간을 신성한 참된 시간의 계기 또는 현상으로 이해한다. 그러나 그의 문제는 "참된 시간이 역사적·실존적 가상시간 속으로 들어온다는 것을 그대로 인정할 때"[53] 분명해진다. 그러한 역사적·실존적 시간이 초역사적 시간의 계기로 현상하는 순간이 비록 진정으로 신성한 에피파니Epiphanie(현현顯現)일지라도 시간을 과거와 현재의 연속성이라는 관점에서 해명하기에는 부족하다.

예술작품과 시간성의 문제에서 핵심은 시간의 연속성을 해명하는 것이다. 여기서 가다머는 시간에 대한 하이데거의 존재론적 이해를 소환한다.

사람들은 현존재의 실존론적 분석의 방법적 의미를 고수하지 못하고, 염려나 죽음에 대한 선구를 통해 규정된, 즉 철저한 유한성을 통해 규정된 현존재의 이러한 실존론적인 역사적 시간성을 실존이해의 다른 가능성들 중의 하나로 다루고, 그래서 거기에 정신을 빼앗긴 나머지 여기서 시간성으로 밝혀지는 것이 바로 이해 자체의 존재방식이라는 점을 잊어버린다.[54]

---

53 Ebd.
54 WM, 127. 하이데거,《존재와 시간》제5장(Fünftes Kapitel)〈시간성과 역사성Zeitlichkeit und Geschichtlichkeit〉참조.

하이데거는 시간의 '의미의 연속성'이 인간의 역사적 시간성에서 이루어진다고 보는데, 역사적 시간성이 바로 이해 자체의 존재방식이다. 즉 제들마이어가 이해한 것처럼 인간의 이해가 역사적 시간성에서 비롯된 것도 있고 초역사적 시간성에서 비롯된 것도 있는 게 아니라, 일체의 이해가 역사적 시간성에서 비롯된 것이다. 따라서 제들마이어식의 이해는 "예술작품의 본래적 시간성을 '신성한 시간'으로 파악하여 그것을 퇴락한 역사적 시간에서 떼어내는 것은 사실상 예술에 대한 인간의 유한한 경험을 단순히 반영하는 데 불과하다."[55]

시간성을 초역사적인 신성한 시간과 인간에 의해 역사적으로 퇴락한 시간으로 구분하고, 또 그것을 예술경험과 일상경험의 차이에 대한 근거로 활용하는 것은 가다머가 볼 때 지극히 신학적인 지평에서 이루어진 시간 이해이다.

> 인간의 자기 이해의 관점에서가 아니라 신의 계시로부터 알고 있는, 시간의 성서 신학만이 '신성한 시간'에 대해 말할 수 있을 것이며, 예술작품의 무시간성과 '신성한 시간'의 유비를 신학적으로 정당화할 수 있을 것이다. 그러한 신학적 정당성이 없다면, '신성한 시간'에 관한 언급은 예술작품의 탈시간성이 아니라 시간성 속에 들어 있는 본래 문제를 은폐하게 될 것이다.[56]

---

55 Ebd.
56 Ebd.

그러나 예술작품에서 동시성은 신학적 방식의 시간에 대한 이해로는 이루어질 수 없다. 오히려 예술작품에서 문제가 되는 동시성은 역사적 시간성과 관계한다. 여기서 가다머는 우리에게 예술작품과 놀이의 관계를 다시 한 번 상기시킨다. 즉 "예술작품이 놀이라는 것, 즉 예술작품은 자신의 고유한 존재를 자신의 표현에서 분리할 수 없으며, 이 표현 속에서 형성체의 통일성과 동일성이 나타난다는 것"[57]이다.

> 예술작품이 자기표현에 의존한다는 것은 예술작품의 본질에 속한다. 이는 예술작품이 표현에서 아무리 많이 변형되고 왜곡된다 해도, 예술작품은 그 자체로 존속한다는 것을 의미한다. 모든 표현은 형성체 자체와 관련을 맺으며, 모든 표현은 형성체에서 끌어낼 수 있는 정확성의 척도에 종속된다는 바로 그 사실이 모든 표현의 구속성을 형성한다. …… 표현은 해소되거나 말소될 수 없는 방식으로 동일한 것을 반복하는 특징을 띤다. 여기서는 물론 어떤 것이 본래의 것으로 되돌아간다는 것을 의미하지는 않는다. 오히려 모든 반복은 똑같이 작품 자체에 대해 근원적이다.[58]

가다머는 예술작품이 표현에서 분리될 수 없고, 또 표현은 형성체에서 비롯되며, 형성체를 반복해서 표현하는 메커니즘을 갖추고 있다고 본다. 따라서 예술작품은 변화와 지속이라는 시간의 동시성을 함께 보여주는데, 이것을 설명하기 위해 가다머는 축제를 예시로 끌어들인

57　Ebd.
58　WM, 127f.

다. 축제, 특히 정기적인 축제는 과거를 단순히 일회적으로 반복하는 것이 아니라 해마다 또는 정기적으로 치러지고 또 꾸준히 반복된다.

최소한 정기적인 축제들에 속하는 것은, 그것들이 반복된다는 점이다. 우리는 축제에서의 이러한 점을 축제의 회귀라고 표현한다. 이때 회귀하는 축제는 어떤 다른 축제도 아니고, 어떤 근원적으로 경축되었던 축제에 대한 단순한 회상도 아니다. 모든 축제의 근원적으로 신성한 성격은 우리가 현재, 상기, 기대에 관한 시간경험 속에서 알고 있는 것 같은 구별을 명백히 배제한다. 축제의 시간경험은 오히려 거행Begebung인데, 이것은 유일무이한 현재이다.[59]

축제의 거행, 특히 주기적으로 열리는 축제는 반복과 생성의 성격을 동시에 보여준다. 여기서 동시성으로서의 시간이 잘 드러난다.

축제는 따라서 자신의 원래 본질에 따라 그렇게, 즉 그것이 끊임없이 어떤 다른 것이라는 (비록 축제가 '아주 똑같이' 경축된다 해도) 방식으로 존재한다. 끊임없이 어떤 다른 것이라는 점에 의해서만 존재하는 존재자는, 역사에 속하는 모든 것보다 어떤 더욱 철저한 의미에서 시간적이다. 그 존재자는 오직 생성Werden과 회귀Wiederkehr 속에서만 자신의 존재를 취한다.[60]

---

59   WM, 128.
60   Ebd.

거행은 축제의 고유한 존재방식이다. 즉 축제는 오로지 거행됨으로써 존재가 되는 것이다. 그렇다고 축제의 존재가 거행하는 사람들의 주관적인 의도에 따라 계획되고 진행된다고 보는 것은 축제에 대한 잘못된 이해이다. 오히려 사람들은 축제 자체가 있기 때문에 축제에 참가하고 즐기는 것이다. 이런 의미에서 축제의 존재방식은 전형적인 놀이와 예술작품의 존재방식과 같다. 예술작품은 축제처럼 표현과 해석의 반복 속에서 존립하고, 그 반복은 언제나 자체에 새로움을 지니는 반복이다. 여기서 가다머는 연극을 통해 축제와 예술작품의 동일한 메커니즘을 설명한다.

이러한 사실은 관객에게 표현되어야만 하는 연극에도 마찬가지로 적용된다. 연극의 존재는 관객이 지니고 있는 체험들의 단순한 교차점이 아니다. 오히려 반대로 관객의 존재는 [연극에] '참가함Dabeisein'으로써 규정된다. '참가함'은 동시에 존재하는 다른 것과 단순히 함께 현전하고 있는 것 이상이다. '참가함'은 참여를 뜻한다. 어떤 것에 참가하는 사람은 그것이 어떠했는지를 모든 면에서 안다. 그러면 참가함은 비로소 주관적인 태도의 한 방식, 즉 '집중해 있음Bei-der-Sache-sein'이라는 파생적인 의미를 띠게 된다. 따라서 바라보는 것은 진정한 참여방식 중의 하나이다.[61]

가다머는 예술작품을 바라보는 것이 능동적인 의미가 있다고 보고, '테오리아Theoria'의 어원 분석을 통해 밝힌다. 테오리아와 어원이 같은

---

61 WM, 129.

'테오로스Theoros'는 참여자, 축제 사절단에 참여하는 사람을 뜻한다. "축제 사절단에 참여하는 사람은 거기에 참가하는 것 말고는 다른 자격과 기능이 없다. 참여자는 그 말의 본래 뜻에 따르면 바라보는 사람으로, 그는 경축 행위에 참가함으로써 함께하여teilhat, 그로써 종교법상의 특권, 예를 들어 불가침성을 획득하게 된다."[62] 그리스 형이상학에서도 마찬가지로 테오리아와 정신Nous의 본질은 참된 존재자에 순수하게 참가하는 데 있다.

그런데 예술작품의 감상자가 바라보는 것과 단순한 호기심으로 사물, 예를 들어 상품을 바라보는 사람 사이에는 분명한 차이가 있다. 후자에게도 사물과 자신을 일치시키는 몰두가 가능하지만, 그러나 호기심의 대상은 근본적으로 보는 사람과 아무런 관계가 없다. 따라서 그의 몰두는 지속적이지 않고, 그것을 통해 새로움은 발생하지 않는다. "이에 반해 예술의 놀이로서 관객에게 나타나는 것은 순간의 단순한 매혹으로 그치지 않고, 지속을 요구Anspruch하고 요구를 지속한다."[63]

가다머는 예술작품이 지닌 생성과 회귀로서의 시간성을 동시성Gleichzeitigkeit과 공시성Simultaneität으로 구분하여 설명한다. 동시성은 '참가'의 본질을 이루고, 공시성은 미적 의식과 관계한다. "공시성은 상이한 미적 체험 대상들이 한 의식 속에 함께 있으며, 동등한 타당성이 있다는 것을 의미"한다. 이에 반해 "동시성은 우리에게 표현되는 유일한 것이, 그 기원이 아무리 멀다 해도, 그 표현에서 완전한 현재성을 획득

---

63 WM, 131.

한다는 것을 의미한다. 동시성은 의식에 나타난 소여방식이 아니라 의식의 과제이며 의식이 요망하는 성과이다. 동시성의 본질은 대상에 전념하여 이 대상이 '동시적'이 되는 데에, 즉 모든 매개가 총체적 현재성 속에서 지양되는 데에 있다."[64]

작품의 동시성은 작품의 자기표현에 참가하여 작품의 표현이 나와 같이 현재에 존재하게끔 하는 데서 이루어진다. 이에 반해 공시성은 여러 작품이 의식에 동등한 타당성을 가지고 공동으로 존재하게끔 하는 데서 성립한다. 그러므로 미적 의식의 공시성은 잘못하면 미의 작품의 동시성을 은폐할 수도 있다. 따라서 작품의 동시성, 즉 작품의 의미를 현존으로 데려오는 것은 저절로 이루어지지 않는다. 작품의 동시성은 성취되어야 할 과제이다. 이 과제가 성취되었을 때 비로소 작품의 의미가 현존하고, 작품과 관람자 사이의 의미에 연속성이 획득된다.

예술작품의 동시성은 '본래적인 의미에서 미적 거리'에서만 가능하다. 그것은 감상자가 작품 앞에서 자신의 일상적인 활동에 거리를 두는 동시에 작품에 본래적이고 전면적으로 참여함을 의미한다. 예술작품에 대한 의미는 부분적인 참여에서 성취되지 않는다. 즉 "창조하는 예술가의 대자존재Fürsichsein―예를 들면 그의 전기傳記―도, 한 작품을 연기하는 연기자의 대자존재도, 놀이를 수용하는 관객의 대자존재도 예술작품의 존재 앞에서는 독자적인 정당성을 지니지 못한다."[65] 예술작품의 정당성은 예술작품 밖에서 오는 것이 아니라 자체에서 비롯된다. 따라

---

64 WM, 132.
65 WM, 133.

서 감상자는 작품 이외의 것에서 거리를 둘 때 작품에 참여할 수 있게 된다.

> 수용자는 어떤 절대적인 거리 속으로 들어서도록 지시되는데, 이 거리는 그에게 모든 실천적이고 유목적적인 참여를 거절한다. 이 거리가 본래적인 의미의 미적 거리이다. 이 거리는 보는 데 필요한 간격을 의미하며, 이 것이 사람들 앞에서 자신을 표현하는 것에 대한 본래적이고 전면적인 참여를 가능하게 한다.[66]

감상자는 미적 거리에서 일상의 자신을 잊고 작품의 의미에 천착할 때 작품이 표현하는 의미, 즉 세계의 진리에 자신이 참여함을 발견한다. 이렇게 함으로써 감상자는 작품과 자신 사이에서 의미 연속성을 획득한다. 관객의 "탈자적인 자기 망각에 상응하는 것은 따라서 자기 자신과의 연속성이다. 그가 관객으로서 그 안에서 자신을 상실하는 바로 그 것[작품의 의미범위, 의미세계]에서부터 그에게 의미의 연속성이 요구된다. 바로 관객 자신의 세계의 진리, 즉 그가 그 안에 살고 있는 종교적이고 인류적인 세계의 진리가 관객 앞에서 표현되는 진리이고, 관객이 그 안에서 자신을 인식하는 세계이다."[67] 즉 관객이 이해하는 작품의 의미세계가 바로 작품이 작품으로서 현존하는 일이다.

작품이 작품으로 존재한다는 것은 현존을 뜻한다. 가다머는 작품의

---

66 Ebd.
67 Ebd.

존재방식, 즉 현존의 시간성을 절대적 현재로, 이에 상응하는 관객의 존재방식의 시간성을 절대적 순간으로 설명한다.

> 임재Parusie, 즉 절대적 현재가 미적인 존재의 존재방식을 표시하는 것과 마찬가지로, 그리고 한 예술작품은 그럼에도 불구하고 또한 자신이 그러한 현재가 되는 어디에서나 동일한 것과 마찬가지로, 그렇게 관객이 그 안에 서 있는 그 절대적인 순간도 또한 자기 망각이고 동시에 자기 자신과의 매개이다. 관객을 모든 것에서 떼어냈던 어떤 것이 관객에게 동시에 그의 존재 전체를 되돌려준다.[68]

논의를 요약하자면, 표현은 미적 존재의 본질에 속하고, 이 표현은 놀이이며, 관객은 놀이에서 본질적인 역할을 한다. 이 놀이에서 완성되는 것은 예술작품 그 자체이며, 그것의 존재는 현존일 뿐이다. 세계의 진리는 그곳에서 생기한다.

7. 해석학적 진리의 놀이

가다머의 해석학은 근본적으로 근대의 주관주의를 극복하는 데 목표를 두고 있다. 진리가 초월적이고 절대적인 주관에서 비롯되는 것이 아니라 주객의 상호작용, 즉 대화에서 발생한다는 주장에 대한 근거로

---

68 Ebd.

예술은 탁월한 예시이다. 가다머에 따르면 예술활동은 근본적으로 놀이적인 속성을 지닌다. 미학이 해석학에서 출발해야 한다고 확신하는 가다머에게 놀이의 개념이 어떤 의미가 있는지를 가늠하는 것은 어렵지 않다.

가다머는 놀이에서 주체의 역할이 중요하지 않다는 사실에 주목한다. 이 점은 예술작품의 경우도 마찬가지이다. 예술작품은 표현되고 해석됨으로써 의미를 얻는다. 거기에 주체라고 강하게 내세울 것은 없다. 그래서 놀이는 예술작품의 존재방식이 되는 것이다. 또 놀이는 그것이 동물의 놀이든 사람의 놀이든 심지어 기계의 놀이든 '이리–저리로의 운동'이라는 형태를 띤다. 그래서 놀이는 능동적인 것도 아니고 수동적인 것도 아닌 '중간태적 의미'가 있다. 즉 놀이에서 중요한 것은 시작과 끝(목적)이 아니라 경과 또는 진행됨이다.

가다머가 볼 때 동물의 놀이든 인간의 놀이든 모두 자연의 경과와 자기표현이다. 놀이는 자기표현이다. 특히 인간의 놀이는 '무엇에 대한' 표현이면서 동시에 '누구를 위한' 표현일 수 있는데, 이러한 놀이가 바로 예술놀이이다. 그런데 이 이중의 표현으로서의 놀이에서 놀이의 주체는 큰 의미가 없다. 연극에서 연기자와 관람자는 어느 순간 주체와 객체로 구별되기보다 역할이 뒤바뀌고 통일된다. 그 통일은 연극의 의미가 무엇인지 찾는 과정에서 일어나며, 둘은 다른 쪽 편에 서서 연극을 대면한다.

가다머는 예술놀이가 궁극적으로 '형성체로 변화'한다고 주장한다. 표현자와 관람자가 통일될 수 있는 것도 바로 형성체 때문이다. 더 직접적으로 말하자면, 형성체는 '참된 것' '세계의 진리'이다. 놀이가 형성체로 변한다는 것은 새로워진다는 것이고 세계의 진리가 된다는 것이다. 이럴 때 '재인식'이 일어난다. 재인식은 본질에서 인식하는 것으로, 곧 세계의 진리를 인식하는 것이다. 그래서 표현자와 관람자가 재인식을 통해 둘 다 같은 세계의 진리를 인식하게 되는 것이다. 따라서 작품과 작품의 표현이 분리될 수 없음은 형성체와 놀이가 분리될 수 없음과 같은 이치이다. 또 놀이가 형성체가 되고 형성체가 놀이 속에서만 존재한다는 것은 작품과 미가 분리될 수 없는 것과 마찬가지 원리이다. 우리는 놀이가 형성체가 된다는 것에서 왜 가다머가 놀이를 자신의 해석학에 중요한 개념으로 차용하는지를 알 수 있다.

가다머는 예술작품이 동시적이라고, 즉 그것이 비록 낯선 과거에서 비롯되었지만 우리에게 현재적으로 존재한다고 말한다. 그는 예술작품의 동시성, 즉 '변화 속의 지속'이라는 예로 축제놀이를 든다. 정기적으로 열리는 축제의 경우, 축제는 치러지고 끝없이 회귀되면서 동시에 생성된다. 즉 축제는 단순히 과거의 반복이 아니라 거기에 새로움이 덧붙는다는 의미이다. 이것은 예술작품의 경우에도 적용되는데, 동시성은 예술작품의 자기표현에 참가하여 작품이 나처럼 현재에 존재하게끔 하는 것으로, 해석학적으로 보면 전통과의 대화와 똑같은 메커니즘을 갖추고 있다.

이상에서 우리는 왜 가다머가 놀이 개념에 주목하는지를 간파할 수 있었다. 그에게 주·객 분리의 이원론을 깰 수 있는 탁월한 통로는 바로 놀이이다. 그는 예술이 어떻게 놀이일 수 있는지를 예술작품의 생성, 표현, 해석을 통해 보여준다. 놀이가 단순한 임의의 행위가 아니라는 사실은 놀이가 형성체로 변화한다는 것, 즉 예술놀이는 진리를 향한다는 것이다. 진리는 예술작품에서 표현되며, 그것은 표현자나 감상자 모두에게 동일한 것이다. 이와 같이 놀이는 가다머에서 해석학적 진리를 설명하는 데 탁월한 구실을 한다.

4장
핑크의 놀이철학—세계상징과 놀이

1. 핑크의 놀이의 형이상학

니체의 놀이철학은 현대철학에 직간접인 영향을 끼쳤다. 특히 니체의 후예임을 자처하는 프랑스 후기구조주의에서 그의 영향을 쉽게 찾아볼 수 있다. 그런데 니체의 놀이철학이 현대 독일 철학에 끼친 영향 또한 막중함에도 그동안 연구자들은 이 점에 크게 주목하지 않았다.

이런 문제의식에서 우리가 놀이철학과 관련하여 주목하는 철학자는 오이겐 핑크E. Fink이다. 후설의 제자이며 하이데거의 영향을 받은 현상학자 핑크와 니체의 관계는 그가 1960년에 출간한 문고본《니체의 철학*Nietzsches Philosophie*》의 저자 정도로 알려진 것이 전부이다. 그런데 핑크는 오랫동안 니체의 놀이철학을 비판적으로 독해했으며, 자신의 놀이철학을 특히 존재론적 차원에서 완성한 인물이기도 하다. "사유의 역사에서 놀이의 존재를 파악하려는 시도뿐만 아니라 놀이를 통해 존재의 의미까지도 규정해야 한다."[1]

핑크는 그의 저서《행복의 오아시스. 놀이의 존재론에 관한 사유*Oase des Glücks. Gedanken zu einer Ontologie des Spiels*》에서 놀이가 인간의 실존을 구성하는 핵심적인 틀임을 강조한다. 즉 놀이는 인간을 이해하기 위해 반드시 다루어야 할 주제가 된다. 핑크의 놀이철학은《세계상징으로서의 놀이*Spiel als Weltsymbol*》에서 절정을 이룬다.《행복의 오아시스》가 놀이를 실존의 한 범주로 이해했다면,《세계상징으로서의 놀이》에서 핑크는 놀이를 단순히 인간 실존의 한 범주가 아니라 세계상징으로 파악한다. 놀이세계의 상징은 인간의 놀이가 아니라 세계상징의 놀이로, 세계를 개방한다.

4장은 그동안 별로 주목받지 못했던 핑크의 놀이철학을 상론하는 것을 목표로 한다.[2] 이를 위해 먼저 핑크의 놀이철학 형성에 지대한 영향을 끼친 니체의 철학을 핑크가 어떻게 해석하고 평가하는지 살펴볼 것이다. 니체의 놀이철학에 대한 핑크의 이해의 정당성을 따지기 위해 우리는 핑크의《니체의 철학》이외에 1946년의 유고 논문〈니체의 놀이의 형이상학Nietzsches Metaphysik der Spiel〉도 꼼꼼히 검토할 것이다.

둘째, 핑크의 니체 해석과 직접적인 관계가 있는 것으로 그가 왜 하이데거의 니체 해석을 비판했는지, 그리고 그것이 니체와 그의 놀이철학과 어떤 관계가 있는지 특별히 주목할 것이다. 핑크는 하이데거가 니

---

1 E. Fink, *Oase des Glücks. Gedanken zu einer Ontologie des Spiels*(앞으로 Oase로 약칭), Freiburg, Br. u.a., 1957, p. 49.

2 국외에서 니체와 핑크의 놀이 개념과 관련한 비교연구로는 다음을 참조하라. B. Babich, "'Artisten-Metaphysik' und 'Welt-Spiel' bei Nietzsche und Fink," C. Nielsen u. H.R. Sepp(Hg.), Freiburg, Br. u.a., 2011, pp. 57~88.

체의 철학을 형이상학적인 관점에서만 바라본다고 지적하고, 또한 하이데거가 니체 철학에서 '놀이'가 차지하는 위치를 간과하고 있다고 비판한다.

셋째, 핑크의 두 저서인 《행복의 오아시스》와 《세계상징으로서의 놀이》를 중심으로 그의 놀이철학을 살펴볼 것이다. 앞의 저서는 놀이를 실존 범주로 이해하고, 뒤의 저서는 놀이를 인간 중심주의에서 벗어나 세계상징으로 파악한다. 핑크에 따르면 놀이는 인간을 세계에 개방함으로써 주체 중심의 철학을 과감히 탈피하는 길을 연다.

2. 핑크의 니체 해석—생성의 놀이 대對 존재의 놀이

핑크의 니체 해석

"프리드리히 니체는 서양 정신사의 위대한 운명적 존재의 한 사람, 즉 숙명적인 사람, 고대의 유산과 2천 년 기독교에 의해 규정된 유럽인들이 지금까지 걸어온 길에 최후의 결단을 강요하는 하나의 무시무시한 물음표이다."[3] 핑크는 니체가 전통 철학의 시각에서는 쉽게 이해할 수 없고 수용되기 어려운 언어를 구사하지만 문제에 대해 무서울 정도로 예민한 후각을 소유했으며, 동시에 자신의 관점에서 철학사를 일관되게 해석했다는 점을 인정한다.

핑크가 니체와 특히 그의 놀이철학에 주목한 직접적인 근거는 그의

---

3 Fink, *Nietzsches Philosophie*, p. 7.

1946년 유고 논문 〈니체의 놀이의 형이상학〉을 비롯하여, 니체의 '힘을 향한 의지Wille zur Macht'를 형이상학의 관점에서 해석한 하이데거를 비판하고 놀이철학적 관점에서 니체를 새롭게 바라본《니체의 철학》등에서 찾을 수 있다. 나아가 놀이를 실존 범주로 파악한《행복의 오아시스》(1957)와 놀이의 본래적인 의미를 통해 세계 해명을 시도한《세계상징으로서의 놀이》(1960)는 니체의 철학을 비판적으로 계승한 측면이 강하다.

핑크는 니체의 놀이철학에서 가장 주목할 부분은 니체가 놀이를 생성의 관점에서 이해하는 점이라고 지적한다. 핑크가 보기에 니체는 생성과 존재에 대한 자신만의 독특한 이해에서 출발한다. 니체는 자기 시대 문제의 뿌리를 그리스 철학에서 찾는데, 그가 주목한 철학자는 소크라테스와 플라톤이다. 그는 "소크라테스와 플라톤을 몰락의 징후, 그리스 해체의 도구, 사이비 그리스인, 반그리스적인 것으로 간주한다."[4]

그런데 니체에 따르면 소크라테스와 플라톤의 철학은 파르메니데스의 존재에 관한 사유에 뿌리를 둔다. 따라서 니체는 서양 형이상학에 대한 비판의 출발점을 파르메니데스에서 시작한다. 전통 형이상학에 대한 니체의 전투를 단순화하면 소크라테스, 플라톤, 그리고 파르메니데스에 대한 저항이다. 그래서 핑크는 이렇게 말한다. "니체는 소크라테스에서는 징후Symptom, 플라톤에서는 세계의 탈가치화Weltentwertung, 파르메니데스에서는 추상화Abstraktion로서의 형이상학과 전투를 벌인다."[5]

---

4 GD: KSA6, 67f.

5 Fink, "Nietzsches Metaphysik der Spiel"(1946), in: *Bezeichnung Welt denken: Annährung an die Kosmologie Euegn Finks*, C. Nielsen u. H.R. Sepp(Hg.), Freiburg, Br. u.a., 2011, p. 28.

니체가 파르메니데스와 그의 후예들과 싸우기 위해 택한 전략은 헤라클레이토스로 돌아가는 것이다. "니체는 헤라클레이토스로 돌아간다. 그의 싸움은 엘레아학파, 플라톤, 그리고 그들에게서 촉발된 형이상학적 전통에 대한 대결로 시작된다. 헤라클레이토스는 니체 철학의 근본 뿌리이다."[6] 니체는 파르메니데스의 존재에 대한 사유에서 그리스 비극시대의 그 어떤 것과도 비교할 수 없는 비非그리스적인 것을 발견한다. 그는 바젤 시대의 강의를 기초로 발표한 1873년의 논문 〈그리스 비극시대의 철학〉에서 파르메니데스를 이렇게 평가한다. "이 그리스인은 기만적인 상상력의 도식주의에서 도망치듯 내용이 풍부한 현실에서 도망칠 수 있었다. 그러나 그는 …… 아무것도 말해주지 않는 가장 차가운 개념, 즉 존재라는 경직된 죽음의 정숙 속으로 도망친 것이다."[7]

니체에게 파르메니데스의 '존재하는 것to eon'은 실제의 개별 사물에 대한 "경악할 추상화"[8]의 산물이다. 파르메니데스가 말하는 존재자는 일체의 생명, 변화, 자기 모순적인 것, 중층적인 실재를 초월해 있다. 따라서 존재자는 비운동적이고, 분할될 수 없고, 무시간 속에 있기 때문에 변화가 불가능하다. "존재하는 것은 존재하고, 존재하지 않는 것은 존재하지 않는다"[9]는 파르메니데스적 존재론의 관점에서 '생성Werden'의 세계는 불완전하며, 진리가 아닌 허상이다.

그러나 니체의 시각에서는 파르메니데스가 존재와 생성의 관계를

---

6 Fink, *Nietzsches Philosophie*, p. 13.
7 PHG: KSA1, 844.
8 PHG: KSA1, 842.
9 Diels/Kranz, "Parmenides", Fragment 3, in: *Die Fragmente der Vorsokratiker*, Bd.1, Berlin, 1960, p. 231.

거꾸로 보고 있다. 니체에서는 실재 세계의 구체적인 변화와 생성이 진정한 것이며, 생성의 세계를 초월한 존재나 그것의 인식인 일체의 진리는 허상이다. 파르메니데스가 말하는 존재의 "진리는 이제 모든 내용이 다 빠져버려 창백하기 짝이 없는 일반성 속에만, 즉 아무것도 규정해주지 않는 말들의 빈껍데기 속에만 머물고 있다. 마치 거미줄로 이루어진 집 속에 갇혀 있는 것처럼."[10]

니체는 존재에 해당하는 라틴어 esse의 어원이 '숨을 쉬다'[11]에서 나왔음을 추적하면서, '나는 존재한다'는 것이 '나는 숨 쉰다'로 해석될 수 없었던 이유는 본래 의미가 소실되었기 때문이며, 사람들이 존재를 인간 중심적으로 해석하여 새로운 의미를 덧붙였기 때문으로 본다. 니체는 '존재와 생성'이라는 표현이 붙은 1887년 가을의 한 유고에서 이렇게 적고 있다.

> 존재와 생성. '이성'은 감각적 기초 위에서, 감각의 편견 위에서, 다시 말해 감각판단의 진리에 대한 믿음에서 발전한다. '삶(호흡하다)' '영혼이 깃들여 있다' '원하고 작용한다' '생성한다'는 개념의 일반화로서의 '존재'. 그 반대는: '영혼이 깃들여 있지 않다' '생성하지 않는다' '원하지 않는다'. 그러므로: '존재자'에는 비존재자나 가상적인 것, 그리고 죽은 것이 대립되지 않는다(왜냐하면 살 수 있는 것만이 죽을 수 있기 때문이다).[12]

---

10 PHG; KSA1, 844.

11 PHG; KSA1, 847(11).

12 N; KSA12, 369(9[63]). "니체는 존재자를 존재자로서 해석하는 형이상학적 해석의 역사에 등을 돌리고 범주 문제를 위조의 폭로라는 부정적인 것으로 완전히 바꿔놓는다. 위조하는 것은 지성이고 사고Denken이다"(Fink, *Nietzsches Philosophie*, p. 166).

니체에 따르면 생성을 존재에서 몰아내고, 존재를 영원한 것으로, 생성을 지나가는 것 또는 헛된 것으로 본 파르메니데스적 세계관은 플라톤 이후 칸트에 이르기까지 서양 형이상학의 오랜 전통이 되었다. 이러한 전통의 결과는 자연스럽게 신체보다는 정신, 구체적인 삶보다는 보편적인 삶, 개인보다는 전체에 가치를 두는 세계관을 형성하게 된다. 니체는 이러한 태도를 "무Nichts에 대한 의지"[13]로 보고, 니힐리즘의 근거를 바로 그곳에서 찾는다.

니체는 파르메니데스적 형이상학을 대체할 세계상을 찾는데, 그것이 바로 헤라클레이토스이다. 니체는 헤라클레이토스의 생성에 대한 통찰을 자신의 선구로 부르기를 주저하지 않는다. 헤라클레이토스의 생성을 니체는 이렇게 정리한다. "존재하는 것은 생성하지 않고, 생성하는 것은 존재하지 않는다."[14] 즉 "살아 있는 것이 존재이다. 더 이상의 존재란 없다."[15] 그리하여 니체는 존재와 생성의 전통적인 관계를 전도했을 뿐만 아니라 "생성에 존재의 성격을 각인한다."[16]

핑크는 철학과 놀이에 관한 니체의 사유를 철저히 생성 우위의 산물로 본다. 그러나 핑크가 보기에 니체는 존재와 생성의 관계를 지나치게 단순화했으며, 존재의 진정한 의미를 파악하지 못하고 있다. 니체는 파르메니데스의 존재를 잘못 해석하고 있다. "마침내 파르메니데스에

---

13 GM; KSA5, 412.
14 GD; KSA6, 74.
15 N; KSA12, 16(1[24]). 니체는 "종래의 형이상학적 존재론은 사실, 단지 일종의 환상 또는 허구에 불과한 것을 '존재자'로 보고, 그리고 사실상 유일의 기능적·현실적인 존재자를 존재하지 않는 것, 비본래적인 것으로 부인한다. 본래적인 존재자라고 생각된 것이 공허한 것이고—종래에 공허하다고 생각된 것이 유일의 현실적인 것이다"(Fink, *Nietzsches Philosophie*, p. 138f.).
16 N; KSA12, 312(7[54]).

게 대항하는 공격에서 전래의 형이상학에 대한 니체의 거부는 최고점에 다다른다. 그러나 또한 오해의 극치에 도달한다."[17] 즉 니체는 파르메니데스의 존재 개념을 단순한 실제적 사물들의 추상 개념으로 보고 생성 세계의 충만함을 텅 비게 하는 보편 개념으로 이해함으로써, "파르메니데스 이래 전체 형이상학 전통을 일관하고 있는, 즉 존재를 개념적으로 다루려는 사고das seinsbegriffliche Denken"[18]에 대한 무지를 드러낸다.

핑크에게 "존재하는 사물의 존재자 존재Das Seiend-sein는 경험으로부터 추상화를 통해 탈각abgezogen된 것이 아니라, 가능한 경험의 공간을 비로소 전적으로 개시하는 하나의 전제Voraus-Setzung이다."[19] 이러한 존재자에 대한 선험적인apriorisch 이해는 고대 그리스 형이상학 이래 가끔 희미해질지라도 생생하게 보존된 하나의 전통이다. 니체는 "일반적으로 어떤 구체적·감성적으로 주어진 사물을 경험할 수 있으며, 그리고 이 사물에서 '추상화'를 수행하기 위해 우리가 이미 전제하지 않으면 안 되는 개념과 추상화에서 생겨난 개념들 사이의 근본적인 차이를 간파하지 못한다."[20]

핑크가 볼 때 니체가 서양 형이상학을 거부하는 것은 존재론적ontologisch 차원이 아니다. 니체가 형이상학을 비판할 때 초점은 가치평가, 더 정확히 말해 삶의 관점에서 형이상학을 비판하는 것이다. 니체가 '힘을 향한 의지' 측면에서 유럽 형이상학을 비판한 것은 익히 잘 알려져

---

17 Fink, "Nietzsches Metaphysik der Spiel", p. 30.
18 Fink, *Nietzsches Philosophie*, p. 166.
19 Fink, "Nietzsches Metaphysik der Spiel", p. 31.
20 Fink, *Nietzsches Philosophie*, p. 141.

있다. 힘을 향한 의지는 삶을 고양시키고 확장시킨다. 니체에게 선은 힘의 증대를, 악은 힘의 쇠퇴를 의미한다. 니체의 "형이상학은 존재론적으로 읽히는 것이 아니라 도덕적으로 읽힌다. 형이상학은 니체에게 무엇보다도 가치평가가 기록되는 하나의 삶의 운동으로 간주된다. 즉 삶을 위축시키고, 억압하고, 약화시키는 가치들이 주도권을 행사하는 하나의 운동으로 간주된다. 니체는 자기 기준에 따라 형이상학을 일종의 삶의 과정으로 간주한다. 그는 형이상학을 '삶의 광학Optik des Lebens'으로 본다."[21] 그래서 핑크가 보기에 "니체는 그 스스로 최소한 존재물음Seinsfrage이 수백 년 동안 사유를 움직였던 그러한 방식으로는 존재물음을 제기하지 않는다. 존재물음은 가치물음에 의해 덮인다."[22]

놀이철학의 선구로서의 니체

핑크는 니체 철학이 안고 있는 한계를 지적하면서도 '놀이'에 대한 니체의 통찰을 높이 평가한다. 핑크는 '힘을 향한 의지'가 주체철학의 전통에 서 있다고 보며, 그런 이유에서 니체 철학을 '최후의 형이상학'이라고 파악하는 하이데거를 비판한다. 비판의 요지는 하이데거가 니체 철학을 형이상학으로 간주함으로써 니체 철학에서 놀이적 사유의 중요성을 간과한다는 것이다. 핑크는 니체에서 놀이적 사유는 전통 형

---

21 Ebd., 14.
22 Ebd., 15. "니체에게 철학의 모든 문제는 가치 문제이다. 가치의 존재는 더 이상 의심의 여지가 없다. 과거의 철학이 존재에 관하여 사색한 경우에는 언제나, 그것은—니체가 보건대—벌써 암암리에 여러 가지 가치관점에 따라 인도되고 있다"(Ebd., 126). 그런데 핑크의 시각에서 존재=가치로 보는 니체의 견해는 전혀 새롭지 않다. 그것은 플라톤의 선Agaton과 이데아의 관계가 잘 보여주듯이 "고대의 존재자ON와 선AGATHON 관계를 근대적으로 변형한 계승이다"(Ebd., 186).

이상학의 틀을 초월하며, 니체의 생성의 철학은 기본적으로 놀이적 사유에 기초한다고 확신한다. 그래서 핑크는 자신의 논문 〈니체의 놀이의 형이상학〉에서 이렇게 설명한다. "니체의 놀이의 형이상학―이 제목은 여기서 단지 하나의 물음, 즉 니체의 문헌적 저작의 전체 현상에서 철학이 무엇인가에 대한 물음이다."[23] 이것이 의미하는 바는 니체의 철학은 놀이의 형이상학으로 요약될 수 있다는 것이다.

니체에게 "생성의 본질은 놀이이다."[24] 니체의 이러한 확신은 헤라클레이토스의 단편 B52의 놀이하는 아이pais paizon를 자신의 방식으로 해석하고 예술철학에 적용한 이래 힘을 향한 의지와 영원회귀에 이르기까지 일관되었다. 니체의 예술철학에서 생성이 존재보다 우선한다는 사실과 관련해 핑크는 무엇보다도 니체가 디오니소스적인 것을 아폴론적인 것보다 더 근본적이라고 본다는 점을 근거로 든다. "디오니소스의 놀이는 순수 생성reine Werden이다."[25] 즉 니체에게 세계는 "건설하는 동시에 파괴하는 세계놀이의 디오니소스적 현실성"[26]이다. 이에 반해 아폴론적 개별화의 원칙은 니체가 보기에 생성을 멈추게 하고 생성을 위조하여 범주로 고정하려는, 즉 존재자EON를 향한 욕망이다.

'놀이하는 아이'는 《차라투스트라는 이렇게 말했다》의 〈세 단계의 변화에 대하여〉에서 정신의 세 번째 단계이며, 최고정신을 구현하는 것으로 다시 등장한다. 이 놀이하는 아이가 바로 위버멘쉬 단계의 인간을

---

23 Fink, "Nietzsches Metaphysik der Spiel", p. 25.
24 Ebd., 32.
25 Fink, *Nietzsches Philosophie*, p. 36.
26 Ebd., 164.

말하는데, 이러한 인간에게 가장 중요한 가치는 바로 놀이의 정신에서 비롯된다. "놀이라는 은유에서 언급되는 것은 새로운 가치와 가치세계의 하나의 기획Entwurf이라는 의미에서 자유의 본래적이고 근원적인 본질에 관한 것이다."[27] 즉 놀이는 자신의 의지를 자유롭게 실험해볼 수 있는 긍정적이고 적극적인 의미의 자유를 가리킨다. 그런데 핑크는 니체의《차라투스트라는 이렇게 말했다》에서 '놀이하는 아이'가 아직 "디오니소스적 놀이"에 이르지는 못했다고 본다. 왜냐하면 그것은 "현상세계를 건설하고 파괴하는 근원의 놀이는 아닌 것이다. 여기서 놀이는 인간의 가치평가의 놀이, 가치세계에 대한 놀이 기획으로 이해"[28]되기 때문이다.

니체의 힘을 향한 의지 역시 생성의 놀이로 표현된다. "세계는 생성의 세계이다. 자기 안에서 휘몰아치며 밀려드는 힘들의 바다이며, 영원히 변화하며 …… 영원한 자기 창조의 세계, 영원한 자기 파괴의 세계."[29] 그런데 하이데거는 힘을 향한 의지를 '가치를 의욕하는 의지'로 해석한다. "힘을 향한 의지는 …… 가치를 의욕하는 의지이다. 그런 까닭에 그것은 결국 분명히 모든 가치정립이 유래하고 모든 가치평가를 지배하는 바로 그것, 즉 '가치정립의 원리'가 되고 그러한 것으로 존속해야만 한다."[30]

그런데 하이데거에 따르면 가치를 계산하고 평가하는 힘을 향한 의

27 Ebd., 71.
28 Ebd.
29 N; KSA11, 611f(38[12]).
30 M. Heidegger, *Nietzsche II*, Pfullingen, 1961, p. 272.

지는 비록 객체를 표상하는 근대적인 의미의 주체는 아니라 해도 '자기 Selbst'를 상정해야 한다. 즉 "가치사유는 본질적으로 힘을 향한 의지가 자기로 존재하는 것에, 즉 그것이 기체subjectum(자기 위에 세워진 것, 모든 것의 근저에 놓여 있는 것)로 존재하는 방식에 속한다. 힘을 향한 의지는 가치사유에 따라 특징지어진 주체성으로서 자신을 드러낸다."[31] 그러므로 하이데거에게 니체는 형이상학의 극복자라기보다는 서양 형이상학의 완성자로 간주되는 것이다.

그러나 핑크는 하이데거가 니체의 힘을 향한 의지를 가치의 측면에서 평가한 점은 인정하면서도, 하이데거가 니체의 힘을 향한 의지에 담긴 놀이 사유의 측면을 간과하고 있다고 비판한다. 건설하고 파괴하는 디오니소스적 놀이로서 힘을 향한 의지는 기체로서 주체에 묶일 수 없다. "니체가 존재와 생성을 놀이로 파악할 때, 그는 이미 형이상학에 갇혀 있지는 않다."[32]

핑크는 니체의 '영원회귀'에서 세계의 운행이 기계적 인과론이 아니라 놀이적 사유에 기초하고 있음을 꿰뚫어본다. 동일한 것이 회귀한다는 니체의 사상은 영원과 시간에 관한 새로운 통찰이다. "시간은 그 속에서 사물들이 시작되었다가는 끝나고 부서졌다가는 다시 결합되는 단순한 그 안Worin이나 길Bahn이 아니다—그것은 개시하게끔 하고서는 종결시키는 것이고, 부수어놓고는 다시 결합시키는 것이다. 시간은 존재하게 하는 힘이고, 건설과 동시에 파괴하는 것이며—세계의 디오니

31 Ebd.
32 Fink, *Nietzsches Philosophie*, p. 188.

소스적 놀이이다."³³ 영원회귀에서 생성의 놀이는 극치에 도달하는데, 거기에서 "생성은 '정지되고', 고정되고, '포박'되는 것이 아니라 생성이 바로 생성으로서 인식된다. 그것이 '고찰의 절정'을 의미한다는 것은, 여기서는 존재와 생성의 대립이 [마침내] 화해"³⁴하기 때문이다.

핑크가 니체의 놀이철학을 해석할 때 견지하는 시각은 니체의 놀이 사유가 철저히 철학적 전통에 서 있다는 것과 그의 놀이철학이 존재와 생성 중 생성 우위의 관점을 유지한다는 것이다. 니체는 헤라클레이토스의 단편 B52를 자신의 관점에서 재해석하고 자기 철학의 토대로 삼는다. 그런데 핑크가 보기에 니체는 놀이를 여전히 "형이상학적 직관Intuition"에서 파악하며, 놀이에 대한 "개념적 무능력"을 보이고 있을 뿐만 아니라, 놀이에 대한 "현상적 분석"도 불충분하고 "존재론적 의미"에 대한 개념적 이해에도 도달하지 못했다.³⁵

핑크는 놀이에 대한 통찰은 헤겔이 훨씬 잘 보여준다고 생각한다. 핑크는 헤겔이 《역사철학 강의Vorlesungen über die Philosophie der Geschichte》에서 그리스의 예술작품을 설명하면서 그리스인들의 경기나 시합에서 '놀이'의 본질을 간파한다고 본다. "그러나 놀이에 관해 가장 위대한 형이상학적 사상가인 헤겔은 놀이는 무관심Indifferenz, 그리고 가장 큰 경솔Leichtsinn이면서 동시에 가장 숭고하고 유일하며 진정한 진지함Ernst이라고 말한다."³⁶

---

33 Ebd., 99.
34 Ebd., 168.
35 Fink, "Nietzsches Metaphysik der Spiel", p. 37 참조.
36 Ebd., G.W.F. Hegel, *Vorlesungen über die Philosophie der Geschichte*, Bd.12, in: *Werke in zwanzig Bänden*, hrsg. von E. Moldenhauser u. K. M. Michel, Frankfurt a. M., 1969~1971, pp. 297~298 참조.

3. 실존 범주로서의 놀이

핑크는 니체가 놀이를 매개로 전통 형이상학에 강력히 도전했지만 그의 놀이철학은 철학사에 대한 편파적인 이해에 기초했으며 개념적 사유에 무능했다고 평가한다. 핑크는 자신의 시대에 놀이가 단순히 개인적인 오락이나 휴식을 넘어 상품이 되어서 일상의 삶을 지배하는 상황을 목도한다. 아이들의 놀이공원, 어른들의 일탈을 부추기는 각종 퇴폐적인 유흥과 텔레비전을 비롯한 미디어에서 넘쳐나는 오락물들은 놀이가 우리 삶을 얼마나 지배하고 있는지를 잘 보여준다. 그런데 이러한 오락과 말초적인 쾌락을 추구하는 행위가 놀이의 진정한 의미와 어떤 관계가 있는지는 의심스럽다. 이러한 시대 상황은 역설적으로 놀이에 대한 철학적 성찰이 시급함을 말해준다.[37]

핑크의 놀이철학은 놀이를 인간의 실존 범주로 파악하고 그것이 다른 실존 범주들과 어떤 관계가 있는지를 따지는 《행복의 오아시스》, 그리고 놀이의 존재론적 의미를 통해 세계 해명을 시도한 《세계상징으로서의 놀이》에서 전개된다. 두 저작의 관계는 상호 보완적인 측면이 강하다.[38] 전자가 인간의 놀이에서 인간과 놀이의 관계를 물었다면, 후자는 놀이를 인간의 놀이에 한정하지 않고 세계놀이로 확장한다. 핑크는

---

37 "우리 시대는 놀이의 본질을 이해하고 있는가? …… 놀이현상의 존재의미를 충분히 통찰하고 있는가? 놀이와 놀이함이 무엇인지를 철학적으로 알고 있는가?"(Oase, 6).

38 "놀이에 대한 핑크의 연구는 인간의 놀이현상 자체에 관한 탐구는 물론, 상징적인 의미에서 세계의 현상을 제시한다. 이때 인간의 놀이는 근대의 인식론적-미학적 차원뿐만 아니라 인간존재에 부합하는 현존재의 실존 범주로서 다루어지며, 세계놀이는 인간의 세계연관에서 드러날 뿐만 아니라 세계 자체의 고유한 지배로서 제시된다."(김재철, 〈E. 핑크의 놀이존재론(I)—실존 범주로서의 놀이〉, 《존재론연구》 32집(한국하이데거학회, 2013), 195~196쪽 참조.

놀이를 실존 범주[39]로 파악함으로써 놀이에 대한 재평가를 시도한다. 놀이는 다른 실존 범주인 죽음·노동·지배·사랑과 같은 무게를 지닌다. 핑크는 비록 일상생활의 현상적 놀이가 놀이의 본래적인 의미를 직접 드러내지는 않지만, 어떤 방식의 놀이에든 놀이의 본래적인 의미가 은폐된 형태로라도 남아 있다고 본다. 따라서 놀이는 바로 이러한 현상적인 차원에서도 접근하여 이해할 필요가 있다.

핑크는 놀이의 실존 범주를 놀이의 구조계기, 즉 '놀이의 재미' '놀이의 의미' '놀이공동체' '놀이규칙' '놀이도구'라는 다섯 가지 틀로 분석한다. 놀이의 다섯 가지 틀은 최종적으로 '놀이세계Spielwelt'라는 개념으로 통합된다.

먼저, 놀이는 재미를 추구한다. 재미는 기분과 관련되는데, 특히 상상력이 동원된 창조적인 놀이에서 재미는 배가된다.

둘째, 놀이는 의미가 있다. 특히 제식놀이 같은 집단의 놀이에서 놀이 참가자는 놀이 밖에서 의미를 찾는 것이 아니라 놀이에 의미를 부여하는 방식으로 참가한다. 그러므로 "놀이의 의미는 존재적-사물적 관점을 넘어선 존재론적 연관을 지닌다."[40]

셋째, 놀이는 공동체에서 이루어진다. 시체놀이처럼 단독적이고 기형적인 놀이형태도 있지만 그것은 병적으로 왜곡된 놀이이다. 놀이의 공동체성은 인간의 사회적 실존성을 잘 드러낸다. 놀이는 공동체로 향하는 창문 구실을 한다.[41]

---

39 Oase, 17 참조.
40 김재철, 〈E. 핑크의 놀이존재론(I)―실존 범주로서의 놀이〉, 210쪽; Oase, 29 참조.
41 Oase, 30 참조.

넷째, 놀이에는 규칙이 있다. 놀이의 규칙은 외적으로 강제된 것이 아니라 참여자가 자유롭게 결정한다. 놀이의 새로운 규칙 창조는 대부분 공동체의 산물인데, 공동체 구성원들은 그들의 자유로운 상상력을 발휘하여 '새로운 공간과 순수한 가능성'을 시도한다.[42]

다섯째, 놀이에는 도구가 활용된다. 놀이도구는 기존의 사물일 수도 있고 놀이를 위해 고안된 것일 수도 있다. 그러나 놀이도구를 활용하는 목적은 고정되지 않는다. 놀이의 도구, 특히 연극에서 가면이 잘 보여주듯 도구는 현실과 가상을 넘나드는 "이중실존에 대한 앎Wissen um die Doppelexistenz"을 제공한다.[43]

이상의 구조계기들은 '놀이세계'로 다시 통일된다. 놀이세계는 현실세계와 분리되지 않는다. '현실적인 사물들'이 놀이세계의 사물로 전환할 뿐이다. 즉 놀이와 현실은 서로 모순관계에 있지 않다. 인간은 현실적인 세계의 현실적이지 않은 다른 영역에서 놀 뿐이다. 그러므로 놀이세계는 "가상과 현실, 실재와 비실재, 즉 무와 존재라는 존재론적 연관을 맺는다."[44]

놀이의 구조계기는 놀이가 사랑·죽음·노동·지배 등과 같은 다른 인간 실존 범주와의 관계를 암시한다. "놀이는 현존재 전체와 관련된 다른 근본현상들, 죽음·노동·지배·사랑과의 연관 속에서 해명된다. …… 인간은 본질적으로 죽을 자이며, 본질적으로 노동자이며, 본질적으로 투사이며, 본질적으로 사랑하는 자인 동시에 본질적으로 놀이하

---

42 Ebd., 31 참조.
43 Ebd., 34f.
44 김재철, 〈E. 핑크의 놀이존재론(I) ― 실존 범주로서의 놀이〉, 212쪽; Oase, 35~37 참조.

는 자이다."[45] 이것을 핑크는 하이데거의 실존 개념을 차용하여 이렇게 말한다. "그의 존재에서 자신의 존재가 문제되는 동물만이 죽고, 노동하고, 투쟁하고, 사랑하고, 놀 수 있다."[46]

놀이는 여느 실존 범주와 달리 수행되어야 할 의무나 지향할 목적 또는 목표가 외부에서 주어지지 않는다. 따라서 놀이는 노동이 전형적으로 보여주듯 실패한 과업이나 성취되지 못한 목표로 불안과 염려의 시간을 보내지 않는다. 또한 놀이 이외의 실존 범주들이 과거나 미래에 가치를 두는 반면, 놀이는 현재의 안락과 자기만족을 추구한다. 따라서 놀이는 생존을 위한 노동과 투쟁, 또한 사랑으로 인한 시기와 질투, 그리고 죽음에 대한 근원적 불안을 잠재울 수 있는 "행복의 오아시스"[47]인 셈이다.

> 핑크가 놀이의 행복으로 표현하는 '오아시스'는 실존론적 시간과 공간의 의미가 있다. 공간적으로 오아시스는 존재 이해라는 실존론적 특징을 지닌 현존재 각자의 가능성을 기투하는 기반이며, 시간적으로 오아시스는 분절된 현재에서 영속을 즐기는 잠시의 체류이다.[48]

여기서 우리는 놀이에 담긴 적극적인 의미를 찾을 수 있다. 하이데거에서 현존재는 '세계 내 존재'이고 염려Sorge는 실존 범주로서 존재 이

45　Oase, 18 참조; 김재철, 203쪽.
46　Ebd., 19.
47　Ebd., 23.
48　김재철, 〈E. 핑크의 놀이존재론(I)—실존 범주로서의 놀이〉, 206쪽.

해에 필수적이다. 그런데 하이데거에서 염려는 존재 이해의 통로일 뿐, 그는 염려에서 벗어나는 길을 제시하지는 않는다. 이에 반해 핑크의 놀이는 '자기를 염려함'에서 벗어날 수 있는 가능성의 길을 연다.[49]

핑크는 사막의 오아시스가 뭇 생명들의 생존을 위해 필수적이듯 놀이가 안겨주는 '잠깐의 행복'한 시간의 중요성을 역설한다. 놀이는 초월적이고 초시간적인 영원한 삶이 아니라 "시간 속에 있는 인간적 거주의 가능성"을 보여줌으로써 과거나 미래 중심적으로 바라보는 것이 아니라 현재(순간)에서 영원을 향하는 길을 제시한다. 놀이의 시간은 "잠시동안의 여분을 간직한 동시에 영원의 순간적인 빛"[50]이다.

놀이는 이렇게 순간과 영원을 자신 속에서 마주 보게 한다. 이처럼 놀이는 의무·진지함·목적·의미에서 일탈하는 것으로 보이고 선·악의 경계마저 모호하게 하는 수수께끼 같은 것이지만, 삶의 통일성을 위해 빠질 수 없는 실존 범주이다. 그래서 핑크는 놀이의 중요성을 이렇게 말한다. "우리는 진지함을 놀이하며, 진정성을 놀이하며, 현실성을 놀이한다. 우리는 노동과 투쟁을 놀이하며, 사랑과 죽음을 놀이한다. 심지어 우리는 놀이조차 놀이한다."[51]

49 S. Gräzel, *Der Ernst des Spiels. Vorlesungen zu einer Philosophie des Spiels*. 2. Aufl. London, 2007, p. 106 참조.

50 Oase, 24.

51 Ebd., 25

4. 세계상징으로서의 놀이

《세계상징으로서의 놀이》는 핑크의 놀이존재론의 결정판이라고 할 수 있다. 《행복의 오아시스》가 놀이를 인간의 실존 범주로 이해하고 놀이의 의미와 역할을 물었다면, 《세계상징으로서의 놀이》는 인간의 놀이를 넘어 세계의 놀이로 나아간다. 그리하여 핑크는 신화와 제식에서 놀이의 상징이 세계와 삶에 어떻게 관계하는지를 따져 묻고, 최종적으로 놀이세계의 상징이 어떻게 세계놀이의 상징으로 나아갈 수 있는지를 설명한다. 세계상징으로서의 놀이는 더 이상 인간의 놀이가 아니라 세계의 놀이가 된다. 세계상징으로서 열어 밝혀지는 '세계개방성 Weltoffenheit'은 더 이상 인간에 의해 모사되거나 구성되는 것이 아니다. 오히려 인간 그 자신도 세계의 개방성에 속하게 된다.

세계놀이는 세계 또는 존재를 상징으로 드러낸다. 상징에 해당하는 라틴어 Symbolum은 원래 합친다는 의미의 동사 symballein에서 유래한다고 한다.[52] 즉 두 조각을 합해 완성Ergänzung한다는 뜻이다. 놀이의 상징은 대상을 단순히 반복하는 모방과는 다르다. 플라톤이 《국가》 10권에서 언급하는 모방으로서의 놀이[53]는 사물을 비추는 거울상, 즉 가상 이상의 의미가 없다. 실재는 모방이 아니라 상징에서 자신의 실체를 드러낸다.

---

52 Fink, *Spiel als Weltsymbol*(앞으로 WS로 약칭), Stuttgart, 1960, p. 138 참조; 김재철, 〈E. 핑크의 놀이존재론(II)―세계상징으로서의 놀이〉,《존재론연구》 33집(한국하이데거학회, 2013), 52~53쪽 참조.
53 Platon, *Politeia*, 602b.

핑크에 따르면 놀이상징의 이러한 성격은 신화, 그리고 마술과 제례의식에서 잘 드러난다. 신화와 제례의식에서 보이는 상징적인 장치나 행위들은 단순히 앞에 있는 대상이나 앞선 사건을 따라 하는 모방과 달리 삶의 의미에 대한 인간의 상상과 창조적인 이해방식, 즉 "의미-상 Sinn-Bild"[54]이다. 핑크는 제식에서의 놀이는 신들 앞에서 행하는 인간들의 가장 진지하고 엄숙한 것이며, 일상적인 행위가 주로 목적과 관련된 것과 달리 그것은 본질적인 것과 관계한다고 본다.

그러나 신화나 제식에서 상징은 세계연관을 드러내는 데 한계가 있다. 그곳에서 상징은 여전히 인간 중심적인 세계를 전적으로 탈피하지 못하기 때문이다. 이를테면 제식은 "**인간에 의해 수행된** 신적인 것과 맺는 모든 태도의 종합적 개념"[55]이다. 그러므로 제식에서 상징은 "존재자의 세계성에 대한 부분적이며 불완전한 내면화"[56]를 뛰어넘을 수 없다. 제식과 신화가 제공하는 상징놀이는 때때로 더욱 근원적인 세계상징의 놀이로 가는 가능성을 은폐하는 역할도 한다.

핑크가 보기에 이러한 상징놀이는 세계 전체를 드러내는 세계상징놀이의 선先형식일 따름이다. 인간은 세계-내-존재로서 존재자적-사물적 세계에 파묻혀 살 수밖에 없다. 세계 전체를 상징으로 획득할 가능성은 매우 드문 것이 사실이다. 이것은 인간의 놀이상징에서 획득될 수 없는 특별한 사건이다. 그것은 세계와 존재가 하나가 되는 특별한 사물에

---

54 WS, 141. 신화적 상징에는 "세계의 지배에 대한 내적 투시"가, 제식에서 상징에는 성스러운 것과 신적인 것과의 교섭이 반영되어 있다(WS, 142 참조).
55 Ebd., 152. 강조는 옮긴이.
56 Ebd., 143.

서 가능한데, 핑크는 이러한 사물의 상징을 "세계의 심화Welttiefwerden"
또는 "가장 근원적인 마술"⁵⁷이라 일컫는다.

세계상징으로서의 놀이에서는 세계가 개방되는데, 이것은 어떤 방
식으로든 인간의 행위와 무관하다. 인간은 오히려 세계개방성 속에 속
할 뿐이다. 핑크의 이러한 생각은 지금까지의 인간 중심적인 사유를 완
전히 포기할 때 가능한데, 인간은 세계 자체의 질서나 지배의 주체가 아
니라 거기에 순응해야 할 존재이다. 따라서 세계상징으로서의 놀이는
《행복의 오아시스》에서 말하는 실존 범주로서의 놀이와는 전혀 차원이
다른 놀이인 셈이다.

핑크는 이러한 놀이가 "기적과 수수께끼"⁵⁸ 같은 것으로 지금까지
의 철학적 사유양식에서 찾기가 쉽지 않다고 하면서 한 철학자에게 주
목한다. 그가 바로 헤라클레이토스이다. 세계상징으로서의 놀이는 기
술되거나 서술되는 언어가 아니라 비유의 방식으로 전달되고, 그것의
의미는 해석될 뿐이다. 핑크는 헤라클레이토스의 단편 B30과 B52를 주
목한다. B30은 다음과 같다.

신들 중의 어떤 신도, 어떤 인간도 이 세계질서, 즉 모든 다수에 동일한 이
것을 산출하지 않았다. 오히려 그것은 늘 있었으며, 지금도 있고 영원히
살아 있는 불로서 있을 것이다. 그 불은 정도껏 타며 정도껏 소멸한다.⁵⁹

---

57 Ebd., 120f.
58 Ebd., 55.
59 Diels/Kranz, "Herakleitos", Fragment B30, in: *Die Fragmente der Vorsokratiker*, Bd.1, Berlin, 1960, p. 157.

핑크는 단편 B30에서 세계질서는 "사물들과 사건의 아름다운 순응 Fügung"[60]을 의미한다고 본다. 그런데 불로 상징되는 세계질서와 여기에 순응함은 신과 인간에 의해 목적을 가지고 만들어진 것이 아니다. 오히려 신과 인간들마저도 "전체-이성과 우주의 불-놀이의 개방성"[61]에 속할 뿐이다. 핑크는 또 헤라클레이토스의 단편 B52를 세계-상징으로서의 '놀이'의 예시로 든다. "삶의 시간은 장기알을 모았다 흩뜨렸다 하며 노는 아이."[62] 핑크에서 세계 전체와 삶을 지배하는 질서는 '놀이하는 아이pais paizon의 상징이 보여준다.

핑크가 보기에 불과 놀이하는 아이는 세계의 상징이 된다. 세계상징으로서 놀이는 "궁극적으로 증여하는 자, 모든 존재자에게 그것의 자리와 시간을 허락하는 전능한 힘이다."[63] 이제 놀이는 현상적-사물적 세계, 형이상학적 세계를 넘어설 뿐만 아니라, 실존 범주로서 더 나아가 제식적-신화적 상징의 세계마저 넘어선다. 즉 세계놀이의 상징에서 인간은 세계 또는 존재로 틈입한다. 세계상징으로서 놀이에는 목적과 원인을 제공하는 놀이의 주체가 없다. 그것은 "놀이하는 자가 없는 놀이 Spiel ohne Spielers"[64]이다.

또한 세계 역시 존재자들로 구성된 공간이기보다는 차라리 "부재의 영역Bereich des Abwesens"[65]이며, 거기에서 일체는 아무런 목적과 목표,

---

60 WS, 26.

61 Ebd., 37.

62 Diels/Kranz, "Herakleitos", Fragment B52, in: *Die Fragmente der Vorsokratiker*, Bd. 1, Berlin, 1960, p. 162.

63 김재철, 〈E. 핑크의 놀이존재론(II) ─ 세계상징으로서의 놀이〉, 58~59쪽; WS, 26f. 참조.

64 WS, 230.

65 Ebd., 241.

원인과 결과, 의미와 가치와 상관없이 나타나고 사라진다. 이 부재의 영역은 존재자와 대립되는 무의 세계가 아니라 존재자의 조건이 되는 무, 즉 존재와 같은 것이다. 이러한 세계의 부재성은 바로 놀이의 본성에 다름 아니다. 즉 놀이하는 한 일체는 세계와 존재에 참여하는 것이 된다. 그러므로 인간의 놀이 역시 "세계-상징"[66]으로서의 놀이가 될 수 있다.

오늘날 놀이는 우리 시대의 정신을 가장 잘 대변하는 개념이다. 마우스와 리모컨이 상징하듯이 선형적인 사고로 대변되는 근대적 세계관은 급격히 무너지고 있다. 수신자와 발신자가 수시로 교체되는 디지털 세계는 거대한 놀이터라 말해도 지나치지 않다. 이처럼 놀이의 정신이 일상화하고 주목받고 있지만 철학에서 놀이가 주제로 등장한 것은 그리 오래되지 않았다.

현대철학에서 놀이는 새로이 조명 받는데, 그 선봉에 니체가 있다. 니체는 자신의 전 철학을 놀이를 통해 해명하고자 했다. 예술, 인식, 가치, 그리고 무엇보다도 힘을 향한 의지, 영원회귀는 놀이의 정신과 불가분의 관계가 있다.

니체의 놀이 사유에서 가장 특징적인 것은 놀이를 생성의 관점에서 해석한다는 것이다. 니체가 놀이철학의 선구로 보는 헤라클레이토스의 '놀이하는 아이'에서 세계를 파괴하고 건설하는 디오니소스적 본성을 읽어낸다는 점은 그가 놀이를 철저히 생성의 관점에서 본다는 것을 말해준다. 니체 철학의 주춧돌이라고 볼 수 있는 디오니소스적인 것과 디

---

66 Ebd., 239.

오니소스적 놀이는 힘을 향한 의지와 영원회귀를 설명할 때 다시 등장하는데, 이것 역시 니체가 생성의 관점에서 놀이를 바라본다는 것을 말해준다.

핑크의 놀이철학에서는 니체의 흔적을 쉽게 찾을 수 있지만, 그는 하이데거의 제자답게 존재론적인 측면에서 놀이철학을 전개한다. 그는 니체의 놀이철학이 안고 있는 문제가 근본적으로 존재에 대한 니체의 그릇된 이해에서 비롯되었다고 본다. 그는 니체의 생성의 철학 역시 가치철학에 서 있다는 점을 지적하면서, 니체가 여전히 전통 형이상학을 극복하지 못했음을 비판한다.

핑크는 초기에 놀이를 실존 범주로 보고 놀이의 고유성을 분석한다. 그는 놀이가 노동·지배·사랑·죽음과 마찬가지로 인간의 실존을 구성하는 범주이며, 동시에 놀이 이외의 범주들과 밀접한 관계가 있다는 것을 해명한다. 후기에는 놀이를 인간의 실존 범주가 아닌 세계와 존재의 상징으로 파악한다. 이때 놀이의 주체는 인간이 아니다. 세계상징의 놀이에서 인간은 세계와 존재에 참여자가 될 뿐이다. 이러한 놀이의 예시로 핑크도 니체처럼 헤라클레이토스의 '놀이하는 아이'를 들지만, 그것은 철저히 존재론적 차원의 놀이이다.

우리는 이 글에서 핑크의 니체 비판을 자세히 살펴보았다. 그러면 끝으로 핑크의 니체 비판이 정당한지 따져보자.

먼저, 핑크는 니체가 놀이를 개념 차원이 아니라 직관이나 비유 차원에서 다룬다고 지적하고 그 원인을 철학적 언어에 대한 니체의 무능함에서 찾는다. 우리는 여기서 핑크가 철학적 반성에 적합한 언어를 지나치게 제한하는 것은 아닌지 되물을 수 있다. 철학에서 비유와 상징의 중요성은 핑크 스스로 '세계상징으로서의 놀이'의 예시로 든 헤라클레이토스의 단편들에서도 찾을 수 있다. 특히 핑크가 예시한 헤라클레이토스의 단편은 비유의 결정판이다. 세계상징으로서의 놀이는 인간이 대상을 인식하는 언어로 기술할 수 없다는 점을 핑크 스스로 인정하고 있는데, 이것은 자가당착이 아닌지 의심스럽다.

둘째, 핑크는 하이데거의 니체 비판이 잘못되었음을 지적하면서 놀이적 사유에 기초한 니체의 '힘을 향한 의지'나 '영원회귀'에 관한 언설들은 주체의 형이상학으로 평가할 수 없다고 본다. 그러면서도 핑크 또한 니체의 철학을 가치라는 측면에서 해석하는데, 이때 니체가 철저히 전통 형이상학의 바탕 위에 서 있다고 비판한다. 이것은 핑크가 하이데거의 해석을 그대로 따르고 있다는 것을 말해준다. 그런데 우리는 니체가 자신의 중요한 철학적 주장이 놀이의 정신에 기초한다고 고백한 것을 떠올릴 필요가 있다. 그렇다면 그의 가치평가에 관한 주장들은 플라톤을 비롯한 전통 형이상학보다는 놀이철학 또는 헤라클레이토스의 전통을 따르는 것으로 볼 수도 있을 것이다.

셋째, 핑크는 니체가 전통 속에 있는 철학자임을 강조하면서, 그의 놀이철학에도 독일 철학의 전통이 살아 있다고 강조한다. 핑크는 이 점과 관련하여 특히 헤겔을 언급하는데, 이것은 핑크의 성급한 결론으로 보인다. 핑크가 예로 든 헤겔의 놀이는 니체의 놀이와 달리 그 자체 목적이 있기보다는 변증법적으로 다음 단계의 이행을 위한 수단적인 측면이 강하다. 니체는 여러 곳에서 헤겔과 자신을 연결하는 것에 거부감을 드러낸다. 니체는《비극의 탄생》을 뒤돌아보면서 "불쾌한 헤겔적 냄새"[67]가 풍기며, 이것이 그 책의 실패에 일조했다고 자기비판을 서슴지

않는다. 그렇다면 니체가 헤겔을 긍정적으로 평가한다는 핑크의 주장
은 니체를 오독하는 것이라고 말할 수 있다.

67   EH; KSA6, 310.

5장
비트겐슈타인과 놀이철학—언어놀이

1. 언어와 세계의 의미

　20세기 철학사의 가장 큰 특징 가운데 하나는 언어에 대한 관심일 것이다. 이른바 철학사에서 '언어적 전회the Linguistic Turn'로 불리는 운동은 인간의 삶과 존재에서 언어의 중요성을 통찰함으로써 비롯된다. 철학의 많은 문제가 언어와 관계되어 있으며, 전통 철학의 많은 '아포리아aporia(난문)'는 잘못된 언어 사용 탓으로 본다.

　현대철학에서 언어에 대한 통찰은 비트겐슈타인의 철학과 직간접으로 관계한다. 스스로 프레게와 러셀의 저서들에서 많은 자극을 받았다고 밝힌 바 있는 1922년의 《논리-철학 논고》[1]는 언어와 세계의 관계

1　L. Wittgenstein(1922), *Tractatus Logico-Philosophicus*, trans. C.K. Ogden, London: Routledge; trans. D. Pears and B. McGuinness, London: Routledge, 1996. 인용은 한글 번역판인 비트겐슈타인, 《논리-철학 논고》, 이영철 옮김(책세상, 2006)에 의거한다. 인용할 때는 《논고》로 줄이고, 비트겐

를 해명하는 의미론적 주제에 천착한다. 그는 언어를 구성하는 명제가 어떻게 의미 있는 것이 되는지를 묻는다. 이것을 통해 전통 철학의 주제들인 존재·진리·가치 등의 주장이 말할 수 없는 것을 말하는 잘못을 저질렀다고 비판하고, 철학의 과제를 언어에 대한 비판으로 제한한다.

《논고》에서 비트겐슈타인은 러셀의 논리원자론의 영향을 받아 언어와 세계의 관계를 철저히 동형적同形的인 것으로 본다. 우리가 세계에 관하여 논의할 수 있는 것은 세계를 왜곡하지 않고 거울처럼 비추는 언어가 있기 때문이다. 물론 세계와 언어는 거울이 비추는 사물이 실제 사물일 수 없듯이, 이질적이지만 대응하는 구조를 이루고 있다. 언어가 세계와 동형적이라는 것은 이런 의미이다. 그렇다면 우리는 세계와 언어가 동형적이라는 것을 어떻게 알 수 있을까?

대상을 기술하는 우리의 언어가 대상과 동형적인 구조라는 것은 간단한 예시로도 알 수 있다. 예컨대 집 앞에 검은 고양이가 있다는 사실을 친구에게 설명한다고 하자. "집 앞에 검은 고양이가 있다"는 말에 등장하는 '검은 고양이'는 실재 살아 있는 고양이라는 동물은 아니지만 실재의 고양이와 무관한 것이 아니다. '검은 고양이'라는 언어는 실재의 고양이를 대리하는 매체이다. 이것을 통해 우리는 언어가 세계를 반영하는 매개물임을 알 수 있다. 비트겐슈타인에게 의미 있는 언어란 이처럼 세계와 인간을 매개하는, 즉 세계를 정확하게 반영하는 언어이다.

의미 있는 주장을 담고 있는 문장, 즉 명제proposition를 비트겐슈타인은 세계와 언어의 가장 일차적인 그림관계에 있다고 본다. "명제는

슈타인의 표기대로 인용한다. 예를 들면《논고》, 3.301.

실재의 그림이다. 명제는 우리가 그렇게 생각하듯이 실재의 모델이다"(《논고》, 4.01). 물론 이때의 명제는 단일한 사실을 기술하는 원자명제(요소명제)이다. 즉 "검은 고양이가 있다"와 같은 명제는 실제로 고양이가 있다는 '원자사실'(사태)과 정확히 그림관계에 있다는 뜻이다. 비트겐슈타인이 직접 언급하지는 않지만, 더 엄밀하게 말하자면 우리는 원자명제를 구성하는 단어, 즉 '검은 고양이'와 실재 검은 고양이라는 대상이 일대일 대응관계에 있다고 추론할 수 있다.

그러므로 비트겐슈타인은 세계를 최종적인 원자인 대상對象, object, 대상의 배열로서의 사태事態, state of affairs, 이들 사태의 복합체로서의 복합사태로 구성되고 존립하는 사태들의 총체로 파악한다. 이것을 비트겐슈타인은 다음과 같이 정리한다.

> 세계世界는 일어나는 모든 것이다(《논고》, 1). 일어나는 것, 즉 사실事實은 사태들의 존립存立이다(《논고》, 2). 사태事態는 대상들의 결합이다(《논고》, 2.01). 대상은 단순하다(《논고》, 2.02). 대상은 확고한 것, 존속하는 것이다. 배열排列은 변하는 것, 비영속적인 것이다(《논고》, 2.0271). 대상들의 배열이 사태를 형성한다(《논고》, 2.0272). 존립하는 사태들의 총체가 세계이다(《논고》, 2.04). 사태들은 서로 독립되어 있다(《논고》, 2.061).

사태들의 총체인 세계에 대응하는 것이 바로 의미 있는 명제들의 총체로서 언어이다. 비트겐슈타인은 언어를 구성하는 것으로 대상을 지시하는 이름name, 사태를 지시하는 요소명제elementary proposition 또는 원자명제, 그리고 사태들의 복합과 관련하여 요소명제들의 진리함수인 분자명제(복합명제)로 분류한다. 언어의 각 요소들은 세계의 요소와 지시적이고 동형적인 일치 관계에 있다. 즉 요소명제와 원자사태는 정확히 그림관계에 있다. 다른 말로 하면 요소명제와 원자사태는 논리적으로 동일한 형식을 취한다.[2] 요소명제들은 또다시 결합어로 연결되어 복합사태를 기술한다. 그런데 분자명제에 포함된 결합어(그리고, 그러나, 또는 등)는 대상 세계와 그림관계에 있지 않다.

《논고》에서 비트겐슈타인은 언어와 세계 사이에는 엄밀한 의미에서 일대일 대응관계가 성립한다고 본다. 언어와 세계의 일치에 관한 비트겐슈타인의 이론을 '그림이론picture theory'으로 설명하기도 하는데, 그 이유는 비트겐슈타인의 다음과 같은 생각에 근거한다. 언어는 명제들의 총체이고, 명제의 기본은 요소명제인데, 요소명제는 이름들의 연쇄

---

2 요소명제와 원자사태가 대응관계에 있다는 비트겐슈타인의 주장은 다음과 같은 언급을 통해서 나온다. "사실들의 논리적 그림이 사고思考이다(《논고》, 3). 참된 사고들의 총체는 세계의 그림이다(《논고》, 3.01). 명제에서 사고는 감각적으로 지각될 수 있게 표현된다(《논고》, 3.1). 명제기호는 그 요소들, 즉 낱말들이 그 속에서 일정한 방식으로 서로 관계 맺는 데에서 이루어진다. 명제기호는 하나의 사실이다(《논고》, 3.14). 명제 속에서 사고는 명제기호의 요소들이 사고의 대상들과 대응하도록 그렇게 표현될 수 있다(《논고》, 3.2). 이러한 요소들을 나는 '단순기호單純記號'라고 부르며, 문장은 '완전하게 분석되었다'고 말하겠다(《논고》, 3.201). 명제 속에서 적용된 단순기호들을 일컬어 이름[名詞]이라고 한다(《논고》, 3.202). 이름은 대상을 의미한다. 대상은 이름의 의미이다(《논고》, 3.203). 이름은 어떠한 정의에 의해서도 더 이상 해부될 수 없다. 이름은 하나의 원초기호原初記號이다(《논고》, 3.26). 사고는 뜻을 지닌 명제이다(《논고》, 4). 명제들의 총체가 언어이다(《논고》, 4.001). 명제는 현실의 그림이다: 왜냐하면 내가 명제를 이해한다면, 나는 그 명제에 의해 묘사된 상황을 알기 때문이다(《논고》, 4.021). 가장 단순한 명제, 즉 요소명제要素命題는 어떤 한 사태의 존립을 주장한다(《논고》, 4.21). 요소명제는 이름들로 이루어진다. 요소명제는 이름들의 어떤 한 연관, 연쇄이다(《논고》, 4.22). 명제들을 분석할 때 우리가 직접적인 결합관계에 놓여 있는 이름들로 이루어진 요소명제들에 도달해야 된다는 점은 명백하다(《논고》, 4.221). 요소명제가 참이면, 사태는 존립한다; 요소명제가 거짓이면, 사태는 존립하지 않는다(《논고》, 4.25). 요소명제들의 도입이 다른 모든 종류의 명제들을 이해하기 위해 기초적이라는 점은 처음부터 그럴듯해 보인다. 실로, 일반적 명제들의 이해가 요소명제들의 이해에 달려 있음은 느껴질 수 있다"(《논고》, 4.411).

(배열)로 구성된다. 이름, 즉 명사名辭는 대상을 지시한다. 말하자면 대상과 명사는 일대일 대응관계에 있다. 그리고 세계는 사태들의 총체이며, 요소명제는 원자사태와 일치한다. 명제의 가장 기본적 구성요소인 요소명제는 세계의 가장 기본적 요소인 원자사태와 대응하는 그림으로 볼 수 있다.

물론 우리의 일상언어는 세계와 일대일 대응관계에 있지 않다. 비트겐슈타인이 말하는 사태는 사실과 차이가 있다. 사실은 감각으로 파악되는 대상 세계와 관계있는 반면, 사태는 논리적 가능성으로서 사실을 의미한다. 그러므로 그가 말하는 언어를 구성하는 명제들은 감각적 사실에 관한 그림이 아니라 논리적 그림을 뜻한다.

요소명제는 원자사태와 논리적으로 그림관계에 있다. 앞에서 예로 든 요소명제 "고양이가 있다"와 원자사태인 고양이가 있다는 것으로 돌아가서 설명하자면, "고양이가 있다"는 것은 반드시 지금 복도에 고양이가 있다는 동시적인 상황을 의미하는 것이 아닐 수는 있어도, 고양이가 있다는 사태와 무관한 것일 수는 없다. 발화자는 고양이가 어떤 동물인지, 그리고 있다는 것이 어떤 의미인지 알고 있다. 즉 "고양이가 있다"는 요소명제는 고양이가 있다는 원자사태에 대한 모사 또는 그림이라 할 수 있다. 만약 우리가 명제를 구성하는 요소의 수와 그것을 묘사하는 사태를 구성하는 것의 수가 정확히 일치하는 언어를 생각해낼 수 있다면, 세계와 언어는 논리상 일치할 수 있다.[3]

---

3 "사실이 사실적 공간에 존재한다면, 사태는 논리적 공간에 존재한다. 명제의 논리적 구조는 사태의 논리적 구조와 동일하며, 그 논리적 구조가 동일하기 때문에 명제는 사태의 그림, 즉 논리적 그림이 될 수 있는 것이다." 김여수, 〈비트겐슈타인의 이해를 위한 소묘〉, 분석철학연구회 편, 《비

언어는 세계를 반영하는 거울과 같은 것이다. 즉 명제는 사태를 재현하는 형식을 갖춘 셈이다. 이것을 비트겐슈타인은 음악에서 음반音盤, 악상樂想, 악보樂譜, 음파音波의 관계로 설명한다. "음반, 악상, 악보, 음파는 모두 서로에 대해 언어와 세계 사이에 이루어지는 저 내적인 모사 관계를 지니고 있다. 그것들은 모두 공통적인 논리적 구조를 지니고 있다"(《논고》, 4.014). 작곡의 악상과 그것을 기호로 나타낸 악보, 그리고 그것을 연주하는 악기의 음파와 그것을 녹음한 음반은 각각 다른 것이지만 그들 사이에는 동일한 무엇, 즉 이를테면 동일한 재현의 형식, 논리적 대응관계가 존재한다.

비트겐슈타인은 명제의 최종적 단순체와 세계의 최종적 대상은 논리적으로 일치해야 한다고 주장한다. 만약 명제가 사태와 일치하지 않으면, 그 명제는 무의미한 것이 되는 것이다. 즉 그에게 명제는 사태와 일치하는 참인 명제와 그렇지 않은 거짓 명제로 나뉜다. "그림은 실재와 일치하거나 일치하지 않는다: 그것은 옳거나 그른 것으로서 참이거나 거짓이다"(《논고》, 2.21). 그에게 이러한 조건을 충족시키는 것이 자연과학을 구성하는 명제이다.[4] 그런데 어떤 진술들은 사태와의 일치 여부를 확인할 수조차 없다. 그 대표적인 진술체계가 형이상학, 신학, 윤리학, 그리고 심리학이다. 이것은 진술의 참과 거짓을 판단할 수 없는 사이비 학문이다.

트겐슈타인의 이해》(서광사, 1984), 15쪽.
4 "참된 명제들의 총체는 전체 자연과학(또는 자연과학의 총체)이다"(《논고》, 4.11).

철학은 말할 수 있는 것을 명료하게 묘사함으로써, 말할 수 없는 것을 의미할 것이다.(《논고》, 4.115)

말해질 수 있는 것, 그러므로 자연과학의 명제들—그러므로 철학과는 아무 상관없는 어떤 것—이외에는 아무것도 말하지 말고, 다른 어떤 사람이 형이상학적인 어떤 것을 말하려고 할 때는 언제나, 그가 그의 명제들 속에 있는 어떤 기호들에다 아무런 의미도 부여하지 못하였음을 입증해주는 것,—이것이 본래 철학의 올바른 방법일 것이다. 이 방법은 그 다른 사람에게는 불만족스럽겠지만—그는 우리가 그에게 철학을 가르쳐주었다고 느끼지 않았을 것이다—이 방법은 유일하게 엄격히 올바른 방법이다. 말할 수 없는 것에 관해서는 우리는 침묵하지 않으면 안 된다.(《논고》, 6.53)

《논고》에서 의미 있는 명제의 최종 요소는 명사이고, 세계의 최종 요소는 사태를 구성하는 대상이다. 그렇다면 논리상 이름과 대상은 대응관계에 있어야 한다. 그런데 비트겐슈타인은 《논고》에서 그와 관련한 구체적인 예시를 보여주고 있지 않다. 그것은 논리적인 차원에서 명백하다는 이유 때문일 것이다. 의미 있는 명제는 사태에 대응하고, 사태는 대상의 배열로 형성된다. 그런데 만일 대상이 존재하지 않는다면 사태가 만들어지지 않을 것이고, 사태가 형성되지 않으면 사태를 그린 그림, 즉 명제도 불가능하다.

그런데 우리 언어에는 자연과학의 명제처럼 의미 있는 명제가 존재한다. 따라서 명제의 최종 요소인 명사가 있어야 하고 이것이 재현하는 대상이 존재해야만 한다. 이 논증에서 증명되어야 할 선결과제는 대상이 진짜로 존재하는가이다. 여기서 비트겐슈타인이 대상의 존재를 증명하지 않고, 의미 있는 명제를 예시로 대상이 자명하게 존재한다는 것에 대한 근거로 제시하는 것은 분명히 '선결문제 요구의 오류'이다. 이 문제를 해결하려면 우선 개별 대상이 자명하게 존재한다는 것을 증명해야 한다. 그러고 나서 그것을 재현하는 명사가 있으며, 다음 순서로 대상의 배열로 사태가 만들어지고, 마지막으로 사태를 반영하는 명제가 있다는 것을 증명해야 한다.

엄밀하게 말해 비트겐슈타인의 그림이론이 적용되는 것은 원자사태와 그것을 재현하는 요소명제이다. 원리상 원자사실들로 연결된 복합사태는 복합명제에 재현되어야 한다. 그러나 예를 들어 "여기에 검은 고양이가 있고 저기에 하얀 강아지가 있다"는 복합명제에서 '고[and]'라는 논리적 연결사와 대응하는 사태는 존재하지 않는다.

또한 비트겐슈타인의 논리에 따르면 대상과 대상의 배열인 사태가 있어야 그것을 재현하는 명사와 명제가 가능하다. 그런데 만약 대상이 변하거나 사라지는 경우 그것을 재현하는 명사나 명제마저 사라져야 할 것인가? 지금은 대상이 존재하지 않지만, 그것을 재현했던 명사와 그것의 배열로 구성된 의미 있는 명제를 이루는 경우가 드물지 않다. 그렇다면 명제가 사태를 재현하지 않는다는 기준에 따라 거짓되거나 무의미하다고 간주하는 비트겐슈타인의 주장은 분명 문제가 있다.《논고》에 따르면 대응하는 사태가 존재하지 않는 명제는 분명히 의미 없는 명제이다. 따라서《논고》에서의 그림이론에 기초한 의미론은 언어의 본질을 충분히 해명했다고 볼 수 없다.

2. 언어와 가족유사성

《논고》의 의미론을 중심으로 전개된 비트겐슈타인의 언어철학은 후기의 《철학적 탐구》(1958)[5]에서 근본적인 전환을 맞이한다. 《논고》에서 비트겐슈타인은 대상을 재현하는 것에서, 그리고 대상의 배열로 이루어진 사태를 왜곡 없이 기술하는 데서, 즉 그림의 역할에서 언어의 본질을 찾는다. 그런데 후기의 대표작인 《탐구》에서 언어의 의미는 재현이 아니라 쓰임에서 발생한다. 즉 한 단어의 의미는 구체적인 상황에서 어떻게 작동하는가를 통해 획득된다. 쓰임에서 중요한 것은 법칙이 아니라 맥락이다. 비트겐슈타인은 언어 쓰임의 맥락을 '언어놀이language game, Sprach-Spiel로 설명하는데, 여기서 우리는 그의 놀이에 관한 사유를 확인할 수 있다.

비트겐슈타인은 아우구스티누스의 《고백Confessionen》을 인용하면서 《탐구》를 시작한다. 여기서 그는 아우구스티누스가 파악한 언어의 본질, 즉 대상을 지칭하고 그것의 그림을 언어로 보는 견해를 소개한다. 이것은 명백히 자신의 전기 철학에 대한 거리 두기를 위한 계산에서 나온 것이다.

그들(어른들)이 그 어떤 하나의 대상을 명령하고 그 대상으로 몸을 돌렸을 때 나는 이것을 보고, 그들이 그것을 지시하고자 했을 때 그 대상이 그

---

5 L. Wittgenstein(1958), *Philosophical Investigations*, 2nd edition. trans. by G.E.M. Anscombe, Oxford: Blackwell. 한국어 번역은 비트겐슈타인, 《철학적 탐구》, 이영철 옮김(책세상, 2006)에 의거한다. 인용할 때는 《탐구》로 줄이고, 절節의 번호를 덧붙인다.

들이 낸 소리에 의해 가리켜졌음을 파악했다. …… 그렇게 해서 나는, 내가 여러 가지 문장들 속의 정해진 자리들에서 되풀이해서 발언되는 것을 들은 낱말들이 어떤 사물들을 가리키는지 이해하는 법을 점차 배웠다. 그리고 나의 입이 이제 이러한 기호들에 익숙해졌을 때, 나는 그것들에 의해 나의 소망들을 표현해내었다.(《탐구》, 1)

비트겐슈타인은 아우구스티누스가 언어에 대한 네 가지 생각을 드러낸다고 본다. 첫째, 각각의 낱말(단어)은 개별적인 의미가 있다. 둘째, 의미는 그 낱말에 부가되어 있다. 셋째, 개별적인 의미는 다름 아닌 낱말이 지시하는 대상이다. 넷째, 문장은 낱말의 결합이다. 아우구스티누스의 말 속에서 우리는 "인간 언어의 본질에 관한 어떤 하나의 특정한 그림을 얻는다. 즉 언어의 낱말들은 대상들을 명령하며, 문장들은 그러한 명칭들의 결합들이라는 것이 그것이다―언어에 대한 이러한 그림 속에서 우리는 다음과 같은 생각의 뿌리들을 발견한다: 각각의 모든 낱말은 어떤 하나의 의미를 가지고 있다. 이 의미는 낱말에 부가된다. 그것은 그 낱말이 나타내는 대상이다"(《탐구》, 1).

아우구스티누스의 언어에 대한 통찰은 《논고》에서 비트겐슈타인이 보여준 시각과 비슷하다. 낱말(명사)은 대상을 반영할 때 의미가 있으며, 그 의미의 진위는 대상과의 일치에서 결정된다. 그러나 앞서 살펴본 바와 같이 초기의 의미론은 지극히 제한적인 영역에서 유효하다. 이것은 자연과학에서 가능한데, 애매함과 모호함을 제거한 수학언어로 구성된 자연과학에나 작동된다. 애매함과 모호함을 제거할 수 없는 일상언어를 그림이론에 기초하여 설명하는 것은 원칙상 불가능하며, 그

것이 가능하려면 수학의 기호와 같은 이상적인 인공언어를 고안해야
만 할 것이다. 그런데 그러한 인공언어의 현실화는 불가능에 가깝다.

일상언어에서 언어와 대상, 엄밀히 말해 명사와 대상과의 단일한
지칭관계는 환상에 불과하다.[6] 그 예시로 비트겐슈타인은 '파란'과 '파
란색'을 들어 설명한다. '파란'과 '파란색' 사이에 언어와 대상은 단일한
지칭관계에 있지도 않을뿐더러 우리가 여러 맥락에서 쓰이는 차이를
넘어 단일한 파란색을 파악하는 것은 불가능하다.

① '이 파란색은 저기 저 파란색과 같은 것인가? 어떤 차이가 보이는가?'
② 색깔들을 혼합하고서 당신은 말한다: '이 하늘색은 꼭 그대로 그리기
　가 힘들다.'
③ '날이 갤 것이다, 이미 다시 파란 하늘이 보인다!'
④ '보라, 이 두 파란색이 얼마나 다른 효과가 있는가를!'
⑤ '저기 파란 책이 보이는가? 그걸 이리 가져오라.'
⑥ '이 파란 신호등은 ~을 의미한다.'
⑦ '이 파란색은 대체 뭐라고 하는가? ― 그건 '인디고'인가?'(《탐구》, 33)

우리는 위의 인용에서 각각의 파란색이 맥락에 따라 서로 다른 의
미로 쓰인다는 것을 알아차릴 수 있다. 예를 들어 ③의 '파란'은 대부분
의 하늘이 검은 가운데, 검은색에서 파란 기운이 돌기 시작한다는 것을

6　비트겐슈타인의 지칭 의미론에 대한 비판은 강진호, 〈촘스키와 비트겐슈타인의 지칭 의미론
비판〉,《철학》102집(한국철학회, 2010), 109~137쪽 참조.

뜻한다. 이에 견주어 ⑤의 경우 '파란'은 다른 색과 완벽하게 구분된다. 따라서 '파란'과 '파란색'을 단일한 대상을 지칭하는 것으로 파악하는 것은 잘못이라 할 수 있다.

비트겐슈타인은 언어가 세계와 일대일로 논리적으로 대응한다는 것, 그리고 여기에서 의미가 발생한다는 자신의 초기 견해를 의심하기 시작한다. 그는 하나의 낱말(명사)이 의미가 있다는 것은 대상의 지칭에서보다는 그 낱말의 쓰임에서 발생한다고 본다. 그러므로 쓰임과 맥락에 따라 낱말의 의미는 다양해질 수 있다. 따라서 낱말이 대상을 정확하게 반영하고 하나의 의미를 지닌다는 것은 특별한 경우 이외에는 가능하지 않다. 특히 우리의 일상언어에서 언어 대상의 대응관계는 그림관계로 보기 힘든 경우가 대부분이다.

후기 비트겐슈타인의 주제는 바로 일상언어와 의미의 관계이다. 다음 인용은 후기 비트겐슈타인의 시각이 전기와 얼마나 달라지는지 잘 보여준다.

> 철학에서 우리들이 일상언어와 반대의 입장에 있는 이상적인 인공언어를 고려하고 있다고 말하는 것은 잘못된 것이다. 왜냐하면 이러한 말은 마치 우리들이 일상언어를 개선할 수 있다고 생각하는 것처럼 나타나도록 만들기 때문이다. 그러나 일상언어는 전적으로 올바르다.[7]

---

7 L. Wittgenstein, *The Blue and Brown Books*, 2nd ed., Oxford: Basil Blackwell, 1969, p. 28; M.K. 뮤니츠, 《현대 분석 철학》, 박영태 옮김(서광사, 1997), 488쪽에서 재인용.

언어의 기능은 사물을 모사하는 것만이 아니다. 언어의 다양한 기능을 설명하기 위해 비트겐슈타인은 낱말을 연장통에 있는 도구들의 기능에 비유한다. "어떤 하나의 도구 상자에 있는 도구들을 생각하라. 거기에는 망치, 집게, 톱, 나사 돌리개, 자, 아교 단지, 아교, 못과 나사들이 있다─이들 대상의 기능이 다르듯이, 그처럼 낱말들의 기능들도 다르다"(《탐구》, 11). 연장통의 도구들이 쓰임새에 따라 그 기능이 결정되듯, 하나의 낱말도 어떤 의미를 지니는가는 그것이 쓰이는 맥락에 따라 결정된다. "한 낱말의 의미는 언어에서의 그것의 사용이다"(《탐구》, 43). 따라서 언어의 의미를 결정하는 맥락이 다수이듯, 언어의 의미를 하나로 결정하는 언어의 본질이란 있을 수 없다. 언어에서 의미의 다양성을 비트겐슈타인은 '가족유사성family resemblance'이라는 개념으로 설명한다.

낱말은 어떤 대상을 지칭함으로써 의미를 획득하는 것이 아니라, 그것의 쓰임에 따라 의미가 결정된다. 예를 들어 '아름답다' 또는 '아름다움'이라는 낱말의 의미는 어떤 특정한 대상을 지칭해서 획득되는 것이 아니다. '꽃들이 아름답다'고 했을 때와 '그 사람이 아름답다'고 했을 때, '아름답다'는 분명 동일한 하나의 대상이나 상태를 지칭할 수 없으며 의미가 통용될 수 있는 수많은 맥락이 가능하다. 그럼에도 '아름답다'고 할 때 우리는 비슷한 이미지와 심리상태를 지닐 수는 있다. 비트겐슈타인은 언어에서 유사성과 복잡한 그물망을 가족 구성원 간의 닮음, 즉 유사성으로 설명한다.

나는 이러한 유사성들을 '가족유사성'이라는 낱말에 의해서 말고는 더잘 특징지을 수 없다. 왜냐하면 몸집, 용모, 눈 색깔, 걸음걸이, 기질 등등

한 가족의 구성원들 사이에 존재하는 다양한 유사성들은 그렇게 겹치고 교차하기 때문이다.(《탐구》, 67)

가족 구성원들이 생김새가 꼭 같지는 않지만 닮은 구석이 있듯이, 특정 낱말은 다양한 맥락에서 쓰이지만 특정 낱말을 쓰는 데 문제가 없을 정도의 의미에서 유사성이 있다. 언어의 가족유사성에 관한 비트겐슈타인의 또 다른 예시를 통해서도 우리는 이러한 사실을 확인할 수 있는데, 그것은 바로 '놀이game, Spiel'이다. 놀이라는 이름이 붙은 수많은 놀이가 있으며, 그 놀이에 어떤 공통의 확정적 속성이 존재하지는 않는다. 그런데 공통의 속성이 존재하지 않는다면 각각의 놀이를 놀이로 묶을 수 있는 가능성은 어디에서 비롯되는가?

……판 위에서 하는 놀이들, 카드놀이들, 공놀이들, 격투 시합들……. 무엇이 이 모든 것들에 공통적인가? — '그것들에는 무엇인가가 공통적이어야 한다, 그렇지 않으면 그것들은 '놀이들'이라고 불리지 않을 것이다'라고 말하지 말고, — 그것들 모두에 공통적인 어떤 것이 있는지 여부를 보라. — 왜냐하면 만일 당신이 그것들을 주시한다면, 당신은 그 모든 것에 공통적인 어떤 것을 볼 수는 없을 것이지만 유사성, 근친성은 보게 될 것이기 때문이다. …… 그리고 이렇게 해서 우리는 많고 많은 다른 놀이집단들을 답사할 수 있으며, 유사성들이 나타나고 사라지는 것을 볼 수 있다. 그리고 이제 이러한 고찰의 결과는, 우리는 서로 겹치고 교차하는 유사성들의 복잡한 그물을 본다는 것이다. 큰 점과 작은 점에서의 유사성들을.(《탐구》, 66)[8]

비트겐슈타인은 가족유사성 개념을 통해 언어의 의미가 언어의 쓰임과 밀접한 관계가 있다고 확신한다. 어떤 대상을 지칭하는 낱말에 보편성은 존재하지 않고 유사성만 있다면 그 낱말이 대상을 정확하게 재현하는 것, 낱말이 지칭하는 대상을 의미의 원천으로 보는 것은 근본적으로 불가능하다. 이것은 마치 수많은 게임 또는 가족 구성원들 사이에서 모두를 관통하는 유일한 공통성을 발견할 수 없는 것과 같은 이치이다. "……문장을 도구로 간주하라, 그리고 문장의 뜻은 그 사용이라고 간주하라!"(《탐구》, 421). "돌(장기알)의 의미는 놀이에서 그것이 행하는 역할이라고 말하자." 여기서 도구나 장기알은 그 자체로는 별 의미가 없지만 실제에서 사용될 때나 게임에서 쓰일 때 기능이 발휘되는 것처럼, 언어도 그 자체로는 의미가 없고 실제로 쓰이는 상황에서 비로소 의미가 발생한다.

> 모든 기호 각각은 자체로는 죽어 있는 것으로 보인다. 무엇이 그것에 생명을 주는가?―사용使用에서 그것은 산다.(《탐구》, 432)

언어에서 의미는 바로 언어의 쓰임에서 발생한다. 즉 언어 자체가 지닌 의미란 존재하지 않는다. 그것이 어떤 특정한 상황에서 쓰일 때 비로소 기능을 하고 의미를 획득하는 것이다. 또한 그 의미란 고정된 것이

---

8 "우리가 언어라고 부르는 모든 것에 공통적인 어떤 것을 진술하는 대신, 나는 이러한 현상들에는 우리로 하여금 그 모두에 대해 같은 낱말을 사용하게 만드는 어떤 일자―者가 공통적으로 있는 게 결코 아니고,―그것들은 서로 매우 다양한 방식으로 근친적近親的이라고 말한다. 그리고 이러한 근친성 또는 근친성들 때문에 우리는 그것들을 모두 '언어들'이라고 부르는 것이다"(《탐구》, 65).

아니라 늘 유동적이다. 하나의 낱말에서 오래전에는 그 낱말에 부여되어 있던 의미가 지금은 사라진 경우를 우리는 어렵지 않게 발견할 수 있다. 비트겐슈타인은 언어와 쓰임, 그리고 규칙을 '언어놀이'라는 개념을 동원하여 설명한다.

3. 언어놀이

비트겐슈타인은 언어의 의미가 세계를 반영하는 그림에서가 아니라 언어의 쓰임에서 발생한다고 본다. 그는 언어의 쓰임을 일종의 놀이로 보는데, 그의 놀이 사유는 바로 '언어놀이Sprachspiel, language game'[9]로 집약된다. 그는 언어의 복합적인 현상을 언어놀이로 설명한다. 그가 후기에 언어를 고찰할 때 수복한 것은 언어의 복합적인 현상의 바탕에 존재하는 규칙성과 맥락성이다. 언어 사용에는 나름의 규칙이 있으며 그것을 결정하는 것은 삶의 맥락성이다. 그는 가장 단순한 인간의 활동을 예로 들어 설명한다. 그가 택한 예시는 건축현장이다. 여기서 A는 미장이, B는 조수이다.

---

9 1952년 독일어로 편집된 비트겐슈타인의 전집에서 language game은 Sprachspiel로 번역된다. 놀이Spiel, play는 게임game보다 외연이 훨씬 넓다. 게임은 놀이 가운데 규칙이 강조되고 승부를 목표로 할 때 주로 쓰이는 개념이다. 놀이에는 규칙의 성격이 약하거나 승부와 무관한 것도 많다. 게임은 놀이의 일종이다. 따라서 나는 논의의 일관성을 유지하고 오해를 피하기 위해 국내에서 비트겐슈타인의 language game을 언어놀이로 번역한다. "나는 또한 언어와 그 언어가 뒤얽혀 있는 활동들의 전체도 '언어놀이das Sprachspiel'라고 부르게 될 것이다"(L. Wittgenstein, *Philosophische Untersuchungen*, Werkausgabe Bd.1, Frankfurt a. M., 1984, p. 241[§7]).

A는 건축용 석재들을 가지고 어떤 하나의 건물을 짓는다; 벽돌들, 기둥들, 석판들, 들보들이 있다. B는 그에게 그 석재들을 건네주어야 한다. 더구나 A가 그것들을 필요로 하는 순서에 따라서, 그 목적을 위해서 그들은 '벽돌' '기둥' '석판' '들보'라는 낱말들로 이루어져 있는 어떤 하나의 언어를 사용한다. A가 그 낱말들을 외친다;―B는 이렇게 외치면 가져오도록 배운 석재를 가져간다.―이것을 완전히 원초적인 언어라고 생각하라.(《탐구》, 2)

미장이와 조수 사이의 언어는 '벽돌' '기둥' '석판' '들보'라는 네 낱말로 이루어진 단순한 형태이지만 언어의 본질을 잘 보여준다. 적절한 맥락에 낱말이 올바르게 사용되는 놀이가 가능하기 위해 조수는 먼저 각각의 낱말이 쓰이는 규칙을 알아야 한다. 그래서 건축가가 '벽돌'을 요구할 때 석판을 가져간다면, 그는 벽돌이라는 낱말의 의미를 완전히 배웠다고 볼 수 없다. 또 미장이가 "벽돌 세 개"라고 외치면 조수는 벽돌 세 개를 가져가야 하고, 미장이가 여러 종류의 벽돌 중 "이 벽돌 세 개"라고 외치면 조수는 미장이가 원하는 것을 가져가야 한다. 또 미장이가 "저기 있는 석판 두 장"이라고 외치면 조수는 미장이가 원하는 것을 가져다줄 때 이들 사이에 정해진 규칙을 따르는 것이다.

미장이와 조수 사이에 이루어지는 '사물' '개수' '방향' 등의 가장 단순한 형태의 언어활동을 통해서도 그들 사이에 충분한 의사소통이 가능하다는 점을 확인할 수 있다. 비트겐슈타인은 미장이와 조수 사이에 이루어지는 언어 사용과 그것의 의미, 규칙, 행위의 관계를 '언어놀이'로 설명한다.

어린아이들이 모국어를 배울 때를 생각해보면 언어놀이의 원초적인 메커니즘을 잘 이해할 수 있다. 아이들은 우선 대상의 명칭을 외우고 또 이것과 저것의 차이와 명칭의 구별을 배운다. 또 각각의 명칭을 어떤 맥락에서 써야 하는지 경험을 통해 익히고 배운다. 아이들이 병원놀이를 할 때 고통을 표현하는 행위도 이미 사회적 규칙과 행위를 배운 결과이다. 외국어를 배울 때도 정도의 차이는 있지만 모국어를 배울 때와 비슷한 절차를 거친다. 외국어를 배울 때는 특히 문화적 차이와 맥락이 좀 더 복잡한 형태로 제시되는데, 그것의 의미와 규칙을 배움으로써 외국어 습득이 가능하다.

비트겐슈타인은 언어활동의 전全 과정을 '언어놀이'라고 일컫는다. "석재를 명령하는 과정과 불러준 낱말을 따라 말하는 과정도 역시 언어놀이라고 불릴 수 있을 것이다. …… 나는 또한 언어와 그 언어가 뒤얽혀 있는 활동들의 전체도 '언어놀이'라고 부르게 될 것이다"(《탐구》, 7). 즉 한국어를 배우는 것도, 영어를 배우는 것도, 언어놀이의 규칙을 익히고 놀이에 참여한다는 것을 의미하는 셈이다.

언어놀이를 언어와 연관된 행위 전체로 볼 수 있다면, 언어놀이의 방식은 간단한 것에서 복잡한 것, 구체적인 것에서 추상적인 것에 이르기까지 매우 복잡한 양상을 띨 것이다. 비록 그것이 다양하고 복잡하더라도 그것들 사이에 작동하는 원리는 같다. 비트겐슈타인이 예로 드는 언어놀이의 복잡 다양함을 한번 살펴보자.

지시를 내리고, 그리고 명령에 따라 행동하기―

어떤 하나의 대상을 그 외관에 따라, 또는 측정한 바에 따라 기술하기―

어떤 하나의 기술(소묘)에 따라 어떤 대상을 제작하기—

어떤 하나의 사건을 보고하기—

사건에 관해 추측들을 하기—

어떤 하나의 가설을 세우고 검사하기—

실험 결과들을 일람표와 도표로 묘사하기—

어떤 하나의 이야기를 짓기; 그리고 읽기—

연극을 하기—

윤무곡을 부르기—

수수께끼 알아맞히기—

농담하기; 허튼소리하기—

어떤 하나의 응용 계산문제를 풀기—

어떤 한 단어에서 다른 단어로 번역하기—

부탁하기, 감사하기, 저주하기, 인사하기, 기도하기.(《탐구》, 23)

위에서 비트겐슈타인이 든 언어놀이의 예는 삶의 전 영역을 포괄한
다고 봐도 무방할 것이다. 즉 인간의 삶이란 직간접으로 언어를 매개로
이루어질 수밖에 없으며, 따라서 삶의 조건과 과정도 언어놀이의 형식
을 취한다. 그렇다고 인간 삶을 구성하는 모든 놀이를 관통하는 하나의
정해진 놀이규칙이 있는 것은 아니다. 각각의 놀이들에는 차이가 존재
하는데, 그것은 놀이규칙의 차이에서 비롯된다. 놀이의 규칙은 언어가
사용되는 구체적인 상황, 즉 맥락에서 결정된다. 누가 "블록!"이라고 외
칠 때, 그것이 의미를 지니는 상황은 다양할 수 있다. 즉 그것이 담을 쌓
을 경우와 인도를 깔 경우, 그리고 무엇을 올려두기 위한 받침대로 활용

될 경우, 각각의 경우에 따라 다른 놀이규칙이 있다.

축구와 배구의 차이는 그 놀이규칙의 다름에서 찾을 수 있다. 마찬가지로 '저주하기'와 '인사하기'는 그것이 발생하는 상황이 다르며 그에 따라 언어도 달라진다. 그리하여 저주하기와 인사하기의 상황과 맥락의 차이는 언어놀이의 규칙까지 달라지게 한다. 그렇다고 규칙이 고정된 것이라고 생각해서는 안 된다. 한 문화권의 인사하기 방식이 다른 문화권에서는 불쾌감을 안겨주는 경우도 있다. 놀이의 규칙 역시 놀이의 산물이기에 언제나 변경할 수 있다. 이것은 우리가 운동경기에서 예전 규칙과 지금 규칙이 다른 사실로도 쉽게 확인할 수 있다. 배구의 경우 예전에는 선수가 9명이었는데 지금은 6명이고, 또 현재 포인트를 획득하는 규칙도 옛날과 다르다. 놀이의 규칙은 놀이가 역동적인 것과 마찬가지로 놀이에 참가하는 사람들의 필요와 요구에 따라 언제든 변경될 수 있다.

4. 언어놀이와 삶의 형식

지금까지의 논의를 통해 우리는 언어놀이가 매우 다양하다는 것, 각각의 놀이에는 상이한 규칙이 있다는 것, 그리고 규칙은 사회적 조건에 따라 변경된다는 것을 알 수 있었다. 놀이는 가장 단순하고 구체적인 상황부터 복잡하고 추상적인 상황에 이르기까지 삶의 전 영역에서 펼쳐진다. 이제 비트겐슈타인은 언어놀이와 삶의 관계를 묻는다. 삶 역시 일종의 규칙체계이다. 법과 제도, 윤리와 규범은 말할 것도 없고, 일상의 삶, 교통법규, 학교, 직장, 에티켓에도 규칙이 있다. 그러한 규칙들은 언어와 뗄 수 없는 것이고, 또한 언어놀이의 일종이며, 당연히 그곳에는 각각의 규칙이 존재한다. 비트겐슈타인은 언어놀이의 전체가 우리의 삶을 형성한다고 보고, 이것을 설명하기 위해 '삶의 형식Lebensform, form of life'[10]이라는 개념을 도입한다.

> 우리는 오직 전투에서의 명령들과 보고들로만 이루어진 어떤 하나의 언어를 쉽게 상상할 수 있다.—또는 오직 물음들과 긍정 및 부정의 어떤 한 표현으로만 이루어진 어떤 하나의 언어를. 그리고 다른 무수한 언어들을.—그리고 하나의 언어를 상상한다는 것은 어떤 하나의 삶의 형식을 상상하는 것이다.(《탐구》, 19)

언어가 삶의 형식을 결정한다는 것은 우리가 낯선 외국에서 생활할 때 쉽게 경험할 수 있다. 그곳의 삶의 형식과 규칙이 우리에게 낯설기 때문인데, 그곳 사람들의 언어놀이 규칙을 모르고, 따라서 그 놀이에 참가할 수 없기에 그런 것이다. 이러한 상황은 문화인류학자가 원시 부족민을 만날 때 훨씬 분명히 확인할 수 있다.

어떤 하나의 규칙을 따르는 것은 어떤 하나의 명령을 따르는 것과 비슷하다. 우리는 그렇게 하도록 훈련 받으며, 또 그것에 대해 일정한 방식으

---

10   언어놀이와 삶의 양식의 관계에 대해서는 이승종, 〈생활양식과 언어 게임〉,《철학적 분석》12 집(한국분석철학회, 2005), 21~138쪽 참조.

로 반응한다. 그러나 이제 만일 명령과 훈련에 대해 한 사람은 이렇게 반응하고 다른 사람은 다르게 반응한다면 어떻게 될까? 그 경우 누가 옳은가? 당신에게 전혀 낯선 어떤 언어를 쓰는 어떤 미지의 나라에 당신이 조사자로 왔다고 생각해보라. 어떤 상황 속에서 당신은 그 사람들이 거기서 명령을 하며, 명령을 이해하며, 따르며, 명령에 반항하는 따위를 하고 있다고 말할 것인가? 인간의 공통적인 행동 방식은 우리가 우리에게 낯선 어떤 하나의 언어를 해석할 때 의거하는 준거틀이다.(《탐구》, 206)

이 준거틀이 바로 '삶의 형식'이다. 만약 조사자가 그들의 삶을 이해하려면 그들의 언어놀이에 참여해야 하고 놀이의 규칙을 따라야만 한다. 그럴 때 비로소 그들의 명령의 의미와 쓰임을 이해하게 될 것이다. "규칙에 복종하는 것, 보고하는 것, 지시를 내리는 것, 체스 게임을 하는 것은 관습이다"(《탐구》, 199). 이러한 관습은 언어놀이를 통해 비로소 공동체 구성원들에게 내면화한다. 따라서 우리가 하나의 문화 또는 삶의 형식을 이해하려면 그들의 언어놀이에 참가하는 것이 필수적이다. 비트겐슈타인은 '삶의 형식'을 본래 주어진 것을 의미하는 '원 현상'이라는 개념으로 표현하기도 한다.

> 받아들여야 하는 것, 주어진 것은 삶의 형식들이라고 말해질 수 있을 것이다.(《탐구》, 2부 xi)
> 우리의 잘못은, 우리가 사실들을 '원현상原現象들'로 봐야 할 곳에서 어떤 설명을 구하는 것이다. 즉 이러한 언어놀이가 행해지고 있다고 우리가 말해야 할 곳에서.(《탐구》, 654)

우리가 놀이의 규칙을 따라야 놀이에 동참할 수 있듯이, 언어를 사용할 때도 언어의 쓰임의 규칙, 즉 그 언어의 문법을 따라야 한다. 언어의 쓰임의 규칙은 한 문화권에서 오랜 세월에 걸쳐 형성되고, 그것은 그들 문화를 전승하는 후손에게 미리 주어지는 경우가 많다. 또 그들의 문화를 배우려는 이방인에게는 언어놀이의 규칙을 따를 것을 요구한다. 이방인은 그 언어의 규칙을 알고 따라야만 언어놀이에 참가할 수 있으며, 놀이 공참자로서의 역할을 할 수 있다.

　　그런데 언어의 규칙을 이해한다는 것은 그 규칙이 사용되는 맥락을 알고 있다는 것을 전제한다. 그런데 쓰임의 맥락이란 무엇인가? 이것은 단순히 언어의 소리, 기호, 그리고 낱말, 문장의 기능을 알고 있다는 의미는 아니다. 그것은 구체적인 삶의 상황, 즉 '삶의 형식'에 자신을 일치시킬 수 있다는 것을 뜻한다. 즉 언어 쓰임의 맥락은 삶의 맥락을 전제한다.

　　　언어놀이라는 낱말은 여기서, 언어를 말한다는 것이 어떤 활동의 일부 또는 삶의 양식의 일부임을 부각하고자 의도된 것이다.(《탐구》, 23)

　　언어놀이가 삶의 양식의 일부라면 특정한 언어에서 발견되는 언어놀이들은 특정한 사회에서 살아가는 사람들의 삶의 형식을 표현한다고 볼 수 있다. 그렇다면 만약 우리가 어떤 언어세계에서 희망이나 후회 같은 낱말도 없고 그것에 관한 언어놀이가 없다는 것을 발견하게 된다면, 그 언어세계에 사는 사람들에게 희망이나 후회라는 감정은 존재할 수 없을 것이다. "오직 말할 수 있는 자만이 희망할 수 있는가?—오직 언어의 사용에 통달해 있는 자만이, 즉 희망한다는 현상들은 이 복잡한 삶의 형태의 변용變容들이다"(《탐구》 2부, i). 이렇게 인간의 삶은 언어놀이의 총체가 되고, 각각의 언어놀이는 인간 삶의 양식의 한 부분이 된다.

언어놀이에서 규칙을 따른다는 것은 하나의 규칙을 그저 안다는 것이 아니라 그 맥락을 이해하고 행한다는 의미이다. 그런데 이 규칙은 단순히 개별자가 생각한다고 해서 규칙이 되는 것이 아니다. 규칙은 언제나 공적이다. 즉 경험은 지극히 사적일 수 있지만 그것을 표현하는 방식, 즉 언어는 언제나 타자를 향해 있다. 그래서 나는 타자들이 수긍할 수 있는 언어의 규칙에 따라 내 경험을 표현해야 한다. 비트겐슈타인에게 사적 언어private language는 원칙적으로 불가능하다.

> 한 사람이 그의 내적 경험들 ―그의 감정, 기분 등― 을 그가 사적으로 사용하기 위해 적거나 음성으로 표현할 수 있는 언어를 상상할 수 있을까? ―우리는 우리의 일상언어에서 그렇게 살 수 있지 않은가? ―하지만 그것은 내가 뜻하는 바가 아니다. 이 언어의 개별적인 단어들은 말을 하는 사람에게만 알려질 수 있는 것들, 즉 그의 직접적인 사적 감각을 지칭한다. 그래서 다른 사람은 그 언어를 이해할 수 없다.(《탐구》, 234)

우리가 언어의 규칙을 따르는 것은 그것을 강제하는 관습이 있기 때문이다. 낯선 곳을 찾아갈 때 우리는 이정표를 따라가는 것이 최선이라는 것을 안다. 이때 '이정표를 따라가야 한다'는 것은 관습을 통해 우리에게 강제된 것이다. "오직 항구적인 관례, 관습이 존재하는 한에서만 어떤 사람이 어떤 하나의 길, 이정표를 따른다"(《탐구》, 198). 즉 언어놀이의 규칙은 공적이고 사회·문화적이라는 것이다. 그리고 규칙은 언제나 실천되어야 한다.

> 규칙을 따른다는 것은 하나의 실천이다. 그리고 그렇기 때문에 우리는 규칙을 '사적으로' 따를 수 없다. 왜냐하면, 그렇지 않다면, 규칙을 따른다고 믿는 것은 규칙을 따르는 것과 동일한 것일 터이기 때문이다.(《탐구》, 202)

놀이에 참여한 사람이 규칙을 지키고 따라야 한다고 해서 그 규칙이 불변하지는 않으며, 규칙은 놀이에 참여하는 사람들의 합의에 따라 변경될 수 있다. 즉 놀이의 규칙은 인간의 구체적인 삶의 현장에서 시작되고, 수정되고, 변한다. 그래서 놀이의 규칙이 삶의 양식의 부분이라고 말할 수 있는 것이다.

> 당신은 언어놀이가 이를테면 예측 불가능한 무엇이라는 것을 염두에 두어야만 한다. 무슨 뜻인가 하면, 언어놀이는 토대에 기초하지 않는다는 것이다. 그것은 이성적으로 정당화하는 (또는 이성적으로 정당화하지 않는) 것이 아니다. 그것은 거기에 있다―우리의 삶처럼.(《탐구》, 559)

엄밀하게 말해 놀이의 규칙은 놀이의 진행을 돕기 위해 형성된 것이다. 즉 규칙은 놀이하는 사람들의 행동을 규제하여 놀이가 일정한 방향으로 흘러가게끔 조절한다. 따라서 놀이하는 사람들은 서로의 행위를 규칙에 비추어 조절할 수 있다. 그런데 규칙이 놀이에 방해가 될 때 규칙은 언제나 변경할 수 있다. 언어의 의미가 맥락에 따라 결정되듯이 언어놀이의 규칙 역시 놀이의 산물이다. 그러므로 언어놀이의 규칙은 한편으로는 놀이하는 자들을 규제하지만, 다른 한편으로는 놀이하는 사람이 그것을 기초로 새로운 규칙을 창조하게끔 도와주는 역할도 동시에 한다.

앞서 언급했지만 놀이의 규칙은 놀이하는 과정에서 형성된다. 즉 비트겐슈타인의 언어놀이에서 중요한 것은 놀이의 규칙이 아니라 언어놀이 자체이다. 언어 규칙은 언어놀이를 잘하기 위한 장치이며 놀이의 산물이다. 놀이의 규칙이 형성되는 과정은 다음과 같다.

> 놀이의 장場에서 놀이자들이 상호적으로 놀이활동을 하는 과정에서 일정한 행위의 패턴이 생길 것이고, 이런 행위의 패턴들 중에서 적합한 것과 부적설한 것이 구분될 것이다. 전자들 중에서 가장 기저적이고 항상적이며 반복적인 것들이 놀이의 규칙으로 정립되어 놀이의 장을 구성한다. 그런 행위 패턴은 놀이자들에 의해 합의 수용되고 인지되는 일정한 행위 패턴의 모습으로 존재하고, 그 놀이자들이 놀이과정에서 실제로 오랫동안 수행하여 익숙해진 행위 패턴이다. 놀이의 특징은 외부의 지원 없이도 자율적인 활동공간이나 규칙의 체계를 구축할 수 있다는 것이다.[11]

언어놀이의 총체가 인간 삶이라 할 때, 언어 주체인 인간의 삶의 다

---

11 남경희, 〈순자荀子 정명론正名論의 비트겐슈타인적 이해―사회규범의 언어철학적 정초를 위한 시론〉, 《철학》 102집(한국철학회, 2010), 15~16쪽.

양한 규칙들은 언어놀이와 불가분의 관계가 있다. 어린아이가 처음 엄마라는 낱말을 배운다는 것은 단순히 낱말과 생물학적 엄마의 일치를 배우는 것이 아니다. 아이는 엄마의 생물학적 역할을 바탕으로 사회적·윤리적 역할이 무엇인가를 점차 알아간다. 더 나아가, 성장한 아이는 가족의 질서와 사회의 규범적 질서를 배우고 따르게 된다. 이와 같이 인간이 언어를 습득하고 사용한다는 것은 인간과 자연, 인간과 인간 사이의 질서, 그리고 공동체의 규범을 배우고 따른다는 것을 의미한다. 이것은 문화의 뿌리가 언어놀이에서 출발한다는 것을 뜻한다.

우리는 결론적으로 이렇게 말할 수 있겠다. 언어의 의미는 언어놀이를 통해서 획득되며, 언어놀이는 인간 삶의 형식 속에서 이루어진다. 결국 문화는 삶의 형식에서 이루어지는 인간의 언어놀이의 산물이다. 여기서 우리는 비트겐슈타인에서 놀이의 진정한 의미를 확인할 수 있다. 놀이에 관한 비트겐슈타인의 이러한 통찰은 헤라클레이토스를 비롯한 다양한 놀이철학자들의 주장과 다르지 않다.

4부

탈현대와 놀이의 질주
—
현대예술과 놀이

1장
니체의 예술생리학

1. 탈현대와 놀이

현대철학에서 놀이는 다대한 의미가 있다. 철학에서 놀이는 근대의 주체 형이상학과 그것을 바탕으로 하는 일체의 토대주의의 한계를 극복하고자 하는 노력과 무관하지 않다. 현대철학에서 놀이의 의미에 본격적으로 주목한 철학자는 니체이다. 20세기 중반 이후 철학 분야에서 니체 놀이철학의 의미는 각별하다. 또한 하이데거·가다머·핑크·비트겐슈타인의 놀이철학이 주로 철학 전공 영역에 영향을 끼치는 것으로 머무른 데 반해, 니체의 놀이철학은 문화 전반에 큰 영향을 끼쳤다. 프랑스를 중심으로 하는 구조주의와 후기구조주의에서, 그리고 영국과 미국의 신실용주의 등에서 니체는 사상적인 아버지 역할을 한다.

탈현대 사유가 보여주는 특징은 재현의 논리를 거부한다는 것이다. 로티의 자연의 거울로서 '표상적 사유'의 거부, 데리다의 일체 중심주의 해체와 차이의 옹호, 그리고 보드리야르의 원본 없는 이미지, 들뢰즈의 노마디즘 등이 이러한 경향을 잘 보여준다. 이들은 플라톤에서 시작하여 근대철학에 이르기까지 진리와 도덕은 이데아·형상·실체·주체·정신·이성 등 보편적이고 절대적인 하나의 근거에서 비롯되고, '참'과 '선'은 그것을 재현하는 것이라고 보는 시각을 단호히 거부한다. 이들은 절대성·보편성·동일성을 대신하여 진리와 가치의 다수성·상대성·맥락성·우연성·일회성을 주장한다. 그러므로 이들에게 의미는 주어지거나 보편적 이성에 의거한 합의의 산물이 아니라, 개별자에 의해 창조되는 것이고 사라지는 것이다. 그들에게 중요한 것은 시공을 초월한 절대적 진리Wahrheit가 아니라 개별자의 삶에 토대를 둔 진정성Wahrhaftigkeit이다.

탈현대주의자들은 진정성이 인간이 자신을 단일성의 차원으로 환원하는 코드화에 있지 않다고 본다. 진정성의 출발점은 감각자료를 일반화하는 의식 이성에 앞서 있는 '몸'이다. 니체가 '큰 이성'이라고 일컫은 몸과, 그것에서 직접적으로 비롯되는 욕망·무의식이 진정성의 바탕인 것이다. 욕망과 무의식은 코드화할 수 없다. 그것은 코드화하기 이전의 심층적이고 미시적인 세계에 밀착해 있으며, 개별자들마다 각기 고유한 방식으로 표출된다. 이러한 표출은 의식의 차원보다 심미적인 차원에서 더 잘 드러난다.

몸이 세계에 반응하는 일차적인 방식은 정동Affek이다. 정동이 세계와 관계하는 방식은 선형적 형태가 아니라 비선형적·카오스적인 형태를 띤다. 도취라는 정동은 하나의 목표나 목적 또는 원인과 결과에 지배되지 않는다. 예술에서 도취는 특히 중요한데, 우리가 원하는 무엇인가를 구현하고자 할 때는 반드시 도취가 전제된다. 또한 도취는 개별적인 것이고 시간의 지배에서 벗어난 것이기에 보편화할 수 없다. 그렇지만 그것은 영원히 생성 중인 세계, 시작과 끝이 없는 언제나 '중간' 또는 '되어가기'로 존재하는 세계와 삶을 더욱 정직하게 표현한다.

생성과 중간으로서 세계에서 일어나는 사건들은 순간적이고 우발적이다. 즉 이 사건들은 각각 특이성이 있다. 그런데 의식은 반성을 통해 이 특이성을 제거하고 사건들의 틈을 메우고 매끈하게 만든다. 특히 언어는 특이성의 흔적을 철저히 제거한다. 이 특이성을 보존하는 것이 바로 몸이다. 사건의 특이성을 긍정한다는 것은 몸을 긍정한다는 것이고, 놀이를 긍정한다는 것이다. 왜냐하면 사건의 특이성은 각각 자기 목소리가 있고 동등한 권리가 있기 때문이다. 그것들 사이에 질서와 위계를 부여하는 것은 사건의 특이성과는 무관하다.

니체가 자주 언급하듯이 주사위놀이에 참가한 아이들의 태도가 우리의 몸이 사건의 특이성을 받아들이는 것을 상징한다. 아이들에게 매번의 주사위놀이는 경탄 자체이다. 그러나 어른들의 주사위놀이는 결과에 대한 예측, 즉 확률의 확인에 모든 신경이 모아진다. 니체가 형이상학자나 도덕군자를 비꼬아 칭하는 '지체가 높은 자'들에게 주사위놀이의 과정 자체는 아무 의미가 없다. "그대들은 주사위를 잘못 던졌던 것이다."[1]

들뢰즈는 사건의 특이성을 제거하고 사건들 사이의 유사성을 동일성으로 강변하는 전통 철학자들을 니체의 주사위놀이 비유를 차용해

---

1 Za; KSA4, 363.

자신의 방식으로 재구성한다. 놀이를 모르는 자, 즉 어른들은 자신들이 믿고 있는 법칙이 사건들에서 증명될 것이라고 확신하고 그것을 확인하기 위해 주사위를 던진다. 그들은 주사위의 특정한 눈이 나올 확률이 언제나 똑같다고 믿는다. 그들에게 주사위를 던지는 행위는 언제나 동일성의 반복이다. 비록 주사위의 한 눈이 나올 확률이 6번 던져 정확히 한 번이 아닌 예외적인 경우가 있을 수 있지만, 그것을 무한대로 반복할 경우 정확히 6분의 1 확률로 수렴된다는 것이다. 그들에게 우연은 필연에 의해 지배된다. 그들의 주사위 던지기에는 새로움이 없다. 그들의 주사위 던지기는 과정이 주는 놀라움과 경탄 대신에 원인과 결과의 원리로 정당화하고 목적으로 설정된 확률을 확인하기 위한 기계적인 반복 행위, 즉 노동일 뿐이다.

이에 반해 아이들의 주사위 던지기는 매번 새롭다. 왜냐하면 아이늘은 놀이를 하기 때문이다. 아이들은 주사위 던지기가 좇아야 할 외적인 목적을 알지 못하며, 결과에 대한 원인을 궁금해하지 않는다. 그들에게 주사위 던지기는 항상 새로운 차이의 경험이다. 매번의 사건이 내포한 특이성에 대한 호기심과 기대가 주사위를 반복하여 던지게 한다. 어른들에게는 동일성이 주사위 던지기를 반복하게 한다면, 아이들에게 주사위 던지기의 반복은 생성의 반복, 새로움의 반복이다.[2]

사건의 특이성과 새로움의 반복은 곧 일종의 놀이 형태로 진행된다. 그런데 특이성과 놀이의 긍정은 예술에서, 특히 현대예술에서 두드

---

2 들뢰즈, 《니체와 철학》, 이경신 옮김(민음사, 1999), 64~66쪽 참조. 니체의 주사위놀이에 관해서는 정낙림, 〈왜 타란툴라는 춤을 출 수 없는가?〉, 《철학논총》 71집(새한철학회, 2013), 320~324쪽 참조.

러진다. 예술은 사건의 특이성을 감각, 몸으로 포섭한다. 현대예술에서 몸과 예술의 관계에 대한 새로운 이해는 니체로부터 시작한다. 니체에게 예술은 인간 일반이 지닌 본성, 특히 생리학적 본성에서 유래한다. 즉 그는 예술의 출발을 생리적 '도취', 도취의 놀이에서 찾는다. 인간이 무엇인가를 창작하기 위해서는 도취가 전제되어야 한다. 인간이 도취 상태에 있다는 것은 힘이 고양되었다는 뜻인데, 힘은 자신을 드러낼 출구를 찾기 마련이다. 이러한 메커니즘은 목적이나 인과법칙의 지배를 받지 않는다. 도취는 개별자에게 고유한 것, 특이한 것이며, 따라서 그것을 발현하는 방식도 개별적이고 유일하다.

니체는 자신의 후기 사상 중 하나인 '예술생리학Physiologie der Kunst'에서 예술을 아름다움을 창조하는 전문가로, 예술가에게 귀속된 독점물이 아니라고 선언한다. 그에게 예술은 인간의 창조적인 활동 그 자체이다. 따라서 그에게는 인간의 인식행위, 도덕적 가치를 수립하는 활동도 일종의 창조적인 행위, 즉 예술에 포함된다. 그리하여 니체는 자신의 예술철학이 현실화하는 '미래예술die Kunst der Zukunft'에서는 "은둔자 같은 예술가와, 자신의 작품을 전시하는 예술가는 사라지게 될 것이다"[3]라고 확신한다.

모든 인간의 행위를 예술적 활동으로 이해함으로써 예술 창작자와 관람자, 창작자와 작품 간의 분리를 거부한 니체의 '예술생리학'은 현대예술의 강령이 되었다. 20세기 초 '반예술Anti-Kunst운동의 일환으로 펼쳐진 '아방가르드' 예술부터 오늘날의 디지털 예술에 이르기까지, 그 속

---

3 N; KSA9, 25(1[81]).

에서 니체의 영향을 찾기는 어렵지 않다. 현대예술은 그 양상이 너무 복잡하기 때문에 예술이 무엇이라고 간단하게 정의하기란 불가능에 가깝다. 그런데 현대예술에서 우연과 놀이의 비결정성을 창작활동의 핵심 요소로 받아들였다는 점과 작품 자체를 목적으로 하기보다는 예술활동 자체를 중요시한다는 점은 두드러진다. 현대예술의 이러한 경향은 니체의 놀이철학과 밀접한 관계가 있다.

2.예술과 형이상학[4]

비극과 예술가-형이상학

니체의 필생의 철학과제는 '유럽 문화'와 '근대성'의 극복일 것이다. "나는 근대Moderne를 이미 생리학적인 자기모순으로 규정하였다."[5] 왜냐하면 근대가 "몰락하는 가치들, 허무주의적인 가치들이 신성한 이름으로 주도권을 행사하기"[6] 때문이다. 예술에 대한 니체의 관심도 바로 이 주제와 밀접한 관계가 있다. 예술이 '진리'보다 세계와 삶의 본질에 가까이 다가가 있다는 니체의 언명[7]은 유럽 문화와 근대성이 함축한 문제의 기원과 출구, 그리고 해결 방향을 암시한다.

---

4 이 절節은 정낙림, 〈니체의 예술생리학과 현대예술―플럭서스 운동을 중심으로〉,《철학연구》 120집(대한철학회, 2011), 284~293쪽에 근거한다.

5 GD; KSA6, 143.

6 AC; KSA 6, 172.

7 "인간이 오직 인식하는 동물에 지나지 않는다면, 이것은 인간의 운명일지도 모른다. 진리는 인간을 절망케 하고 파멸의 길로 몰아넣을 것이다. 비진리로 영원히 저주를 받았다는 사실이 바로 진리이다"(PW; KSA1, 760).

1870년대에 니체가 문헌학자에서 철학자의 길로 들어설 무렵, 니체의 핵심과제는 소크라테스주의가 씨를 뿌린 합리주의 문화와 그것의 부정적 귀결인 염세주의로부터 어떻게 유럽 문화를 구제할 것인가였다. 유럽 문화는 소크라테스와 플라톤에서 비롯된 형이상학과 기독교 도덕에 뿌리를 두고 있다. '이데아'나 기독교의 '신'은 오랫동안 초월적인 동시에 모든 존재자들과 가치의 출발점 역할을 한다. 신과 피안이 더이상 유효하지 않게 된 근대에도 형이상학과 기독교적 전통은 내적으로 면면히 흐르고 있다. 이데아나 신의 자리에 이성·정신·주체가, 기독교 도덕의 자리에 양심이나 보편적 도덕률이 그것을 대신하고 있다. 영원한 행복의 거처인 신의 나라에서는 이제 세속의 '사회주의'와 '민주주의'의 약속이 그것을 대체한다.

이상의 사실은 근대가 전前근대의 극복이 아니라 근본적으로 전근대의 신학적-형이상학적 전통을 세속화했을 뿐이라는 것을 말해준다. 계몽의 기획이 실패로 끝났다는 사실은 이미 니체 당대의 유럽의 위기와 유럽 문화의 몰락을 둘러싼 각종 담론이 잘 보여준다. 이것은 근대의 이념이 세계와 삶의 정당성을 부여하는 데 실패했다는 것을 의미한다.

그렇다면 니체가 선택한 대안은 무엇인가? 니체는 시대를 거스르는 모험을 감행하여 문제가 시작된 지점으로 돌아간다. 그곳에서 니체는 역사상 '가장 건강한 민족'인 그리스인과 고통받는 디오니소스를 만난다. 왜 그리스인은 철학과 더불어 예술을, 즉 진리와 허구를 동시에 필요로 했을까? 그것에 대한 니체의 답변은《비극의 탄생》을 비롯한 1870년대 초반의 핵심 사상인 예술가-형이상학Artisten-Metaphysik으로 개진된다. 니체는 "예술이 삶의 최고 과제이며 진정한 형이상학적 활동"[8]

이라고 확신하며, 그것을 그리스 비극 연구를 통해 증명하고자 한다.

　그리스인들이 뼈저리게 절감하고 있던 삶의 잔혹함과 무상함은 그들의 신을 통해 잘 드러난다. 미다스 왕이 디오니소스의 동반자인 현자 실레노스에게 간청하여 들은 인간을 위한 가장 훌륭한 지혜는 이런 것이다. "가장 좋은 것은 그대에게 불가능하다. 그것은 태어나지 않는 것이며 존재하지 않는 것이고 무로 존재하는 것이다. 그러나 그대에게 차선의 것이 있다면 그것은 일찍 죽는 것이다."[9] 니체에 따르면 그리스인에게 비극은 삶의 원초적 잔혹함과 무상함을 기쁨으로 전환한 지혜의 산물이다. 그리스인들은 '삶을 위한 자극제'로서의 비극을 자신들이 신봉하는 두 신, 아폴론과 디오니소스를 통해 창조한다.

　아폴론적인 것은 꿈과 표상을 통해 아름다운 형상을 만들어낸다. 그런데 형상은 다른 형상과 구별될 때에만 하나의 형상으로서 아름답게 인식될 수 있다. 따라서 니체는 아폴론적인 것이 '개별화의 원리'를 구현하는 것으로 본다. 형상은 언제나 우리의 눈을 통해 파악된다. 따라서 시각예술인 회화, 조각과 건축, 즉 조형예술은 아폴론적 예술에 속한다.

　반면 디오니소스는 인간을 자기 망각에까지 이끄는 도취의 신이다. 도취의 상태에 이르면 '개별화의 원리'는 완전히 깨진다. 디오니소스의 본성은 형식과 틀의 경계를 넘어 무한과 극한의 세계를 추구한다. 니체는 디오니소스적인 것이 개별 인간들을 개체의 심연에서 끌어내 타자 또는 자연과 일체가 되는 것을 도와준다고 본다. 디오니소스적인 예술

8　GT; KSA1, 24.
9　GT; KSA1, 35.

은 "개체의 마력을 파괴할 수 있고, 다시 성취될 통일에 대한 예감으로서의 희망을"[10] 고지한다. 디오니소스적 예술은 일체의 형상을 초월하는 데서 기원한다. 음악은 대표적인 디오니소스적 예술이다. "음악은 원일자Ur-Eine의 한복판에 깃들인 원초적인 모순과 원초적 고통에 상징적으로 관련하며, 이와 함께 모든 현상을 초월한, 모든 현상 이전의 영역을 상징"[11]한다. 따라서 디오니소스적인 것은 "영원하며 근원적인 예술의 위력Kunstgewalt"[12]으로서 등장한다.

그리스인들은 삶을 위해 도취와 꿈이 모두 필요하다는 것을 본능적으로 간파할 정도로 지혜로웠다. 도취와 꿈의 가장 행복한 조합은 비극을 탄생시켰다. 니체에 따르면 아이스킬로스와 소포클레스에서 꽃을 피운 그리스 비극은 에우리피데스에서 몰락의 길을 걷는다. 비극의 종말을 이끈 결정적인 원인은 에우리피데스가 창작의 철칙으로 받아들인 "미학적 소크라테스주의"[13] 때문이다. 미학적 소크라테스주의란 소크라테스의 가르침을 창작의 원칙으로 받아들이는바, 이성적인 것만이 아름답다는 것으로 요약될 수 있다. 소크라테스에게 비극은 도저히 합리적으로 이해할 수 없는 것이었다. 그에게 설명될 수 없는 것은 그 무엇이든 무의미한 것이다. "이성이 모든 향유와 창작의 본질적인 뿌리이다",[14] 그리고 "아름답기 위해서는 모든 것이 의식되어야만 한다"[15]는

---

10   Ebd., 73.
11   Ebd., 51.
12   Ebd., 155.
13   Ebd., 87. 에우리피데스는 "소크라테스주의의 시인"(Ebd., 86).
14   Ebd., 81.
15   Ebd., 87.

에우리피데스 예술의 준칙은 바로 소크라테스의 가르침을 따르는 것이다. 따라서 에우리피데스는 소크라테스의 가면에 불과하다.

니체에게 소크라테스는 "이론적 인간의 전형"이며, 그와 더불어 "사유, 즉 인과의 실마리 덕에 존재의 가장 깊은 심연에까지 도달할 수 있다"[16]는 믿음이 세상에 등장한다. 니체는 소크라테스주의가 그리스 문화에서 주도권을 잡는 순간을 역사적인 "전환점"[17]으로 봤으며 그와 더불어 "완전히 다른 종류의 문화, 예술, 그리고 도덕"[18]이 역사에 등장했다고 보았다. 에우리피데스 이후 비극은 디오니소스적인 것, 즉 음악과 춤을 최소화하고 대화를 중심으로 재구성되었다. 비극은 점차 논쟁의 예술, 즉 "변증법의 쨍그랑거리는 무기놀이"[19]로 변해갔다.

니체에 따르면 소크라테스 이래 그리스인들은 인식능력의 무한한 힘을 믿는 '이론적 낙천주의'자들이 되었다. 이론적 낙천주의는 그리스 비극을 멸망시켰을 뿐만 아니라, 또한 그리스의 비극적 문화 전체를 몰락시켰다.[20] 니체는 소크라테스주의의 이론적 낙천주의가 야기한 다양한 병적 증후를 당대의 유럽 문화 곳곳에서 확인한다. 유럽 문화의 건강을 회복하는 돌파구로 독일 철학과 예술에 주목한 니체의 시선이 머무르는 곳이 쇼펜하우어와 바그너였다.

니체는 쇼펜하우어의 의지철학을 "모든 미학의 가장 중요한 인식"[21]이라 말한다. 특히 니체가 쇼펜하우어의 예술이론에서 주목한 것은 음

---

16 Ebd., 99.
17 Ebd., 100.
18 Ebd., 89.
19 ST; KSA1, 546.
20 M. Djurić, *Nietzsche und die Metaphysik*. Berlin u.a., 1985 , p. 232 참조.

악이 여느 예술과 달리 세계의 의지를 직접적으로 모사한다는 점이다.[22] 쇼펜하우어는 《의지와 표상으로서의 세계Die Welt als Wille und Vorstellung》에서 세계를 우리가 알 수 없는 맹목적인 의지와 표상으로 구분하고, 충족이유율이 적용되는 표상의 세계는 맹목적인 의지의 지배에서 벗어날 수 없다고 주장한다. 의지는 끊임없이 표상의 세계로 자신을 드러낸다. 즉 표상의 세계는 구체화한 의지라고 말할 수 있다.

의지는 쇼펜하우어에게 고통의 근원이다. 그에게 예술은 인간이 잠정적이지만 고통에서 해방되는 통로이다. 인간은 오직 예술을 향유할 때만이 "탐욕스러운 의지로부터의 충동에서 해방되고, 욕망의 감옥에서 해야만 하는 일에서 해방되어 쉴 수 있으며, 익시온의 바퀴도 멈출 것"[23]이다. 니체의 《비극의 탄생》에 등장하는 아폴론적인 것과 디오니소스적인 것, 그리고 그것의 속성이라고 니체가 파악한 '개체화의 원리'와 '개체화의 파괴 원리'는 바로 쇼펜하우어의 의지철학에 기원한다. "우리는 쇼펜하우어의 가르침대로 음악을 의지의 직접적인 언어로서 이해하는데, 음악은 우리에게 말하며, 불투명하지만 매우 생생하게 움직이는 정신세계를 구체화"[24]한다.

음악에 대한 쇼펜하우어의 형이상학적 이해는 그대로 바그너에게

---

21 GT; KSA1, 104. "음악—쇼펜하우어는 그것의 본질을 꿰뚫고 있다"(N; KSA7, 802(34[31])).
22 "음악은 다른 예술들처럼 현상의 모사가 아니라 오히려 의지 자체의 직접적인 모사이며 세계의 모든 물리적인 것에 대해서 형이상학적인 것을, 모든 현상에 대해서는 물자체를 표현한다"(A. Schopenhauer, *Welt als Wille und Vorstellung* [앞으로 WWV로 약칭] I, Zürich, 1988, p. 310). GT; KSA1, S. 104 재인용. "따라서 우리는 세계를 구체화한 음악으로, 또한 구체화한 의지로 칭할 수 있다"(WWV I, p. 366).
23 A. Schopenhauer, WWV I, p. 266.
24 GT; KSA1, 107.

도 전달된다. 바그너에 따르면 개체화로 인한 고통은 근대의 파편화한 개인과 그들이 만들어낸 문화, 특히 예술 속에 적나라하게 드러난다. 예술은 더 이상 개인과 공동체, 인간과 자연의 이상적 조화에 기여하는 공공제 역할을 하기보다는 상품이나 개인의 오락물 또는 장식품으로 전락한다.[25] 바그너는 예술이 지닌 본래의 힘을 회복해야 한다고 역설하고 그 모델을 그리스 비극에서 발견한다. 그리스인이 신화를 통해 세계와 삶의 문제에 관한 가장 깊은 통찰을 얻은 것처럼 바그너도 신화의 원초적인 힘에 주목한다. 그는 게르만 신화가 개체화의 극단적 병폐로 신음하고 있던 당대인들과 분열된 시민사회를 공동체적인 전망 아래 하나로 묶을 수 있는 힘을 가졌다고 확신한다.

바그너의 이러한 확신은 그의 '극음악Musik Drama'으로 구체화한다. 니체는 바그너의 음악극 〈트리스탄과 이졸데Tristan und Isolde〉를 그리스 비극의 완벽한 부활이라고 확신한다. 바그너의 음악극은 오페라와 달리 줄거리나 대사의 비중을 최소화하여, 사건이나 이야기보다는 음악이 만들어내는 상황과 분위기 자체에 더 무게 중심을 두었다. 즉 바그너는 음악의 본질적인 힘을 간파하고 있었던 것이다.[26] 이 점에서도 그의 음악극은 디오니소스적인 음악이 주도권을 쥔 그리스 비극과 유사점이 있다.

---

25 니체는 자신의 시대, 예술의 처지를 이렇게 표현한다. "예술은 저질 오락의 대상이 되었고, 미학적 비평은 허영심 강하고 산만하고 이기적이며 게다가 불쌍하게도 독창적이지 못한 사교계의 접착제로 이용되었다. …… 그 결과, 예술에 관한 말들이 지금처럼 무성한 적이 없었고, 동시에 지금처럼 예술을 무시한 적도 없었다"(GT; KSA1, 144).
26 바그너 음악극의 특징에 관해서는 홍사현, 〈니체의 음악적 사유와 현대성—바그너, 한슬릭, 쇤베르크와의 관계를 중심으로〉, 《니체연구》 10집 (한국니체학회, 2006), 80쪽 참조.

더욱이 바그너가 음악극에서 적극 도입하고 있는 불협화음은 삶의 근본적인 모순성을 음악적으로 형상화하는 데 매우 효과적이었으며, 그것은 마치 그리스 비극에서 디오니소스 합창단이 주는 효과와 비견될 수 있는 것이었다. "비극적 신화가 산출하는 쾌락은 음악에서 불협화음에 대해 느끼는 즐거움과 같은 고향에서 유래한다."[27] 불협화음이 음악적으로 의미가 있다는 것은 청중이 그것을 듣는 동시에 소리 이상의 것을 느낄 경우를 말한다. 그것이 바로 비극에서 추한 것과 부조리한 것이 예술로 승화되는 것과 같은 원리이다. 트리스탄과 이졸데의 비극적인 사랑과 파국은 음악을 통해 극단적으로 고양된 감정을 관객에게 전달하고, 감정의 도가니에 빠져든 관객은 음악극의 종료와 함께 그리스 비극의 관람자들이 얻는 것과 동일한 지혜를 얻게 된다. 음악극의 관객이나 비극의 관람자가 얻는 지혜란, 삶은 그 어떠한 "경악과 모순"에도 불구하고 "파괴할 수 없이 강력하며 즐거운"[28] 것이라는 지혜이다.

삶의 본질은 학문을 통해서 정당화될 수 없다. 유럽의 역사는 과다한 진리가 어떻게 자신을 배신하는지 곳곳에 흔적을 남겨두고 있다. 따라서 낙천적 소크라테스주의가 필연적으로 실천적 염세주의praktische Pessimismus로 귀결될 수밖에 없다는 니체의 주장은 충분히 설득력이 있다. 예술은 과다한 진리 때문에 고통받는 삶을 위한 보호와 치료제Schutz und Heilmitel 역할을 한다. 즉 과다한 진리를 통제할 수 있는 것은 예술밖에 없다. 그 이유는 예술이 진리보다 더 깊이 삶과 세계에 뿌리내리고

---

27 GT; KSA1, 152.

28 Ebd., 56.

있기 때문이다.

따라서 니체는 우리에게 "학문을 예술의 렌즈로, 예술을 다시 삶의 렌즈로 볼 것"[29]을 요구한다. 그는 예술을 "인간의 고유한 형이상학적 행위"[30]로 간주하고, "인간 실존과 세계는 오직 미적 현상으로서만 정당화"[31]된다고 주장한다. 즉 니체에서 예술은 전통적인 형이상학과 종교의 역할을 대신하여 삶에 정당성을 부여한다. 이것이 바로 니체의 '예술가-형이상학'의 핵심 주장이다. 예술가-형이상학은 젊은 니체가 그리스 비극 연구, 쇼펜하우어의 의지철학, 그리고 바그너의 극음악을 통해 얻은 통찰이었다.

예술가-형이상학 비판

니체가 '예술가-형이상학'이 쇼펜하우어와 바그너에 대한 자신의 지나친 기대가 낳은 미숙아라는 것을 깨닫는 데는 오랜 시간이 필요하지 않았다. 니체가 쇼펜하우어에게 실망한 이유는 무엇보다 예술의 기능에 대한 쇼펜하우어의 생각 때문이었다. 쇼펜하우어에서 예술은 "의지의 진정제Quietiv des Willens"[32]를 뜻한다. 쇼펜하우어에 따르면 예술은 순수한 관조觀照에서, 세계에 대한 무관심한 직관에서 성립한다.[33] 쇼펜하우어에게 예술적 관조는 대상의 관조와 동일한 연장선에 있다.

---

29 Ebd., KSA1, 14.

30 Ebd., KSA1, 24.

31 Ebd., KSA1, 17.

32 A. Schopenhauer, WWV I, p. 372.

33 쇼펜하우어의 관조와 음악의 기능에 관해서는 Th. Myer, *Nietzsche. Kunstauffassung und Lebensbegriff*, Tübingen, 1991, p. 630 참조.

일체의 의지는 부족과 결핍에서 생기며, 그것의 충족은 또 다른 고통으로 연결되고, 한 의지가 끝나면 또 다른 의지가 따른다. 의지는 고통을 낳고, 고통은 이렇게 영속적으로 이어진다. 우리가 의지의 연쇄 고리를 끊기 위해서는 욕망이 발생하기 이전의 중립상태를 찾아야 하는데, 그것을 가능하게 하는 것이 무관심한 관조이다. 예술은 바로 이러한 과정에서 발생한다. 인간은 의지를 진정시킴으로써만 고통을 멀리할 수 있으며, 예술이 진정제 구실을 한다는 것은 바로 이러한 의미에서이다. 쇼펜하우어의 이러한 '의지의 진정'론은 현재의 세계를 부정하는 것으로 이어지고, 결국 염세주의로 귀결된다.

니체는 쇼펜하우어의 '의지의 진정'론에 자신의 "삶을 위한 거대한 자극großes Stimulans zum Leben"[34]론으로 맞선다. 1886년의 〈자기비판의 한 시도Versuch einer Selbstkritik〉에서 니체는《비극의 탄생》에 대해 이렇게 쓴다.

쇼펜하우어는 도대체 비극에 관하여 어떻게 생각했는가? 그는《의지와 표상으로서의 세계》2권 495쪽에서 이렇게 말한다―"모든 비극적인 것에 정신적 고양을 위한 독특한 비약을 부여하는 것은 세계, 삶이 어떤 참된 만족도 줄 수 없기에, 따라서 그것에 대한 우리의 집착은 아무런 쓸모가 없다는 것을 인식하는 것이다: 거기에 비극적 정신이 존재한다. 그에 따라 비극적 정신은 체념으로 통한다." 오, 디오니소스는 나에게서 그 얼마나 다른 것을 말하는가! 오, 그 당시 저 체념주의가 나에게서 얼마나 멀

---

34 N; KSA 13, 194(11[415]).

리 떨어져 있었던가!³⁵

니체에 따르면 그리스 비극은 쇼펜하우어가 말하는 세계부정과 전혀 무관하며, 오히려 반대의 사실을 말한다. 1887년의 한 단편에서 니체는 이렇게 확언한다.

바로 그 무렵³⁶ 나는 내 본능이 쇼펜하우어의 본능과는 반대를 추구했다고 단언한다: 즉 비록 삶의 그 어떤 커다란 무서움에도, 그 어떤 모호함에도, 그리고 그 어떤 기만스러움에도 불구하고 삶의 정당화를 추구했다―그것을 위해 나는 '디오니소스적'이라는 형식을 내 손에 가지고 있었다.³⁷

니체는 유럽 문화를 새롭게 탄생시킬 혁명가로 기대했던 바그너에게도 마찬가지로 실망한다. 바그너에 대한 자신의 성급한 기대는 그리스적 물음과 현대적인 것을 뒤섞은 결과물이며, 이것은 성급한 판단이었다고 고백한다. 니체는 바그너에게 가까이 갈수록 자신과 바그너 사이에는 예술에 대한 근본적인 인식의 차이가 있음을 발견한다. 우선 두

---

35 GT; Versuch einer Selbstkritik; KSA1, 19f. 나중에는 니체 스스로도 자신의 처녀작에 비판적인 거리를 둔다. "그것(《비극의 탄생》-옮긴이)은 그 저작에서 잘못되었던 바에 촉발되고 자기착각에, 즉 마치 그것이 상승의 조짐Aufgangs-Symptom인 양 여겼던 바그너주의의 교훈과 관계한다." EH; KSA6, 309. "그것(《비극의 탄생》-옮긴이)은 불쾌한 헤겔적인 냄새를 풍기며, 어느 정도의 형식들도 쇼펜하우어의 역겨운 향수에 사로잡혀 있다." Ebd., 310.
36 《인간적인 너무나 인간적인Menschliches, Allzumenschliches》을 쓴 무렵, 즉 1876년경을 가리킨다.
37 N; KSA 12, 354f.(9[42]). "비극은 바로 그리스인들이 염세주의자가 전혀 아니라는 것에 대한 증명이다. 쇼펜하우어는 모든 것에서 오류를 저지르듯 여기에서도 헛짚고 있다"(EH; KSA6, 309).

사람 사이에는 음악에 대한 근본적인 이해의 차이가 있다. 바그너는 자신의《오페라와 드라마*Oper und Drama*》등의 저서에서 밝히고 있듯이, 악극의 '이념'을 음악보다 높은 위치에 둔다. 그에 따르면 음악은 '표현의 수단'일 뿐이고, 드라마가 악극이 지향하는 목표를 드러낸다.[38] 니체는 디오니소스적 음악은 결코 줄거리나 대사를 위한 수단이 될 수 없으며, 그것 자체가 목적이라고 단언함으로써 바그너와 분명한 거리를 둔다.

두 사람의 음악관의 차이는 이미 1871년 유고에서 "음악의 본래적인 드라마성은 있을 수 없다"[39]는 니체의 언명을 통해서도 잘 나타난다. "음악은 결코 수단이 될 수 없다."[40] 더 나아가 "개념은 예술의 죽음이다"[41]라는 니체의 주장은 바그너의 음악관과 근본적인 차이를 보여준다. 니체에게 음악은 극의 줄거리와 이념을 전달하거나 상징화하는 도구가 아니다. 또한 음악은 바그너의 악극이 보여주듯 단순히 청중의 감정을 이끌어내기 위한 장치로 활용해서는 안 된다. 니체는 바그너의 음악이 대중의 감정에 점점 더 지나치게 호소함으로써 극적인 효과를 위한 수단으로 쓰이고 있다는 점을 지적하고, 그것을 일종의 최면효과로 본다. 결국 니체는 바그너의 악극이 디오니소스적 음악정신을 구현하는 데 실패하고 있음을 자각한다. 다시 쓴 자기비판을 위한《비극의 탄생》서문에서 니체는 바그너의 음악극이 디오니소스적 음악의 재탄생이라고 본 자신의 판단을 취소한다. "나는 당시 가장 현재적인 것을 사

---

38   R. Wagner, *Oper und Drama*, Stuttgart, 1984, p. 19 참조.
39   N: KSA7, 330(9[149]).
40   Ebd., 186(7[127]).
41   Ebd., 306(9[88]).

용함으로써 내 첫 번째 책을 망쳤는데, 이 현재적인 것에 대한 너무 성급한 희망과 잘못된 응용들"[42]이 원인이었다.

니체는 소크라테스적인 이론적 낙천주의는 이성에 대한 과도한 믿음과 스스로를 뒤돌아볼 수 없는 무능 탓에 실천적 염세주의로 귀결되었다고 단언한다. 니체의 이러한 통찰은 20세기 유럽의 위기를 둘러싼 담론을 선구한다. 과다한 진리에 대한 치료제와 보호제가 긴급히 요청되는데, 니체는 그것을 예술에서 보았다. '예술이 이 삶의 최고 과제이며 본래의 형이상학적 활동'이고 '실존은 오직 예술적 현상으로만 정당화할 수 있다'는 니체의 생각은 예술이 삶에서 차지하는 지위를 분명히 드러낸다. 이때 니체에게 예술은 세계와 삶에 대한 정당화를 부여했던 형이상학과 종교를 대신한다. 니체는 예술의 이러한 역할을 젊은 날 자신의 스승이었던 쇼펜하우어와 바그너가 이론적으로, 또 예술활동에서 구현한다고 보았다.

그러나 형이상학과 종교의 역할을 대신하는 예술정신의 결과는 '염세주의'와 '낭만주의' 또는 데카당스의 극단이었다. 예술이 형이상학의 역할을 대신할 때, 그것은 삶을 배반하고 우리를 몽롱한 환각 상태로 이끌 뿐이다. 진정한 예술이라면 삶과 세계를 정당화하기 위해 어떤 형태의 아름다운 가상도 만들지 않을 것이며, 오히려 지금 여기의 삶을 철저히 인정하고 찬양할 것이다. 지금 이곳의 삶을 인정하고 사랑하는 것을 니체는 디오니소스적 지혜 또는 긍정이라 일컫는다. 예술은 이제 형이상학적 위안물이 아니라 지금 이곳의 삶을 인정하고 긍정하는 디오니

---

42   GT; KSA1, 20.

소스적 지혜를 구현해야 한다.[43] 여기에 부응하는 것이 바로 '예술생리학'이다.

3. 예술의 생리적 조건[44]

예술의 생리적 조건으로서 도취와 힘을 향한 의지

니체는 바그너가 예술을 통해 구원을 꿈꾼 낭만주의의 후예이며, 더욱이 그가 총체예술에서 추구한 삶은 쇠약과 몰락의 징후를 뚜렷이 보여준다고 확신한다. 바그너의 예술은 데카당스의 예술이고, 그것은 삶을 위해 거부되어야만 한다. 니체가 볼 때 바그너의 가장 큰 오류는 현재의 삶을 견딜 수 있게 해주는 마취제 같은 가상을 만드는 것을 예술의 고유한 역할로 본다는 점이다. 즉 바그너에서 예술은 근본적으로 형이상학과 종교의 역할을 대신한다.

바그너의 이러한 예술관은 예술에 대한 오해에서 비롯된 것이다. 니체에 따르면 예술은 근본적으로 삶을 초월하여 유사 형이상학적·종교적 역할을 하는 것이 아니라 삶과 철저하게 밀착한다. 이때 밀착한다는 것은 생리적인 차원이다. "바그너 음악에 대한 내 반박은 생리적

---

43 니체 스스로도 밝히듯이 이미《비극의 탄생》부터 예술의 본질은 '디오니소스적인 것'에 있다. 이에 관해서는 M. Fleischer, "Dionysos als Ding an sich. Der Anfang von Nietzsches Philosophie in der ästhetischen Metaphysik der 'Geburt der Tragödie'", in: *Nietzsche Studien* Bd. 17(1988), pp. 74~90 참조.
44 이 절은 정낙림, 〈예술생리학과 미래 예술—니체의 예술 종말론에 대한 연구〉,《니체연구》28집(한국니체학회, 2015), 208~214쪽에 근거한다.

인 반박이다: ⋯⋯ 미학이라는 것은 응용생리학에 지나지 않기 때문이
다."[45] 그런데 '미학이 응용생리학이다'라는 말은 무엇을 뜻하는 것일
까? 여기서 우리는 니체 후기 철학의 핵심 개념인 '몸Leib'을 살펴볼 필
요가 있다.

더욱 놀라운 것은 오히려 몸이다. 우리는 인간의 몸이 어떻게 가능하게
되었는지 한없이 놀라워할 수 있다. 살아 있는 생명체들의 그렇게 놀라
운 통합이 어떻게 가능하였는지! 이 각각의 생명체가 독립적이면서 동
시에 예속되어 있고, 그러면서도 어떤 의미에서는 다시 명령하고 자신의
의지에 따라 행위하면서 전체로서 살고, 성장하고, 한동안 존립할 수 있
는지! 이런 일은 분명히 의식을 통해서는 일어날 수 없다![46]

위와 같은 니체의 언급은 세계이해에 대한 우리의 통념을 뒤집는
다. 세계를 인식한다고 할 때, 우리는 보통 의식 또는 정신이 인식에서
본질적인 역할을 하는 것으로 이해한다. 칸트가 잘 보여주듯이, 의식은
반성의 기능을 무기로 경험의 잡다雜多에서 오는 혼란에 질서를 부여하
고 우리에게 예측 가능한 세계상을 전달한다. 의식은 사물과 사물, 또
사건과 사건 간의 차이를 제거하고 유사성을 추상하여 기억에 저장하
는데, 기억은 최종적으로 언어 형태로 고착된다. 그런데 엄밀히 말해서
언어라는 것은 외부의 대상에 반응하는 우리의 신경체계에서 시작하는

---

45 NW; KSA6, 418.
46 N; KSA11, 576f.(37[4]).

일련의 과정의 산물이다.

　니체는 이것을 이미 초기의 논문인 〈도덕 외적인 의미에서 진리와 거짓에 관하여Ueber Wahrheit und Lüge im aussermoralischen Sinne〉(1873)에서 잘 설명하고 있다. 그 논문에서 그는 언어의 기원을 전이이론Übertragungs-theorie으로 설명한다. 니체에 따르면 대상세계의 사물이 "우선 신경자극에, 그리고 표상으로 종국적으로 소리"[47]로 전이된 것이 언어이다. 우리가 흔히 착각하듯 낱말이 대상을 지칭한다고 생각하는 것은 "우리의 가장 오래된 습관"[48]이자 "미신"[49]이다. 이러한 습관과 미신 때문에 우리는 '신' '주체' '양심' 등의 개념이 실재와 관련이 있는 것으로 판단한다.[50]

　우리의 신경을 자극하는 모종의 대상(x)이 개념으로 정착되는 과정은 개별자들의 원체험에 담긴 풍부한 차이들을 추상해내고, 누구나 동의할 수 있는 평균적인 특징을 찾는 과정이다. 즉 개념을 통한 세계의 이해는 심층적이기보다는 표피적인 것에 머무른다. 이에 반하여 몸에서 비롯된 기쁨, 슬픔 등의 정동들Affekte은 우리에게 세계에 대한 직접적인 정보를 전한다. 니체에 따르면 의식은 정동들 간의 놀이와 관계의 산물인데, 니체가 몸을 '큰 이성'으로, 의식 이성을 '작은 이성' 또는 몸의 '장난감'으로 부르는 이유도 여기에 있다.[51] 정동이 세계와 직접적으

47　WL; KSA1, 879.

48　N; KSA12, 102(2[83]).

49　JGB; KSA5, 11.

50　니체는 형이상학이 언어에 대한 잘못된 믿음에서 기원한다고 본다. 그 까닭은 인간이 언어를 매개로 사고할 수밖에 없고, 특히 문법이 우리의 사유체계에 끼치는 영향은 절대적이기 때문이다. 니체는 주체 개념의 기원을 인도-게르만어의 '주어' 중심의 문법에서 찾는다. 이러한 맥락에서 니체는 "언어 형이상학Sprach-Metaphysik"(GD; KSA6, 77)을 언급한다.

51　Z; KSA4, 39 참조.

로 밀착한다면, 의식은 정동이 남긴 흔적에서 추상적인 규칙과 규범을 찾는다. 의식이 만든 규칙과 규범은 흄D. Hume이 잘 지적하듯이 사실의 문제라기보다는 상상의 산물이다. 따라서 의식으로 세계를 파악한다는 것은 세계에 대한 이차적이고 자의적인 상像을 허용한다는 것을 의미한다.

예술과 관련하여 니체가 주목한 정동은 '도취Rausch'이다. 그것이 무엇이든 인간이 자신이 바라는 것을 구현하고자 할 때, 즉 창조하고자 할 때는 언제나 도취가 함께한다. 도취가 없다면 인간은 세계를 자신의 방식으로 조형Schaffen하려는 감흥을 얻을 수 없다.

예술이 있으려면, 어떤 미학적 행위와 미학적 바라봄Schauen이 있으려면, 특정한 생리적 선결조건이 필수 불가결하다: 즉 도취라는 것이. 도취는 우선 기관 선체의 흥분을 고조시켜야만 한다: 그러기 전에는 예술이 발생하지 않는다. 다양한 기원을 갖는 온갖 종류의 도취는 모두 예술을 발생시키는 힘을 갖추고 있다.[52]

예술이 생리학에 근거한다는 니체의 주장은 '예술생리학'으로 구체화하는데, 니체는 예술생리학을 자신의 후기 핵심 사상으로 평가한다. 이에 관한 직접적인 증거는 그가 최후의 주저로 기획하고 준비한《힘을 향한 의지Wille zur Macht》의 한 장章이 〈예술생리학〉이었다는 사실에서 확인할 수 있다.[53] 후기 니체의 철학은 유럽의 모든 가치에 대한 재평가

---

52 GD; KSA6, 116.

와 가치의 전도를 목표로 진행되었는데, 그 중심에 '힘을 향한 의지'가 있다.

니체에 따르면 예술은 힘의 징후를 확인할 수 있는 통로이다. 예술의 선결조건인 도취에서 사람들은 자신의 힘이 상승하고 고양된다는 느낌을 얻는다. "도취에서 본질적인 것은 힘이 상승하는 느낌과 충만함의 느낌이다."[54] 힘은 속성상 더 큰 힘을 지향하고, 힘들 사이의 경쟁과 세계를 변용함으로써 자신을 강화한다. "살아 있는 것은 힘을 방출하고자 한다. 생명 자체는 힘을 향한 의지이다."[55]

도취는 예술의 전제이지만, 도취만으로 예술이 되는 것은 아니다. 또 도취가 힘의 징후를 보여주지만, 더 큰 힘은 도취를 넘어선다. 도취는 우선 전체 정동체계를 자극하고, 정동들 간의 놀이가 세계를 변용한다. 이러한 사실은 이미 초기 니체에서도 잘 드러난다.《비극의 탄생》에서 니체는 야만족의 도취와 그리스인들의 디오니소스적 도취를 분명히 구분한다. 니체는 맹목적 도취에 사로잡힌 야만족을 "도취에 완전히 잡아먹힌" 족속으로 비판하고 그리스인들을 "도취의 놀이 속에서 자신을 개시하는"[56] 자로 평가한다. 즉 삶에 밀착한 예술이란 도취에서 촉발

---

53 니체 철학에서 '예술생리학'이 차지하는 위상에 관해서는 V. Gerhardt, "Von der ästhetischen Metaphysik zur Physiologie der Kunst", in: *Nietzsche Studien*, Bd. 13(1984), pp. 374~393 참조. 또한 A. Bitsch, "Physiologische Ästhetik, Nietzsches Konzeption des Körpers als Medium", in: V. Gerhardt/R. Rescke(Hg.), *Nietzscheforschung* Bd. 15, Berlin, 2008, pp. 167~188 참조.

54 GD; KSA6, 116. 도취의 예술적 기능에 관해서는 D. Solies, "Die Kunst-eine Krankheit des Leibes? Zum Phänomen des Rausches bei Nietzsche", in: V. Gerhardt/R. Rescke(Hg.), *Nietzscheforschung* Bd. 5/6, Berlin, 2000, pp. 151~162; 백승영, 〈예술생리학의 미학적 의미―도취Rausch 개념을 중심으로〉,《니체연구》27집(한국니체학회, 2015), 91~123쪽 참조.

55 JGB; KSA5, 27(13), N; KSA9, 15(1[44]) 참조.

56 DW; KSA1, 562. GT; KSA1, 32 참조.

되고, 도취는 다른 정동들의 놀이를 촉진하여 세계를 조형하게 한다. 이 모든 것의 동력은 바로 '힘을 향한 의지'에서 비롯된다. 힘을 향한 의지는 하나의 목표나 목적을 지향하는 것이 아니라 힘의 강화를 유일한 목표로 한다. 힘의 강화는 우연에 개방된 실험이나 모험을 촉진한다.

미래예술로서 확장된 예술

힘을 향한 의지는 "주인이 되고자 하며, 더 크고 더 강력하고자 하는"[57] 살아 있는 모든 것의 내적 역동성을 말한다. 니체는 힘을 향한 의지가 근본적으로 예술적임을 강조한다. 힘이 충일하여 자기 긍정의 에너지로 고양된 인간, 즉 도취상태의 인간은 자기와 마주한 대상 세계에 자신의 힘을 투사하여 변용하고자 한다. 이러한 활동이 본래 의미에서 예술적인 것이다. 예술생리학에서 의미하는 예술은 자기 고양과 관련된 일체의 유·무형적인 행위 그 자체이다.

니체는 예술을 작가와 작품 중심에서 활동 자체에 귀속함으로써 예술을 확장했을 뿐만 아니라, 우리에게 예술과 삶의 밀착관계를 환기한다. 예술생리학에서 예술은 천부적으로 비범한 재능을 타고난 천재가 자연의 목적을 작품에 구현함으로써 감상자에게 감동을 준다는 칸트식의 근대적 예술관을 거부한다. 그러한 예술관은 인간 일반이 지닌 예술적 본성을 간과하는 것이다.

예술생리학에서 예술은 장르, 재료, 양식에 따라 구분되지 않는다.

---

57   N; KSA13, 261(14[81]). 예술과 힘을 향한 의지에 관해서는 E. Mazzarella, "Kunst und Wille zur Macht-Nietzsches Kunstdenken zwisschen Ästhetik und Ontologie", in: H. Seubert(Hg.), *Natur und Kunst in Nietzsches Denken*, Köln, 2002, pp. 153~166 참조.

예술생리학은 인간이 근본적인 의미에서 예술가, 즉 '원예술가Urkünstler' 임을 천명하고 예술의 초월적인 지위를 힘을 향한 의지와 그것의 발로인 '도취'라는 생리적 현상으로 귀속한다. 근대에 예술은 대부분의 인간을 관람자와 소비자의 지위로 묶어두었다. 그래서 사람들은 자신의 힘을 대상에 각인하는 예술가가 되기보다는 늘 외부의 자극에 반응하는 수용자 위치에 머물렀다. 이런 태도는 사람들에게 자신의 힘과 능력을 과소평가하고 습관적으로 세계를 냉소적이고 피로한 눈으로 바라보게 했다. 이러한 태도를 지닌 사람들에게 세계는 피폐할 수밖에 없다.

예술생리학은 예술을 도취와 힘을 향한 의지의 차원에서 정의 내림으로써 예술을 확장한다. 자신의 힘을 극대화하는 유·무형의 활동 자체를 예술로 본다면, 이론적으로 모든 인간은 예술가가 되고 모든 것은 예술이 되는 자격을 얻을 수 있다. 즉 니체에게 예술가란 "자기 자신을 조형하는 자der Sich-selbst-Gestaltende"[58]이다. 니체의 이러한 예술관은 전통적인 예술관을 해체할 뿐만 아니라 예술의 본래 의미를 되돌려준다. 또한 인간 개개인에게 잠자고 있는 창조의 능력을 일깨움으로써, 외부에서 주어진 가치를 수용하는 것이 아니라 스스로 가치의 주체임을 확인시킨다. 세계를 자신의 눈으로 인식하고, 자신의 힘을 세계에 투사하여 세계를 자신의 방식으로 조형하는 이러한 일련의 과정은 삶의 과정이자 예술 창작의 과정이다. 삶을 예술작품을 창작하듯 살아가는 것, 이것이 니체가 궁극적으로 희망하는 삶이다.

---

58 N; KSA12, 89(2[66]). 니체에서 예술과 삶의 관계는 이상엽, 〈니체의 삶의 예술철학〉, 《니체연구》 17집(한국니체학회, 2010), 87~113쪽 참조.

니체의 확장된 예술 개념은 '미래예술' 선언에서도 잘 드러난다. 미래예술에서 "은둔자 같은 예술가와, 자신의 작품을 전시하는 예술가는 사라지게 될 것이다."[59] 니체는 자신이 말하는 미래예술이 "예술작품의 예술에 반대하는 새로운 예술 개념"임을 천명하면서, 그것이 지향하는 바가 "천재 대신에 …… 자기 자신을 넘어 인간을 창조하는 그러한 인간"[60]에 있음을 분명히 한다. 결국 니체에서 예술이란 자신의 심층에 있는 '힘을 향한 의지'를 신뢰하고 그 힘을 변용하여 자신의 "위대한 양식 grossen Stil"[61]을 창조하는 것이다.

---

59 N; KSA9, 25(1[81]). 니체의 예술의 종언이 특히 그의 근대성 비판과 어떤 관련이 있는지는 A. Hütig, "Zwischen Barbarisierung und Vergeisterung: Nietzsches Theorie der Moderne und seine These vom Ende der Kunst", in: *Nietzsche Forschung*, Bd. 10, V. Gerhardt/R. Reschke(Hg.), Berlin, 2003, pp. 181~191 참조.

60 N; KSA10, 503(16[14]).

61 GD; KSA6, 119(11). 니체의 예술생리학이 현대예술에 끼친 영향은 지대하다. 그 점에 관해서는 김정현, 〈니체와 현대예술의 탄생〉,《니체연구》11집(한국니체학회, 2007), 87~119쪽; 또한 정낙림,《니체와 현대예술》(역락, 2012), 127~220쪽 참조. 그리고 F. Ulfers/M. D. Cohen, "Nietzsche and the Future of Art", *Hyperion*, www.nietzschecircle.com, vol. II, issue 4, December, 2007, pp. 1~23 참조.

2장
반反예술운동과 생성의 놀이

1. 플럭서스[1]

반反예술운동과 플럭서스

니체의 예술생리학은 현대예술에 실로 큰 영향을 주었다. 전통 철학에서 예술에 관한 이론은 주로 예술의 기원과 효과, 그리고 미와 진리의 문제 등에 대한 이론적 탐구에 집중한다. 결과적으로 전통적인 예술철학이 예술창작자에게 직접 영향을 끼친 경우는 매우 드물다. 그러나 니체의 경우는 완전히 다르다. 니체의 예술철학은 현대예술이 탄생할 수 있는 모태 역할을 했다. 니체의 '비극적 사유' '불협화음' '생성' '우연의 놀이' '실험' '관점주의' '은유' '가치 창조' '대지' '도취' '몸' '생명' 등

---

1 이 절은 정낙림, 〈니체의 예술생리학과 현대예술─플럭서스 운동을 중심으로〉,《철학연구》120집(대한철학회, 2011), 299~304쪽에 근거한다.

은 현대예술의 핵심 키워드가 된다.

특히 다다를 비롯한 반예술주의를 표방한 다양한 현대 실험예술의 유파는 니체 철학을 자신들의 강령으로 받아들인다.[2] 그중에서도 니체의 예술생리학 정신을 가장 충실히 구현하는 현대예술의 유파는 '플럭서스 운동Fluxusbewegung'이다. 반예술주의를 표방했던 다다 운동을 계승한 플럭서스Fluxus 그룹은 1960년대 초에 결성되었다. 플럭서스란 '흐르는 것das Fließend'을 의미하며, 헤라클레이토스의 'panta rhei'에서 차용한 말이다.[3] 플럭서스 운동은 과거와의 근본적인 단절을 통해 자신의 예술관을 드러낸다.

플럭서스 운동의 특징은 1963년에 운동의 주창자 가운데 한 사람인 마키우나스George Maciunas가 대표로 쓴 플럭서스 '선언문Manifesto'에 잘 드러나 있다.

부르주아적 질병의 세계, 즉 '지식인적인' 전문적이고 상업화한 문화를 제거하라. 죽은 예술, 모방, 인공예술, 추상예술, 환상주의 예술, 수학예술의 세계를 제거하라! / 예술에서 혁명적인 흐름과 조류를 촉진하라. 살아 있는 예술, 반-예술을 촉진하라. 비평가, 딜레탕트를, 전문가들에게만이

---

2 니체가 현대예술에 끼친 영향에 관해서는 김정현, 〈니체와 현대예술의 탄생〉,《니체연구》11집 (한국니체학회, 2007), 87~119쪽 참조. 탈근대적 상황에서 니체의 삶의 예술이 주는 긍정적인 의미에 관해서는 이상엽, 〈니체의 삶의 예술철학—탈근대 시대의 새로운 윤리학 시도〉,《니체연구》 17집(한국니체학회, 2010), 87~113쪽 참조.
3 플럭서스 운동의 대표자로는 조지 마키우나스George Maciunas, 백남준, 존 케이지John Cage 등이 있다. R. Barce, "Offene Musik-Vom Klang zum Ritus", in: Jürgen Becker u.a., *Happenings, Fluxus, Pop Art, Nouveau Realisme*, Reinbek bei Hamburg, 1965, p. 143 참조. 플럭서스 운동의 계보와 분파에 관해서는 http://www.fluxus.org 참조.

아니라 모든 사람에게 이해될 수 있는 비예술실재NON ART REALITY를 촉진하라./문화적·사회적·정치적 혁명가들의 핵심집단을 통일된 전선 과 행동으로 융합하라.[4]

또 선언문을 쓰고 2년 뒤 마키우나스가 발표한 〈예술 및 플럭서스 예술오락에 관한 선언문〉도 플럭서스 운동의 핵심 가치를 보여준다.

사회에서 예술가의 비전문적 지위를 확립하기 위해서 그는 …… 어느 것 이든 예술일 수 있고 누구든지 그것을 할 수 있음을 입증해야 한다. …… 그것[플럭서스 예술오락]은 스파이크 존스의 보드빌[노래], 농담, 어린 아이들의 놀이, 그리고 뒤샹의 융합이다.[5]

켄 프리드먼은 플럭서스 예술의 특성을 세계주의, 예술과 삶의 통 일, 인터미디어, 실험주의, 우연, 놀이성, 단순성, 함축성, 견본주의, 특유 성, 시간 속의 현전, 음악성 등의 열두 가지 범주로 설명한다.[6]
이상의 고찰을 바탕으로 우리는 플럭서스의 특징을 크게 세 가지로 요약해서 설명할 수 있다. 이 세 가지 특징을 통해 플럭서스가 니체의 사유와 얼마나 가까운지 확인할 수 있을 것이다.
첫째, 플럭서스는 실험주의와 우상파괴주의Experimentalism&Iconoclasm

4 마키우나스, 〈예술 및 플럭서스 예술오락에 관한 선언문〉, 《플럭서스 예술혁명》, 조정환 외 옮 김(갈무리, 2011), 21쪽에서 재인용.
5 마키우나스, 〈예술 및 플럭서스 예술오락에 관한 선언문〉, 위의 책, 24~25쪽에서 재인용.
6 마키우나스, 위의 책, 26쪽 참조.

를 추구한다. 플럭서스는 20세기 초에 일어났던 다양한 반예술운동을 계승한다. 플럭서스는 전통적인 예술의 장르 구분, 예술가와 관객의 경계, 예술작품의 영구성에 대한 정의를 철저히 거부한다. 그렇지만 플럭서스는 전통에 대한 저항에만 머무르지 않고, '파괴를 통한 창조'를 위해 다양한 실험을 감행한다. 플럭서스는 해프닝·퍼포먼스·이벤트·액션 등을 예술의 영역으로 받아들였으며, 음악과 문학, 무대예술, 그리고 비디오아트에 이르기까지 다양한 예술매체를 상호 화음과 불협화음으로 뒤섞는다. 그들은 이러한 실험을 통해 우연히 얻어질 수 있는 미적 체험을 중시한다. 이렇게 그들은 예술의 경계를 지워간다.

둘째, 플럭서스는 삶/예술의 이분법을 해소The Resolution of Art/Life Dichotomy한다. 플럭서스는 삶과 분리되어 전시관이나 공연장에서만 존재하는 예술을 거부한다. 그들에 따르면 정지된 오브제를 지향하는 미술이나 악보만 따라 하는 음악은 삶에 담긴 역동적인 예술적 충동을 가두며, 예술에서 삶을 소외시킨다고 지적한다. 오브제화한 예술품은 작가를 떠나 상품가치를 가진 대상으로 전락하여 매매되고 소유된다. 이러한 예술품은 작가에게도 감상자에게도 낯선 대상이다.

플럭서스는 삶에서 소외되는 예술활동 일체를 부정한다. 즉 그들은 오브제화한 예술품을 지향하는 피상적이고 협의의 예술 개념을 거부함으로써 삶과 예술을 화해시킨다. '모든 것이 예술이고, 모든 사람이 예술가이다'라는 플럭서스의 강령은 삶과 예술의 새로운 관계를 보여준다. 삶과 예술의 통일은 플럭서스가 추구한 궁극 목표이자 예술적 과제의 핵심이다. 그들은 예술을 대상 의존적이거나 대상 생산적인 것이 아니라 관계와 네트워크 중심으로 이해함으로써 작가와 관객의 경계를 지운다. 따라서 모든 사람이 예술가가 될 수 있고, 모든 것이 예술이 될 수 있는 것이다.

셋째, 플럭서스는 놀이Spiel, Play를 예술행위의 본질로 생각한다. 놀이는 정해진 목적이 없을 때, 결과를 예단하지 않을 때, 즉 우연을 철저히 긍정할 때 비로소 가능하다. 플럭서스는 오브제화한 대상으로서 예술작품을 생산하는 것보다는 예술활동의 과정 자체를 더욱 중요하게 생각한다. 플럭서스는 예술을 더 이상 오브제 재현이나 오브제 구성의 활동으로 보지 않고 실험과 창조의 놀이로 파악한다. 플럭서스가 추구하는 장르를 가로지르는 실험, 그리고 퍼포먼스가 보여주는 순간에 대한 절대적 가치 부여 등은 모두 놀이의 정신에서만 가능한 일이다.

예술생리학과 보이스의 확장된 예술

플럭서스 운동은 기본적으로 니체의 예술생리학 정신을 수용하고 발전시킨다. 니체의 예술생리학 정신을 더욱 충실히 수용하고 발전시킨 대표적인 플럭서스 운동가는 요제프 보이스Joseph Beuys이다. 니체와 예술 장르의 관계는 보이스가 바이마르의 니체 문서보관소에 남긴 존경심으로 가득 찬 방명록에서, 그리고 니체를 주제로 한 여러 작품에서 확인할 수 있다.[7] 보이스는 자신의 과제를 이렇게 설정한다. "어떻게 …… 이 지상에 모든 살아 있는 사람들은 …… 예술가가 …… 될 수 있는가?"[8] 이에 대한 보이스의 답은 '확장된 예술 개념Erweiterter Kunstbeg-

---

7   정낙림, 〈니체와 현대미술〉, 《니체연구》 10집(한국니체학회, 2006), 105~142쪽 참조.
8   V. Haralan u.a., *Sozial Plastik-Materialen zu Joseph Beuys*, Achberg, 1984, p. 58.

riff'[9]이다.

　보이스는 다른 플럭서스 운동가처럼 예술 개념을 인간의 창조적인 활동 자체에서 규정하고자 한다. 모든 사람이 예술가가 될 수 있는 것은 모든 인간이 창조하는 힘을 지니고 있기 때문이다. 인간의 창조행위가 무엇이든 자신을 조형하는 활동을 하는 한, 심지어 노동자가 생산하는 활동마저도 전통적인 의미에서 예술가가 작품을 창조하는 행위와 질적으로 다르지 않다. "나는 다음의 사실이 원리상 동일하다고 본다: 하나의 생산물이 화가 또는 조각가에 기원하건 또는 물리학자에 기원하건 동일한 것이다."[10]

　그래서 보이스는 자신의 예술적 작업을 해프닝이나 이벤트 또는 퍼포먼스보다는 행위Aktion로 불리기를 원했다. 심지어 그는 사회활동과 정치행위마저도 예술행위의 일종으로 보았다. 그러한 행위는 사회를 조형하는 행위이기 때문에, 조각가가 물질적인 재료에 조각하는 행위와 다르지 않다. 사회의 구성원인 개개인은 모두 자신의 방식으로 사회를 조각한다. 이러한 예술활동이 바로 '확장된 예술'이고 '사회적 조각Soziale Pastik'이다. "우리는 우리가 살고 있는 세계를 어떻게 만들고 창작하는가: 조각은 모든 사람이 예술가가 되는 혁명적 과정이다. 그 때문에 내가 조각하는 행위는 확정되거나 완성되지 않는다. 이 과정은 계속된다: 화학적 반응, 발효과정, 색채 변화, 부패, 말라비틀어짐. 이 모든 것은 유전한다."[11] 보이스에게 조각은 사유, 말 등 삶의 모든 과정을 지

9　C. Weber, *Vom 'Erweiterten Kunstbegriff' zum 'Erweiterten Pädagogikbegriff'. Versuch einer Standortbestimmung von Joseph Beuys*, Frankfurt am Main, 1991, p. 19 참조.

10　Haralan, a.a.O., p. 102.

칭한다.

보이스의 확장된 예술에 대한 발언들은 니체의 말을 떠올리게 한다. 1880년대 초 니체는 미래의 예술을 이렇게 예언한다. "은둔자 같은 예술가와 자신의 작품을 전시하는 예술가는 사라지게 될 것이다."[12] 1897년 사유의 완성기에 니체는 자신의 사유를 더욱 극단적으로 표현한다. "예술가 없는 예술작품 …… 스스로 분만하는 예술작품으로서의 세계."[13] "세계 자체가 예술 이외 아무것도 아니다."[14] 니체의 이러한 사유에 대한 보이스의 응답은 이렇다. "예술은 삶"이고 "삶은 예술"이다.[15]

보이스는 '확장된 예술'과 '사회조각'을 현실에서 구체적으로 보여준다. 그 대표적인 경우가 독일의 중부도시 카셀에서 개최되는 도큐멘타documenta전에서 그가 보여준 일련의 행위이다. 1971년 '자유대학을 위한 위원회Komitte für eine Freie Hochschule', 1972년 '직접민주주의를 위한 조직체Organisation für Direkte Demokratie', 1977년 '창조성과 학제간의 연구를 위한 자유 국제대학 협회Freie internationale Hochschule für Kreativität und interdisziplinäre Forschung e.V'의 창설, 그리고 1982년의 '식목운동'은 대표적인 사례이다. 보이스는 자신의 이 모든 행위를 예술행위로 본다.

보이스가 '확장된 예술 개념'과 '사회조각'을 통해 보여주고자 하는 것은 궁극적으로 가치의 전도이다. 보이스는 예술이 삶과의 본래 관계

11 J. Beuyes, in : *Tisdall*, p. 7.
12 N; KSA9, 25(1[81]).
13 N; KSA12, 119(2[114]).
14 Ebd., 121(2[119]).
15 J. Stüttgen, "Fluxus und der 'Erweiterte Kunstbegriff'", in: *Kunstmagazin, August Heft*. Wiesbaden, 1980, p. 53.

를 회복함으로써 이성 권력에 의해 증발된 인간의 창조적 능력을 인간이 스스로 되찾게 되기를 기대한다. 나아가 보이스는 예술의 치유력을 확신하고 자신이 하는 행위들을 문명의 건강을 위해 펼치는 샤먼의 의식으로 규정한다.[16] 예술의 자기치유 가능성은 바로 니체 예술생리학의 핵심 주장이다. "예술은 삶의 위대한 자극제이다."[17] 예술행위는 온갖 절망스럽고 부정적인 삶에도 좌절하지 않고 자신을 조형하는 것이다. 자신을 조형한다는 것은 자기를 긍정하고, 동시에 자기를 극복하고자 하는 것이다. 따라서 니체는 예술을 니힐리즘에 대항하는 치료제로 이해한다. 예술이 지닌 치유의 힘을 보이스와 니체는 확신한다.

2. 탄츠테아터[18]

독일 표현주의 무용과 예술생리학

니체의 예술생리학은 예술을 자기조형Sichsaffen의 활동에 관련된 일체의 것으로 확대함으로써 예술가와 예술작품 중심의 전통 예술관을 해체한다. 이러한 예술관의 귀결은 모든 인간이 기본적으로 예술적 존

---

16   W. Bojescul, *Zum Kunstbegriff des Joseph Beuys*, Essen 1985, p. 140~142 참조. 보이스가 샤머니즘을 높이 평가하게 된 계기는, 2차 세계대전 때 공군 조종사로 크림 반도 전투에 참가했다가 전투기가 격추되어 의식불명에 빠진 상태에서 타타르 샤먼 덕분에 건강을 되찾은 실존적 체험에 기원한다. 그 경험은 이후 보이스의 창작에 결정적인 영향을 준다. 이에 관해서는 H. Stachelhaus, *Joseph Beuys*, translated by David Britt, New York, 1991, p. 21 참조.

17   GD: KSA6, 127.

18   이 절은 정낙림, 〈니체와 현대무용―피나 바우쉬의 탄츠테아터를 중심으로〉,《니체연구》27집(한국니체학회, 2015), 144~159쪽에 근거한다.

재라는 것이다. 니체는 예술에 관한 자신의 생각을 전통적인 의미의 예술에 대비하여 '미래예술die Kunst der Zukunft'이라고 칭한다. 그는 미래예술에서 "은둔자 같은 예술가와 자신의 작품을 전시하는 예술가는 사라지게 될 것이다"[19]라고 단언한다. 더 나아가 세계 자체를 "스스로 잉태하는 예술작품"[20]으로 간주함으로써 예술과 삶, 그리고 세계의 밀착관계를 제시한다.

니체의 이러한 예술생리학은 근본적으로 예술 생산자/소비자(수용자), 예술 생산자/생산품 간의 분리에 기초한 근대예술 또는 미학에 대항하는 반反운동의 성격을 띤다. 니체의 예술생리학이 '다다'를 비롯해 20세기 초부터 예술계에 불어닥친 반反근대·반反부르주아지를 기치로 내세운 '아방가르드' 운동의 이론적 토양이 된 것은 우연이 아니다.

현대무용에서도 니체의 영향은 지대하다.[21] 춤은 니체 철학에서 각별한 의미가 있다. 춤은 몸의 도취를 가장 잘 표현할 수 있는 매체이고 예술의 존재론적 의미를 가장 잘 대변하는 예술이다. 《비극의 탄생》에서 니체는 "[디오니소스 축제에서] 인간은 노래하고 춤추면서 …… 스스로를 신으로 느끼며, 마치 꿈속에서 신들이 소요하는 것을 본 것처럼 그 자신도 황홀해지고 고양되어 돌아다닌다"고 말한다.[22] 춤에 대한 니

---

19 N; KSA9, 25(1[81]).
20 N; KSA12, 119(2[114]).
21 이에 관해서는 K.L. Lamothe, *Nitzsche's Dancers-Isadora Duncan, Martha Graham, And The Revaluation of Christian Values*, N.Y.: Palgrave Macmillan, 2006; K. Hay, "Dass der Mensch zum Kusntwerk wird. Nietzsches Einfluss auf den modernen Tanz: von Isadora Duncan zu Pina Bausch", in: *Einige werden postum geboren*, hrsg. v. Reschke, R. und Brusotti, M. Berlin u.a., 2012, pp. 303~310 참조.
22 GT; KSA1, 30.

체의 각별한 가치 부여는 그의 철학의 정점을 보여주는 《차라투스트라는 이렇게 말했다》에도 잘 드러난다. 니체는 그 책에서 춤에 관한 내용을 두 개 장章을 할애하여 기술하고 있다. 즉 《차라투스트라는 이렇게 말했다》 2부 〈춤에 부친 노래Das Tanzlied〉와 3부 〈춤에 부친 또 다른 노래 Das andere Tanzlied〉가 그것이다. 그뿐만 아니라 책 곳곳에 춤과 관련한 언급이 보인다. 1부 〈읽기와 쓰기에 관하여Vom Lesen und Schreiben〉에서 니체는 춤에 대해 이렇게 말한다. "이제 나는 가볍다. 나는 날고 있으며 나 자신을 내려다보고 있다. 이제야 한 신이 나를 통해 춤을 추고 있다." 그리고 "나는 춤을 출 줄 아는 신만을 믿을 것이다."[23] 여기서 니체가 말하는 춤추는 신은 디오니소스이다.

춤이 삶에 얼마나 깊이 뿌리내리고 있고 중요한지는 다음과 같은 니체의 언급이 잘 말해준다. "오 생명이여, …… 너는 춤을 추지 못해 안달을 하고 있는 나의 발에 눈길을 주었지." 왜냐하면 춤은 생명의 소리를 발가락으로 듣기 때문이다. "춤추는 자는 그의 귀를 발가락에 달고 있는 법이니!"[24] "나는 춤을 추며 너[생명]를 뒤쫓고 있으며, 아주 희미한 발자국이라도 남아 있으면 뒤쫓는다. 어디 있는가? 내게 손을 달라! 아니면 손가락 하나만이라도!"[25] 춤이 뒤쫓는 생명은 그 어떤 지혜보다 소중한 것이다. "그때 내게는 그 생명이 나의 온갖 지혜보다도 더 사랑스러웠다."[26]

---

23 Za; KSA4, 49f. "나는 악마 앞에 신(춤추는 신)을 대변하는 자다. 중력의 악령이 바로 그 악마다"(Za; KSA4, 139). "발걸음도 경쾌한 자들이여, 내 어찌 신성한 춤에 적의를 품을 수 있겠는가? 내 어찌 예쁜 복사뼈를 가진 소녀들의 발에 적의를 품을 수 있겠는가?"(Ebd.).
24 Za; KSA4, 282.
25 Za; KSA4, 283.

무엇보다도 몸과 춤의 가치에 대한 니체의 가르침은 20세기 무용의 가장 중요한 지침이 된다. 19세기 말까지 무용은 주로 발레를 가리키는 것으로 받아들여졌다. 발레는 여성의 신체적인 아름다움과 기교를 춤의 중심에 두었다. 동시에 발레에서는 음악이 필수적이어서 발레가 과연 독립적인 예술 장르인지 회의적이었다. 발레는 코르셋과 토슈즈로 여성의 신체적인 매력을 두드러지게 하고 우아한 동작으로 성적 매력을 고취함으로써 부르주아지의 욕구를 충족하는 기호물로 간주될 때가 많았다.

발레에 반기를 든 최초의 무용가는 이사도라 덩컨Isadora Duncan이다. 덩컨은 코르셋과 토슈즈에서 몸을 해방시키고, 무용을 음악에서 독립시켰다. 그녀는 때로는 맨발에 그리스풍의 튜닉을 걸치고, 때로는 나체 상태로, 그리스 신전이든 바닷가든 장소에 구애받지 않고 춤을 추었다. 그녀가 무용을 통해 이루고자 한 것은 춤의 본래 의미를 회복하는 것이다. 그녀에게 춤은 발레처럼 몸의 윤곽이 강조된 단체복을 입고 판에 박은 듯 미리 짜여진 동작을 하는 것이 아니라 파도의 일렁임과 바람의 움직임처럼 자연스럽게 몸을 움직이는 것이다. 덩컨은 이것을 구체화하기 위해 걷기, 달리기, 건너뛰기, 수직으로 뛰기 등 발레에서 생각할 수 없는 일상의 동작을 춤의 요소로 받아들였다. 덩컨의 이러한 혁명적 시도는 신체의 힘에서 비롯된 단순미를 춤에서 중요한 기준으로 제시하고, 그리하여 춤과 일상적인 동작 사이의 간극을 없애버렸다. 덩컨은 본

---

26 Za; KSA4, 285. 니체의 춤이 지닌 매체로서의 의미에 관해서는 이왕주, 〈매체, 니체, 춤〉,《철학연구》106집(대한철학회, 2008), 211~233쪽 참조.

능에 충실한 춤을 목표로 했으며, 그것을 구현하기 위해 춤추는 사람의 자유와 즉흥성을 강조했다.

덩컨은 자신이 추구하는 무용이 그리스의 디오니소스 제전에서 펼쳐진 춤이었음을 숨기지 않는다. 더불어 자신의 춤이 니체의 철학에서 영감을 받고 있음을 고백한다. 덩컨은 자신을 춤추게 한 것은 "바람과 파도, 새와 벌의 날갯짓"이며, 최고의 스승은 "루소, 휘트먼, 니체"[27]라고 실토한다. 무용은 "동작을 통해서 인간의 영혼을 표현하는 예술일 뿐만 아니라 더욱 자유로운 삶, 더욱 조화롭고 더욱 자연스러운 삶의 완전한 개념"[28]이다. 또 "무용은 대지의 움직임과 조화를 이룬 인간 육체의 움직임이다. 대지의 움직임과 조화되지 않으면 그 무용은 그릇된 것이다"[29] 같은 덩컨의 말에서 니체 예술생리학의 이념을 쉽게 찾을 수 있다.

덩컨이 무용계에 던진 충격은 대단한 것이었다. 덩컨 이후 무용의 주도권은 발레에서 덩컨식의 신무용으로 넘어가게 된다. 덩컨의 문제의식을 더욱 심화하는 시도들이 다양하게 펼쳐졌는데, 대표적인 것이 독일 표현주의 무용이다. 독일 표현주의는 마리 비그만Marie Wiegmann과 쿠르트 요스Kurt Jooss에 의해 꽃을 피웠다. 이들의 표현주의의 뿌리에는 신체의 움직임을 분석하고 체계화한 그들의 스승 폰 라반Rudolf von Laban의 노력이 있었다.

---

27 월터 소렐, 《서양무용사상사》, 신길수 옮김(예전사, 1999), 325쪽. "자연을 보라, 자연을 연구하라, 자연을 이해하라, 다음에는 자연을 표현해보라"(I. 덩컨, 《이사도라 덩컨의 무용에세이》, 최혁순 옮김[범우사, 1998], 143쪽).
28 덩컨, 위의 책, 105쪽. 이사도라 덩컨의 생애와 무용에 관해서는 이사도라 덩컨, 《이사도라 덩컨—나의 예술과 사랑》, 구서희 옮김(민음사, 1986) 참조.
29 덩컨, 《이사도라 덩컨의 무용에세이》, 143쪽.

폰 라반은 '무용학의 아버지'라고 불릴 정도로 현대무용에 지대한 영향을 끼쳤다. 그는 인간의 모든 움직임을 분석하고 체계화했다. 그 결과가 이른바 〈라바노테이션Labanotation〉, 즉 신체 움직임 표기법이다. 그는 먼저 자신의 연구결과를 바탕으로 무용을 위한 훈련체계에 적용한다.[30] 폰 라반과 니체의 관계는 그가 청기사운동과 다다이즘, 그리고 초현실주의 등 니체의 직접적인 영향을 받은 예술가와 교류가 많았다는 점을 통해 간접적으로 유추해볼 수 있다. 또한 그의 '움직임의 합창Bewegungschöre'이라는 무용 개념에서도 니체와의 관계를 찾을 수 있다. 움직임의 합창은 우주의 춤에 인간이 참여한다는 의미인데, 그 핵심은 일체를 무용으로 표현할 수 있다는 것이다. 이것은 춤이 사물에 대한 최상의 비유이고, 춤을 통해서 비로소 인간은 세계의 심연으로 내려갈 수 있다는 니체의 사유와 일치한다.

라반의 제자 마리 비그만은 독일 표현주의 무용의 창시자이다. 그녀는 스승의 신체 움직임에 관한 철저한 연구를 비판적으로 수용한다. 비그만은 움직임을 중심으로 하는 라반의 무용에 동의하지만, 스승의 차가운 움직임 분석과 그것을 기초로 엄격히 짜여진 무용에는 회의적이다. 그녀가 보기에 무용 동작에는 내면의 깊은 자기표현이 실려야 한다. 비그만의 무용은 전적으로 움직임 중심으로 전개되며, 음악 등 무용에서 비본질적인 요소는 철저히 배제된다. 그녀의 무용이 음악 없이 정적 속에서 공연된 경우가 많은 것은 철저히 의도된 것이다. 관객들은 움

---

30 폰 라반은 무용교육을 위한 저서도 집필했는데, 그것이 《현대의 무용교육》이다. 루돌프 라반, 《현대의 무용교육》, 김주자 옮김(현대미학사, 1999) 참조. 라바노테이션에 관해서는 신상미·김재리, 《몸과 움직임 읽기―라반 움직임 분석의 이론과 실제》(이화여자대학교 출판부, 2010) 참조.

직임의 표현만을 보고 안무가의 의도를 유추할 수밖에 없다. 비그만은 "무용의 예술성은 내면적으로 넘치는 움직임에 근거한 것으로, 이미 만들어진 음악의 리듬에만 맞추면 그 순수성이 파괴된다"[31]고 단정적으로 말한다.

　비그만이 무음악의 무용을 고집한 이유는 음악에서 해방됨으로써 춤추는 사람이 자신의 몸과 몸의 리듬에 집중할 수 있기 때문이다. 그렇게 함으로써 춤추는 사람은 자신의 의도를 포장하거나 왜곡하지 않고 관객에게 전달할 수 있는 것이다. 비그만의 무용은 대체로 어둡고 우울하며 무용수가 혐오스럽게 몸을 뒤트는 등 관객에게 불쾌감을 주는 경우가 많다. 이처럼 낯설고 불편한 그녀의 무용은 인간의 심층적 내면과 문명의 이면에 있는 야만적이고 원시적인 힘을 여과 없이 전달한다.

　〈마녀의 춤〉(1914)은 여기에 해당하는 가장 적절한 예일 것이다. 어두컴컴한 소녕 아래 머리부터 발끝까지 덮은 어두운 색의 옷을 걸치고 무시무시한 가면을 쓴 무용수가 악마에 홀린 듯 황홀경의 상태에서 온몸을 비튼다. 여기에 북과 심벌즈의 두드림이 덧붙어 무대는 고대 원시 부족의 제의를 연상시킨다. 비그만은 이러한 무용을 통해 몸과 본능의 정직함을 기술하고자 했으며, 아무리 추하고 낯선 것이더라도 그것이 우리의 삶을 구성하는 한 부분이라면 조건 없이 긍정해야 한다는 디오니소스적 지혜를 전하고자 한다. 뷔그만의 무용은 결과적으로 내용과 형식에서 무용의 확장을 가져왔다.[32]

---

31 김말복,《무용의 이해》(예전사, 1999), 206쪽.
32 문애령 편저,《서양무용사》(눈빛, 2000), 122쪽 참조.

독일 표현주의 무용에서 우리가 기억해야 할 또 한 사람의 안무가는 쿠르트 요스이다. 그는 실험 발레를 통해 무용의 새로운 지평을 열었을 뿐만 아니라 에센의 폴크방 예술학교Folkwang-Schule를 설립하여 피나 바우슈, 수잔네 링케 같은 현대무용의 대가들을 길러낸 교육자이기도 하다. 그의 실험 발레는 현대무용의 최전선을 보여주는 탄츠테아터의 뿌리가 된다. 그의 동료인 비그만이 움직임에 집중하여 무용을 구성했다면, 요스는 생생하고 극적인 표현방식을 통해 관객에게 무용의 주제를 분명하게 전달했다. 이러한 사실은 그의 대표작 〈녹색 테이블Der Grüne Tisch〉(1932)[33]이 잘 보여준다.

〈녹색 테이블〉은 발레 형식을 취하지만 전통적인 의미에서 발레는 아니다. 우선 춤을 추는 무용수는 발레에서처럼 미소년, 미소녀가 아니라 우아함과는 거리가 먼 뚱뚱하고 추한 성인 남녀들이다. 또 형식적인 면에서도 전통적인 발레와 거리가 멀다. 하나의 줄거리를 따라 주인공이 춤을 이끄는 발레와 달리 〈녹색 테이블〉은 8개의 독립된 장으로 구성된 무용이다. 내용은 14~15세기 유럽의 평민들이 심야의 교회 공동묘지에서 추었다는 '죽음의 춤'을 차용한 것이다. 죽음의 춤은 귀신을 쫓고 죽은 자를 보호한다는 의도에서 시작했지만, 죽음은 사회적 지위나 계급에 관계없이 모든 인간에게 평등하다는 단순한 진리를 환기함으로써 사회를 풍자하고 비판하는 성격이 강하다.

요스는 '죽음의 춤'을 1차 세계대전으로 황폐해진 유럽과 또다시 엄습한 전쟁의 분위기가 맴돌던 1930년대 초반으로 옮겨놓는다. 무용의

---

33 〈녹색 테이블〉에 관해서는 위의 책, 149~153쪽 참조.

소재는 전쟁과 죽음이다. 무대는 전쟁에 관한 외교 협상장의 녹색 테이블을 중심으로 펼쳐진다. 협상장의 주역들은 모두 마스크를 쓰고 있다. 관객들은 외교관의 지루하고 무익한 말싸움과 전쟁의 비참한 장면을 목격한다. '죽음의 춤'에서처럼 죽음은 군인, 아이, 시민, 심지어 협상의 주역인 외교관에게도 예외가 없다. 이 작품은 분명 반전反戰을 주제로 한다.

우리가 〈녹색 테이블〉에서 주목해야 할 것은 몽타주 기법이다. 예이젠시테인의 영화 촬영기법으로 잘 알려진 몽타주는 개개의 장면을 서로 병치하여 이미지들을 누적함으로써 모종의 극적 효과를 창출한다. 요스의 〈녹색 테이블〉에서는 춤이 하나의 주어진 서사에 따라 주인공을 중심으로 진행되는 것이 아니라 서로 독립적인 장면들에서 발생한 이미지들이 서로 포개진다. 시공간적 연속성이나 논리적 정합성이 결여된 독립적인 장면들은 축적되어 반전反戰이라는 메시지를 더욱 강렬하게 부각한다. 또한 〈녹색 테이블〉은 철저히 현실을 기초로 한다. 무용수들은 우리가 일상에서 만날 법한 사람들이고, 그들의 무용은 바로 우리가 일상에서 부딪치는 문제들과 씨름한다. 서사 중심의 전개가 아니라 장면과 이미지로써 관객에게 다가가는 안무기법은 피나 바우슈의 탄츠테아터에서도 공통적으로 발견되는 미학적 구성 요소이다.[34]

---

34 요스의 무용에서 몽타주 기법에 관해서는 김효, 〈댄스시어터는 춤과 연극의 혼종이 아니다〉, 《연극평론》복간 8호(한국연극평론가협회, 2003), 54쪽 참조.

탄츠테아터와 낯설게 하기|Verfremdung

독일의 무용가 피나 바우슈Pina Bausch의 부퍼탈 '탄츠테아터Tanztheater'
는 현대무용의 최선두에 있다. 탄츠테아터는 폰 라반에서 촉발한 독일
표현주의 무용을 자양분으로 삼아 새로운 예술양식을 만들어냈다. 탄
츠테아터는 분명 형식에서 새롭다. 명칭 때문에 사람들은 탄츠테아터
를 무용과 연극의 조합쯤으로 생각하기 쉽지만, 탄츠테아터의 공연을
본 사람들은 그러한 추측이 억측임을 확인할 수 있을 것이다.

피나 바우슈는 탄츠테아터를 통해 극단적인 모험을 감행한다. 탄츠
테아터 공연은 형식과 내용에서 관객의 예측을 모두 빗나가게 한다. 도
대체 이것이 춤인가에 대한 논란이 뒤따르는 탄츠테아터의 공연은 춤
과 예술, 그리고 삶에 대한 우리의 통념을 뒤집고, 역설적으로 그것에
대한 올바른 정립이 어떠해야 하는지 되묻는다.

피나 바우슈의 탄츠테아터는 우리에게 낯설다. 무엇보다도 '탄츠
테아터'라는 용어부터가 낯설다. 탄츠테아터에 탄츠Tanz와 테아터Theater
의 조합 이상의 의미가 담겼다면 도대체 그것은 무엇인가? 우리는 피나
바우슈의 부퍼탈 탄츠테아터가 탄츠테아터의 근원지라고 알고 있지만,
사실 탄츠테아터의 운동은 1920년대 쿠르트 요스의 실험 발레로 소급
되며, 무용단의 고유한 명칭으로 '탄츠테아터'를 최초로 쓴 사람도 피나
바우슈가 아니다. 또한 부퍼탈 외에 브레멘·함부르크·베를린·보훔 등
독일의 수많은 도시뿐만 아니라 세계의 주요 도시에도 '탄츠테아터'가
있다.[35]

---

35 '탄츠테아터'라는 명칭은 무용단을 가리키는 것으로, 이 말을 최초로 쓴 사람은 게르하르트

피나 바우슈의 탄츠테아터에는 춤과 연극의 요소가 남아 있지만, 그것은 통상적인 의미의 춤과 연극이 아니다. 비록 초기에 그녀가 베르톨트 브레히트Bertolt Brecht의 '개방연극이론'과 앙토냉 아르토Antonin Artaud의 '잔혹연극'에서 영향을 받은 것[36]은 사실이지만 그들의 영향은 곧바로 흐릿해졌다. 탄츠테아터는 〈카페 뮐러〉(1978)를 기점으로 피나 바우슈에 의한 독자적이고 고유한 예술영역을 구축해나갔다. 그녀 스스로도 부퍼탈 탄츠테아터가 어떤 사람 또는 어떤 사조의 영향의 산물이라는 것을 강하게 거부한다.[37]

우리가 피나 바우슈의 탄츠테아터에서 느끼는 또 다른 낯섦은 춤을 추는 무용수에게서 비롯된다. 우선 무용수들의 복장부터가 낯설다. 무용수들은 발레복이나 타이즈 같은 무용복을 입는 대신 사무실로 출근하는 샐러리맨의 정장 차림 또는 노동자가 입는 노동복 또는 잠옷 같은 일상복 차림을 한다. 게다가 무용수들은 남성의 경우 정장 구두, 여성의 경우는 하이힐을 신고 춤을 추거나 아니면 주로 맨발로 춤을 춘다. 그리

보너Gerhard Bohner이다. 탄츠테아터의 발생사와 현황에 관해서는 수잔네 슐리허, 《탄츠테아터》, 박균 옮김(범우사, 2006) ; 요헨 슈미트, 《피나 바우슈》, 이준서·임미오 옮김(을유문화사, 2005), 29~56쪽 참조.

36 피나 바우슈는 브레히트의 〈소시민 칠거지악〉(1976)을 무대에 올렸지만 자신의 방식으로 해체하고 재구성해낸다. 브레히트와 아르토의 영향에 관해서는 슐리허, 《탄츠테아터》, 28쪽 참조. 또한 이은희, 〈포스트 브레히트적 공연양식으로서 탄츠테아터—서사적 양식과 피나 바우쉬〉, 《브레히트와 현대연극》 28권(한국브레히트학회, 2013), 41~73쪽 참조. 이 논문에서 저자는 바우슈의 탄츠테아터를 '브레히트 없는 브레히트 수용'으로 해석한다.

37 아마 다음의 평가가 부퍼탈 탄츠테아터에 대한 정당한 평가일 것이다. "탄츠테아터는 춤을 깨부수고 해체한다기보다는 오히려 춤의 본질이 무엇인가를 묻고, 춤의 본질로부터 출발하는 제대로 된 춤으로 되살리려는 운동인 만큼, 거기다 섣불리 춤과 연극의 혼종이라는 수사를 갖다 붙이는 것은 탄츠테아터의 본질을 왜곡하는 위험천만한 처사이다"(김효, 〈댄스시어터는 춤과 연극의 혼종이 아니다〉, 57쪽).

고 그들의 춤이라는 것은 주로 걷고, 가로질러 달리고, 포옹하는 것 등 일상의 동작과 거의 대동소이하다.

더욱 놀라운 점은 탄츠테아터에서는 주역과 단역이 누구인지 알 수 없다는 것이다. 더 정확히 말하면 탄츠테아터에는 주인공이 존재하지 않는다. 이것은 주인공의 이야기를 실마리로 공연을 이해하려는 관객들에게는 아주 불편한 일이다. 더욱이 무대의 중심이 어디인지 모를 정도로 여러 무용수들이 각각의 분할된 공간에서 자신도 이해할 수 없다는 듯 동작과 말을 반복한다. 탄츠테아터에서 무용수들은 서로 분리된 채 각자 자신의 이야기를 춤으로 구현하는 것처럼 보일 때가 많다. 관객은 시선을 어디에 두어야 할지 머리가 어지러울 지경이다. 피나 바우슈의 다음과 같은 말은 관객에 대한 결례처럼 들린다. "각자는 자기가 원하는 대로" …… "내가 하는 일은 보는 것입니다. 나는 사람들을 지켜보는 것밖에는 결코 하지를 않죠."[38]

탄츠테아터의 무대와 음악 등의 장치 또한 낯설다. 전통적인 무용에서 무대와 음악은 무용 진행의 배경이 되거나 줄거리를 암시하는 구실을 한다. 그러나 탄츠테아터에서 이것을 기대하는 것은 헛된 일이다. 탄츠테아터의 무대는 우선 일상의 공간을 그대로 옮겨놓은 경우가 많다. 요절하기 전까지 무대감독을 맡은 롤프 보르지크는 〈봄의 제전〉

---

38 문애령 편저, 《서양무용사》, 173쪽. 여기에 해당하는 대표적인 작품이 〈카페 뮐러〉이다. 무대 앞쪽에서는 여성 무용수가 남성 무용수를 안고 떨어뜨리기를 반복한다. 무대 뒤쪽의 한 여성 무용수(피나 바우슈 분)는 눈을 감고 팔을 앞으로 나란히 한 채 몽유병자처럼 무대 앞을 헤매고 다닌다. 무대 뒤쪽의 또 다른 여성 무용수는 자신의 내면세계에 침잠하여 세상과 단절된 채, 같은 자세와 제스처로 무대 위를 천천히 돌아다닌다. 이 상황에서 생뚱맞게 빨간 머리의 여자가 헐렁한 옷을 걸치고 하이힐을 신고서 총총걸음으로 바삐 회전문을 통해 무대 중앙을 누빈다.

(1975)을 위해 무대에 두꺼운 토탄土炭을 깔았고, 〈아리아〉에서는 무대 전체를 무릎 깊이까지 물로 가득 채웠다. 또 〈카페 뮐러〉에서는 무대를 의자로 채운다. 〈카네이션〉의 수만 송이 카네이션, 〈네페〉의 폭포 등도 이런 경우에 해당한다.

그런데 이러한 무대장치가 어떻게 무용과 관계되는지 관객으로서는 파악하기가 힘들다. 또한 탄츠테아터가 사용하는 음악은 관객들에게 무용의 전개에 대한 이해를 돕기보다는 듣기에 불편한 경우가 대부분이다. 예를 들어 〈푸른 수염〉(1977)에는 벨라 버르토크의 오페라 음악이 차용되는데, 음악은 무대의 탁자 위에 놓인 레코더 플레이어에서 흘러나온다. 음악은 한 소절이 흘러나오고, 중단되고, 다시 앞선 음악이 반복되고 중단된다. 이런 과정이 한동안 계속된다. 관객들에게 음악은 고통이 된다. 또 〈왈츠〉에서는 국가國歌가 울려 퍼지는데도 무용수는 무례하게 자신의 행위를 중단 없이 계속한다. 이렇게 탄츠테아터에서 음악과 무용수의 동작은 대부분 평행선을 달린다.

탄츠테아터에서 관객이 느끼는 가장 큰 낯섦은 피나 바우슈의 작품이 무엇을 말하는지, 즉 서사가 무엇인지 알 수 없다는 것이다. 〈봄의 제전〉이나 〈푸른 수염〉 등 초기의 작품은 예외로 하고, 대부분의 탄츠테아터 작품에서 전체의 서사뿐만 아니라 무용수의 앞의 행위와 뒤의 행위, 장면과 장면 사이에서 어떤 논리적인 관계를 찾는 것은 불가능에 가깝다. 이것이 요스를 비롯한 표현주의 무용과 명확히 구분되는 점이다. 탄츠테아터가 서사(플롯) 중심으로 이루어지지 않는다는 측면은 언어에 대한 피나 바우슈의 불신에 기초한다.

피나 바우슈에게 언어란 대상이나 사태의 의미를 온전히 전달하는 매체가 아니다. 이 점은 〈아리아〉에서 무용수들이 자신의 특정 신체 부위를 두고 돌림놀이하는 데서도 잘 드러난다. 첫 번째 무용수가 자신의 신체 부위를 묘사하면 다른 무용수가 이것을 변주해서 반복한다. 첫 번째 무용수가 "내 어깨는 뼈가 앙상해"라고 말하면 다음 무용수가 "내 눈은 뼈가 앙상해"라고 이어받고, 또 다른 무용수가 "내 코는 뼈가 앙상해" "내 발은 뼈가 앙상해" "내 이는 뼈가 앙상해"라는 방식으로 이어간다. 각각의 무용수들이 말하는 "뼈가 앙상해"는 동일한 의미가 아니다.

이러한 행위를 통해 피나 바우슈는 언어의 가장 중요한 기능인 지시적 의미를 약화하고, 신체의 물질성을 강조한다. 여기서 언어는 대상에 대한 동일성을 지니기보다는 분절되고, 의사소통으로서의 기능을 상실한다.[39] 피나 바우슈가 언어를 활용할 때는 주로 외침, 자연의 소리, 기계음 등을 차용하는데, 그 이유는 언어의 소통적 특성보다는 음성적·청각적 특성에 주목하기 때문이다.

피나 바우슈는 근본적으로 완벽한 의사소통의 가능성을 신뢰하지 않는다. 하나의 통일된 서사가 주어지고, 무용수들에게 그것에 따라 춤을 추도록 요구하고, 또 동일한 서사를 관객에게 강요하는 것은 폭력이다. 의미는 분절된 형태로 전해질 수밖에 없다. 그래서 피나 바우슈가 택한 방법이 독립된 이미지들을 덧붙이고 중첩시키는 콜라주와 몽타주 기법이다. 탄츠테아터에서 무용수들의 움직임, 외침, 음악, 그리고 무대는 각각 독립적인 모나드처럼 기능하며 그것들 사이의 위계 역시 존재

---

39 이은희, 〈포스트 브레히트적 공연양식으로서 탄츠테아터〉, 50쪽, 피나 바우슈에서 언어의 의미에 관해서는 C. Fernandes, *Pina Bausch and the Wuppertal Dance Theater — The Aesthetics of Repetition and Transformation*, New York: Peter Lang, 2002, p. 69 참조.

2장 반反예술운동과 생성의 놀이 379

하지 않는다. 피나 바우슈는 특정 장면·동작·음악을 반복해서 변주하는 몽타주 기법을 즐겨 사용한다.

춤은 주로 충격적인 장면을 중심으로 전개되며, 이 장면이 포개져 콜라주 되고 변주된다. 이러한 전개는 관객들에게 카오스적 동시성으로 다가간다. "피나 바우슈의 무대는 불연속성, 파편성, 불협화음 등 요컨대 온갖 '불순함'으로 가득 찬다."[40] 관객들은 파편적인 이미지들을 모자이크처럼 조합하여 나름의 의미를 찾는 퍼즐놀이를 하는 것 말고는 다른 방도가 없다. 피나 바우슈는 자신이 택한 방식의 중요성을 이렇게 말한다.

> 그것들이야 처음에는 그야말로 아무것도 아니에요. 그저 대답들에 불과하지요. 그저 문장들, 누군가가 보여주는 사소한 것들일 따름이지요. 모든 것이 처음에는 분리되어 있어요. 그러고는 언젠가 내가 옳았다고 생각하는 그 무엇인가를 다른 것과 연결시키는 시점이 와요. 이것은 저것과, 그것은 다른 것과, 하나를 상이한 다른 것과 연결하지요. 그리고 나서 내가 맞아떨어지는 무엇인가를 발견했다면, 나는 이미 무엇인가 좀 더 큰 작은 것을 가진 것이지요. 그러면 나는 다시 완전히 다른 곳으로 갑니다. 그것은 아주 작게 시작해서 점점 더 커져요.[41]

---

40 김효, 〈댄스시어터는 춤과 연극의 혼종이 아니다〉, 55쪽. 피나 바우슈의 작품에서 파편화와 분절화는 무대·동작·음악·언어 등 모든 차원에서 일어난다. 그래서 그녀의 작품을 "파편들의 연극"이라 표현하는 연구자도 있다. 수잔네 슐리허, 《탄츠테아터》, 157쪽 참조.
41 요헨 슈미트, 《피나 바우슈》, 106쪽.

관람객이 탄츠테아터를 감상할 때 느끼는 또 하나의 당혹감은 작품이 제기하는 문제와 문제의 해결 불가능성에서 비롯된다. 탄츠테아터는 두려움, 그리움과 외로움, 좌절과 불안, 그리고 공포, 인간에 의한 인간의 지배와 착취, 어린 시절과 죽음, 기억과 망각 등 주로 우리가 피하고 싶은 인간 실존의 근본 정조를 주제로 삼는다. 이러한 주제를 다룰 때 피나 바우슈의 태도는 단호하다. 작품이 다루는 갈등은 변조되거나 조화롭게 만들어지지 않고 곧이곧대로 전달된다. "피나 바우슈는 변명을 하지 않으며, 자신의 관객들에게도 역시 변명을 허용하지 않는다."[42] 더욱이 그녀는 이러한 문제에 대한 답도 제시하지 않고, 오히려 답이 없는 잔혹한 현실을 그대로 드러낸다.

여기에 해당하는 대표적인 사례는 〈봄의 제전〉이다. 내용은 어느 원시부족이 봄을 맞아 신(자연)에게 부족의 여성 중 한 명을 제물로 바치는 과정을 그리고 있다. 여성 희생자를 간택하기 위해 빨간 천이 한 여성에게서 다른 여성으로 옮겨지고, 마지막으로 받은 사람이 희생자가 된다. 빨간 천은 희생의 상징이며 동시에 희생 집행자의 심리를 뜻하기도 한다. 빨간 천의 전달은 마법적인 매혹과 뒤섞인 두려움·절망감·전율감을 일깨우는 촉매제가 된다. 결국 빨간 천은 왜소한 한 여성에게서 멈추고, 그 천은 간택된 희생자의 붉은 옷으로 변한다. 이 여성은 격렬한 솟구침으로 죽음을 향해 춤을 춘다. 죽음과 사투를 벌이면서 이 여성 무용수의 몸에서 투명한 붉은 옷이 반쯤 미끄러져 한쪽 가슴을 드러낸다. 이것은 집단에 의해 죽음을 선고받은 한 여성의 운명에 대한 무능

---

42 같은 책, 23쪽.

함을 상징한다.[43] 이처럼 피나 바우슈는 잔인한 운명의 극단을 보여주기를 주저하지 않는다. 이러한 끔찍한 장면에 노출된 관객의 심기는 편할 리 없을뿐더러, 운명에 대한 불안과 두려움에 떨게 된다.

탄츠테아터와 확장된 예술

피나 바우슈의 탄츠테아터는 관객뿐만 아니라 무용수들에게도 낯섦과 당혹감을 선사한다. 바우슈의 전략은 문명비판적인 성격이 매우 강하다. 그녀는 우리에게 너무나 익숙하여 자명한 진리처럼 여겨지는 것들을 회의해볼 것을 요청한다. 탄츠테아터의 '낯설게 하기' 전략은 근대적 가치의 허구를 폭로하고 세계와 삶, 그리고 춤의 관계를 재정립하고자 한다. 그렇다면 '낯설게 하기'를 통해 피나 바우슈가 진정으로 하고 싶은 이야기는 무엇일까? 많은 사람들이 그녀에게 던지는 '당신이 진정으로 말하고자 하는 것이 무엇인가?'라는 물음에 대한 그녀의 답은 '나는 모른다'는 것이다.

그렇다면 여기서 우리는 니체를 통한 피나 바우슈의 '낯설게 하기' 전략의 답을 찾아보자. 피나 바우슈는 자신의 실험이 누군가의 영향을 받아 수행되었다는 것을 한사코 거부한다. 자신은 자기 생각을 실험할 뿐이라는 것이다.

그러나 피나 바우슈의 탄츠테아터 실험이 니체의 예술생리학 이념과 아주 가깝다는 사실을 우리는 어렵지 않게 확인할 수 있다. 무엇보다

---

43 같은 책, 52쪽 참조. 피나 바우슈는 실존의 극단적 잔혹함을 보여주는 것에 대해 이렇게 말한다. "나는 결코 모난 것들을 둥글게 하길 원치 않습니다" "나는 그것을 할 수도 없을 겁니다"(문애령 편저, 《서양무용사》, 169쪽).

몸과 춤에 대한 두 사람의 평가가 일치한다. 두 사람은 언어가 지닌 매체로서의 능력에 회의적이다. 언어는 세계를 온전하게 재현할 수 없을 뿐만 아니라 사람들 사이의 의사소통 매체로서도 무능하다. 두 사람은 몸의 정직함을 높이 평가한다. "피나 바우슈가 보여주는 몸은 정직하다. 인간의 관계가 가능한 것은 우리가 서로에게 정직할 때라고 말하는 듯하다. 피나 바우슈의 탄츠테아터는 정직한 삶의 모습과 정직한 몸을 보여준다."[44] 수전 손택Susan Sontag도 탄츠테아터가 "먹는 것과 춤추는 것은 우리가 몸이라는 집에 살고 있음을 상기시킨다"고 말한다.[45]

또 춤에 대한 피나 바우슈의 가치평가는 니체의 가치평가와 일치한다. 근원적인 표현매체로서 춤의 가치를 피나 바우슈는 이렇게 말한다.

춤추는 것, 처음부터 그것은 내 이야기의 일부가 되는 것입니다. 나는 나를 표현하기를 원합니다. 처음에 그것은 단지 춤추는 것에 관계될 뿐이죠. 나는 춤추기를 원합니다. 왜냐하면 그것이 사물과 나에 대해 잘 느끼도록 해주니까요. 사실 나는 처음부터 줄곧 그것을 아주 중요한 것으로 받아들였습니다. …… 나는 오직 나 자신이 춤추기만을 원했습니다. …… 만약 춤추고 싶은 욕망이 끝난다면, 모든 것이 또한 끝난다고 나는 믿습니다.[46]

피나 바우슈가 탄츠테아터에서 전지적 주인공을 내세워 하나의 서

44 안치운, 〈슬픔을 넘어서는 응시〉, 《한국연극학》 27권 (한국연극학회, 2005), 120~121쪽.
45 S. Huschka, *Moderner Tanz, Konzepte-Stile*, Hamburg, 2002, p. 9에서 재인용.
46 문애령 편저, 《서양무용사》, 170쪽.

사를 끌고 가는 대신에 파편화한 이미지들의 덧붙임과 중첩, 즉 콜라주와 몽타주 기법으로 작품을 구성하는 것도 니체의 진리관에 가깝다. 니체는 진리의 관점성을 강조한다. 니체에 따르면 인간에게는 "오직 관점주의적으로 보는 것만이, 오직 관점주의적인 '인식'만이"[47] 가능하다. 따라서 "우리가 한 사태에 대해 좀 더 많은 정서로 하여금 말하게 하면 할수록, 우리가 그와 같은 사태에 대해 좀 더 많은 눈이나 다양한 눈을 맞추면 맞출수록, 이러한 사태에 대한 우리의 '개념'이나 '객관성'은 더욱 완벽해질 것이다."[48]

마찬가지로 탄츠테아터의 파편화한 이미지들은 결국 모자이크처럼 조각들이 연결될 때, 니체식으로 보면 관점들의 조합에서 전체상을 이룰 것이라고 바우슈는 말한다. 그렇다고 그 전체상이 하나라는 의미는 아니다. 각자는 자신의 방식으로 전체상을 구성하는 것이다. "그러한 방식으로 누가 볼 수 있고, 다른 누가 또 다른 방식으로 볼 수 있는 것—이것이 내가 발견한 것입니다. …… 단지 그것이 어떤 사람을 만족시킨다는 이유만으로 이처럼 사람들이 아주 분명한 시각에 나를 굴복시키려고 할 때, 나는 그것이 위험하다는 것을 알고 있습니다."[49]

탄츠테아터에는 주인공이 없다. 무대의 중심도 없다. 더욱이 작품은 피나 바우슈의 독단적인 결정에 따라 진행되는 것이 아니라, 무용수들의 자발적인 참여에 따라 이루어진다. 바우슈는 자신의 안무 작업이 '어떻게 사람들이 움직일까'보다는 '무엇이 사람을 움직이게 하는가'에

---

47   GM: KSA5, 365(12).
48   GM: KSA5, 365(12).
49   문애령 편저,《서양무용사》, 168쪽.

대한 질문에서 시작된다고 한다. 바우슈는 무용수들이 스스로 움직이는 이유를 찾게끔 자극한다. 무용수들은 각자 자신의 이유에서 움직일 것이다. 그들 각자는 자신을 표현하는 것이다. 그것은 곧 자신의 방식으로 의미 있는 것, 즉 가치를 창조하는 것과 마찬가지이다.

이와 같이 바우슈는 춤을 전통적인 의미에서 예술 장르의 한 영역에 가두어두는 것을 거부한다. 그녀에게 무용은 자신을 표현하는 일체의 움직임이다. 이것은 니체가 예술생리학에서 예술을 '자신을 조형하는 행위'로 보는 시각과 매우 비슷하다. 결국 두 사람은 예술의 정의를 확장함으로써 예술의 본래적인 의미를 회복하고자 한다.

확장된 무용을 통해 탄츠테아터가 보여주는 우연과 운명에 대한 태도에서도 우리는 바우슈와 니체의 친연성을 확인할 수 있다. 탄츠테아터가 분절된 이미지의 순간을 통해 안무를 진행한다는 것은 과거와 미래에 가치를 두지 않고, 오직 현재의 시간만 문제시한다는 것을 의미한다. 수전 손택은 탄츠테아터의 작품을 "현실의 시간에 현실의 감정을 경험하는 것"으로 정당하게 평가한다.[50] 안무를 진행하는 원동력도 계획된 것이 아니고 우연성에 있다. 우연에 대한 긍정은 어떤 비참한 현실에서도 그것을 긍정하고 계속 살아가게 하는 원동력이 된다. 바우슈가 잔혹하고 끔찍한 모습을 반복해서 노출시키는 것은 삶에 대한 근본적 긍정에 기초한다. 어차피 다른 길이 없고, 운명의 잔인성은 불변할 것이기 때문이다. 이런 태도를 니체는 디오니소스적 지혜라고 일컫는다. "앞으로도, 뒤로도, 그리고 모든 영원 속에서도 다른 것을 가지려 하지 않

---

50 같은 책, 164~165쪽 참조.

는 것",[51] 이것이 바로 '운명에 대한 사랑amor fati'이다.

3. 디지털 예술[52]

디지털 예술과 놀이

니체의 예술생리학이 현대예술에 끼친 영향은 곳곳에서 발견된다.[53] 1960년대에 보이스와 백남준이 중심적인 역할을 한 플럭서스 운동은 니체의 예술생리학 정신을 가장 충실히 따른 현대예술의 조류이자, 현대 디지털 예술과 니체를 연결하는 매개자 역할을 한다. 앞에서 살펴본 바와 같이 플럭서스 운동이 얼마나 니체 예술생리학의 영향을 받았는지는 1963년 플럭서스 운동의 주창자 가운데 한 사람인 마키우나스가 쓴 플럭서스 '선언문'에 잘 드러나 있다. "부르주아적 질병의 세계, 즉 '지식인적인' 전문적이고 상업화한 문화를 제거하라. 죽은 예술, 모방, 인공예술, 추상예술, 환상주의 예술, 수학예술의 세계를 제거하라! / 예술에서 혁명적인 흐름과 조류를 촉진하라. 살아 있는 예술, 반-예술을 촉진하라. 비평가, 딜레탕트를, 전문가들에게만이 아니라 모든 사람에게 이해될 수 있는 비예술실재NON ART REALITY를 촉진하라."[54]

---

51   EH; KSA6, 297.
52   이 절은 정낙림, 〈니체의 놀이철학과 디지털 예술의 미적 체험―베냐윤의 디지털 예술 작품을 중심으로〉, 《철학연구》124집(대한철학회, 2012), 360~371쪽에 근거한다.
53   니체의 예술생리학과 현대예술의 관계에 대해서는 정낙림, 〈니체의 예술생리학과 현대예술―플럭서스 운동을 중심으로〉, 《철학연구》120집(대한철학회, 2011), 281~305쪽; 또한 정낙림, 《니체와 현대예술》(역락, 2012) 참조.
54   마키우나스, 〈예술 및 플럭서스 예술오락에 관한 선언문〉, 《플럭서스 예술혁명》, 조정환 외 옮

또 선언문을 쓴 2년 뒤 마키우나스가 발표한 〈예술 및 플럭서스 예술오락에 관한 선언문〉에서도 니체의 영향은 분명히 드러난다. "사회에서 예술가의 비전문적 지위를 확립하기 위해서 그는 …… 어느 것이든 예술일 수 있고 누구든지 그것을 할 수 있음을 입증해야 한다. …… 그것[플럭서스 예술오락]은 스파이크 존스의 보드빌[노래], 농담, 어린아이들의 놀이"[55]이다.

플럭서스의 실험정신, 삶과 예술의 일치, 그리고 예술적 행위 자체를 중시하는 태도는 디지털 예술에서 더욱 근본적이고 철저하게 수행된다. 한때 디지털 기기는 단순히 상품으로 취급되고 인간의 관계를 단절시키는 첨병 역할을 한다는 비난을 받았지만, 그것은 성급한 판단이었다. 생명이 진화하듯이 디지털 기기들도 나날이 새로워지고, 인간 삶의 지평을 넓히는 데 결정적으로 기여하고 있다.

디지털 예술은 1980년대 이후 예술계의 총아로 주목받고 있다. 컴퓨터와 인터넷으로 대변되는 디지털 문화는 인간의 인식을 획기적으로 변화시켜 "인간의 확장"[56]을 돕게 된다. 디지털 매체의 등장은 예술작품에 대한 전통적 정의와 그것의 생산과 수용 방식에서 전면적인 변

김(갈무리, 2011), 21쪽에서 재인용.

[55] 마키우나스, 〈예술 및 플럭서스 예술오락에 관한 선언문〉, 위의 책, 24~25쪽에서 재인용. 켄 프리드먼은 플럭서스 예술의 특성을 세계주의, 예술과 삶의 통일, 인터미디어, 실험주의, 우연, 놀이성, 단순성, 함축성, 견본주의, 특유성, 시간속의 현전, 음악성이라는 12가지 범주로 설명한다. 조정환 외, 위의 책, 26쪽 참조. 보이스는 자신의 '확장된 예술 개념Erweiterter Kunstbegriff'을 다음과 같이 표현한다. "나는 다음의 사실이 원리상 동일하다고 본다: 하나의 생산물이 화가 또는 조각가에 기원하건 물리학자에 의한 것이건 동일한 것이다"(V. Haralan u.a., *Sozial Plastik-Materialen zu Joseph Beuys*. Achberg, 1984, p. 102.

[56] Marcel McLuhan, *Understanding Media*, MIT Press Mediation, 1994, p. 60.

경을 요구한다. 특히 인터넷을 통해 정보의 교환과 공유를 가능하게 한 유비쿼터스 네트워크는 창작에서 절대적 개방과 공동작업을 가능하게 했다. 네트워크 예술은 가히 혁명적이다. 각 웹사이트는 스스로 작품 전시관이 된다. 또한 각 사이트의 전시관을 시간적·공간적으로 결합하고 합성할 수 있다. 빌 비올라의 말처럼 이제 "기술은 모든 예술활동의 근간이 되는 열쇠"[57]이다.

일반적으로 디지털 예술은 "컴퓨터라는 정보기기와 멀티미디어 저작이나 편집 도구 같은 소프트웨어를 사용하여 작품을 구성·저장·표현·배포할 수 있는 기법으로 이루어진다."[58] 디지털 기기를 포함한 미디어 예술은 ① 컴퓨터 모니터나 텔레비전 화면에 어떤 영상물을 보여주는 유형, ② 빔프로젝터로 스크린에 영상물을 비추는 유형, ③ 멀티미디어 저작도구로 영상물을 변형하거나 합성하여 어떤 의미를 보이는 유형, ④ 센서나 전자장치 또는 컴퓨터를 사용하여 관객의 행동이나 어떤 도구의 조작으로 영상물이 반응하는 유형으로 대별된다.[59]

그러나 오늘날 우리의 관심을 끄는 디지털 예술의 유형은 네 번째 유형이다. 이 유형은 바이오 기술을 응용한 터치스크린과 관객의 움직임을 감지하는 센서 기술을 적극 활용한다. 이러한 기술은 작품과 관람자의 상호작용을 가능하게 한다.

디지털 예술작품은 작가의 의도를 표현한 컴퓨터 파일(데이터)과 그것을 실행할 수 있는 컴퓨터, 모니터 등의 장치로 구성된다. 중요한

---

57 플로랑스 드 메르디외, 《예술과 뉴테크놀로지》, 정재곤 옮김(열화당, 2009), 8쪽.
58 김상욱, 《디지털 아트》(경북대학교 출판부, 2011), 30쪽.
59 김상욱, 위의 책, 26쪽 참조.

것은 이 파일 형태의 소프트웨어인데, 이것이 디지털 예술을 다른 예술과 구별되게 하는 결정적인 역할을 한다. 파일 형태의 예술인 디지털 작품은 무한대로 복사·조작·표현·배포·재구성할 수 있다.

디지털 예술의 특징은 이러한 고전적 예술작품의 원본성과 물질성의 개념을 해체한다. 디지털 예술에서는 복사본과 원본의 차이가 없으며, 똑같은 작품이 무수히 많을 수 있다.[60] 또 특정한 시간과 공간에 설치되는 물질로서의 작품의 한계도 벗어던진다. 더욱이 인터넷을 비롯한 유무형의 네트가 설치된 곳에서 언제나 어디서나 작품을 감상할 수 있다. 즉 네트가 작품 전시장이 되는 것이다. 비록 모니터 등 컴퓨터 장치가 필요하지만, 디지털 예술의 핵심은 데이터가 만들어내는 비물질적인 사이버 스페이스에서의 이미지 생성과 변형이다. 여기에서 본질과 재현이라는 전통적 미학이론은 설 땅을 잃는다.[61] 또한 디지털 예술에서는 작가의 개념이 모호해진다. 작품 아이디어를 내는 사람이 있고, 그것을 실행에 옮기는 프로그래머가 있으며, 또 작품의 완성을 위해 반드시 감상자의 적극적인 개입이 필요하다. 그렇다면 여기에서 누구를 작가로 봐야 하는지 대답하기는 쉽지 않다.

디지털 예술이 전통 예술과 다른 결정적인 특성은 '상호작용성Interactivity'에서 확인할 수 있다. 현대예술에서 상호작용은 작품에서 관객의

---

60 "디지털 시대에는 원본과 위조 사이에, 그리고 기록과 허구 사이에 존재론적이고 객관적인 차이점이 존재하지 않는다"(Hans Ulrich Reck, "Zwischen Bild und Medium. Zur Ausbildung der Künstler in der Epoche der Techno-Ästhetik", in: Peter Weibel[Hrsg.], *Vom Tafelbild zum globalen Datenraum*, ZKM Karlsruhe, 2001, 27).

61 디지털 이미지에서는 "표면과 깊이, 가상과 진리 사이의 긴장이 더는 존재하지 않는다"(Nobert Bolz, *Eine kurze Geschichte des Scheins*, München, 1991, p. 118).

적극적인 참여를 실험한 플럭서스가 시초라고 할 수 있지만, 그것은 여전히 실험과 해프닝의 성격이 강했다. 이에 견주어 디지털 예술에서 상호작용은 훨씬 근본적이다. 제프리 쇼Jeffrey Shaw는 디지털 매체 예술의 기준으로 "원본성·비물질성·상호작용성·원격현전·가상성" 등을 제시한다.[62]

디지털 예술이 지닌 상호작용성의 성격은 근본적으로 디지털 매체의 특성에서 비롯된다.[63] 디지털 기기가 작동하기 위해서는 사용자의 행위가 개입되어야 하고, 그 결과로 기기가 반응하고, 다시 여기에 사용자가 반응하는 방식으로 상호작용이 이루어진다. 디지털 기기와 사용자의 상호작용의 1차적 흔적은 컴퓨터 게임이다. 디지털 예술은 최첨단의 센서 기술과 탄저블, 햅틱 기술 등을 활용함으로써 감상자는 작품을 보고 들을 뿐만 아니라 손으로 만지거나 느끼면서 작품과 상호작용을 한다. 심지어 많은 전문가는 "아마도 미래에는 후각과 미각, 그 밖에 내분비계나 어쩌면 신경계에까지 직접 영향을 끼치는 인터페이스가 개발될 것"[64]으로 본다. 디지털 예술에서 상호작용은 디지털 매체와 예술가, 매체와 매체, 콘텐츠와 콘텐츠, 매체와 감상자, 예술가와 감상자, 감상자와 감상자 사이 등에서 매우 복잡한 형태로 이루어진다.

디지털 예술에서 이미지들은 더 이상 정적이고 고정된 것이 아니라

---

62 Jeffrey Shaw, "Neue Medien—Neue Kriterien?", in: *Perspektiven der Medienkunst*, ZKM(ed.), Karlsruhe 1996, pp. 8, 13.
63 랜덜 패커Randell Packer와 캔 조던Ken Jordan은 디지털 복합매체 상황에서 디지털 복합매체의 특징을 통합Intergration·상호작용성Interactivity·하이퍼미디어Hypermedia·몰입Immersion·서사성Narrativity으로 규정한다. 심혜련, 《사이버 스페이스 시대의 미학》(살림, 2006), 130쪽 참조.
64 찰리 기어, 《디지털 문화》, 임산 옮김(루비박스, 2006), 113쪽. 인터페이스Interface는 가상세계와 현실세계가 중첩되는 사이의 공간으로, 대개 디지털 아트를 설치해놓은 방이 그 예이다.

동적이고 우연에 의해 자유롭게 조작되고 변형된다. 이러한 사실은 디지털 예술에서 관람자가 더 이상 예술작품의 고정되고 정형화한 이미지를 단순히 수용하는 것이 아니라, 관람자 스스로 창조자가 되어 작품에 자유롭게 개입할 수 있는 근거가 된다. 스티브 딕슨Steve Dixon은 자신의 저서에서 디지털 예술의 상호작용성을 다음의 네 가지 범주로 분류한다.

첫째, 조정Navigation: 작품이 감상자에게 마우스로 '예' '아니오'의 의사표현을 요구하는 상호작용.

둘째, 참여Participation: 작품의 진행과정에 감상자의 신체활동이 요구되는 상호작용.

셋째, 대화Conversation: 실제로 작품, 예술가, 감상자 사이에 발생하는 의사소통으로서의 상호작용.

넷째, 공동제작Collaboration: 감상자와 작가의 공조로 작품을 창작(완성)하는 단계의 상호작용.[65]

뒤로 갈수록 디지털 예술에서 상호작용은 심화하는데, 디지털 예술의 상호작용성은 근본적으로 디지털 매체의 특성상 작품의 원본성·물질성·주체성에 대한 주장이 약화될 수밖에 없다는 데서 출발한다.

이러한 이유 때문에 오늘날 대부분의 디지털 예술작품은 열린 예술작품Open Art Work[66]의 형태를 띤다. 즉 작품의 제작단계부터 다수의 참

---

65 Steve Dixon, *Digital Performance*, MIT, 2007, pp. 559~561.
66 '열린 예술작품'은 움베르토 에코Umberto Eco가 주창한 것으로, 작가가 독자에게 이야기의 구체적인 내용이나 결말을 명확히 설명해주지 않음으로써 독자가 나름대로 작품을 해석하고 작품에 개입하게끔 하는 것이다. 움베르토 에코,《열린 예술작품》, 조형준 옮김(새물결, 1995) 참조.

여자가 작품에 개입하고, 완결되지 않은 작품이 관람자에게 제시되며, 그들의 적극적인 참여를 통해 작품이 완성으로 나아간다. 디지털 예술작품 중 많은 경우는 마치 끝이 없는 이야기처럼 진행된다. 이처럼 디지털 예술은 작품 자체보다는 창작의 과정과 그에 대한 해석과 개입 행위에 초점이 맞추어진다.

디지털 예술작품의 미적 체험은 무엇보다 근본적으로 상호작용에서 비롯된다. 이미지 형태로 드러나는 디지털 예술은 성격이 다른 이미지를 결합·혼합·변용·차용·인용·봉합·콜라주·몽타주 등의 다양한 기법을 이용해 새로운 이미지를 만들어낸다. 이러한 이미지 생성은 다양한 차원의 상호작용에 따라 성취된다. 이미지가 생성되는 과정은 일종의 놀이와 같은 형태인데, 이 놀이에 몰입할 수 있도록 개발된 다양한 장치와 프로그램이 관람자가 이 놀이에 더욱 쉽게 동참하도록 돕는다. 그러므로 상호작용으로 유발되는 디지털 예술의 미적 체험은 먼저 놀이의 체험이라 할 수 있다.

둘째, 디지털 예술의 미적 체험은 몸의 확장으로 나타난다. 디지털 매체의 발전은 인간의 감각을 확장시킨다. 우리는 디지털 예술의 감상에서 시각과 청각, 그리고 촉각이 시각적 촉각성이나 청각적 촉각성으로, 즉 공감각으로 전환하는 경험을 한다. 이 경험은 지각의 통일체로서 몸의 가치를 재발견하게 한다.

마지막으로, 디지털 예술작품에 대한 미적 체험은 관람자에게 하나의 중심을 향해 나아가거나 일관된 서사를 제공하기보다는 오히려 이미지의 반복과 무질서를 통해 카오스로 향하는 경험을 제공한다.[67] 디지털 예술작품에서 카오스의 경험은 공포나 두려움, 그리고 질서의 욕구를 불러일으키기보다 자유와 해방감으로 다가간다.

디지털 예술의 미적 체험은 전통적인 미적 체험의 범주를 해체할 뿐만 아니라 전통적인 가치를 폐기한다. 이와 관련하여 가장 중요한 것은 작가의 지위와 관련된 것이다. 앞서 언급했지만, 우리는 디지털 예술작품에서 전통적인 의미에서 작가성의 약화를 넘어 작가의 죽음을 목격한다. 디지털 예술작품은 한 개인의 창작물이 아니라 공동의 작업으로 시작하여 익명의 인간들이 개입하는 방식으로 진행된다.

이러한 상황은 니체가 '미래예술'이라는 이름으로 예언한, 모든 것이 예술이 되고 누구나 예술가가 된다는 언명과 정확히 일치한다. 독일의 매체이론가 노르베르트 볼츠N. Bolz는 오늘날 예술의 가치가 관조에서 놀이로 완전히 넘어갔다고 단언한다. 그는 예술에 대해 사회비판적이고, 진리를 드러내고, 유토피아적 기능을 수행하라고 주장하는 것은 예술에 너무 무거운 짐을 지우는 것이라고 말한다.[68]

베냐윤의 디지털 예술

디지털 매체 예술의 본질은 상호작용성에 있다. 진정한 의미의 상호작용은 이미지가 주어지거나 예고된 코드에서 벗어날 때 발생한다. 그 경우에만 이미지는 관객의 지각과 함께 만들어지고 실현된다고 할

---

67 Hans Ulrich Reck, *Mythos Medien Kunst*, Köln, 2002, p. 9 참조.
68 "예술은 오늘날 더 이상 사회와의 비판적 안티테제 관계 속에서는 파악될 수 없다. …… 예술은 더 이상 유토피아적 기관으로 기능하지 않고, 단지 삶의 자극소, 사회의 정보체제, 그리고 현실 연구의 탐사장치가 된다"(노르베르트 볼츠, 《구텐베르크─은하계의 끝에서: 새로운 커뮤니케이션 상황들》, 윤종석 옮김[문학과 지성사, 2000], 211쪽). "전통적 관점에서 예술의 3요소였던 작품, 존재, 그리고 진리는 디지털 예술에서는 매체, 가상성, 그리고 기호로 전환된다"(심혜련, 《사이버 스페이스 시대의 미학》, 195쪽).

수 있다. 이런 의미에서 박영욱은 제프리 쇼, 골란L. Gloan, 미뇨노L. Mignonneau와 소머러C. Sommerer, 크루거B. Kruger, 로커비D. Rokeby 같은 20세기 후반의 매체예술가들에 대해 극히 회의적이다. 왜냐하면 그들의 작품은 분명 상호작용이라는 외관을 띠고는 있지만, 미리 만들어진 서사에 감상자가 동참하는 형태일 뿐이기 때문이다.[69] 진정한 의미의 상호작용에서는 주체와 객체의 근대적인 틀이 존재하지 않아야 하고, 감상자의 우연적 반응이 마치 놀이하듯 작품에 개입되고 그 결과가 작품에 반영되어 작가(기획자)가 예상할 수 없는 전혀 새로운 차원의 작품이 탄생해야 한다. 이러한 차원의 상호작용을 실현한 디지털 예술가 중의 한 사람이 모리스 베나윤Maurice Benayoun(1957~)이다.

모리스 베나윤은 파리 1대학에서 조형학 박사학위를, 파리 4대학에서 인문학 박사학위를 받은 독특한 경력의 소유자이다. 또한 뒤샹 등 실험성이 강한 아방가르드 예술가들과 후기구조주의 철학자들의 사상적 세례를 받은 작가이다. 그의 작품에 담긴 해체주의적 · 실험주의적 놀이의 정신은 베나윤의 이러한 이력과 무관하지 않을 것이다.

르몽드Le Monde가 "형이상학적 비디오 게임"이라고 극찬한 1994년의 '신은 평면인가Is God Flat?' '사탄은 곡선인가Is the Devil Curved?'를 비롯해, 컴퓨터 기계매체를 활용하여 파리의 퐁피두센터와 캐나다 몬트리올 현대미술관을 연결한 거대한 작품인 '대서양 아래의 터널Tunnel under the Atlantic'(1995), 1998년 Ars Electronica 페스티벌에서 상호작용 부문 황금상Golden Nica을 받은 '세계의 피부World Skin', 인간이 취한 관

---

69 박영욱,《매체, 매체예술 그리고 철학》(향연, 2008), 110쪽 참조.

점의 한계를 지적하는 '집단적 망막의 기억Collective Retinal Memory'(2000)과 'Somebody, Somewhere, Sometime'(2002), 2002년 서울에서도 전시된 바 있는 'Watch Out'과 '감정 자판기Emotional Vending Machine'(2006), 또 2005년 중국의 '프랑스의 해'를 기념하여 프랑스 대표 작가로 출품한 'Cosmopolis', 크리스토 질라드와 함께 제작한 '개선문Arc de Triomphe'(2006), 상하이 e-Art 페스티벌에 출품한 'NeORZON'(2008), 그리고 가장 최근의 '지하철 스크린을 위한 감정 예측Emotion Forecast for Urban Screen'(2011)에 이르기까지 그는 철두철미 상호작용을 실험했으며, 그것이 야기하는 의미를 묻는다.

(1) '세계의 피부'

'세계의 피부'[70]는 베나윤을 세계적인 작가 반열에 올려놓은 작품이다. '세계의 피부'는 1990년대 중반에 벌어진 보스니아 전쟁 사진 100장으로 구성한 CAVE(Computer Aided Virtual Environment)형의 작품이다. 6~8명의 감상자들이 각각 카메라 한 대를 받아 케이브 안으로 들어가는데, 케이브 안은 전쟁의 생생한 이미지로 채워져 있다. 군인들, 대포, 탱크, 전투기, 포성, 널브러진 폭격의 잔해, 여기에 바리에르의 음산한 음악이 전쟁의 참상과 공포를 배가한다. 감상자 중 한 명은 마치 전쟁의 지휘자처럼 완드wand라고 불리는 조정기를 가지고 일행을 이끈다. 감상

---

70 '세계의 피부'는 아르헨티나의 소설가 아돌포 비오이 카사레스Adolfo Bioy Casares(1911~1999)의 소설《모렐의 발명Morel's invention》에서 많은 영감을 받았다. 이 소설은 인간이 겪는 모든 감정과 사건을 다 기록하고, 이것을 기계장치를 통해 재현하고자 하는 욕망을 핵심 내용으로 한다. 기계적 재현을 통해 인간은 그들의 피부를 상실해간다. 박연숙,〈모리스 베나윤의 작품에 나타난 상호작용성의 놀이적 효과〉, 경북대학교 대학원 박사학위 논문(2009), 128쪽 참조.

자들은 눈앞에 펼쳐진 광경을 카메라로 찍을 수 있다. 눈앞에 펼쳐진 광경을 향해 셔터를 누르면 카메라에 잡힌 해당 광경은 화면에서 사라지고, 그 자리에는 흰 실루엣만 남는다. 카메라 셔터가 터질 때마다 마치 포격을 받은 것처럼 해당 장면이 뜯겨나간다. 이렇게 계속 세상은 뜯겨나가고, 전쟁이 뜯어버린 세상의 이미지를 카메라는 다시 뜯어버린다. 전투를 벌이는 군인들은 세상을 향해 총을 쏘고, 케이브 안의 감상자는 세상의 이미지를 향해 카메라를 쏜다. 감상자들은 거듭 쏘고, 세상은 거듭 뜯겨나간다. 카메라가 뜯어버린 부분은 화면에서는 사라지지만, 컴퓨터에 저장된 후 프린터로 출력되어 감상자들에게 전해진다.[71]

베나윤은 사진(그림·언어)으로 초래되는 망각과 그 뒤에 남은 현실과 관련해 박연숙과의 인터뷰에서 이렇게 말한다.

우리는 사진을 촬영하는 것으로 현실reality에서 도망칠 수 있다. 나는 사람과 그들과 관계된 사건들이 작은 카메라의 플레임에 담기는 순간 곧 잊어버리게 된다는 것을 안다. '세계의 피부'를 감상하는 동안 감상자가 사진을 찍는 것shooting은 사진을 촬영한다는 뜻과 동시에 총을 쏜다는 뜻도 된다. 살인은 화면에서 이미지를 지우는 것으로 나타나고, 그러므로 그 이미지가 영원히 기억에서 잊히게 된다는 것을 의미한다.[72]

베나윤은 가상공간에서 백색으로 상징되는 존재의 무화 경험을 어

71 김진엽, 〈가상현실 예술에 대한 미학적 비평〉, 《미학 예술학 연구》 22집(한국미학예술학회, 2005), 112쪽 참조.
72 박연숙, 〈모리스 베나윤의 작품에 나타난 상호작용성의 놀이적 효과〉, 129쪽.

떻게 해석해야 할 것인가를 작품에 공참한 감상자들의 몫으로 돌린다. "이것으로 관객은 스스로 환상의 영역에서 실재의 영역으로 도달할 수 있으며, 환영illusion의 세계를 조정하는 관객의 영향은 이 작품의 과정을 통해 미적 체험이 예상하지 못한 경험으로 옮겨가게 한다."[73] 어쩌면 감상자는 지시에 따라 촬영하면서 비록 가상이지만 자기들이 세계를 파괴하고 있음을 깨달을지도 모른다. 그러면서도 그들의 촬영행위는 멈추지 않는다. 이 딜레마를 우리는 보스니아 전쟁에 대비할 수도 있고, 그 밖의 다른 딜레마적 상황에도 적용할 수도 있을 것이다. 모든 것은 감상자의 몫이다.

(2) '집단적 망막의 기억'

'집단적 망막의 기억'은 2000년 파리 퐁피두센터의 엑스포 전시장에 전시한 작품으로, 상호작용성이 더욱 적극적으로 실험되고 있다. 베나윤은 이 작품을 위해 프랑스 남부 아비뇽을 다양한 시점에서 카메라로 찍어 현상한다. 이 사진들을 조합하면 온전한 아비뇽이 된다.

사진들은 쌍안경을 통해서 관람자들에게 선별적으로 제시된다. 그들이 쌍안경으로 보는 사진은 실제 상황에서 그들이 한 번에 볼 수 있는 광경과 일치한다. 개별 관람자들이 감상한 이미지들은 3×12미터의 대형 스크린에 다시 투사되는데, 이 스크린은 상이 맺히는 망막 구실을 한

<hr />

73 베나윤이 박연숙에게 보낸 서신 가운데 2008년 3월 3일 편지, 박연숙, 같은 논문, 130쪽. 베나윤의 이러한 언급은, 실재와 가상의 범주로 포착되지 않지만 무無가 아닌 세계를 설명하기 위해 데리다가 플라톤의 《티마이오스》에서 차용한 '코라chōra'에 관한 언급과 매우 비슷하다. J. Derrida, *De la Grammatologie*, Paris: Minuit, 1967, pp. 184~186 참조.

다. 개별 관람자는 자신의 망막에 잡힌 사진이 스크린의 한 부분에 맺히는 것을 보게 된다. 다른 관람자들이 쌍안경을 통해서 보는 사진 역시 스크린에 나타난다. 이렇게 다수의 상이한 사진들이 스크린에 등장하고, 분절된 사진들은 다시 구성된다. 이때 스크린은 개별 인간의 시각기능을 확장한 집단 망막의 역할을 한다.

스크린은 인간의 눈으로 볼 수 없는 360도 각도로 사물을 보여준다. 스크린은 현장의 관람자들뿐만 아니라 인터넷으로 접속한 사람들이 선별적으로 본 이미지들까지 보여준다. 심지어 이전에 온·오프라인에서 사진을 본 사람들의 이미지들도 대형 스크린에 남는다. 공동의 망막에 남긴 감상자들의 흔적이 뒤섞이고 지워지고 축소되면서 새로운 이미지를 만들어낸다. 이러한 과정을 통해 대상의 본래 이미지는 사라지고 끊임없이 변화로 유동하는 이미지의 연속만이 남는다.

공동의 망막에 맺히는 이미지는 내 망막에 제시된 아비뇽 특정 지역의 선명하고 고정된 이미지와 달리 불안정하고 비균질적이며, 이미지들 사이의 연관성 부족으로 마치 부유하는 듯한 느낌을 준다. 그러나 내 망막에 비친 이미지보다 공동의 망막에 비친 이미지가 사실에 가깝다는 것을 우리는 알고 있다.

아비뇽에서 작품과 전시 현장은 물리적인 실험을 목적으로 한다. 엑스포 방문자들은 그들 자신의 시각적 조망을 선택할 수 있으며, '행위미학적 kinaesthetic' 목적으로 공간을 완전히 경험하게 된다. 여기에서 예술적 효과는 독특하고 통합된 공간을 만들어가는 기억의 재현에 있다. 예술적 효과 안에서 망막의 기억은 부분적인 선택을 바탕으로, 관람자의 의도에 부응하여 탐험하는 설명의 공간이 된다. 가상의 공간은 단순히 비물질적 공간이 되는 것이 아니다. 이 공간은 정보의 공간으로 그 자체의 질감을 창출해야 하며, 일시적으로나마 공간 분배를 고려해야 한다. 한 화면을 공동의 망막으로 인식하고, 가상공간과 물리적 공간을 동시에 전시장으로 활용하고, 집단적으로 공유하는 기억이 실시간 하나의 기억으로 변형되는 이미지 재현으로 신체와 공간, 시간과 기억, 개인과 집단 사이의 관계는 변형된다.[74]

이렇게 '집단적 망막의 기억'에는 감상자들이 전시관과 웹에서 실시간으로 참여할 수 있으며, 그들의 참여는 온전히 작품에 반영된다. 물론 이 작품의 결과는 역시 열린 상태로 남는다. 베나윤은 작품에서 상호작용성을 수용함으로써 근대적 사유의 틀을 해체했을 뿐만 아니라 작품에서 서사성을 배제하고 우연성을 중시한다. 특히 그의 작품은 미완의 상태로 관람자들에게 제시됨으로써 그들이 작품의 완성에 필수적인 역할을 담당하게 했다. 그에게 관람자는 작품의 참여자participant인 동시에 공조자accomplice가 된다.

'Watch Out'을 비롯한 2000년대 이후의 작품에서는 무선통신기술과 인터넷을 통한 관람자의 참여 없이는 작품 자체가 성립되지 않는 경

---

74 Maurice Benayoun, "Collective Retinal Memory"에 관한 글에서, www.benayoun.com ; 박연숙, 같은 논문, 173쪽에서 재인용. 베나윤의 이러한 언급은 니체의 관점주의와 더불어 데리다의 '백색 신화'에 관한 언급을 떠올리게 한다. 데리다는 서양 형이상학이 내세우는 절대적 진리가 사실은 수많은 흔적 위에 덧쓴 것에 불과하다고 본다. 그것은 마치 배경이 흰 잉크로 쓰여 있어서 눈에 띄지 않는 탓에 쉽게 보이지 않지만, 그래도 그 배경에는 "앞선 글자를 지우고 그 위에 다시 새 글자를 쓴 양피지처럼 옛 글자의 흔적이 남아 있다"는 것이다. J. Derrida, *Marges de la philosophie*, Paris: Minuit, 1972, p. 254.

우도 많다. 관람자는 마치 놀이하듯이 작품에 참여하는데, 그들은 이 과정을 통해 창조의 주체로서 기쁨을 만끽한다. 이런 과정에서 베나윤은 모든 사람이 예술가가 될 수 있다는 니체의 예술생리학 이념을 실천하는 셈이다. 이 점은 베나윤이 자신의 작품을 주로 사람들로 붐비는 길거리, 광장, 더 나아가 웹상에 설치하고 전송하는 행위에서도 잘 드러난다. 그에게 예술과 삶은 분리될 수 없는 것이다.

참고문헌

Aichele, A., *Philosophie als Spiel. Platon-Kant-Nietzsche*, Berlin, 2000.

_____, *Politica*.

_____, *Texte zur Grundlegung der Ästhetik*, übers. und hrsg. v. H.R. Schweizer, Hamburg, 1983.

_____, *Theoretische Ästhetik, Die Grundlegenden Abschnitte aus der Aesthetica*(1750/58), übers. und hrsg. v. H.R. Schweizer, Hamburg, 1983.

Aristoteles, *Metaphysik* IV, in: H. Tredennick(tr.), Aristotle in twenty-three volumes, Cambridge: Harvard Univ. Press, 1944.

_____, *Politika*.

Babich, B., "'Artisten-Metaphysik' und 'Welt-Spiel' bei Nietzsche und Fink," C. Nielsen u. H. R. Sepp(Hg.), Freiburg, Br. u.a., 2011.

Barce, R., "Offene Musik—Vom Klang zum Ritus", in: Jürgen Becker u.a., *Happenings, Fluxus, Pop Art, Nouveau Realisme*, Reinbek bei Hamburg, 1965.

Baumgarten, A.G., *Ästhetik* Bd. 1, Hamburg, 1988.

Beiser, F., *Schiller as Philosopher*, Oxford University Press, 2005.

Benayoun, M., "Collective Retinal Memory", www.benayoun.com.

Bernays, J., "Heraklitische Studien", in: *Rheinischen Museum* 7, 1850.

Bitsch, A., "Physiologische Ästhetik, Nietzsches Konzeption des Körpers als Medium", in: Gerhardt V./Rescke R.(Hg.), *Nietzscheforschung* Bd. 15, Berlin, 2008.

Böhler, M.J., "Die Bedeutung Schillers für Hegels Ästhetik", in: *PMLA* 87(1972).

Bojescul, W., *Zum Kunstbegriff des Joseph Beuys*, Essen, 1985.

Bolten,J.(ed.), *Schillers Briefe über die ästhetische Erziehung*, Frankfurt a. M., 1984.

Bolz, N., *Eine kurze Geschichte des Scheins*, München, 1991.

Borsche, T., "Nietzsches Erfindung der Vorsokratiker", in: *Nietzsche und die philosophische Tradition*, Bd. I, hg. v. J. Simon, Würzburg, 1985.

Bruns, G., "The hermeneutical Anarchist: Phronesis, Rhetoric, and the experience of Art", in: J. Malpas etc.[ed.], *Gadamer's Century Essays in Honor of Hans-Georg Gadamer*, Cambridge: MIT Press, 2002.

Burke, E.,*A Philosophical Inquiry into the Origin of Our Ideas of the Sublime and Beautiful*, 1757(New York, 2001).

Burnet, J., *Early Greek Philosophy*, 4th ed., London, 1930.

Cancik, H., *Nietzsches Antike: Vorlesung*, Stuttgart u.a., 2000.

Corbineau-Hoffmann, A., "Spiel", Joachim Ritter & Karlfried Grunder(Hrsg.), *Historisches Wörterbuch der Philosophie*, Bd. 9, Basel, 1995.

Creuzer, F., *Symbolik und Mythologie der alten Völker, besonders der Griechen*, Darmstadt, 1810~1812.

Derrida, J., *De la Grammatologie*, Paris: Minuit, 1967.

_____, *Marges de la philosophie*, Paris: Minuit, 1972.

Diels, H., *Herakleitos von Ephesos*, Berlin, 1909.

Diels, H./Kranz, W., "Herakleitos", Fragment B30, in: *Die Fragmente der Vorsokratiker*, Bd. 1, Berlin, 1960.

_____, "Parmenides", Fragment 3, in: *Die Fragmente der Vorsokratiker*, Bd. 1, Berlin, 1960.

_____(Hrsg.), *Die Fragmente der Vorsokratiker*, Bd.1, Berlin, 1960.

_____, *Des heiligen Hippolytus von Rom Widerlegung aller Häresien*, übers. v. Graf K. Preysing, München, 1922.

Diogenes Laertius, *Leben und Meinungen berümter Philosophen*, Berlin, 1955.

Dixon, S., *Digital Performance*, MIT Press, 2007.

Dobrochotov, A.L., "Heraklit: Fragment B52", in: *Studien zur Geschichte der westlichen Philosophie*, hg. v. N. V. Matrosilova, Frankfurt a. M., 1986.

Durić, M., *Nietzsche und Metaphysik*, Berlin u.a., 1985.

Fernandes, C., *Pina Bausch and the Wuppertal Dance Theater—The Aesthetics of Repetition and Transformation*, New York: Peter Lang, 2002.

Fink, E., *Nietzsches Philosophie*, Stuttgart, 1960.

_____, *Oase des Glücks. Gedanken zu einer Ontologie des Spiels*, Freiburg, Br. u.a., 1957.

_____, "Nietzsches Metaphysik der Spiel"(1946), in: *Bezeichnung Welt denken: Annährung an die Kosmologie Euegn Finks*, C. Nielsen u. H. R. Sepp(Hg.), Freiburg, Br. u.a., 2011.

Fleischer, M., "Dionysos als Ding an sich. Der Anfang von Nietzsches Philosophie in der ästhetischen Metaphysik der 'Geburt der Tragödie'", in: *Nietzsche Studien* Bd. 17, 1988.

Fränkel, H., *Dichtung und Philosophie des frühen Griechentums*, München, 1962,.

Fränkel, H., "Eine heraklitische Denkform", in: ders., *Wege und Formen frühgriechischen Denkens*, 3. Aufl. München, 1968.

Frisk, H., "Aion" in: *Griechisches Etymologisches Wörterbuch*, Heidelberg, 1973.

_____., "basileus" in: *Griechisches Etymologisches Wörterbuch*, Heidelberg, 1973.

Gadamer, H.G., *Wahrheit und Methode. Grundzüge einer philosophischen Hermeneutik*, Gesammelte Werke, Bd. 1, Tübingen, 1986.

_____, "Ästhetik und Hermeneutik", in: Gesammelte Werke, Bd. 8, Tübingen, 1993.

_____, *Philosophisches Lesebuch*, Tübingen, 1997.

Gerhardt, V., "Von der ästhetischen Metaphysik zur Physiologie der Kunst", in: *Nietzsche Studien*, Bd. 13, 1984.

Gigon, O., *Untersuchungen zu Heraklit*, Leibzig, 1935.

Gladisch, A., *Herakleitos und Zoroaster*, Leipzig, 1859.

Grasberger, L., *Erziehung und Unterricht*, Bd. 1.1., Würzburg, 1864.

Gräzel, S., *Der Ernst des Spiels. Vorlesungen zu einer Philosophie des Spiels*, 2. Aufl. London, 2007.

Grondin, J., *The Philosophy of Gadamer*, tr. by K. Plant, Montreal & Kingston: McGill-Queen's Univ. Press, 2003.

Guthrie, W.K.C, *History of Greek Philosophy*, Cambridge, 1962.

Habermas, J., *Der philosophische Diskurs der Moderne*, Frankfurt a. M., 1986.

Hans Ulrich Reck, *Mythos Medien Kunst*, Köln, 2002.

_____, "Zwischen Bild und Medium. Zur Ausbildung der Künstler in der Epoche der Techno-Ästhetik", in: Peter Weibel (Hrsg.), Vom Tafelbild zum globalen Datenraum, ZKM Karlsruhe, 2001.

Haralan, V., u.a., *Sozial Plastik-Materialen zu Joseph Beuys*, Achberg, 1984.

Hay, K., "Dass der Mensch zum Kusntwerk wird. Nietzsches Einfluss auf den modernen Tanz: von Isadora Duncan zu Pina Bausch", in: *Einige werden postum geboren*, hrsg. v. Reschke, R. und Brusotti, M. Berlin u.a., 2012.

Hegel, G.W.F., *Vorlesungen über die Ästhetik*, Bd. 13, in: *Werke in zwanzig Bänden*, E. Moldenhauser u. K. M. Michel [Hg.], Frankfurt a. M., 1969~1971.

_____, *Vorlesungen über die Philosophie der Geschichte*, Bd. 12, in: *Werke in zwanzig Bänden*, hrsg. von E. Moldenhauser u. K.M. Michel, Frankfurt a. M., 1969~1971.

Heidegger, M., *Der Satz vom Grund*, Pfullingen, 1958.

_____, "Der Ursprung des Kunstwerkes" in: *Holzwege*, Gesamtausgabe Bd. 5, Frankfurt a. M., 1977.

_____, *Der Satz vom Grund*, Pfullingen, 1971.

_____, *Einleitung in die Philosophie*, Gesamtausgabe, Bd. 27, Frankfurt a. M., 1996.

_____, *Gesamtausgabe* Bd. 39, Frankfurt a. M., 1975ff.

_____, *Holzwege*, Frankfurt a. M., 1963.

_____, *Kant und das Problem der Metaphysik*, Gesamtausgabe, Bd. 3, Frankfurt a. M., 1973.

_____, *Nietzsche*, Bd. I., Pfullingen, 1961.

_____, *Sein und Zeit*, 14. Aufl. Tübingen, 1977.

_____, *Unterwegs zur Sprache*, Gesamtausgabe Bd. 12, Frankfurt a. M., 1985.

_____, *Vorträge und Aufsätze*, Pfullingen, 1954.

Held, K., *Heraklit, Parmenides der Anfang von Philosophie und Wissenschaft*, Berlin u.a., 1980.

Hershbell, J.P./Nimis, St.A., "Nietzsche and Heraclitus", in: *Nietzsche-Studien* 8, 1979.

Hödl, H.G., "Interesseloses Wohlgefallen. Nietzsches Kritik an Kants Ästhetik als Kritik an Schopenhauers Soteriologie", *Kant und Nietzsche im Widerstreit*, B. Himmelmann(Hg.), Berlin u.a., 2005.

Hofmann, J. B., "basileus", in: *Etymologisches Wörterbuch des Griechischen*.

_____, "pessos" in: *Etymologisches Wörterbuch des Griechischen*, Darmstadt, 1966.

Hölzel, M., *Das Spiel des Aion und das Spiel des Menschen: Zur Vertiefung der ästhetischen Subjektivität Kants bei Schopenhauer und frühen Nietzsche*, Berlin, 2008.

Huschka, S., *Moderner Tanz, Konzepte-Stile*, Hamburg, 2002.

Hutcheson, F., *Inquiry* I, London, 1725.

Hütig, A., "Zwischen Barbarisierung und Vergeisterung: Nietzsches Theorie der Moderne und seine These vom Ende der Kunst", in: *Nietzsche Forschung* Bd. 10, Gerhardt V./ Rescke R.(Hg.), Berlin, 2003.

Kropfinger, K., "Wagners Musikbegriff und Nietzsches 'Geist der Musik'", in: *Nietzsche Studien* Bd. 14, 1985.

Kahn, Ch.H., *The Art and Thought of Heraclitus*, Cambridge, 1979.

Kant, I., *Krtik der reinen Vernunft*.

_____, *Kritik der Urteilskraft*.

_____, *Reflexion zur Anthropologie*, in: *Kants handschriftlicher Nachlass*, Akad. Aug. Bd. 15.

_____, *Werkausgabe in zwölf Bänden*, hrsg. v. W. Weischedel, Frankfurt a. M., 1997.

Kern, O., *Die Religion der Griechen*, Berlin, 1926.

_____, *Orpheus*, Berlin, 1920.

Kirk, G.S., *The Cosmic Fragments*, Cambridge, 1954.

Klaus-Detlef, B., "Die Griechische Tragödie als 'Gesamtkunstwerk'—Anmerkungen zu den musikästhetischen Reflexionen des frühen Nietzsche", in *Nietzsche Studien* Bd. 13, 1984.

Kurtz, E., *Interpretationen zu den Logos-Fragmenten Heraklits*, Hildesheim, 1971.

Lackeit, C., *Aion*, Königsberg, 1916.

Lamothe, K.L., *Nitzsche's Dancers—Isadora Duncan, Martha Graham, And The Revaluation of Christian Values*, N.Y.: Palgrave Macmillan, 2006.

Lassalle, F., *Die Philosophie Herakleitos des Dunklen von Ephesos*, Berlin, 1858.

Löwith, K., *Nietzsches Philosophie der ewigen Wiederkehr des Gleichen*, Hamburg, 1986.

Djurić, M., *Nietzsche und die Metaphysik*, Berlin u.a., 1985.

Marcovich, M., *Heraclitus*, Greek Text with a Short Commentary, Editio Maior, Merida, 1967.

Mazzarella, E., "Kunst und Wille zur Macht—Nietzsches Kunstdenken zwisschen Ästhetik und Ontologie", in: Seubert, H.(Hg.), *Natur und Kunst in Nietzsches Denken*, Köln, 2002.

McLuhan, M., *Understanding Media*, MIT Press Mediation, 1994.

Myer, Th., *Nietzsche. Kunstauffassung und Lebensbegriff*, Tübingen, 1991.

Neeße, G., *Heraklit heute, Die Fragmente seiner Lehre als Urmuster europäischer Philosophie*, 1982.

Nestle, W., *Die Vorsokratiker*, 2. Aufl. Jena, 1922.

_____, "Heraklit und die Orphiker", in: *Philologus* 64, 1905.

Nicolas, M., *Nietzsche and Schiller*, Clarendon Press, 1996.

Nietzsche, F., *Also sprach Zarathustra*(Za).

_____, *Der Antichrist*(AC).

_____, *Der Fall Wagner*(WA).

_____, *Die dionysische Weltanschauung*(DW).

_____, *Die fröhliche Wissenschaft*(FW).

_____, *Die Geburt des tragischen Gedankens*(GG).

_____, *Die Geburt der Tragödie*(GT).

_____, *Die Philosophie im tragischen Zeitalter der Griechen*(PHG).

_____, *Ecce homo*(EH).

_____, *Fünf Vorreden zu fünf ungeschriebenen Büchern*(CV).

_____, *Götzen-Dämmerung*(GD).

_____, *Homer's Wettkampf*(HW).

_____, *Jenseits von Gut und Böse*(JGB).

_____, *Menschliches, Allzumenschliches*(MA).

_____, *Morgenröte*(M).

_____, *Nachgelassene Fragmente*(N).

_____, *Nietzsche contra Wagner*(NW).

_____, *Sokrates und die griechische Tragödie*(SGT).

_____, *Sokrates und die Tragödie*(ST).

_____, *Ueber das Pathos der Wahrheit*(PW).

_____, *Ueber Wahrheit und Lüge im aussermoralischen Sinne*(WL).

_____, *Unzeitgemässe Betrachtung II: Vom Nutzen und Nachteil der Historie*(HL).

_____, *Unzeitgemässe Betrachtung III: Schopenhauer als Erzieher*(SE).

_____, *Unzeitgemässe Betrachtung IV: Richard Wagner in Bayreuth*(WB).

_____, *Zur Genealogie der Moral*(GM).

Norden, E., *Geburt des Kindes, Studien der Bibliothk Warburg* III, Darmstadt, 1969.

Oehler, R., *Friedrich Nietzsche und die Vorsokratiker*, Leipzig, 1904.

Oepke, A., "Pais", in: *Theologisches Wörterbuch zum Neuen Testament*, Stuttgart, 1954ff.

Pădurean, V., *Spiel-Kunst-Schein. Nietzsche als ursprünglicher Denker*, Stuttgart, 2008.

Piaget, J., *Play, dreams, and imitation in childhood*, trans. by C. Gattegno and F. M. Hodgson, Norton Library, 1962.

Platon, *Euthydemos*, in: *Platon Werke* Bd. 2.

Platon, *Kratylos*.

Platon, *Nomoi*.

Platon, *Politeia*.

Reinhardt, K., *Parmenides und die Geschichte der Griechischen Philosophie*, Bonn, 1916.

Roesner, M., *Metaphysica Ludens: Das Spiel als phänomenologische Grundfigur im Denken Martin Heideggers*, Dordrecht/Boston/London: Kluwer Academic Publishers, 2003.

Rohrmoser, G., *Zum Problem der ästhetischen Versöhnung Schiller und Hegel*, Frankfurt a. M.,

1984.

Sasse, H., "aion, aionios", in: *Theologisches Wörterbuch zum Neuen Testament*, Stuttgart, 1933.

Sasse, H., "Aion", in: *Reallexikon für Antike und Christentum*, 1950.

Schiller, F., *Kallias oder Über die Schönheit*.

_____, *Über das Schöne und die Kunst. Schriften zur Ästhetik*, München, 1984.

_____, *Über die ästhetische Erziehung des Menschen in einer Reich von Briefen*(1795), in: *Schillers Werke, Nationalausgabe*, Bände 20, Weimar, 1962.

_____, *Werke in drei Bänden*, München, 1966.

Schlegel, F., *Gespräch über die Poesie*: Friedrich Schlegels Jugendschriften, her. v. J. Minor, 1882.

Schleiermacher, F., *Heraklit der Dunkle von Ephesos*, in: Sämtliche Werke, 3. Abteilung, Zur Philosophie, Bd. 2, Berlin, 1838.

Schopenhauer, A., *Welt als Wille und Vorstellung* I, Zürich, 1988.

Schuster, P., "Heraklit von Ephesis", in: *Acta Societatis philologicae Lipsiensis* 3, 1873.

Seel, G., "Über den Grund der Lust an schönen Gegenständen. Kritische Fragen an die Ästhetik Kants", *Kant. Analysen-Probleme-Kritik*, H. Oberer u.a.(Hg.), Würzburg, 1988.

Shaw, J., "Neue Medien-Neue Kriterien?", in: *Perspektiven der Medienkunst*, ZKM(ed.), Karlsruhe, 1996.

Snell, B., "Die Sprache Heraklits", in: *Hermes* 61, 1926.

Solies, D., "Die Kunst—eine Krankheit des Leibes? Zum Phänomen des Rausches bei Nietzsche", in: Gerhardt V./Rescke R.(Hg.), *Nietzscheforschung* Bd. 5/6, Berlin, 2000.

Sonder, R., *Für eine Ästhetik des Spiel, Hermeneutik, Dekonstruktion und der Eigensinn der Kunst*, Frankfur a. M., 2000.

Stachelhaus, H., *Joseph Beuys*, translated by David Britt, New York, 1991.

Stüttgen, J., "Fluxus und der 'Erweiterte Kunstbegriff'", in: *Kunstmagazin, August Heft*. Wiesbaden, 1980.

Teichmueller, G., *Neue Studien zur Geschichte der Begriffe*, Gotha, 1878.

Ulfers, F./Cohen, M.D., "Nietzsche and the Future of Art", *Hyperion*, www. nietzschecircle.com, vol. II, issue 4, December 2007.

Vossenkuhl, W., "Schönheit als Symbol der Sittlichkeit. Über die gemeinsame Wurzel von Ethik und Ästhetik bei Kant", in: *Philosophisches Jahrbuch* 99(1992).

Wagner, R., *Oper und Drama*. Stuttgart, 1984.

Weber, C., *Vom 'Erweiterten Kunstbegriff' zum 'Erweiterten Pädagogikbegriff'. Versuch einer Standortbestimmung von Joseph Beuys*, Frankfurt a. M., 1991.

Wetzel, T., "Spiel", in: *Ästhetische Grundbegriffe* Bd. 5, Stuttgart u.a., 2000.

Wieland, W., "Die Erfahrung des Urteils. Warum Kant keine Ästhetik begründet hat", in: *Die Deutsche Vierteljahrsschrift für Literaturwissenschaft und Geistesgeschichte* 64, 1990.

Wittgenstein, L., *Philosophical Investigations*, 2nd edition, trans. by G.E.M. Anscombe, Oxford: Blackwell, 1958.

_____, *Philosophische Untersuchungen*, Werkausgabe Bd.1, Frankfurt a. M., 1984.

_____, *The Blue and Brown Books*. 2nd ed., Oxford: Basil Blackwell, 1969.

_____, *Tractatus Logico-Philosophicus*, trans. C.K. Ogden, London: Routledge, 1922; trans. D. Pears and B. McGuinness, London: Routledge, 1996. Wohlfart, G., *Also sprach Heraklit. Heraklits Fragment B52 und Nietzsches Heraklit-Rezeption*, Freiburg(Breisgau) u.a., 1991.

Zeller, E., *Die Philosophie der Griechen in ihrer geschichtlichen Entwicklung*, 3. Aufl. Darmstadt, 1963,.

Zimbrich, U., *Mimesis bei Platon: Untersuchung zu Wortgebrauch, Theorie der dichterischen Darstellung und zur dialogischen Gestalung bis zur Politeia*, Frankfurt a. M. u.a., 1984.

가다머,《진리와 방법 I》, 이길우 외 옮김(문학동네, 2000).

강진호,〈촘스키와 비트겐슈타인의 지칭 의미론 비판〉,《철학》102집(한국철학회, 2010).

공병혜,《칸트, 판단력 비판》(울산대학교 출판부, 1999).

구자윤, 〈미적 의식과 미적 구분, 그리고 예술의 본질─실러 미학에 대한 비판과 가다머의 예술론〉,《해석학 연구》15(한국해석학회, 2005).

군터 게바우어, 크리스토프 불프,《미메시스》, 최성만 옮김(글항아리, 2015).

김말복,《무용의 이해》(예전사, 1999).

김상욱,《디지털 아트》(경북대 출판부, 2011).

김수용,《아름다움의 미학과 숭고함의 예술론─쉴러의 고전주의 문학 연구》(아카넷, 2009).

김여수, 〈비트겐슈타인의 이해를 위한 소묘〉, 분석철학연구회 편,《비트겐슈타인의 이해》(서광사, 1984).

김재철, 〈E. 핑크의 놀이존재론(I)─실존 범주로서의 놀이〉,《존재론연구》32집(한국하이데거학회, 2013).

_____, 〈E. 핑크의 놀이존재론(II)─세계상징으로서의 놀이〉,《존재론연구》33집(한국하이데거학회, 2013).

_____, 〈전기 하이데거의 놀이존재론〉,《존재론연구》35집(한국하이데거학회, 2014).

김정현, 〈니체와 현대예술의 탄생〉,《니체연구》11집(한국니체학회, 2007).

김진엽, 〈가상현실 예술에 대한 미학적 비평〉,《미학 예술학 연구》22권(한국미학예술학회, 2005).

김효, 〈댄스시어터는 춤과 연극의 혼종이 아니다〉,《연극평론》복간 8호(한국연극평론가협회, 2003).

남경희, 〈순자荀子 정명론正名論의 비트겐슈타인적 이해─사회규범의 언어철학적 정초를 위한 시론〉,《철학》102집(한국철학회, 2010).

노르베르트 볼츠,《구텐베르크─은하계의 끝에서, 새로운 커뮤니케이션 상황들》, 윤종석 옮김(문학과지성사, 2000).

니니안 스마트,《세계의 종교》, 윤원철 옮김(예경, 2004).

질 들뢰즈,《니체와 철학》, 이경신 옮김(민음사, 1999).

로제 카이와,《놀이와 인간》, 이상률 옮김(문예출판사, 1994).

루돌프 라반,《현대의 무용교육》, 김주자 옮김(현대미학사, 1999).

루트비히 비트겐슈타인,《철학적 탐구》, 이영철 옮김(책세상, 2006).

_____,《논리─철학 논고》, 이영철 옮김(책세상, 2006).

마키우나스, 〈예술 및 플럭서스 예술오락에 관한 선언문〉,《플럭서스 예술혁명》, 조정환 외 옮김(갈무리, 2011).

막스 프리슈,《호모 파버》, 봉원웅 옮김(생각의 나무, 2003).

문예령 편저,《서양무용사》(눈빛, 2000).《철학연구》124집(대한철학회, 2012).

M.K. 뮤니츠,《현대 분석 철학》, 박영태 옮김(서광사, 1997).

박연숙, 〈모리스 베나윤의 작품에 나타난 상호작용성의 놀이적 효과〉, 경북대학교 대학원 박사학위 논문(2009).

박영욱,《매체, 매체예술 그리고 철학》(향연, 2008).

박찬국,《하이데거의『존재와 시간』강독》(그린비, 2014).

배상식, 〈하이데거의 '놀이' 개념〉,《철학연구》123집(대한철학회, 2012).

백승영, 〈예술생리학학의 미학적 의미─도취Rausch 개념을 중심으로〉,《니체연구》27집 (한국니체학회, 2015).

소광희,《하이데거 존재와 시간 강의》(문예출판사, 2003).

수잔네 슐리허,《탄츠테아터》, 박균 옮김(범우사, 2006).

신상미 · 김재리,《몸과 움직임 읽기─라반 움직임 분석의 이론과 실제》(이화여대 출판부, 2010).

실러,《인간의 미적 교육에 관한 편지》, 안인희 옮김(청하, 1995).

심혜련,《사이버스페이스 시대의 미학》(살림, 2006).

T.W. 아도르노,《미학 이론》, 홍승용 옮김(문학과지성사, 1997).

아돌포 비오이 카사레스,《모렐의 발명》, 송병선 옮김(민음사, 2008).

안치운, 〈슬픔을 넘어서는 응시〉,《한국연극학》27권(한국연극학회, 2005).

앨런 슈리프트,《니체와 해석의 문제》, 박규현 옮김(푸른숲, 1997).

요헨 슈미트,《피나 바우슈》, 이준서 · 임미오 옮김(을유문화사, 2005).

움베르토 에코,《열린 예술작품》, 조형준 옮김(새물결, 1995).

월터 소렐,《서양무용사상사》, 신길수 옮김(예전사, 1999).

이기상, 〈하이데거의 말놀이 사건─말의 말함과 하이데거의 응답함〉,《하이데거 연구》

(한국하이데거학회, 2006).

이마누엘 칸트, 《판단력비판》, 백종현 옮김(아카넷, 2009).

이사도라 덩컨, 《이사도라 덩컨—나의 예술과 사랑》, 구서희 옮김(민음사, 1986).

_____, 《이사도라 덩컨의 무용에세이》, 최혁순 옮김(범우사, 1998).

이상엽, 〈니체의 삶의 예술철학—탈근대 시대의 새로운 윤리학 시도〉, 《니체연구》 17집
    (한국니체학회, 2010).

이승종, 〈생활양식과 언어 게임〉, 《철학적 분석》 12집(한국분석철학회, 2005).

이은희, 〈포스트 브레히트적 공연양식으로서 탄츠테아터—서사적 양식과 피나 바우쉬〉,
    《브레히트와 현대연극》 28권(한국브레히트학회, 2013.

이창대, 〈헤라클레이토스 철학에 대한 새로운 이해〉, 《철학》 43집(한국철학회, 1995).

임건태, 〈실러의 미학〉, 서양근대철학회 엮음, 《서양근대미학》(창작과비평, 2012).

정낙림, 〈놀이에 대한 철학적 연구—니체의 놀이 개념을 중심으로〉, 《니체연구》 14집(한
    국니체학회, 2008).

_____, 〈놀이와 형이상학—니체, 하이데거, 핑크의 놀이 사유〉, 《니체연구》 29집(한국니
    체학회, 2016).

_____, 〈니체와 현대무용—피나 바우쉬의 탄츠테아터를 중심으로〉, 《니체연구》 27권(한
    국니체학회, 2015).

_____, 〈니체와 현대미술〉, 《니체연구》 10집(한국니체학회, 2006).

_____, 〈니체의 놀이철학과 디지털 예술의 미적 체험—베나윤의 디지털 예술 작품을 중
    심으로〉, 《철학연구》 124집(대한철학회, 2012).

_____, 〈니체의 예술생리학과 현대예술—플럭서스 운동을 중심으로〉, 《철학연구》 120집
    (대한철학회, 2011).

_____, 〈디오니소스 다시 한번 더〉, 《니체연구》 7집(한국니체학회, 2005).

_____, 〈예술생리학과 미래 예술—니체의 예술 종말론에 대한 연구〉, 《니체연구》 28집
    (한국니체학회, 2015).

_____, 〈왜 타란툴라는 춤을 출 수 없는가?〉, 《철학논총》 71집(새한철학회, 2013).

_____, 〈인식과 놀이—칸트의 놀이 개념을 중심으로〉, 《대동철학》 53집(대동철학회,
    2010).

_____, 〈차라투스트라의 '세 가지 변화'에 대한 몇 가지 해석─진화론적, 역사철학적, 변증법적 해석의 문제점〉,《철학연구》106집(대한철학회, 2008).

_____,《니체와 현대예술》(역락, 2012).

정은해, 〈하이데거와 가다머의 놀이 개념〉,《인문논총》57집(서울대 인문학연구원, 2007).

조지아 윈키,《가다머, 해석학, 전통, 그리고 이성》, 이한우 옮김(민음사, 1999).

찰리 기어.《디지털 문화》, 임산 옮김(루비박스, 2006).

최성환·최인자, 〈놀이의 해석학─전통놀이 문화의 해석을 위한 시론〉,《해석학연구》18권(한국해석학회, 2006).

최소인, 〈놀이와 문화─칸트의 놀이Spiel 개념이 지니는 현대적 의미에 대한 성찰〉,《고전해석학의 역사》(철학과현실사, 2002).

카울바하,《칸트 비판철학의 형성과정과 체계》, 백종현 옮김(서광사, 1992).

카이 함머마이스터,《독일 미학 전통─바움가르텐부터 아도르노까지》, 신혜경 옮김(이학사, 2013).

크로포트,《칸트 미학 이론》, 김문환 옮김(서광사, 1995).

클라우스 헬트,《지중해 철학기행》, 이강서 옮김(효형출판사, 2007).

탈레스 외,《소크라테스 이전 철학자들의 단편 선집》, 김인곤 외 옮김(아카넷, 2005).

프리드리히 니체,《플라톤 이전의 철학자들》, 김기선 옮김(책세상, 2003).

플로랑스 드 메르디외,《예술과 뉴테크놀로지》, 정재곤 옮김(열화당, 2009).

하위징아,《호모 루덴스》, 김윤수 옮김(까치, 1981).

하이데거,《철학 입문》, 이기상·김재철 옮김(까치글방, 2006).

_____,《칸트와 형이상학의 문제》, 이선일 옮김(한길사, 2001).

헤로도토스,《역사》, 천병희 옮김(숲, 2009).

호메로스,《일리아드》, 유영 옮김(범우사, 1990).

홍사현, 〈니체와 헤라클레이토스의 변화 개념은 동일한가?─니체의 헤라클레이토스 수용과 그 문제점을 통한 사유모델 비교〉,《니체연구》16집(한국니체학회, 2009).

_____, 〈니체의 음악적 사유와 현대성─바그너, 한슬릭, 쇤베르크와의 관계를 중심으로〉,《니체연구》10집(한국니체학회, 2006).

놀이하는 인간의 철학

펴낸날 초판 1쇄 2017년 5월 30일
초판 3쇄 2019년 8월 5일

지은이 정낙림
펴낸이 김현태

펴낸곳 책세상
주소 서울시 마포구 잔다리로 62-1, 3층 (04031)
전화 02-704-1251 (영업부), 02-3273-1333 (편집부)
팩스 02-719-1258
이메일 bkworld11@gmail.com
광고제휴 문의 bkworldpub@naver.com

홈페이지 chaeksesang.com   **페이스북** /chaeksesang
트위터 @chaeksesang   **인스타그램** @chaeksesang   **네이버포스트** bkworldpub
등록 1975. 5. 21. 제1-517호
ISBN 979-11-5931-118-5 93160

이 저서는 2011년 정부(교육부)의 재원으로 한국연구재단의 지원을 받아 수행된 연구입니다.
(놀이와 철학, NRF-2011-812-A00047)

이 도서의 국립중앙도서관 출판시도서목록(CIP)은 서지정보유통지원시스템 홈페이지
(http://seoji.nl.go.kr)와 국가자료공동목록시스템(http://www.nl.go.kr/kolisnet)에서
이용하실 수 있습니다.(CIP제어번호 : CIP2017011482)